ŒUVRES COMPLÈTES DE J. MICHELET

HISTOIRE DE FRANCE

ÉDITION DÉFINITIVE, REVUE ET CORRIGÉE

TOME NEUVIÈME

GUERRES DE RELIGION

PARIS
ERNEST FLAMMARION, ÉDITEUR
26, RUE RACINE, PRÈS L'ODÉON

Tous droits réservés.

HISTOIRE

DE FRANCE

IX

IMPRIMERIE E. FLAMMARION, 26, RUE RACINE, PARIS.

ŒUVRES COMPLÈTES DE J. MICHELET

HISTOIRE
DE FRANCE

ÉDITION DÉFINITIVE, REVUE ET CORRIGÉE

TOME NEUVIÈME

GUERRES DE RELIGION

PARIS
ERNEST FLAMMARION, ÉDITEUR
26, RUE RACINE, PRÈS L'ODÉON

Tous droits réservés.

PRÉFACE

Dans cette préface, qui véritablement est plutôt une conclusion, je dois des excuses à la Renaissance, à l'art, à la science, qui tiennent si peu de place dans ce volume, mais qui reviendront au suivant.

Je m'y arrête à peine au règne d'Henri II. Mais, dès ce règne même, sinistre vestibule qui introduit aux guerres civiles, tout souci d'art et de littérature était sorti de mon esprit.

Mon cœur avait été saisi par la grandeur de la révolution religieuse, attendri des martyrs, que j'ai dû prendre à leur touchant berceau, suivre dans leurs actes héroïques, conduire, assister au bûcher.

Les livres ne signifient plus rien devant ces actes. Chacun de ces saints fut un livre où l'humanité lira éternellement. Et, quant à l'art, quelle œuvre opposerait-il à la grande construction morale que bâtit le seizième siècle ?

La forte base, immense, mystérieuse, s'est faite des souffrances du peuple et des vertus des saints, de leur foi simple, dont la portée hardie leur fut inconnue à eux-mêmes, enfin de leurs sublimes morts.

Tout cela infiniment libre. Mais une école en sort qui fait du martyre une discipline et une institution, qui enferme dans une formule la grande âme brûlante de la révolution religieuse. Cette âme y tiendra-t-elle? La liberté qui fut la base, va-t-elle reparaître au sommet?

Voilà les questions qui m'ont troublé jadis. La voie était obscure et pleine d'ombres; je voyais seulement, au bout de ces ténèbres, un point rouge, la Saint-Barthélemy.

Mais maintenant la lumière s'est faite, telle que ne l'eut aucun contemporain. Tous les grands acteurs de l'époque, et les coupables même, sont venus déposer, et on les a connus par leurs aveux. Philippe II s'est révélé, et, grâce à lui, l'Escurial est percé de part en part. Le duc d'Albe s'est révélé, et nous avons sa pensée jour par jour, en face de celle de Granvelle. Nous connaissons par eux leur incapacité, leur vertige et leur désespoir au moment de la crise. Le duc d'Albe était perdu en 1572, près de devenir fou. Il faisait prier pour lui dans toutes les églises, consultait les sorciers, implorait un miracle ou du Diable ou de Dieu. Le 10 août, ce miracle lui fut promis pour le 24.

Les tergiversations de la misérable cour de France,

qui si longtemps voulut, ne voulut pas et voulut de nouveau (poussée par ses besoins, par le riche parti qui lui faisait l'aumône), et qui prit à la fin du courage à force de peur, tout cela n'est pas moins clair aujourd'hui, lucide, incontestable. Ce que le Louvre avait pour nous d'obscur s'est trouvé illuminé tout à coup par cette foule de documents nouveaux qui, d'Angleterre et de Hollande, de Madrid, de Bruxelles, de Rome, d'Allemagne même et du Levant, sont venus à la fois pour l'éclairer. Et, de tant de rayons croisés, une lumière s'est faite, intense, implacable et terrible.

Et qu'a-t-on vu alors? Une grande pitié. Ni l'Espagne, si fière, ni la grande Catherine (que tous méprisaient à bon droit), ne savaient où ils allaient ni ce qu'ils faisaient. Ils cherchent, ils tâtent, ils heurtent, ils donnent le spectacle très bas de ces tournois d'aveugles qu'on armait de bâtons, et qui frappaient sans voir. Ils marchent au hasard et tombent, puis jurent, se relevant, qu'ils ont voulu tomber.

Une telle lumière est une flamme, et rien n'y tient ; tout fond. Ces majestueux personnages, réduits à leur néant, s'évanouissent, s'abîment, disparaissent, comme cire ou comme neige. Et il ne resterait qu'un peu de boue, si, de tant de débris, un objet n'échappait, ne s'élevait et ne dominait tout : la figure triste et grave d'un grand homme et d'un vrai héros.

Je ne suis pas suspect. Je ne prodigue guère les

héros dans mes livres. Mais celui-ci est le héros du devoir, de la conscience.

J'ai beau l'examiner, le sonder et le discuter. Il résiste et grandit toujours. Au rebours de tant d'autres, exagérés follement, celui-ci, qui n'est point le héros du succès, défie l'épreuve, humilie le regard. La lumière électrique, la lumière de la foudre, dont il fut traversé, pâlit devant ce cœur, où rien, au dernier jour, ne restait que Dieu et Patrie.

« Une seule objection, dira-t-on. Cette joie héroïque dont vous faisiez ailleurs le premier signe du héros, elle ne fut point en Coligny. Tout ce que dit l'histoire, tout ce que dit le funèbre portrait, montre en cet homme redoutable un ferme juge du temps, mais plein de deuil, triste jusqu'à la mort. »

Nous l'avouons, par cela il fut homme. Blessé? Plus qu'on ne saurait le dire, à la profondeur même de l'abîme des maux du temps. Qui s'en étonnera? Nul, après trois cents ans, ne pourra seulement les lire, que lui-même n'en reste blessé?

Mais c'est aussi en lui une grandeur d'avoir toujours vu clair par-dessus la nuit et le deuil, d'avoir gardé si nette la lumière supérieure.

Les vrais héros de la France ont cela de commun, que les uns inspirés, les autres réfléchis (comme fut l'amiral), sont éminemment raisonnables. Coligny, quoique fort cultivé, lettré, théologien, quoique gentilhomme et retardé par cette fatalité de classe, allait s'affranchissant et de ses préjugés et de ses docteurs. Sauf un moment d'hésitation chrétienne à l'entrée de la guerre civile, il ne vacilla nullement, comme on l'a dit; il fut ferme et libre en sa voie.

Homme de batailles, il haïssait la guerre; il y fut superbe, indomptable, dédaigneux pour cette fille aveugle, tant flattée, la Victoire. Il la mena à bout, ne quitta l'épée que vainqueur, après avoir conquis non seulement la paix et la liberté religieuse (1570), mais les volontés même de l'ennemi et l'avoir vaincu dans son propre cœur. Charles IX (les actes le prouvent), pendant près de deux ans, suivit la voie de Coligny.

Ce grand esprit, si sage, avait vu à merveille la chose essentielle, que la France, dans sa pléthore nerveuse et son agitation, voulait s'extravaser au dehors. Et il lui ouvrait l'Amérique et les Pays-Bas, c'est-à-dire la succession espagnole. Il ne se trompa nullement. Seulement (comme Jean de Witt un siècle après) il eut raison trop tôt. Ses projets furent repris, dès le lendemain de sa mort, par ceux qui l'avaient tué.

C'était un très grand citoyen et fort libre de son parti même. Lorsque les protestants, ayant le couteau à la gorge, se virent forcés d'appeler l'étranger, il résista autant qu'il put, et tant qu'il en faillit périr.

Sa netteté, son admirable cœur, apparurent à sa mort, quand on lut ses papiers secrets, et que ses meurtriers confus virent ce conseil au roi de se défier de l'Angleterre protestante autant que de l'Espagne catholique.

Grande consolation pour nous, dans cette histoire, de voir la nature humaine tellement relevée ici ! de voir marcher si droit, parmi l'aveuglement de tous, ce pur et ferme cœur qui ne regarde que la conscience. Les défaites des siens, leurs folies, leurs destructions, rien ne l'entame. Il va à son but. Quel ? une grande mort, — qui semble perdre, mais sauve au contraire son parti.

Car la fille de Coligny, veuve par la Saint-Barthélemy, épousera Guillaume d'Orange. Car la France protestante, de sa blessure féconde, engendre la France hollandaise. Car ce malheur immense, au sein des meilleurs catholiques, mit le regret, l'amour des protestants. « Dès ce jour, dit l'un d'eux, sans connaître leur foi, j'aimai ceux de la Religion. »

De sorte que ce grand homme a réussi, même selon le monde. Par sa mort triomphante, il gagna plus qu'il ne voulait.

Voilà la pensée de ce livre [1]. Et plût au ciel qu'elle nous eût profité aussi à nous, que ces grands cœurs,

---

(1) Dans la suite de cet ouvrage qui me ramène aux lettres et aux sciences et ferme le seizième siècle, on trouvera une critique générale des sources historiques de ce grand siècle si fécond, mais si trouble. Une partie des notes que je donnerais aujourd'hui reviendrait dans cette critique. Je les ajourne jusque-là.

Qu'il me suffise ici d'indiquer les principales sources manuscrites où j'ai puisé, et qui m'ont donné spécialement les causes et précédents, très peu connus, de la Saint-Barthélemy : *Lettres de Morillon à Granvelle* (c'est, jour par jour, l'histoire du duc d'Albe, celle des rapports de Bruxelles et de Paris). — *Lettres inédites de Catherine de Médicis.* — *Extraits des lettres de Pie V, Charles IX*, etc., tirées des Archives du Vatican (en 1810), etc.

si riches, nous eussent donné quelque peu d'un tel souffle, et mis dans notre aridité un rien de leurs torrents !

Que si notre temps, si loin de ce temps, et si peu préparé à retrouver l'image de ces grandeurs morales, s'en prenait à l'histoire, l'histoire lui répondrait ce que le jeune d'Aubigné dit un jour dans le Louvre à Catherine de Médicis, qui le voyait debout et si peu plié devant elle : « Tu ressembles à ton père !...

— Dieu m'en fasse la grâce ! »

1ᵉʳ mars 1856.

HISTOIRE
DE FRANCE

CHAPITRE PREMIER

Henri II. — La cour et la France. — Affaire de Jarnac. (1547.)

> Plus ferme foy jamais ne fut jurée
> A nouveau prince (ô ma seule princesse!)
> Que mon amour, qui vous sera sans cesse
> Contre le temps et la mort assurée.
> De fosse creuse ou de tour bien murée
> N'a pas besoin de ma foy la fort'resse,
> Dont je vous fis dame, reine et maîtresse,
> Parce qu'elle est d'éternelle durée!

Le nouveau règne nous met en plein roman. L'Amadis espagnol, tout récemment traduit, imité, commenté, est sa bible chevaleresque. L'Amadis est bien plus que lu et dévoré, il est refait en action. Henri II rougit presque d'être fils de François Ier; c'est le fils du roi Périon, c'est le *Beau Ténébreux*. La réalité et l'histoire sont enterrées à Saint-Denis, et libres, grâce à Dieu, nous entrons au pays des fées.

Où n'atteindrons-nous pas? Les médailles du temps, les emblèmes et devises ne parlent que d'astres et d'étoiles. La conquête du monde est assurée; mais qu'est-ce que cela? Sur de charmants émaux, un coursier effréné emporte Diane et Henri, aux nues? au ciel? On ne saurait le dire.

A la Salamandre éternelle qui régna trente années, au *Soleil* de François Ier, dont sa sœur fut le tournesol, un autre astre succède : la lune, romanesque, équivoque, de douteuse clarté. La Diane d'ici, en son habit de veuve, de soie blanche et soie noire, nous représente la Diane de là-haut, comme elle, et changeante et fidèle. La mobile influence qui régit les femmes et les mers, qui donne les marées et parfois les tempêtes, fait nos destinées désormais. Elle en a le secret et nous promet de grandes choses. Sous le croissant, on lit le calembour sublime : « Donec totum impleat *orbem*. » (Il remplira *son disque;* ou, remplira *le monde.*)

Nouvelle religion, galante, astrologique. Malheur à qui n'y croit! C'est la Diane armée et prête à frapper de ses flèches. Voyez-la à Fontainebleau, sous son double visage: là, céleste et dans la lumière; ici, la Diane des flammes, infernale, et la sombre Hécate. Ainsi la fable nous traduit le roman, et le met en pleine lumière. L'Amadis espagnol s'éclaire du reflet des bûchers.

Nous ne sommes pas, croyez-le, dans un monde naturel : c'est un enchantement, et c'est par une suite de violentes féeries et de coups de théâtre qu'on peut le soutenir. Cette Armide de cinquante ans qui mène en laisse un chevalier de trente doit tous les jours frapper de la baguette. A ce prix, elle est jeune ; je ne sais quelle Jouvence incessamment la renouvelle. Elle bâtit, abat, rebâtit, s'entoure de tous les arts. Elle lance la France dans d'improbables aventures. Des princes de hasard, les Guises, vont agir sous sa main, éblouir, troubler et charmer. Surprenants magiciens, s'il reste un peu de sens, ils sauront nous en délivrer. La France, décidément romanesque, espagnole, les remerciera de ses pertes.

Et d'abord elle se trouve riche à la mort de François Ier. L'argent abonde pour les fêtes. Trois fêtes coup sur coup. Fête de l'enterrement, splendide, immense, et noblement tragique, où l'on jette les millions. Fête du sacre, de royale largesse, où le roi comblera ses preux. Fête d'un combat à outrance, d'un Jugement de Dieu : celle-ci sombre, sauvage et sanglante, où toute la France est invitée.

En attendant, des voyages rapides, qui sont des fêtes eux-mêmes, la vie des chevaliers errants, dans nos forêts, de château en château, et par les arcs de triomphe. Le vieil ami du roi, le connétable, le prend, le mène aux délices d'Écouen, de l'Ile-Adam, de Chantilly. Mais Diane le garde à Anet. Là, entouré des Guises, enivré de fanfares, d'emblèmes prophétiques et du rêve de la conquête du monde, les yeux fermés, il donne les actes décisifs par lesquels l'idole signifie sa divinité.

Le premier étonna. Pendant que le feu roi, à peine refroidi, faisait son lugubre voyage de Rambouillet à Saint-Denis, vingt jours après sa mort, on souffleta son règne, on avertit la France qu'elle entrait dans un nouveau monde, hors des anciennes voies, hors de toute voie, de toute tradition, qu'on supprimait le temps, qu'on retournait d'un saut au roi Arthur, à Charlemagne.

Nos rois, nos parlements suivaient, dès le treizième siècle, la grande œuvre du droit. Récemment Charles VIII, Louis XII et François Ier avaient écrit, rédigé nos *Coutumes*. Cujas mettait en face le droit romain, et le grand Dumoulin recherchait l'unité du nôtre. Cette révolution se réclamait du roi, se rapportait au roi, cherchait en lui sa force. Mais voilà que le roi la dément et la répudie, et n'en veut rien savoir : tout le travail des lois, il le met sous ses pieds. Il réclame le droit de la force, le bon vieux droit gothique, la sagesse des épreuves, la jurisprudence de l'épée. Saint Louis, tant qu'il peut, entrave le duel juridique; Henri II (dans le siècle de la jurisprudence!) l'autorise, le préside et l'arrange; il fait les lices, lance des champions selon la forme antique : Laissez-les aller, les bons combattants!

Une révolution si grave se fait par trois lignes informes, sans signature, au bas d'un chiffon de défi.

Toutefois, avec ce mot : *Fait en conseil royal. Et. signé Laubespin* (le nom du secrétaire d'État)!

Et quel est ce conseil? Fort inégalement partagé

entre l'ami et la maîtresse, entre le connétable, qui paraît mener tout, et Diane, présente, agissante, par ses hommes, les Guises, qui emportent tout en effet. Montmorency gouverne à la condition d'être gouverné.

L'acte bizarre dont il s'agit, supposant que ce droit barbare était la loi régnante, obligeait le sire de Jarnac de répondre au défi du sire de La Châtaigneraie.

Jarnac, beau-frère de la duchesse d'Étampes, de la maîtresse qui s'en va avec François Ier. La Châtaigneraie, une épée connue par les duels, un bras de première force, un dogue de combat, nourri par Henri II.

La jeune maîtresse du vieux roi avait trop provoqué cela. Dix ans durant, elle avait harcelé la grande Diane, en l'appelant *la vieille*. Il y avait chez François Ier, entre ses domestiques, valets privés et rimeurs favoris, une fabrique d'épigrammes contre la maîtresse de son fils. Un jour, on lui offrait des dents; une autre fois, on lui conseillait d'acheter des cheveux. Ces fous criblaient à coups d'épingle une femme de mémoire implacable, qui allait être plus que reine, et le leur rendre à coups d'épée.

Il était bien facile de perdre la duchesse d'Étampes. D'abord, elle avait été, comme le malheureux et disgracié Chabot, comme Jean Du Bellay, favorable à toutes les idées nouvelles. Elle avait une sœur protestante, connue pour telle, et exaltée.

Ensuite on avait monté contre elle de longue date

une machine directe et efficace. Par quoi sa tête ne tenait qu'à un fil. On avait dit, répété, répandu, qu'elle avait trahi le roi au traité de Crépy, que sans elle nous aurions vaincu, que c'était elle qui avait amené l'ennemi à dix lieues de Paris. Bruit absurde, comme le prouve Du Bellay, mais d'autant mieux avalé par l'orgueil national, qui y trouvait consolation.

Elle aurait péri sans les Guises. Déjà les gens de loi étaient lancés sur un homme qui lui appartenait et qu'on disait agent de sa trahison. Cet homme intelligent se garda bien de disputer; il donna un château aux Guises. Ceux-ci dès lors ajournèrent tout.

Ils dirent que ce n'était rien de tuer la duchesse, qu'il fallait la désespérer, qu'on ne commençait pas la chasse par les abois, qu'il valait mieux d'abord que la bête harcelée, mordue, sentît les dents, qu'elle eût la peur et la douleur, qu'elle versât surtout ces amères et suprêmes larmes qui prouvent la défaite et demandent merci.

La victime pouvait être mordue à deux endroits, à un d'abord. Elle avait en Bretagne un mari de contenance qu'elle tenait là en exil, comme gouverneur de la province. Il avait accepté la chose pour un gros traitement. Mais elle palpait ce traitement et le gardait. Cela, vingt ans durant. Ce mari, voyant le roi mort et sa femme perdue, éclate alors, crie au voleur, la traîne au Parlement. Voilà les deux époux qui se gourment dans la boue, et avec eux la mémoire du feu roi. Diane y jouit fort, au point qu'elle envoya Henri II, le roi, aux juges, aux procureurs, dans cette sale échauffourée, pourquoi? pour assommer une femme qui se noyait déjà.

Autre endroit plus sensible encore où on pouvait lui enfoncer l'aiguille, piquer la malheureuse, sans qu'elle pût crier seulement. Pendant vingt ans, maîtresse d'un malade, et tristement malade, elle avait eu sans doute des consolations. La cour malicieuse pensait que le consolateur devait être Jarnac, beau grand jeune homme, élégant, délicat, que la duchesse d'Étampes, pour l'avoir toujours près d'elle, avait donné pour mari à sa sœur. Jarnac faisait beaucoup de dépenses, menait grand train, quoique son père, vivant et remarié, ne pût être bien large. Il était trop facile de deviner qui fournissait.

Cela compris, senti, il fallait bien se garder de la tuer. Son ennemie, pour rien au monde, ne lui aurait coupé la tête; elle pouvait lui percer le cœur.

On n'eut pas la patience d'attendre la mort de François Iᵉʳ. Un an ou deux avant, on mit les fers au feu. Le Dauphin, instrument docile, lança l'affaire brutalement par un mot qu'il dit à Jarnac : « Comment se fait-il qu'un fils de famille dont le père vit encore peut faire une telle dépense, mener un tel état? » Le jeune homme, surpris, se crut habile et parfait courtisan en répondant une chose qu'il croyait agréable, disant que sa belle-mère l'*entretenait*, ne lui refusait rien. Mot équivoque, qui semblait faire entendre que Jarnac imitait l'exemple du Dauphin, avait la femme de son père.

Ce mot tombé à peine, le Dauphin le relève, le

répète partout, et dans ces termes : « Il couche avec sa belle-mère. »

Un tel mot, et d'un prince, va vite. Il alla droit au père de Jarnac, du père au fils. Sous un tel coup de foudre, le jeune homme osant tout, bravant tout, et roi et Dauphin, jura que quiconque avait ainsi menti était un méchant homme, un malheureux, un lâche.

Tout retombait d'aplomb sur la tête du prince.

Un roi ne se bat pas, ni un prince, un Dauphin. Mais ils ne manquent guère d'avoir des gens charmés de se battre pour eux. Henri en avait, et par bandes. Grand lutteur et sauteur, aimant l'escrime, il choisissait ses amis sur la force du poignet, la vigueur du jarret, la dextérité du bretteur.

Le spécial ami du Dauphin était un homme fort, bas sur jambes et carré d'échine, admirable lutteur, d'une roideur de bras *à jeter par terre les lutteurs bretons*. Il avait vingt-six ans, et déjà il s'était signalé à la guerre, surtout à Cérisoles. Quoique bravache, il était brave, et se portait pour le plus brave. Il courait les duels, défiait tout le monde. Cela en avait fait un personnage. Du reste, sans fortune et cadet, il se faisait appeler, de la seigneurie de son aîné, le sire de La Châtaigneraie. Il traînait après lui (aux dépens du Dauphin) une meute de gens comme lui.

Le Dauphin n'eut aucun besoin de lancer La Châtaigneraie. Dès qu'il entendit parler de l'affaire, il la fit sienne. Il soutint que c'était à lui que Jarnac avait dit la chose, qu'il la lui avait dite cent fois, et lui défendit de dire autrement.

Jarnac avait quelques années de plus que La Châtaigneraie, était beaucoup plus grand, long, délicat et faible. *L'autre, même sans armes,* dit l'inscription mémorative du combat, l'aurait défait, anéanti.

Et cependant que faire? La Châtaigneraie demandait le combat; il avait fait grand bruit, et s'était adressé au roi (c'était encore François Ier), qui défendit de passer outre. Combien de temps l'affaire fut-elle suspendue? Nous l'ignorons. Mais les mots ironiques, les gestes de mépris, les affronts, ne furent pas suspendus. Car le 12 décembre 1546, ce fut Jarnac qui, ne pouvant plus vivre, demanda au roi de combattre. Le roi répondit qu'il ne le souffrirait jamais.

François Ier (mort le 31 mars), quelle est la première affaire de la monarchie? La grande guerre d'Allemagne apparemment? les secours promis aux princes protestants? Non, nous avons bien autre chose à faire. Charles-Quint les bat à Mulhberg. La grande affaire, c'est le duel, c'est la mort de Jarnac, la vengeance de femme.

Un mot dit pendant le combat nous autorise à croire que Jarnac, alarmé, se voyant si forte partie (et derrière, le roi même), fit l'humiliante démarche d'aller trouver Diane son ennemie et qu'il essaya de la fléchir. Grande simplicité. Il était trois fois condamné. Comme amant de la duchesse d'abord, mais aussi comme étant Chabot du côté paternel, cousin de l'amiral Chabot, et par sa mère des Saint-Gelais, parent du poète de ce nom, comme tel affilié peut-être à cette damnable fabrique d'épigrammes *contre la vieille*, dont nous avons parlé.

La grande dame paraît lui avoir dit, avec sa froideur apparente, qu'elle n'y pouvait rien, que le vin était tiré et qu'il fallait le boire, qu'il n'y avait pas de remède, puisque le roi personnellement était en jeu *et qu'il ne céderait jamais.*

Nul moyen d'en sortir que de s'humilier, de ne plus démentir l'inceste, de confirmer l'outrage sur le front de son père, de rester le plastron du roi et l'amusement de la cour.

Celle-ci y comptait, et l'on s'en amusait d'avance. Tout était arrangé pour donner à l'affaire une publicité effroyable. On en avait fait une fête ; le roi voulait y présider et donner ce régal aux dames.

Henri II avait fait dresser les lices au centre de la France, près de Paris, sur l'emplacement admirable de Saint-Germain. Ce lieu unique, même avant qu'on bâtît la terrasse d'une lieue de long, a toujours été un théâtre et le plus beau de nos contrées. Le plateau triomphal d'où la forêt regarde la Seine aux cent replis reçut toute la France. Paris y vint, bruyant et curieux, marchands et artisans, bourgeois et compagnons de tout état, les deux grands peuples noirs, la robe et l'université, celle-ci spécialement très aigre et mécontente. Mais le plus curieux, ce fut la foule de la pauvre noblesse qui, du 23 avril au 10 juillet, dans ces deux mois et demi, eut le temps de venir de toutes les provinces.

Étrange elle-même et vrai spectacle pour la cour.

On se montrait ces figures d'un autre âge, ces nobles revenants, dont tels pourpoints dataient de Louis XII et tels chevaux boitaient depuis Pavie. Le tout, couché dans la forêt, et, parmi les cuisines odorantes, déjeunant de pain sec, buvant au fleuve, faisant sur l'herbe leur sobre et pastoral banquet.

On devinait assez leurs pensées sérieuses. La première pour le mort, déjà bien oublié de la nouvelle cour. Où donc était ce bel acteur, ce grand homme au grand nez, de noble épée, de haute mine, qui jusqu'au dernier jour (malgré les ans, malgré Vénus, si cruelle pour lui), avait représenté la France? Que de choses couvertes par sa fière attitude, sa grâce et son besoin de plaire, que dis-je! par le souvenir de ses folies, passées toutes en légendes. Magnifique hâblerie, noble farce! tout était fini, rentré dans la coulisse, et la scène était vide.

Le dernier règne, au milieu de ses fautes et de ses discordances, avait eu, au total, une harmonie fictive qui depuis avait disparu : *la royauté moderne sous un roi chevalier.*

Tant fausse que fût cette chevalerie, elle imposait. Aux choses on opposait les mots. Si la noblesse se plaignait du gouffre dévorant de la cour, des justices seigneuriales anéanties, on répondait par les victoires du roi, Marignan, Cérisoles. Une police s'était créée, secrète, d'honorables espions, qui, de chaque province, écrivait aux *clercs du secret.* Ces secrétaires du roi, les tribunaux du roi, un vaste établissement despotique s'était formé, et tout au profit de la cour. La noblesse, pourtant, du *roi-soldat* avait tout enduré. Lui mort, tout cela apparaissait nouveau, et désormais intolérable.

Mais, à part le gouvernement, hors de son action, une autre révolution s'était faite, plus grande encore. En moins de cinquante ans, l'argent multiplié et, partant, avili, avait comme annulé la rente; rentiers et créanciers recevaient beaucoup moins, et tout objet à vendre coûtait beaucoup plus cher. On ne pouvait plus vivre. Hutten, longtemps auparavant, le dit déjà. La noblesse agonisait dans ses manoirs ruinés. Et, pour comble, elle s'était énormément multipliée; les cadets, qui jadis ne se mariaient pas, s'éteignaient au couvent ou à la croisade, avaient fait souche (de mendiants). Quelle ressource? la domesticité. Les plus adroits s'accrochaient aux seigneurs, vivaient de miettes, léchaient les plats. Mais la plupart étaient trop fiers encore, maladroits et sauvages; drapés dans leur manteau percé, ils mouraient de faim noblement.

Beaucoup pourtant se réveillèrent à cette grande occasion. Ils firent ressource de leurs restes et de tout. Ils voulurent voir la royauté nouvelle, la cour, l'abîme où s'absorbait la France.

Les longs préparatifs, les interminables cérémonies qu'on avait exhumées des livres de chevalerie, la pédantesque érudition qu'on mit à reproduire dans leurs détails ces vieilleries gothiques, leur donnèrent le loisir de regarder, de s'informer, et, les yeux dans les yeux, de percer cette odieuse cour de leurs tristes et haineux regards.

CHAPITRE II

Le coup de Jarnac. (10 juillet 1547.)

Le roi d'abord, quand on le démêlait dans la foule brillante, étonnait, attristait à le voir. Quoique grand, fort et bien taillé, il n'était nullement élégant. Son teint, sombre, espagnol, faisait penser à sa captivité, rappelait l'ombre du cachot de Madrid, et ses grosses épaules en portaient encore les basses voûtes. Visage de prison. On y sentait aussi l'ennui que son joyeux père avait eu de faire l'amour à la fille du roi bourgeois, la bonne et triste Claude.

Au total, point méchant, mais lourdement bonasse et dépendant (voir le buste du Louvre). On comprend qu'un tel homme une fois lié et muselé, on pût le mener loin ; que, né chien, pour plaire à ses maîtres, il put devenir dogue, et de ces cruels bouledogues qui mordent sans savoir pourquoi.

Mais il y avait aussi, dans la figure vivante, une chose que ne dit pas le buste. Le spirituel envoyé d'Espagne, le très fin diplomate Simon Renard, l'exprime d'un seul mot que tout le monde comprenait alors : « Il est né *saturnien*. » Saturne, en alchimie, c'est le lourd, vil et plat métal, le plomb. Astrologiquement, Saturne est l'astre sinistre des naissances fatales, des natures malheureuses, des vies qui doivent mal tourner, à elles-mêmes pesantes, pour les autres malencontreuses, de guignon, de triste aventure.

Celui-ci, être relatif, n'était que par rapport à un autre être, un astre supérieur. L'astre rassurait peu. Dans son portrait probable (Musée Cluny), Diane effraye plutôt de son apparente froideur. Fille du Rhône, mais longuement *attrempée* de sagesse normande, elle mit la froideur dans les mots, dans la noble attitude. Et les actes n'en étaient que plus violents.

Combien elle était redoutée, on le voyait par le servile effort de la reine italienne, la jeune Catherine de Médicis, qui ne regardait qu'elle, et tâchait d'attraper un mot ou un sourire. Elle n'y perdait pas ses peines, et on la rassurait. Ces deux femmes étaient un spectacle pour les austères provinciaux, qui ne comprenaient rien à ce partage d'une impudente intimité.

L'audace de Diane et son mépris de tout sentiment public, de toute opinion, apparaissaient en une chose, c'est que, par-dessus tous les dons dont nous parlerons tout à l'heure, elle s'était fait donner un procès — avec qui? avec toute la France.

Elle se fit donner (sous le nom de son gendre) la concession vague, effrayante, *de toutes les terres vacantes* au royaume. Or il n'y avait pas un seigneur, pas une commune, qui n'eût près de soi quelqu'une de ces terres vacantes et n'y prétendît quelque droit.

Un quart peut-être de la France était ainsi désert, inoccupé, vacant, litigieux.

On réclamait ce quart. On menaçait d'un coup deux ou trois cent mille *ayants droit*. On leur suspendait sur la tête cet immense procès où l'on était sûr de gagner.

Telle apparut la cour, le 10 juillet au matin, pompeusement rangée sur les estrades de Saint-Germain. On fut très matinal. Dès six heures, tous siégeant, les lices étaient ouvertes, et l'on procédait aux cérémonies. Le combat n'eut lieu que le soir, fort tard, presque au soleil couché.

Nous avons heureusement un long récit de cette journée, authentique, un procès-verbal dressé par ceux qui virent de près, par les hérauts. Vieilleville y ajoute des faits essentiels, et Brantôme, qui ailleurs est de si faible autorité, mérite ici quelque attention, étant neveu de l'un des combattants, et sans doute informé très particulièrement de cet événement de famille.

Donc, dès six heures, Guyenne, le héraut, alla chercher l'assaillant, La Châtaigneraie, qui entra dans les lices à grand bruit de trompettes et tambours, conduit par son parrain François de Guise, et par ceux de sa compagnie, trois cents gentilshommes, vêtus à ses couleurs, fort éclatantes, blanc et incarnat. Il *honora* le camp par dehors et en fit le tour. Puis, il fut reconduit solennellement à son pavillon, d'où il ne bougea plus.

Quel était donc ce prince qui faisait son entrée dans un tel appareil ? Un cadet de Poitou qui était venu en chemise. « Il y avoit déjà cinq semaines, dit Vieilleville, qu'on voyoit La Châtaigneraie faisant une piaffe à tous odieuse et intolérable, avec une dépense excessive, impossible, si le roi qui l'aimoit ne lui en eût donné le moyen. » Odieuse, en effet, intolérable, lorsque c'était le juge qui prenait si scandaleusement fait et cause pour un des partis.

Si la tête avait tourné complètement à La Châtaigneraie, on ne peut s'en étonner. Fou de sa fatuité propre, il l'était encore plus de la folie commune. Le temps n'existait plus, l'affaire était finie avant de commencer, Jarnac était tué, dans son esprit, et il ne s'occupait que du triomphe. Il allait par la cour invitant tout le monde à son souper royal, les grands, les princes. Un Bourbon refusa.

Un autre des Bourbons, le duc de Vendôme, fort opposé aux Guises, voulut relever le pauvre Jarnac, et demanda à être son parrain; mais le roi le lui défendit. Jarnac n'eut de parrain que Boisy, le grand écuyer, de cette famille des Bonnivet, une famille tombée, éclipsée. Vendôme, indigné d'une partialité si manifeste et si grossière, se leva, et les princes du sang le suivirent.

Depuis deux mois Jarnac s'était préparé à la mort, et il avait fait de grandes dévotions. Toutefois, pour ne négliger rien, il avait fait venir un renommé maître italien qui savait des bottes secrètes et pouvait dérouter un bretteur de profession. Cet Italien s'informa, observa; il sut que La Châtaigneraie gardait un bras quelque peu roide d'une ancienne blessure, et il dressa là-dessus son plan de campagne.

Jarnac, étant l'*assailli*, avait droit de proposer les armes. La question était de savoir s'il valait mieux pour lui proposer les armes gothiques, embarrassantes et lourdes, du quinzième siècle, ou celles, plus légères, qu'on portait au seizième. En droit, puisqu'on renouvelait tout le vieil appareil, il pouvait exiger aussi les vieilles armes, comme on les portait aux combats de ce genre cent ans ou deux cents ans plus tôt. L'autre parti ne s'y attendait pas. Il n'aurait jamais deviné que le plus faible demanderait ces armes pesantes. Brantôme assure pourtant que La Châtaigneraie trouva dans leur roideur un obstacle qui gêna les mouvements du bras jadis blessé.

Du reste, l'Italien comptait si peu sur le succès de ce moyen, qu'à tout hasard il en avait enseigné à Jarnac un autre, connu en Italie. Il lui dit d'exiger deux dagues : l'une longue attachée à la cuisse, l'autre courte, mise dans les bottines; dernière ressource de l'homme terrassé, qu'on appelait *miséricorde*, parce qu'au moment de doute où le vainqueur était dessus et attendait qu'il demandât merci, il pouvait du bras libre tirer encore la dague et la lui mettre au ventre.

Les dagues furent accordées, et les cottes de mailles, les longues épées pointues, à deux tranchants. Je ne vois pas qu'on parle de cuissards ni de grèves ; apparemment on les crut trop pesants, dans cette journée chaude, pour un combat à pied.

La difficulté et la discussion, qui fut longue, porta sur les gantelets que proposa le parrain de Jarnac, longs et roides gantelets de fer, abandonnés depuis longtemps et curiosités d'un autre âge. Il présentait encore un vaste bouclier d'acier poli, non moins inusité alors, mais admirable pour faire glisser l'épée d'un fougueux assaillant, user la force et la fureur du bouillant La Châtaigneraie.

Tout cela refusé de Guise, son parrain. Les juges du litige étaient les maréchaux de France, et celui qui les présidait, le connétable. Il y avait à parier qu'ils décideraient contre Jarnac, pour Guise (et pour le roi). Cependant, soit par sentiment d'honneur et d'équité pour égaler les chances, soit par entraînement pour céder à la voix publique, les maréchaux pensèrent qu'on devait suivre, mot à mot, les usages des derniers combats, et qu'on ne pouvait refuser les armes usitées alors.

La voix du connétable était prépondérante. Qu'allait-il décider ? Nous l'avons vu bien faible et bien servile sous l'autre règne. Celui-ci commençait, et l'on ne savait bien encore où pencherait la faveur. Quoique Montmorency fût et parût le premier homme de l'État, quoique nominalement il eût tout dans les mains, il avait vu combien facilement sa grande amie Diane et ses petits amis les Guises avaient enlevé Henri II, et de Chantilly, d'Écouen, maisons du connétable, l'avaient emporté à Anet. Il avait vu encore au conseil du 23 avril comme aisément, contre toute vraisemblance, ils tirèrent du roi l'ordre du combat, c'est-à-dire la mort de Jarnac. S'il les laissait ainsi toujours aller, lui-même perdait terre. Homme de paille et simple mannequin, il lui restait d'aller planter ses choux.

Tout cela sans nul doute le mettait pour Jarnac. Et cependant il eût flotté encore, redoutant d'irriter le roi, sans une très grave circonstance, qui bien plus droit encore saisit son cœur et dut lui faire violemment désirer la mort de La Châtaigneraie.

Ce fait, entièrement ignoré, et qu'un rapport de dates nous a fait découvrir, est tel :

Ce même jour du 23 avril où le conseil, de gré ou de force, avait cédé au roi et livré le sang de Jarnac, Montmorency obtint, en compensation sans doute de l'acte insensé qu'il signait, une très haute faveur personnelle. Le roi lui accorda pour son neveu Coligny les provisions de la charge de colonel général de l'infanterie française.

Coligny, il est vrai, était très digne. C'était un homme de trente ans, d'une gravité extraordinaire, d'une éducation forte et savante, d'une bravoure éprouvée et déjà couvert de blessures. Il avait pris la tâche dure de former nos bandes de pied, largement recrutées d'hommes effrénés et de bandits. Il passait pour cruel, dit un historien, mais sa *cruauté a sauvé la vie à un million d'hommes.* Ses règlements, base première de nos codes militaires, le constituent l'un des premiers créateurs de l'infanterie nationale.

Un tel neveu était une bonne fortune pour l'intrigant austère (on verra si ce nom était dû à Montmorency). Coligny avait justement la réalité des vertus dont l'autre avait le masque. Il était infiniment utile à celui-ci que la noblesse de province, dont Coligny fut l'idéal, jugeât l'oncle sur le neveu. La parfaite netteté de l'un trompait sur l'autre. On lui faisait honneur du fier génie de Coligny, de ses paroles amères, parfois hautaines, sur la lâcheté du temps. Celle des Guises lui fit mal au cœur quand ils mendièrent une fille de Diane. Et il le dit très haut.

Les Guises eussent voulu à tout prix biffer ce titre que lui donnait le roi. Ils réussirent à tenir la chose en suspens et sans exécution pendant deux ans, pensant, dans l'intervalle, pouvoir la faire passer à quelque favori. Or celui du moment était La Châtaigneraie, le roi en était engoué; ils conçurent l'idée bizarre, étrange (sotte sous tout autre roi), de faire donner à ce bretteur, pour prix d'un coup d'épée, une charge qui exigeait un si haut caractère, la plus austère tenue, la moralité la plus grave, charge en réalité de juge militaire, une épée de justice autant que de combat!

Le bruit courut partout que La Châtaigneraie avait la charge, autrement dit, que Coligny ne l'avait plus, que l'on se moquait du connétable, que le parti des vieux était bafoué, que tout passait à la jeunesse, aux Guises.

Il devenait très essentiel au connétable que La Châtaigneraie fût tué. Il approuva les armes proposées par Jarnac.

D'instinct, il sentait bien qu'il avait la France pour lui, que toute la noblesse de province surtout eût fort mal vu La Châtaigneraie vainqueur et colonel général de l'infanterie. Pour son maître, il le connaissait, et jugeait qu'après tout il se consolerait fort vite du grand et cher ami, et, s'il était battu, loin de le plaindre, lui garderait rancune.

La discussion fut très longue, et ce ne fut que bien tard, au plus tôt à sept heures du soir, qu'elle prit fin. La chaleur de juillet, la fatigue, l'attente, avaient porté au comble l'excitation des spectateurs. Nous avons vu ailleurs (à l'épreuve de Savonarole) le vertige qui saisit les grandes foules dans de tels moments.

Enfin les cris sont faits par les hérauts aux quatre vents. Défense de remuer, de tousser, de cracher, de faire aucun signe.

On les prend dans leur pavillon, on les amène en leur bizarre costume, mêlé de deux époques, qui eût paru grotesque dans un autre moment. Personne, en celui-ci, n'avait envie de rire.

« Laissez-les aller, les bons combattants! » Ce mot dit, ils avancent... Et l'on ne respire plus. On n'eût osé lever les mains au ciel, mais les yeux, les cœurs s'y dressaient.

Les deux figures de fer marchant l'une sur l'autre (de droite, la forte et trapue, et de gauche, la longue), la première se fendit, poussa d'estoc et redoubla... en vain.

La longue, c'était Jarnac, remettant tout à Dieu et ne se couvrant plus de sa pointe, hasarda un coup de tranchant, déchargea son épée (et peut-être à deux mains) sur le jarret de La Châtaigneraie.

Le coup porta si bien que celui-ci ne saisit pas le moment où Jarnac s'était tellement découvert, et où il eût pu le transpercer. Il chancela et *parut ébloyer...* Ce qui donna à l'autre facilité de redoubler de telle force et de telle roideur que, cette fois, le jarret fut tranché, et la jambe pendait... Il tomba lourdement à terre.

« Rends-moi mon honneur! dit Jarnac, et crie merci à Dieu et au roi!... Rends-moi mon honneur! » Mais il restait muet.

Jarnac, le laissant là, traverse la lice et s'adresse au roi. Il met un genou en terre : « Sire, je vous supplie que vous m'estimiez homme de bien!... Je vous donne La Châtaigneraie. Prenez-le, Sire! Ce ne sont que nos jeunesses qui sont cause de tout cela... »

Mais le roi ne répondit rien.

Acte cruellement partial. Le vaincu que Jarnac avait épargné aurait pu n'être qu'étourdi, se relever derrière et recommencer le combat. On lui donnait le temps de se remettre et de reprendre force.

Le vainqueur le craignit et revint. Mais il le trouva immobile, perdant son sang. Il se jeta près de lui à genoux, et de son gantelet de fer se battant la poitrine, il dit et répéta : « *Non sum dignus, Domine.* » Puis, il pria La Châtaigneraie de se reconnaître, de rentrer en lui.

Il était en effet revenu à lui, mais par un accès de fureur. Il se leva sur le genou, empoigna son épée, et, d'un mouvement désespéré, il se ruait sur l'autre. « Ne bouge ! lui dit Jarnac, je te tuerai. » — « Tue-moi donc ! » Et il retomba.

Ce dernier mot pouvait tenter Jarnac. Qu'allait-il arriver s'il ne le tuait ? Que ce furieux, vivant et sans doute sauvé par le roi, ne perdrait pas un jour, une heure, à peine guéri, pour tuer son trop clément vainqueur.

Mais il lui répugnait de tuer cet homme par terre, l'homme du roi d'ailleurs, qui peut-être ne le pardonnerait jamais.

Pour la seconde fois, il retourna au roi... Lamentable spectacle !... et se mit encore à genoux : — « Sire, Sire, je vous en prie, veuillez que je vous le donne, puisqu'il fut nourri dans votre maison... Estimez-moi homme de bien !... Si vous avez bataille, vous n'avez gentilhomme qui vous servira de meilleur cœur. Je vous prouverai que je vous aime et que j'ai profité à manger votre pain. »

Cette prière ne fit rien au roi. Il ne desserra pas les dents ; enveloppé d'obstination sauvage, lié de sa parole, sans doute, serf d'esprit et de langue, misérablement enchanté.

Le blessé gisait sans secours. Jarnac, y retournant, le trouva couché dans son sang, l'épée hors de la main. Ému de son état, il lui dit : « Châtaigneraie, mon ancien compagnon, reconnais ton Créateur, et que nous soyons amis. » Il n'exigeait plus rien de ce mourant que de penser à Dieu. Mais, tout mourant qu'il fût, il fit encore un mouvement contre lui. Jarnac, du bout de son épée, écarta celle de cette bête sauvage, épée et dague, emporta tout, remit tout aux hérauts.

On voyait que La Châtaigneraie était fort mal. Il pouvait trépasser. Jarnac, pour la troisième fois, alla au roi : « Sire, au moins pour l'amour de Dieu, prenez-le, je vous en supplie... »

Le connétable, en même temps, descendu dans la lice, était allé voir le corps, et, revenant, il dit : « Regardez, Sire ; car il le faut ôter. »

Mais le roi était aussi morne que le blessé. Tout le monde voyait que la vraie partie de Jarnac, c'était le roi, et que rien n'était fait. Un frémissement contenu de fureur et d'indignation, sans être entendu, se voyait sur la foule, et il n'était pas une âme, tant basse et servile fût-elle, qui ne lançât au trône une muette malédiction. Jarnac, électrisé de ce grand flot, et mis au-dessus de lui-même, oublia sa nature de courtisan timide ; il fit un coup d'audace qui désignait, marquait à la haine publique son vrai but. Il alla à Diane, s'arrêta devant elle, et, de la lice, sur l'échafaud royal, lui lança cette parole : « Ah ! madame, vous me l'aviez dit ! »

Trente mille hommes la regardaient... La fascination fut brisée, la terreur reportée sans doute où elle devait être ; les écailles tombèrent des yeux du roi : il vit la montagne de haine qui pesait sur elle et sur lui, et, baissant les grosses épaules (qu'on lui voit dans son buste), il jeta à Jarnac ce mot sec : « Me le donnez-vous ? »

Et alors le vainqueur, se jetant à genoux pour la quatrième fois : « Oui, Sire !... *Suis-je pas homme de bien ?...* Je vous le donne pour l'amour de Dieu. »

Mais le gosier du roi était comme séché. Il ne put jamais articuler : « *Vous êtes homme de bien.* » Il éluda cette réparation et dit un mot qui ne touchait que le duel : *Vous avez fait votre devoir*, et vous doit être votre honneur rendu. »

La foule n'y regarda pas de si près. Les cœurs se desserrèrent, les poitrines s'ouvrirent. Le mourant était emporté, et l'on attendait avec joie que, selon les anciens usages, le vainqueur, au son des trompettes, fût mené par les lices en triomphe. Il y eût eu des applaudissements à faire crouler le ciel. Le connétable s'enhardit à parler, et rappela l'usage et ce droit du vainqueur. Mais Jarnac frémit d'un triomphe qui l'aurait perdu pour toujours ; il refusa avec beaucoup de force : « Non, Sire, que je sois vôtre, c'est tout ce que je veux. »

On le fit monter alors sur les échafauds devant le roi. Et il se jeta encore à genoux. Henri II avait eu le temps de se remettre et de se composer. Il l'embrassa avec cet éloge forcé : qu'il avait combattu en César, parlé en Aristote.

Quelques-uns disent qu'il l'adopta vraiment et le prit en faveur. Je ne vois point cela. A la fin de ce règne, je le vois encore simple capitaine à Saint-Quentin, sous Coligny.

Ce qui surprit le plus, c'est que le roi parut oublier parfaitement, ou mépriser plutôt son grand et cher ami. Il ne lui pardonna pas sa défaite, le laissa dans son agonie sans lui donner le moindre signe. Le malheureux fut si exaspéré de ce dur abandon, qu'il arracha les bandes qu'on mettait à ses plaies, laissa couler son sang et parvint à mourir.

Il avait bu jusqu'au fond le calice par l'outrage du peuple. Dès le soir même, son pavillon, ses tentes, avaient été violemment envahis. Le splendide souper qu'il avait préparé pour son triomphe fut dévoré par la valetaille. Puis la foule survint, renversa les plats et marmites, bouleversa les tables. La vaisselle d'argent, prêtée par les grands de la cour, fut pillée, emportée. Par-dessus les voleurs, une tourbe confuse s'acharna, cassant, brisant, déchirant et trépignant sur les débris.

On vint le dire au roi, qui, ayant déjà en lui-même une grande colère contenue, fut trop heureux de pouvoir frapper. Il lança ses archers, sa garde, les soldats de la prévôté. Sur cette foule compacte, sans trier ni rien éclaircir, on tomba des deux mains à coups d'épées, de piques, de masses, de hallebardes. Confusion horrible, étouffement, carnage indistinct dans l'obscurité.

La nuit était fermée et sombre, et la foule s'écoula

par la forêt et vers Paris, ne regrettant pas son voyage, malgré ce cruel dénouement. Bien des choses étaient éclaircies, et bien des hommes, jusque-là suspendus, commencèrent à prendre parti, ayant vu la cour d'un côté, la France de l'autre.

Tout ce qu'il y avait de pur, de fier, dans la noblesse de province, d'indomptable et noblement pauvre, fut libre dès cette nuit, cheminant d'un grand souffle, ne sentant plus sur ses épaules cette fascination de la royauté qu'avait exercée le feu roi. Et la religion de la cour, le catholicisme des Guises, de Diane, ne leur pesait guère. Beaucoup se sentirent protestants, sans savoir seulement ce qu'était le protestantisme.

Le petit peuple de Paris, étudiants et artisans, malgré l'horrible averse qui avait signalé au soir la royale hospitalité, quoique plus d'un restât sur le carreau, quoique beaucoup revinssent manchots, boiteux ou borgnes, ce peuple, avec une âpre joie, emportait avec lui un proverbe « *le coup de Jarnac* », qui, redit, répété partout et dans tout l'avenir, renouvelât sans cesse cette défaite de la royauté.

CHAPITRE III

Diane. — Catherine. — Les Guises. (1547-1559.)

Quelque dompté, docile, né pour l'obéissance, que parût Henri II, une femme de quarante-neuf ans qui gouvernait un homme de trente ne pouvait être rassurée. Elle avait grand besoin de l'occuper de rêves, de projets, de pensées. Il y avait un malheur, c'est qu'il ne pensait point, parlait peu, et ne lisait pas. En attendant la guerre, il fallait le jeter dans les pierres et les bâtiments.

L'art avait déjà décliné. Le siècle, à son milieu, ressemblait fort à Diane elle-même. Il suppléait par la noblesse à ce qui manquait d'agréments. En bâtiments, comme en littérature, commençait le genre noble et le style soutenu. L'effort y est, et la grâce sérieuse. Adieu la fantaisie. Que trouver désormais qui ressemble à Chambord, à l'exquise petite galerie de Fontainebleau ? La grande salle de bal (ou d'Henri II), toute grandiose et prophétique en ses mystérieuses allégories, a l'effet d'une immense énigme; on fatigue, on travaille, on sue à tâcher de comprendre.

Diane refit d'abord Anet. Elle occupa le roi à lui bâtir un palais, maison d'intimité, grande et non gigantesque, parfaitement mesurée aux convenances d'une noble veuve qui afficha toujours ce caractère, et qui d'ailleurs voulait posséder, jouir sur-le-champ. Anet, improvisé par Philibert de Lorme, entre Dreux, Évreux et Meulan; non loin de la grande Seine, mais retiré, sur la petite rivière d'Eure, fut tout en promenoirs, tout en rez-de-chaussée, galeries et terrasses, au milieu des prairies, une maison de conversation. Du reste, nulle plus complète : parc, taillis, bois, garennes, arbres fruitiers, volières, fauconneries, héronnières, tout fut prévu, tout ce qui peut distraire un grand enfant. Cours sérieuses, jardin modique; de petits arcs rustiques s'élevaient à l'entrée des allées principales. Une chapelle, élégante et petite, couronnait et consacrait tout.

L'abondance des eaux, les viviers, les canaux, qui coupaient tout cela, égayaient la maison, plus noble que gaie cependant. Sans les forêts voisines et les distractions de la chasse, le roi y eût trouvé les journées longues. Elle en fit un palais de chasse, et se fit donner pour mettre à l'entrée le bas-relief de cerfs, de sangliers, qu'a fait Cellini pour Fontainebleau (Voy. au Louvre).

Avec cela l'attrait manquait. Qui peut dire ce qui fait l'attrait d'une maison, d'un lieu, d'un paysage?

Pourquoi l'empereur Charlemagne fut-il tellement pris du petit lac d'Aix-la-Chapelle, sans pouvoir en tirer ses yeux? Un talisman, dit-on, y attacha son cœur, l'y retint fasciné, amoureux et comme enchanté. Mais qui allait créer pour Anet ce mystère et ce tout-puissant talisman?

C'était peut-être la question du règne.

Il fallait s'avouer les choses. Ce qui rendait surtout la maison sérieuse, c'était l'âge de la dame. Il fallait inventer je ne sais quel miracle de jeunesse éternelle qui troublât l'imagination et lui donnât le change, retînt le cœur ému d'un rêve. Un rêve peut supprimer le temps.

Diane se souvint que sa rivale, dans un problème inverse, voulant raviver un vieillard, avait, jeune elle-même, paré sa chambre et entouré son lit des ravissantes filles sorties du ciseau de Jean Goujon. Mais combien le problème était plus difficile ici, où l'objet aimé, déjà mûr, avait besoin d'illusion, d'une Jouvence puissante, inouïe!

J'aurais voulu être à Anet quand l'imposante veuve y fit venir le maître, lui demanda le talisman qui tromperait le roi, l'histoire et l'avenir.

En parcourant d'abord ce noble palais, un peu morne, Goujon vit et sentit la vraie grâce du lieu, les eaux vives. Le monument, dès lors, dut être une fontaine, où l'immobile image s'aviverait sans cesse du mouvement de ces belles eaux, de leur gazouillement qu'elle a l'air d'écouter.

Le gracieux génie du lieu fut ainsi évoqué du fond

des ondes, une Diane, non mythologique, plutôt une fée chasseresse, jeune, fraîche et légère, posée à peine, comme pour respirer un moment. Mais elle y est restée plus longtemps qu'elle ne le voulait, au doux murmure des eaux; ses beaux yeux errent et nagent; et elle ne bouge plus, rêveuse, prise elle-même à son enchantement.

Elle est prise, et elle aime... Qui? La forêt sans doute, ou ce beau cerf royal contre qui elle incline, appuyant à son poitrail un bouquet négligé de fleurs. Elle aime, qui encore? Le noble lévrier qu'elle enjambe délicatement sans vouloir le presser, d'une grâce si tendre et si charmante.

L'embarras pour l'artiste fut Diane elle-même. La statue serait-elle, ou ne serait-elle pas un portrait?

Tous les portraits de Diane sont fictifs, moins, je crois, un seul, une statue dont je parlerai, et qui ressemble un peu à la Diane de Goujon. Dans celle-ci, il aura gardé quelque chose des traits de la vie, une fugitive et lointaine ressemblance.

Le beau nez, fin, dominateur, qui tombe avec décision et d'une autorité royale, est un trait historique. Le front fort découvert (les cheveux étant relevés de toutes parts) est haut plutôt que large; une résolution peu commune habite là, plutôt qu'une pensée. L'œil si vague serait dur cependant, si la prunelle était sculptée.

Elle est nue, et d'autant plus chaste. Virginale? Non. Elle est parée et riche. Elle a pour vêtement un léger bracelet à son beau bras, et sur la tête un si riche ornement qu'il vaut un diadème. Tout l'art du monde est dans sa chevelure.

Tant d'art et de parure, et elle est nue! c'est le galant mystère. Celle-ci n'est pas apparemment la Diane inexorable... Si c'était une femme? Cette idée vient et trouble.

L'effet était puissant, magique, dans le jardin des Augustins (Musée des monuments français), sous la feuillée et sous l'azur du ciel. Ciel étroit d'un jardin resserré, monastique, tout entouré d'un cloître. La feuille au vent voilait et dévoilait ce rêve. Mais comment était-elle là, charmante et nue? on se le demandait. La jeune et fière beauté, la main sur son grand cerf, semblait égarée par la chasse, par le hasard, dans ce logis de moines, se reposant de la chaleur du jour, surprise... Mais n'allait-elle pas se lever?

L'histoire est de deux âges. Il y a le noble lai d'amour et le gai fabliau; derrière le poème royal, un rire des vieux noëls. La figure est sévère, vivement résolue, le sein naissant et pur. Mais, à côté, d'autres détails font penser à la veuve. Le charme est mêlé d'ironie.

La grande bête au bois superbe, qu'elle retient mollement sous son bouquet de fleurs, ce cerf à l'œil vide, au front vide, aussi passif que sa forêt, est-ce une bête royale, ou un roi tout à fait? Je lui trouve un air d'Henri II.

L'artiste, pour ce lieu de fête et d'amusement, dans sa gaieté shakespearienne, derrière la belle nymphe, s'est donné le plaisir d'un sombre repoussoir, amusante laideur. Il a soigneusement, avec un art exquis, comme il eût sculpté Vénus même, travaillé avec complaisance un barbet hérissé, non, un triste caniche, noir, poil rude, brèche-dent, qui réclame tout bas, comme ferait au cœur de la belle le souvenir vulgaire d'un vieil attachement, d'une triste amitié de mari, d'un Brezé par exemple, à qui elle promit un deuil invariable, et qui timidement mêle à la fête d'amour quelques gémissements de grondeuse fidélité.

Voilà le monument étrange, idéal et réel, amusant, noble et ravissant, l'enchantement diabolique et divin qui a trompé les cœurs et qui les trouble encore, qui démentit le temps, et qui la maintint belle jusqu'à soixante-dix ans, que dis-je? trois cents ans, jusqu'à nous.

Mais laissons là le rêve, laissons la poésie. Voyons l'histoire et la réalité.

Diane, dite de Poitiers (d'après une prétention de descendre des vieux souverains de Poitou), n'était nullement Poitevine, mais du Rhône, du pays le plus processif de la France, le plus âpre aux affaires, le Dauphiné du Midi. Fille de Saint-Vallier, ce brouillon qui crut changer la dynastie, elle épousa Louis de Brezé, petit-fils de celui qui trahit Louis XI, fils d'un Brezé qui eut une fille de France et qui la poignarda. De tous côtés, il y avait des romans dans sa destinée.

Le sang du Rhône, intrigant, violent, fut considérablement tempéré en elle, et *assagi* par sa transplantation dans *le pays de sapience*, en Normandie, où elle passa les meilleures années de sa jeunesse, de quinze à trente. Son mari, homme âgé, Louis de Brezé, était une espèce de grand juge d'épée, sénéchal de Normandie. A la petite cour du sénéchal et de madame la sénéchale, venaient se débattre les affaires féodales qu'on pouvait, de gré ou de force, ramener à la suzeraineté du roi. Belle école d'affaires où elle vit sans doute combien la justice est fructueuse. Il ne faut pas s'étonner si le premier don qu'elle obtint d'Henri devenu roi fut un immense procès.

Elle spécula habilement sur son veuvage, le porta haut, se fit inaccessible, mit l'affiche d'un deuil éternel. Cela lui donna le Dauphin, qui aimait les places imprenables; elle le tenta par l'impossible. Et elle le garda, comment? en ne vieillissant pas.

Beau secret. Et pourtant, on peut en donner la recette : Ne s'émouvoir de rien, n'aimer rien, ne compatir à rien. Des passions, en garder seulement ce qui donne un peu de cours au sang, du plaisir sans orages, l'amour du gain et la chasse à l'argent. Un diplomate, connu par sa froideur, en jouait un peu tous les jours pour avoir, disait-il, ces petites émotions, petits désirs, petites peurs, qui achèvent la digestion.

Donc, absence de l'âme. D'autre part, le culte du corps.

Le corps et la beauté, soignés uniquement, non pas mollement adorés, comme font la plupart des femmes, qui les tuent par les trop aimer; mais virilement traités par un régime froid qui est le gardien de la vie. Elle profitait des froides heures du matin, se levait de bonne heure, usait très largement des rafraîchissements inconnus aux dames d'alors, en toute saison se lavait d'eau glacée. Elle se promenait ensuite à cheval dans la rosée; puis revenait, se remettait au lit, lisait quelque peu, déjeunait. Pour digérer et rire, elle n'avait ni nain, ni chien, ni singe, mais le cardinal de Lorraine, un garçon de vingt ans, fort gai, qui lui servait de femme de chambre et lui contait tous les scandales. Henri II trouvait bon cela, sachant parfaitement la froideur de sa maîtresse, et regardant d'ailleurs ce petit prêtre comme une femme. Celui-ci y trouvait son compte, et par là se faisait souffrir.

Le meilleur oreiller de la grande sénéchale, c'était son intimité avec la reine, la jeune Catherine de Médicis. Celle-ci lui appartenait; Diane avait la clef de l'alcôve, et quand Henri II couchait chez sa femme, c'est que Diane l'avait exigé et voulu. Cela se vit au moment où Diane et les Guises commencèrent la guerre d'Allemagne, malgré le connétable. Le roi n'osait rien faire contre l'avis de celui-ci. Il fallait faire décider la chose par le conseil, qui était partagé; pour en changer la majorité, on y voulait ajouter un membre. Mais que dirait le connétable? On décida que le roi inopinément nommerait, et, pour constater que la chose était bien de lui seul, spontanée et sans influence, on le fit cette nuit coucher chez sa femme, où il fit le matin la nomination. Ainsi Diane se mit à couvert; la majorité fut changée; ni elle ni les Guises n'en eurent la responsabilité.

Sont-ce tous les services que rendait Catherine? Non; sous François I*er*, elle fut sans nul doute plus utile à Diane encore. Et comment? Brantôme nous le dit : Elle s'attacha au vieux roi; elle l'amusa, et le faisait causer, le suivait à la chasse, parmi ses dames favorites, écoutant tout, *attrapant des secrets*. C'est ainsi que Diane dut être toujours avertie, et à même de déjouer à temps les trames de son ennemie, la duchesse d'Étampes.

Catherine (dans une lettre à Charles IX) loue François I*er* d'avoir institué la police, d'avoir eu partout des yeux, des oreilles. Elle-même, selon toute apparence, fut chez François I*er* la police de Diane, ses oreilles et ses yeux.

Diane l'aimait tellement qu'elle seule la soignait en couches et dans ses maladies. Une fois que Catherine fut en danger, on la vit troublée, inquiète. Avec raison. Où en eût-elle jamais trouvé une pareille, si servile et si corrompue?

« Mais, dira-t-on, comment la jeune reine s'était-elle à ce point donnée à sa rivale? » Pour la raison très forte que Diane la protégeait contre l'aversion de son mari, qui l'eût cent fois répudiée.

Quand Clément VII vint en France marier sa petite-nièce, il exigea que le mariage fût fait et consommé de suite, irrévocable, se doutant qu'autrement il ne tiendrait guère. La petite fille de quatorze ans, donnée à un mari de quinze, agréable, douce et docile, ayant beaucoup d'esprit et de culture, fut mal reçue, et lui resta singulièrement antipathique. Pourquoi ? Comme roturière, du sang marchand des Médicis ? Ou bien pour sa nature menteuse, pour son caractère double et faux ? Non, pour un point physique.

Physique, mais de portée morale. On y sentait la mort; son mari instinctivement s'en reculait, comme d'un ver, né du tombeau de l'Italie.

Elle était fille d'un père tellement gâté de la grande maladie du siècle, que la mère, qui la gagna, mourut en même temps que lui au bout d'un an de mariage. La fille même était-elle en vie ? Froide comme le sang des morts, elle ne pouvait avoir d'enfants qu'aux temps où la médecine défend spécialement d'en avoir.

On la médecina dix ans. Le célèbre Fernel ne trouva nul autre remède à sa stérilité. On était sûr d'avoir des enfants maladifs. Henri fuyait sa femme. Mais ce n'était pas le compte de Diane; elle avait horriblement peur que, Henri mourant sans enfants, son successeur ne fût son frère, le duc d'Orléans, l'homme de la duchesse d'Étampes. En avril 1543, lorsque Henri partait pour la guerre et pouvait être tué, il dut d'abord tenter un autre exploit, surmonter la nature, aborder cette femme et lui faire ses adieux d'époux.

Le 20 janvier 1544 naquit le fléau désiré, un roi pourri, le petit François II, qui meurt d'un flux d'oreille et nous laisse la guerre civile.

Puis un fou naquit, Charles IX, le furieux de la Saint-Barthélemy. Puis, un énervé, Henri III, et l'avilissement de la France.

Purgée ainsi, féconde d'enfants malades et d'enfants morts, elle-même vieillit, grasse, gaie et rieuse, dans nos effroyables malheurs.

Les républicains de Florence, au siège de cette ville, où elle était fort jeune, l'avaient eue dans leurs mains, et plusieurs, par une seconde vue, voulaient la tuer. Elle parut si basse, qu'on l'épargna. Et telle elle resta, ne sachant même haïr, ne pouvant dire un mot de vérité.

Diane, qui la tenait par la peur, la méprisait tellement qu'elle trouva bon qu'on la sacrât, qu'on lui fît des médailles, etc. Elle-même, elle avait à Anet, en médaillon de marbre, cette chère reine, pour la toujours voir.

Une autre politique de cette femme avisée fut, ayant déjà l'alcôve, d'avoir aussi la guerre. Elle maria ses filles aux aventuriers militaires d'Ardenne ou de Lorraine, qui, se trouvant entre la France et l'Empire, étaient chefs naturels des bandes d'Allemands qui recrutaient nos armées. La première fille fut donnée aux La Marck, et la seconde aux Guises.

Le petit Charles de Lorraine, qui n'était qu'archevêque, prit à l'avènement le chapeau qu'on demanda à Rome, et l'on y envoya dans un honnête exil les douze cardinaux de François Ier. Tous les Guises entrèrent au conseil. François eut la Savoie, et plus tard l'armée d'Italie, l'entrée aux grandes aventures, le vieux champ des romans de la maison d'Anjou, dont il prit hardiment le nom.

Il n'y avait, après Montmorency, qu'un camarade de

jeunesse du roi, Saint-André, qui pût leur faire ombre. C'était un homme de luxe et de bonne chère. Ils le soûlèrent de biens, lui firent donner en gouvernement le centre de la France (Lyon, Bourbonnais, Auvergne, etc.).

La grosse part du gâteau fut naturellement pour la grande sénéchale.

Grande véritablement, énormément rapace, miraculeusement absorbante. La baleine, le léviathan, sont de faibles images. Elle avala Anet et Chenonceaux, le duché de Valentinois. Mais qu'est-ce que cela? Elle avala le don du nouveau règne, exigeant que tout ce qu'on payait pour renouvellement de charges, confirmation de privilèges, etc., lui fût payé à elle-même. Mais qu'est cela encore? une part, et elle voulait le tout. Elle prit la clef même du coffre, destitua le trésorier de France, et en fit un à elle, un voleur prouvé tel à la mort d'Henri II. Mais tant de gens avaient volé avec elle, avec lui, que l'on n'alla jamais au fond.

On prit si vite ce qui pouvait se prendre, que bientôt il ne resta que les places futures. On épia les morts. Ils avaient, dit Vieilleville, des médecins pour tâter le pouls à tous ceux qui avaient des charges, les tenir au courant des maladies, des vacances probables, des *affaires* qu'on pouvait pousser sur les morts ou sur les vivants.

Trois affaires promettaient les plus beaux bénéfices :

1° Les confiscations sur les protestants;

2° Les procès pour les terres vacantes;

3° La punition des révoltes que produirait le désespoir.

Il y en eut une tout d'abord. Les misérables pêcheurs de Saintonge et du Bordelais, réduits par la gabelle à ne pouvoir plus saler leur poisson, leur unique nourriture, mouraient de faim; ils se soulevèrent. Le gouverneur de Bordeaux fut tué. Occasion splendide d'exploiter ces provinces. On effraya d'abord Bordeaux par les supplices, on pendit, on roua, on força les notables à déterrer le mort avec leurs ongles. On rançonna les survivants. Le fait suivant en dit beaucoup; on se croirait déjà aux beaux jours de Louis XIV, à la révocation de l'*Édit de Nantes*.

Cinq grands seigneurs, dont l'un beau-frère de Saint-André, apportent au maréchal de Vieilleville un brevet par lequel le roi donne à eux et à Vieilleville la *confiscation de tous les usuriers et luthériens* de Guyenne, Limousin, Quercy, Périgord et Saintonge. L'idée première appartenait à un certain Dubois, juge de Périgueux, qui répondait que chacun d'eux en tirerait vingt mille écus. Dubois promettait d'en donner moitié dans un mois. Vieilleville les remercia; mais il tira sa dague, et l'enfonça dans le brevet à l'endroit où était son nom. Ils rougirent et en firent autant, s'en allèrent sans mot dire.

Il était rare qu'on lâchât prise ainsi. Un riche lapidaire de Tours, qui chaque année allait aux foires de Lyon, préparait un magnifique collier pour Soliman. Cela rendit curieux; on s'informa de sa foi, et on ne manqua pas de trouver qu'il était protestant. L'accusateur, prêtre de Lyon, pour assurer l'affaire, s'associa un gentilhomme qui, d'abord, demanda en prêt une grosse somme au lapidaire, puis, refusé, sollicita et obtint sa confiscation. Tout son bien était en pierreries, qui disparurent. Exaspérés, les dénonciateurs le traînent à Paris. Mais là il aurait pu acheter protection. On se hâta de le brûler.

La fructueuse spéculation de vendre des procès était poussée en grand par Diane et les Guises, ouvertement et sans mystère. Nous avons dit que le procès contre le confident de la duchesse d'Étampes fut lancé, puis arrêté par le cardinal de Lorraine, qui reçut de lui une terre. Le grand Guise, François, agit de même dans la revision qui se fit du procès des Vaudois. Grignan, gouverneur de Provence et l'un des massacreurs, se lava en donnant son château de Grignan au tout-puissant François. Selon toute apparence, cette réparation singulière de la persécution par un gouvernement persécuteur n'a d'autre explication que l'appétit de la nouvelle cour pour voler les voleurs du règne précédent. Les vers se mangent l'un l'autre.

Quelque peu porté que l'on soit à s'exagérer l'importance d'un individu dans les grandes révolutions, on est forcé de reconnaître que Diane a pesé cruellement dans nos destinées.

Unie aux Guises, à Saint-André, à tout ce qui volait, elle forma sous Henri II la ligue compacte qui, plus tard, au jour des réformes, au jour de la nécessité, se dressa comme un mur contre la justice, rendit tout remède impossible.

Par elle, la fortune des Guises (qui fut notre infortune) ne marcha plus, elle vola. Précipitée, violente, inéluctable, par écueils, par abîmes, cette fortune fantasque emporta la France avec elle.

A ce bizarre roman de la vieille maîtresse se lia le roman de fausse chevalerie, de héros de fabrique, de princerie populaire, et tant de sanglantes farces.

En ce pays de prose, où la vraie poésie est peu sentie, pour poésie on prit le roman.

L'influence espagnole y fit beaucoup sans doute. Mais, même avant cette influence, le roman avait commencé.

Les Guises assez clairement avaient livré le mot du leur. Enfants d'un cadet de Lorraine (d'un cinquième fils de René II), ils dédaignèrent, comme on a vu, de s'appeler *Lorraine*, et prirent le nom d'*Anjou*. Ils en étaient par leur aïeule, la mère de René II. Mais se nommer *Anjou*, c'était promettre plus que les livres de la Table-Ronde.

Cela commence au frère du roi fou, Charles VI, Louis d'Anjou, qui ruine la France pour manquer l'Italie.

Puis vient le fameux roi René d'Anjou, *le bon* et le prodigue, souvenir populaire, René roi de Jérusalem, René le prisonnier, délivré par sa femme, etc., etc.

Son fils Jean de Calabre, sa fille Marguerite d'Anjou, la furie d'Angleterre, le petit-fils enfin, René II, à qui les lances des Suisses donnèrent le grand succès de la chute du Téméraire : c'étaient là des légendes propres à troubler l'esprit des Guises. Elles leur furent sans nul doute ressassées par leur ambitieuse mère, par leurs chroniqueurs domestiques. Leurs démarches, toujours hasardées fort au delà de leur situation, furent visiblement en rapport avec ce royal passé dont ils faisaient leur point de départ.

Avec le mot *Anjou*, ils pouvaient réclamer cinq ou six provinces de France et cinq ou six trônes d'Europe. En attendant, avaient-ils des chemises? Leur père Claude arriva fort nu en France, point apanagé de Lorraine. C'était un bon soldat. On lui donna des postes de confiance, des établissements aux frontières champenoises, picardes et normandes. On supposait qu'il pouvait commander nos Allemands, suppléer les La Marck, de quoi il s'acquitta fort mal à Marignan. Déjà auparavant, le bon roi Louis XII l'avait hautement marié en lui donnant Antoinette de Bourbon. Cette Bourbon était petite-fille par sa mère du fameux connétable de Saint-Pol, le grand traître du quinzième siècle. Elle en avait le sang, avec une violence sinistre qu'elle fit passer à ses enfants. C'est elle qui décidera le massacre de Vassy.

Je n'hésite nullement à rapporter à Antoinette l'audacieuse initiative que prit son mari Claude pendant la captivité de François Ier; de lui-même, il ne l'eût prise. Chargé de couvrir nos frontières de l'Est avec les débris de Pavie, sans ordre, il sortit du royaume, traversa toute la Lorraine, et, s'unissant au duc son frère près de Saverne, frappa le coup le plus sanglant sur les paysans insurgés. Un témoin oculaire dit: « J'en vis passer dix-huit mille au fil de l'épée. » On reprit Saverne, qui était à l'église de Strasbourg; on rendit à l'évêque, au chapitre, aux seigneurs ecclésiastiques que poursuivaient les paysans, un service d'immortelle mémoire, et non moins grand à l'Empereur; ce torrent débordé fût descendu aux Pays-Bas.

Le roi fut étonné plus que satisfait d'un tel acte, de cet excès de zèle. Était-ce lui qu'on avait servi en étouffant l'insurrection qui aurait pu donner à Charles-Quint de si graves embarras? Il s'en souvint, et, depuis lors, jamais ne fut bien pour les Guises.

Le clergé s'en souvint aussi. A la première occasion, il travailla pour eux. Le roi d'Écosse, Jacques V, veuf d'une fille de François Ier, qu'il aimait fort, était pressé par les siens de se remarier et ne voulait qu'une Française. Il demandait une Bourbon. Ses prêtres d'Écosse firent si bien qu'en place il accepta Marie, la sœur des Guises.

Ceux-ci, dans ce hasard heureux, faufilés entre deux amours, se trouvèrent sur le trône, par la grâce du clergé, grands et importants par leur sœur, dont la France avait besoin contre l'Angleterre, et qui, bientôt veuve, régente au nom de la petite Marie Stuart, fut courtisée pour livrer cette enfant avec la couronne d'Écosse.

Les Guises n'étaient pas moins de douze. Douze fortunes à faire! N'ayant pas la faveur du roi, ils se glissèrent par le Dauphin Henri, se donnèrent à Diane, mendièrent la main d'une fille de Diane. Cette alliance les enhardit au point que François de Guise (dit-on)

fît promettre à ce simple Henri *de lui restituer la Provence!*

Ils comptaient bien aux noces prendre le manteau de prince. François Ier fut inflexible, et il leur fallut attendre sa mort. Princes alors, malgré les vrais princes, malgré le Parlement, ils ne s'en contentent plus. Ils veulent marcher de front avec le premier prince du sang, Bourbon-Vendôme, père d'Henri IV.

La devise du cardinal de Lorraine était un lierre autour d'un arbre. Image naïve des Guises recherchant les Bourbons, les étreignant par alliance, et peu à peu les étouffant.

Leur audace séduisit la France. Quoique éminemment faux, et tout mensonge, ils plurent par le succès et l'à-propos. On leur crut le suprême don que plus tard Mazarin voulait d'un général plus qu'aucun solide mérite, disant toujours : « Est-il *heureux?* »

François de Guise, excellent homme de guerre, n'eut pas cependant occasion de faire la grande guerre stratégique. Metz et Calais, deux succès de détails, bien réussis, enlevèrent l'opinion. Un immense parti, qui avait besoin d'un héros, reprit la chose en chœur, la chanta pendant cinquante ans, en assourdit l'histoire.

A voir pourtant cette servilité au honteux combat de Jarnac, à voir son affaire de Grignan qu'il lava pour argent, à voir cette attention aux petits gains, aux petites affaires de ses fiefs (*Mém. de Guise*), j'ai de la peine à croire que, sous cette bravoure, sous cet éclat, un grand cœur ait battu.

C'est ce qui distinguait fort les Guises de leurs aïeux d'Anjou, et qui, dans leur plus haute fortune, les signalait toujours comme *parvenus*. Ils n'étaient pas tellement ambitieux dans le grand, qu'ils ne fussent âprement avides, rapaces, crochus, dans le petit. Tout-puissants même, et rois de France, on les vit palper sans rougir les menus profits de la royauté. Leur sœur d'Écosse, et vraie sœur en ceci, les en gronde, surtout leur reproche de ne pas lui faire part et de ne voler que pour eux.

Nous ne suivons pas les satires protestantes, mais bien l'opinion catholique indépendante, celles de Tavannes, par exemple, des Espagnols, du duc d'Albe, qui parle du cardinal de Lorraine comme d'un petit brouillon avec qui on ne peut traiter. Il en dit ces propres paroles : « En disgrâce, il n'est bon à rien. En faveur, il est insolent, et ne reconnaît plus personne. » (Lettre du 18 juillet 1572.)

Ce que les frères eurent de meilleur, ce fut l'entente et l'unité d'efforts. La division du travail et des rôles était parfaite entre eux. Le second, Charles, et le troisième, Aumale, le gendre de Diane, la tenaient par elle et sa fille. Ils n'en bougeaient, surtout le jeune cardinal. Ils assuraient à François, le héros, le vrai champ de bataille des affaires, à savoir la chambre à coucher, *ces douze pieds carrés qui* (disait Richelieu) *donnent plus d'embarras que l'Europe*. Le jeune cardinal, entre le roi et Diane, était de tout en tiers ; il mêlait à tout ses gambades, et tenait son frère, le héros, très informé, sans sortir de son rôle, et gardant la bonne attitude d'un militaire étranger aux intrigues.

Nulle affaire lucrative non plus ne passait là sans qu'ils fussent à même d'en happer quelque chose. Ce qu'ils en tirèrent, Dieu le sait. Pour ne parler que du cardinal, on put croire qu'il serait peu à peu le seul évêque de France. Il arriva sous Charles IX à réunir *douze sièges, dont trois archevêchés,* les grands sièges archiépiscopaux de Reims, de Lyon et de Narbonne; à l'est, les riches évêchés germaniques de Metz, Toul et Verdun; au midi, Valence, Albi, Agen; à l'ouest, enfin, Luçon, Nantes.

Mais ce mot d'*évêché* ne donne guère une idée de la réalité d'alors; les trois de l'est étaient de riches principautés d'Empire, grasses à ce point, qu'en 1564, voulant s'assurer le duc de Lorraine, le cardinal, sur Verdun seulement, put lui donner en fiefs vacants un don de deux cent mille écus. (Granvelle, VIII, 305.)

CHAPITRE IV

L'intrigue espagnole.

J'ai donné les acteurs, ce semble. Il ne me reste qu'à commencer le drame. Selon la méthode ordinaire, je dois, dès ce moment, entamer le récit de l'imbroglio politique.

C'est le conseil que le lecteur me donne, et l'art peut-être aussi. Le puis-je en vérité? L'histoire me le défend, et elle parle plus haut que tout art littéraire. Si j'ouvrais ici le récit, j'aurais beau faire ensuite, il resterait toujours obscur.

Qu'on ne s'y trompe point. Les meneurs de la cour que nous avons nommés, en tout, trois ou quatre intrigants, ne sont nullement les grands acteurs réels du drame qui va se jouer. Ils y sont accessoires, entraînés qu'ils sont tout à l'heure sous l'influence souveraine qui les emportera et eux et leurs projets juste au rebours de leurs projets. Cette influence est l'espagnole.

Je ne puis davantage chercher en Charles-Quint la fixité de mon fil historique. On le verra essayer quelque temps de petites résistances contre le grand mouvement espagnol pour en être bientôt entraîné.

Où donc sera mon ancre? La chercherai-je à Rome? Le nom de Rome incontestablement fit l'unité de la grande conspiration catholique. Unité nominale.

Rome fut divisée sur le dogme; ses plus éminents cardinaux différaient entièrement (à Trente) sur la mesure des concessions à faire. Et, politiquement, Rome fut pitoyable, s'étant mise à faire la guerre folle à l'Espagne qui la défendait.

Pour reprendre, les Guises, Charles-Quint et le pape, dans leurs variations, ne me fournissent aucunement le solide point de départ dont ce livre a besoin.

Sa base est en deux choses qu'il faut donner d'abord, en deux acteurs qu'il faut poser en face : *l'Espagne et le Protestantisme.*

Je dis l'Espagne, et non pas le parti catholique. Ce parti, avec toutes ses finesses politiques, avec sa mécanique législative de Trente, etc., n'aurait pas pu lutter s'il ne lui était survenu un élément nouveau, très spécial, qui réchauffa tout.

Élément national qui devint universel, qui espagnolisa la religion par toute l'Europe, substituant le roman à la poésie, et (chose inattendue) de la chevalerie faisant jaillir une police!

Cette police est l'ordre des Jésuites, ordre essentiellement espagnol, qui très longtemps n'a que des généraux espagnols.

Ordre dominateur, comme l'Espagne l'est alors, absorbant et engloutissant, qui transforme toute l'Église, jésuitise ses ennemis mêmes, impose sa méthode à tout prêtre, à tout moine, si bien que tout ordre rival, ne confessant plus qu'à ce prix, doit se faire jésuite ou périr.

Encore une fois, voilà les deux acteurs, et il n'y en a pas d'autres : la Réforme, l'intrigue espagnole; l'Espagne et le protestantisme.

L'Espagne envahit par l'épée, le roman, la police. Et la France, au roman, opposa la poésie.

La poésie du cœur, la grandeur des martyrs, les luttes et les fuites héroïques, les lointaines migrations, les hymnes du désert et les chants du bûcher.

Bien entendu que la France veut dire ici un ensemble de peuples, et la grande école Genève, et ses colonies aux Pays-Bas, en Écosse, en Angleterre, l'infiltration puritaine qui par-dessous fit une autre Angleterre.

Donc, en ce chapitre, l'*Espagne*. Au chapitre suivant, les *martyrs*.

L'Espagne avait une prise très forte sur l'Europe, et par sa grandeur, et par sa misère (qui compte tout autant en révolution).

Grandeur incontestable, par l'immensité des possessions, par le reflet des Indes, le prestige du monde inconnu, par l'ascendant de l'or, par la renommée des vieilles bandes. Mais cette grandeur n'était pas moins dans le respect de l'Europe, dans la fière attitude des Espagnols, dans leurs prétentions, qu'on ne contestait qu'à moitié, dans la servile imitation qu'on faisait de leurs mœurs et de leurs costumes, dans la souveraineté de leur littérature et de leur langue.

La vie noble, pour toute l'Europe, ce fut peu à peu la vie espagnole, le loisir, la noble paresse. Et l'Espagne, en effet, entrait de plus en plus en grand loisir. Elle était délivrée de tout ce qui l'avait occupée au Moyen-âge, de sa croisade des Maures, de ses libertés intérieures. Dispensée de se gouverner et de vouloir, elle l'est encore plus de penser. L'Inquisition, qui gouverne (surtout depuis 1539), ferme une à une toutes les voies où pourrait s'échapper l'esprit.

Tout cela sous Charles-Quint. C'est une manie des historiens d'opposer toujours les règnes de Charles-Quint et de Philippe II. La décadence commence sous le premier, et de bonne heure. Seulement la nouveauté des colonies, l'immensité du débouché des Indes ouvert tout à coup à la nation, l'empêchent de sentir l'asphyxie. A l'intérieur, elle n'est pas moins déjà affaiblie, languissante. En 1545, Charles-Quint demande six mille hommes à l'Espagne et n'en peut tirer que trois mille. L'extension de la mendicité, dans ce pays inondé d'or, se constate par une littérature nouvelle, le genre dit *picaresque*, les romans de mendiants et de voleurs. Dès 1520, paraît le *Lazarille de Tormès*.

L'or d'Amérique semble détruire ce qui reste d'activité. A l'oisiveté native, à celle du noble qui y met son orgueil, à celle du fonctionnaire payé pour ne rien faire, s'ajoute le loisir du capitaliste enfouisseur, qui vit d'un trésor inconnu.

Tous inactifs et tous muets. Est-ce à dire qu'ils soient immobiles? Oh! c'est tout le contraire. Tout ce qui ne court pas le monde, n'en voyage que plus en esprit. Ainsi sont les Arabes. Celui-ci qui reste les yeux fixes du matin au soir, il va à la Mecque, à Bagdad, que dis-je? au ciel, par d'infinis romans. De même, cette vive Andalouse ou la passionnée Castillane, en une heure d'immobilité, elles ont couru plus d'aventures que les princesses des *Mille et une Nuits*.

Les *Amadis*, qui sont toute une littérature, ont possédé l'Espagne jusqu'au milieu du siècle, où une autre commence, celles des *bergeries*, dont la France doit tirer l'*Astrée*.

Ceux qui auront la patience de compulser les annales de l'imprimerie espagnole aux quinzième et seizième siècles (jusqu'en 1540), y trouveront deux classes dominantes de livres, les *Amadis*, littérature du monde, les *Rosaires* et autres livres sur la Vierge, littérature de couvent, non moins galante et souvent plus hardie.

Ce sont deux paralytiques, insatiables lecteurs de romans, qui lancent le mouvement espagnol : le Biscaïen Ignace, longtemps fixé sur une chaise par sa blessure; la Castillane sainte Thérèse, trois ans clouée au lit sans pouvoir se bouger.

Sainte Thérèse nous dit elle-même l'effet précoce

de ces lectures sur elle. A l'âge de dix ans, son frère et elle, nourris de romans par leur mère, et déjà en faisant eux-mêmes, se contentèrent peu des paroles; vrais Espagnols, il leur fallut les actes. Ils partirent un matin, non pour combattre les chevaliers félons, mais dans l'espoir d'en être les martyrs, de périr chez les Maures. Nos petits Don Quichottes furent rattrapés à une lieue. Mais l'Espagne elle-même ne le fut pas, et ne le sera jamais sur cette route des romans. En lire, en écouter, en faire, c'est le fond de l'âme espagnole.

La charmante sainte de Castille, à l'âme toute noble et transparente, nous a, dans l'élan personnel du roman qui a fait sa vie, donné la vraie pensée de l'Espagne d'alors : *Défendre l'opprimé.*

La victime des victimes et des opprimés l'opprimé, c'est Jésus, le doux petit Jésus, le bon et l'aimable Jésus, Jésus, l'époux du cœur, etc., etc.

Les Juifs l'ont crucifié : brûlons les Juifs. Les Maures l'ont blasphémé : brûlons les Maures. Les luthériens ont blessé sa sainte face en ses images : malheur aux luthériens !

Voilà comme la piété devient fureur. C'est le point de départ de la croisade, le brûlant effort de l'âme espagnole, disons de l'âme du Midi.

Le Midi sous toutes ses faces et par tous ses moyens. Toutes les fureurs d'Afrique ne sont pas assez pour venger Jésus. Toutes les ruses des sauvages, au besoin, suppléent à la force.

Si la Castillane Thérèse n'eût été femme, si elle eût

eu l'épée, elle l'eût vengé avec l'épée. Le Biscaïen Ignace, aussi rusé que brave, y mit l'esprit de sa montagne, un esprit d'embuscade, de chasseur ou de contrebandier.

La ruse fut d'autant plus puissante, qu'elle fut naïve ; il prit le monde au piège qui le prit le premier.

Le génie romanesque, qui est la tendance nationale, n'osait, devant l'Inquisition, prendre l'essor dans les choses religieuses. Mais voici un matin ce hardi Biscaïen qui lui ôte la bride, qui dit à ces rêveurs affamés de romans : « Rêvez, imaginez », et qui leur en fait un devoir, un point de dévotion.

« Écrivez des romans de piété », disait plus tard, vers 1600, saint François de Sales à l'évêque de Belley. Ils furent écrits, et partout lus. Mais bien plus neuf et plus hardi avait été, un siècle avant, Loyola, qui mit tout le monde à portée de rêver le sien.

Rien d'écrit, presque rien. Tout oral et tout personnel.

L'Évangile même est la matière de l'amplification... Ne vous effrayez pas. Ce n'est pas la libre lecture ni l'interprétation de l'Évangile. Ce sont tels versets bien choisis, expliqués par le directeur. Le sens spirituel est fixé ; mais les circonstances historiques sont remises au développement facultatif du rêveur solitaire.

Ce cercle est fort serré. Peu ou point d'Ancien-Testament. Le merveilleux biblique, austère et sombre, est écarté. L'accord de la tradition antique, la perpétuité de l'Église, le mariage de l'ancienne et de la nouvelle loi, toutes ces grandes choses dont se nourrit la foi protestante, n'entrent pas dans la sphère des *Exercitia* d'Ignace, sphère toute réaliste, où l'âme s'édifie par l'imagination et l'invention anecdotique, en recherchant en soi les aventures probables qui ont pu se passer sur le terrain des Évangiles.

Or, qui connaît le génie méridional, sa vive personnalité, son instinct dramatique, sentira bien que le rêveur ne sera pas longtemps simple témoin de cette histoire. Il en sera bien vite acteur et coopérateur; il se fera à Bethléem ange ou mage, bœuf ou âne (comme Ubertin de Casali); il se fera ailleurs Pierre ou Matthieu, que dis-je? la Vierge, Jésus même.

Libre du joug de la théologie qui eût creusé le dogme, du joug de la tradition biblique qui explique l'Évangile par quatre mille ans d'histoire antérieure, livré à l'amusement de l'amplification biographique, il s'y mêle hardiment lui-même, en familiarité complète. Il parle sans façon à Jésus, l'écoute et lui répond, lui fait ses plaintes amoureuses, le gronde doucement (comme fait sainte Thérèse), parfois le somme de tenir ses promesses et le presse de ses exigences.

Énorme accroissement du moi, de la personne humaine! Le pécheur est si peu embarrassé, si peu humilié, qu'il dialogue avec son juge, que dis-je? l'embarrasse, et, comme en dispute amicale entre deux camarades, se fait parfois juge à son tour.

Permis de faire descendre Dieu à sa mesure, de rétrécir le Christ à ses convenances, de se faire un Jésus commode, un petit, tout petit Jésus. Car c'est lui qui se gêne, dans cette intimité, qui diminue, disparaît presque. L'idéal se supprime, et le réel est tout; le réel, je veux dire la bassesse individuelle de Sancho, Diégo, la platitude de tel petit bourgeois, de telle petite ville.

Car, ne l'oublions pas, la bourgeoisie est née, par toute l'Europe, la classe éminemment propre au roman, un peuple oisif qui vit de la vie noble, peuple borné, d'autant plus difficile, qui n'admet l'Évangile qu'autant qu'il peut le faire à son image, bourgeois et platement romanesque.

Qu'est-ce que le roman? L'épopée non épique, l'histoire non historique, descendues l'une et l'autre de la grandeur populaire à la petitesse individuelle. Et le roman religieux? La religion sortie de sa haute sphère générale, pour se laisser manier et mouler au plaisir de l'individu.

Mais ces individus, ces oisifs, ces nobles et demi-nobles, ces bourgeois, ces rentiers, qui ont le temps de rêver des romans sous la discipline d'Ignace, sont une classe essentiellement paresseuse. Il faut, même en ce genre d'amusement religieux, supprimer le travail, l'effort, leur mâcher tout. Le directeur doit leur faciliter leur amplification, en donner les traits généraux, leur fournir un guide-âne. Et lui-même qui le guidera? Ce scolastique, cet homme de collège, ne sera-t-il pas lui-même embarrassé à mener son pénitent dans la voie du roman? C'est à cela que répondent les *Exercitia;* c'est un petit manuel assez sec, un livre de classe, un *Gradus ad Parnassum*, qui pouvait aider la stérile imagination du sot chargé de faire des sots.

Nous avons dit la recette que ce manuel donne pour amplifier, trouver, imaginer. Ce moyen c'est l'appel aux sens. Tâchez à Bethléem, tâchez au jardin des Olives, tâchez même au Calvaire, d'appliquer les cinq sens. Voyez et écoutez, goûtez, touchez, flairez la Passion. Bizarre précepte, étonnamment grossier. Partout les sens appelés en témoignage des objets spirituels!

Condillac ne parle pas autrement. Comme lui, Loyola fait de la sensation le critérium de l'esprit.

Les sens, si durement étouffés, humiliés par le christianisme du Moyen-âge, se trouvent ici bien relevés. Les voilà juges de tout. Dieu n'est plus sûr que par le tact.

L'homme ne croit plus Christ qu'autant qu'il a touché ses plaies, ni la femme Jésus si elle ne touche ses pieds, si elle ne les lave et parfume, ne les essuie de ses cheveux.

Cette méthode hardie et grossière ne pouvait manquer son effet; elle devait, dans le Midi surtout, dans la brûlante Espagne, être accueillie avec passion. Elle avait par deux choses une irrésistible puissance; elle faisait appel à l'esprit romanesque; elle invoquait les sens et faisait un devoir de les interroger.

N'ayez peur que dès lors l'homme ignorant, la femme, ne restent dans le mutisme où les laissait le Moyen-âge. La langue est dénouée. C'est là la révolution immense de Loyola. Avec une méthode qui vous force d'analyser à fond la sensation et d'en rendre compte, qui vous impose de parler longuement de vous, de ce que vous sentez, vous êtes sûrs d'avoir des pénitents bavards qui ne finiront plus. Les femmes, les religieuses, se mirent à tant parler, qu'Ignace lui-même, épouvanté, exprima le désir que son ordre s'abstînt de prendre la direction de leurs couvents. On ne l'écouta guère. Même de son vivant, elles eurent des confesseurs Jésuites.

Les conséquences de tout ceci devinrent incalculables dans l'Europe. Le monde en fut changé. Au moment où la confession était brisée dans le Nord par l'austérité protestante, elle se trouva immensément amplifiée, fortifiée dans le Midi; non, disons mieux, *créée*. Ce dernier mot est plus exact pour une révolution si grande.

Qu'on se figure la chose et qu'on la prenne aux entrailles de l'Espagne. Sur cette Espagne dominicaine, sur cette morne et silencieuse Castille, descend ce Basque de Biscaye qui, avec l'expansion de sa race excentrique, déchaîne hardiment le roman, fait parler tout le monde, oblige la Castille, l'Aragon, à desserrer les dents. On sait qu'il y a deux Espagnes, l'une fière et muette, mais l'autre intrigante et parleuse, celle de Figaro. Et Sancho même est de celle-ci; dans sa vulgarité, pour peu qu'on l'initie, il n'est que plus propre aux affaires. Cette Espagne, par les Jésuites, eut son avènement dans les choses religieuses.

Le passage subit des dominicains aux Jésuites, d'un laconisme de terreur à ce paterne bavardage, l'encouragement à l'esprit romanesque, l'appel aux sens surtout et l'emploi qu'on en fit dans le rêve, tout cela apparut à l'Espagne comme une émancipation, une liberté relative.

Liberté dans la discipline, liberté dans le dogme. Les Jésuites étendirent, autant qu'ils purent, la part du *libre arbitre* de l'homme, restreignant la *grâce* de Dieu, adoptant sans difficulté là-dessus les opinions des philosophes et des juristes.

Rome encore était indécise et partagée. A l'entrée du Concile de Trente, tels de ses cardinaux les plus illustres croyaient qu'il fallait, pour calmer l'Allemagne et satisfaire la ferveur protestante, donner une part prépondérante à la grâce divine, rétrécir l'homme, augmenter Dieu. Les Jésuites, bien plus habiles, montrèrent que, tout au contraire, il fallait tout donner à la liberté en spéculation pour s'en emparer en pratique.

L'idéal véritable du système avait été posé par Ignace avec une netteté courageuse, par sa fameuse réduction de l'âme « à un cadavre qui tombe si on ne le soutient ». Dans une autre comparaison bizarre, mais plus exacte, l'ingénieux Biscaïen veut qu'elle soit une *marionnette* qui ne remue que par celui qui tient et peut tirer les fils.

Le penseur fut Ignace, et l'exécuteur fut Lainez, un Castillan peu imaginatif, génie pesant, mais fort, qui, sous le maître, et plus que lui peut-être, écrivit les *Constitutions*.

A ce Concile de Trente où les cardinaux se divisaient, lui, il n'hésita pas. Il apporta ce grossier éclectisme espagnol de l'homme *libre* en théorie, *marionnette* en réalité.

Il n'était pas besoin, comme les Italiens le croyaient, de chercher l'apparence, l'ombre de la raison. Lainez avait par devers lui deux machines qui valaient tout argument, et qui en dispensaient.

L'une, c'était la *méthode des Exercitia*, l'appel aux sens et au roman; l'autre, une *méthode de classes*, lente, forte, pesante, qui tiendrait longtemps l'enfant sur les mots, courbé sous la grammaire, le rudiment, le fouet.

Deux moyens qui se complétaient. Le premier, charmant, séducteur, prenait les délicats du monde, les rois, les grands, les femmes. Qui dit la femme dit l'enfant; l'enfant, livré par elle, devait passer par la filière de cinq ou six Jésuites grammairiens qui, serrant son cerveau de proche en proche (par l'art des Caraïbes), et lui aplatissant le crâne, livreraient cette tête rétrécie et pointue à la seconde opération, celle du directeur Jésuite.

Ce Castillan Lainez était un cuistre de génie, qui fabriqua lui-même la machine de sa rude main. C'est le fondateur des collèges jésuites et de tout cet enseignement. L'invention parut si belle à Ignace, que, pour donner l'exemple, il commença à faire des thèmes, se faisant corriger ses solécismes par un enfant de douze ans, Ribadeneira, qui depuis a écrit sa vie.

Là se trouva l'équilibre de l'ordre. Autrement il eût chaviré. A côté de cette scabreuse direction où les

Jésuites enseignaient à faire des romans, ils eurent une pédantesque direction grammaticale, très sèchement occupée de mots. Les deux caractères se mêlèrent; dans le roman même et l'intrigue, les Jésuites restèrent hommes de collège. Cela les garda quelque temps des dames qu'ils avaient dans les mains.

Cependant ces deux choses, éducation et direction, la verbalité vide et la matérialité, tout se tenait fortement. Plus l'âme restait vide dans cette éducation, nourrie de vent, de mots, plus dans la direction elle prenait gloutonnement la matérialité des images sensibles et grossières. Par deux chemins elle allait au néant.

Rome fut longtemps à comprendre la profondeur barbare de cette méthode espagnole qui la sauvait. Elle crut que les *Exercitia* étaient un livre de piété pour tous, ne vit point que c'était un manuel spécial et secret pour barbariser les esprits. On lit en tête un beau privilège de Paul III pour *répandre partout le livre;* et, au-dessous, la recommandation de la Société de *ne pas le répandre,* de garder l'édition sous clef, de n'en pas donner un volume sinon à des Jésuites. Et, en effet, le fond de la méthode n'était nullement qu'on étudiât seul. Ce manuel était le guide du directeur, qui seul devait savoir la voie qu'il faisait suivre, de sorte que l'âme impotente, sans lui paralytique, inerte, ne pût pas faire un pas autrement qu'appuyée sur la béquille du Jésuite.

Apparent mysticisme, absolument contraire aux vrais mystiques, à leur voie libre et pure. La pauvre madame Guyon, enfermée sous Louis XIV pour sa théorie du pur amour, déclare expressément que « sa vie d'oraison fut *vide de toutes formes et images* », et qu'elle n'adora qu'un esprit. Au contraire, dans la voie expressément tracée par Loyola, la piété doit sans cesse *imaginer et faire appel aux cinq opérations des sens*. On était sûr dans cette route d'atteindre Marie Alacoque, l'idolâtrie du cœur sanglant.

Toute cette histoire a été si mal datée, qu'on n'y a rien compris.

Rappelez-vous que, dès 1522, vingt ans avant l'approbation du pape, Ignace écrit ses *Exercices* et les applique, commence ses sociétés dévotes, libres Jésuites qui travaillèrent l'Espagne en dépit des dominicains.

En trente années, avant la mort de Loyola et de Charles-Quint, toute l'Europe était envahie, l'Asie, l'Amérique entamées.

Dix collèges en Castille, cinq en Aragon, cinq en Andalousie. L'Italie partagée en trois provinces jésuitiques. En France et en Allemagne, moins de puissance visible; mais des mines partout, l'action souterraine, individuelle du confessionnal; les femmes prises surtout, pour aller aux enfants.

Les confesseurs des rois n'eurent pas un moment à perdre pour se mettre à la mode. Leurs pénitents les auraient délaissés. Amis ou ennemis des Jésuites, ils subirent leur méthode, les imitèrent, et s'en trouvèrent très bien. La sensualité d'un gouvernement si complet des âmes et des passions rendit toute réforme du clergé impossible ; elle enfonça le prêtre dans son confessionnal, devenu le trône du monde.

Un prédicateur bénédictin, aimé de Charles-Quint, s'était aventuré à dire « que le mariage était, pour le salut, un état plus sûr que le célibat ». Il ne trouva aucun appui dans le clergé espagnol ; l'Inquisition l'emprisonna. Les prêtres eurent peur du mariage. Ils se soucièrent peu de cette femme unique, éternelle, par laquelle ils perdaient l'infini du roman.

Le parti politique, qui alors menait Charles-Quint, et qui eût voulu le rendre arbitre de la question religieuse, lui fit prendre des mesures hardies qui affranchissaient les moines de l'Inquisition, et enlevaient à sa juridiction même ses *familiers*, tout son monde d'espions (1534-1535). Si le clergé eût appuyé, l'Inquisition était par terre. Ni prêtres ni moines ne bougèrent. Loin de là, les prélats irritèrent l'Empereur par d'obstinés refus d'argent (1524, 1533, 1538). Dans son horrible crise de 1539, Charles-Quint, dégoûté, quitta l'Espagne et abandonna le clergé à l'Inquisition. Il s'y abandonna lui-même, chargeant le grand inquisiteur de gouverner avec l'infant. Il rendit à l'Inquisition le jugement sur ses familiers, brisa ses propres officiers (un vice-roi de Catalogne !) sous les pieds de l'Inquisition.

Philippe II, âgé de seize ans, ordonne à un autre vice-roi, grand d'Espagne et du sang royal, qui a touché aux familiers de l'Inquisition, de subir sa pénitence et de tendre le dos au fouet.

Je ne vois pas, dès cette époque, que Charles-Quint ait varié autant qu'on le suppose. Les ordonnances qu'il fit alors en Flandre, horribles, par lesquelles les femmes protestantes étaient enterrées vives, sont constamment exécutées, même à l'époque de l'*Intérim* et de ses mésintelligences avec le pape. L'année même de l'*Intérim*, une femme fut enterrée vive à Mons. Les confesseurs espagnols, qui dirigent l'Empereur malade, se soucient peu du pape, trop peu catholique à leur gré.

Rien ne caractérise plus la moralité de l'époque, et la sécurité nouvelle de la conscience religieuse, que la naissance du bâtard de l'Empereur, le fameux don Juan d'Autriche. En remontant du jour de cette naissance à neuf mois, on trouve précisément le jour où l'Empereur signa la guerre sainte et l'extermination du protestantisme.

Par la force de cette position toute espagnole, du haut des bûchers, des massacres (trente mille morts aux Pays-Bas, si j'en croyais Navagero), il commandait au pape. Paul III lui donne contre l'Allemagne douze mille hommes, deux cent mille ducats, la moitié des revenus de l'Église d'Espagne pour un an, l'autorisation de vendre pour cinq cent mille ducats de biens de moines espagnols.

Sa joie fut vive. Jamais il ne s'était vu un tel trésor. Mais en pourrait-il profiter ? Chaque année il était malade. La goutte, l'asthme, les maux d'estomac, de continuelles indigestions, travaillaient le triste Empereur. Peu après quelqu'un écrivait en

France qu'il ne marchait que courbé, avec l'aide d'un bâton ; que, pour sortir d'une ville et faire croire qu'il montait encore à cheval, il se hissait sur un banc, d'où on le mettait en selle, sauf à descendre à deux pas pour continuer en litière. Il sentait son état, et il avait fait, refait son testament. Souvent aussi il avait eu l'idée de se retirer au couvent et de songer enfin à Dieu.

Ce traité le fit tout autre. Il fut signé le 26 juin 1546. Et, la veille, l'Empereur s'en trouva si ragaillardi, si jeune, qu'il voulut faire un coup. Après la table, les pâtés de poisson et de gibier, ce qu'il aima, c'étaient les femmes. On lui chercha une femme dans la ville (Ratisbonne). On découvrit une pauvre jeune demoiselle qui fut amenée, livrée au spectre impérial. Elle s'appelait Barbe Blumberg.

On se demande comment un malade si malade, souvent près de la mort, chercha cette triste aventure dans les pleurs d'une fille immolée. Apparemment sa conscience était à l'aise. Un prince qui protégeait l'Église de tels supplices, un prince qui, à ce moment même, recevait l'épée sainte, dut croire un tel péché léger et véniel, lavé d'avance par sa future bataille et par le sang des protestants.

Neuf mois après, un fils lui vint, blond, aux yeux bleus comme sa mère. Elle n'eut pas la consolation de le garder. Pendant qu'elle allait cacher sa honte aux grandes villes des Pays-Bas, l'enfant fut porté en Espagne par un valet de chambre, élevé par un musicien joueur de viole, du service de Sa Majesté.

C'est du testament de l'Empereur, c'est-à-dire de sa bouche même, que nous tirons tous ces détails.

Nous pourrions donner sur deux lignes l'histoire correspondante des galanteries et des exécutions qui les excusent et les absolvent : les bâtards datés des massacres, les bûchers payant les amours.

Le célèbre adultère de Philippe II avec la femme de son ami Ruy Gomez ne peut se placer (nous le prouverons) qu'au second veuvage du roi, aux premiers mois où il rentre en Espagne, c'est-à-dire au moment où l'horrible auto-da-fé de Valladolid introduit dans la voie des flammes ce règne de terreur qui passa entre deux bûchers (octobre 1559).

Ab Jove principium. La morale nouvelle, la nouvelle direction, dut s'emparer des rois d'abord, des grandes dames. Nous la verrons descendre de proche en proche et s'infiltrer partout. Tous les historiens catholiques ont caractérisé avec orgueil l'organisation de ce réseau immense qui enveloppa l'Europe, non pas en général, mais par villes et villages, par rues, par maisons, par familles. De sorte qu'il n'y eut pas une alcôve où ne veillât un œil ou une oreille ouverts pour le pape et l'Espagne. Tout couvent devint un foyer, un laboratoire de police. Tout moine fut espion ou messager pour Philippe II. Un moine, le premier, lui apprit la Saint-Barthélemy.

CHAPITRE V

Les Martyrs.

« Il y avait à Saintes un artisan pauvre et indigent à merveille, lequel avait un si grand désir de l'avancement de l'Évangile, qu'il le démontra un jour à un autre artisan aussi pauvre et d'aussi peu de savoir (car tous deux n'en savaient guère). Toutefois le premier dit à l'autre que, s'il voulait s'employer à faire quelque exhortation, ce serait la cause d'un grand bien. Celui-ci, un dimanche matin, assembla neuf ou dix personnes, et leur fit lire quelques passages de l'Ancien et du Nouveau-Testament qu'il avait mis par écrit. Il les expliquait en disant que chacun, selon les dons qu'il avait reçus de Dieu, devait les distribuer aux autres. Ils convinrent que six d'entre eux exhorteraient chacun de six en six semaines, le dimanche seulement. » C'est le premier trait du tableau que Palissy fait des origines de la Réforme dans l'Ouest de la France. Je ne connais rien qui rappelle autant la douceur des idylles bibliques de Ruth et de Tobie. Déjà les drapiers de Meaux, les tisserands de Normandie, s'étaient fait les uns aux autres de semblables enseignements. Souvent c'était une vieille femme, de longue expérience et de grands malheurs, qui lisait et expliquait la Bible. L'effet moral en fut profond.

« En peu d'années, les jeux, banquets et superfluités avaient disparu. Plus de violences ni de paroles scandaleuses. Les procès diminuaient. Les gens de la ville n'allaient plus jouer aux auberges, mais se retiraient dans leurs familles. Les enfants même semblaient hommes. Vous eussiez vu le dimanche les compagnons de métier se promener par les prairies et bocages, chantant par troupes psaumes, cantiques et chansons spirituelles. Vous eussiez vu les filles, assises dans les jardins, qui se délectaient ensemble à chanter toutes choses saintes. »

La Réforme, encore sans ministre, sans dogme précis, réduite à une sorte de ravivement moral et de résurrection du cœur, se croyait un simple retour au christianisme primitif, mais elle était une chose très neuve et très originale. Elle allait avoir une littérature et des arts imprévus si la dureté des temps n'y mettait obstacle.

D'une part, l'éloignement naturel pour les anciennes images, objet d'un culte idolâtrique, devait produire et produisit l'art nouveau d'une ornementation tirée de la vie animale et de toute la nature, art charmant qui resta à son aurore dans le génie de Palissy pour être bientôt étouffé.

Mais ce qui ne put l'être, ce qui surnagea et dura à travers tant de malheurs, ce fut l'élan de la musique. L'*harmonie*, le chant en parties, à peine entrevus du Moyen-âge, dominèrent, se développèrent dans les grandes assemblées religieuses du seizième siècle. L'*harmonie* n'était pas là de convenance, de système et d'art; elle se faisait d'elle-même par la différence concordante des sexes et des âges; les fortes et basses voix d'homme y mettaient la gravité sainte de la grande parole biblique; les tendres et pathétiques voix de femmes y faisaient pleurer l'Évangile, tandis que les petits enfants enlevaient la symphonie au paradis de l'avenir.

« Ils trouvaient tout cela entre eux, n'ayant pas plus de musiciens que de ministres. Voyez l'enfant quand il est seul : il chante, non pas un chant appris, mais celui qu'il se fait lui-même. Ce qu'il y eut alors d'invention, à ceux qui aiment et qui ont foi de le deviner, nul document ne le constate. Tout s'est évanoui comme le parfum quitte le vase. En vain j'ai cherché les chants de cette primitive Église réformée. Quand bien même on les retrouverait, comment les chanter maintenant ? » (Alfred Dumesnil, *Vie de Bernard Palissy.*)

Nous ne pouvons recommencer. Nous ne pouvons que créer. Nous nous avançons d'un cœur ferme dans la voie virile de l'avenir. Et cependant ce regret mélancolique d'un jeune homme m'est revenu plus d'une fois en parcourant les actes de ces saints et de ces martyrs où les paroles naïves semblent si près de révéler les mélodies qui y furent jointes : « Quand même on les retrouverait, comment les chanter maintenant ? »

Moment primitif, unique, ciel sur terre, qu'il faut mettre à part. Les formules vont venir, un sacerdoce se formera; la forte école de Genève va donner ses livres et ses chants, lancer sur toutes les routes ses colporteurs intrépides, ses dévoués missionnaires. Il le fallait. Les résistances finiront par s'organiser. Constatons seulement ici que, dans cette première époque, même dans la seconde encore pendant très longtemps, il n'y eut aucune idée de résistance; au contraire, une étonnante obéissance, un incroyable respect des tyrans, et jusqu'à la mort.

Pendant plus de quarante années, les nouveaux chrétiens se laissèrent emprisonner, torturer, brûler et enterrer vifs, sans avoir la moindre idée de résister aux puissances. Pourquoi? C'est qu'ils étaient chrétiens.

Dès 1523, à Bruxelles, les premiers qui furent brûlés, trois augustins, se montrèrent pour leurs supérieurs obéissants jusqu'à la mort. En 1524-1525, Castellan à Metz, Schuch à Nancy, se livrèrent, pour ne pas compromettre les villages où ils prêchaient.

Ils désapprouvèrent hautement et les paysans révoltés de Souabe en 1525, et les anabaptistes de Munster en 1535, s'appuyant sur ce principe : « Qui s'arme n'est pas chrétien. »

Cette primitive Église était d'autant plus pacifique qu'elle ne contenait presque aucun noble. Je n'en vois que deux chez nous à l'origine, Farel et un autre. Dans le martyrologe immense de Crespin, que j'ai compulsé tout entier dans ce but, je ne trouve que trois nobles en quarante années (1515-1555), deux Français, le fameux Berquin, et le chevalier de Rhodes Gaudet, un Anglais, Patrice Hamilton. Les autres sont généralement de pauvres ouvriers, des bourgeois et des marchands. Il n'y a que deux paysans, dont l'un, laboureur aisé, qui, tout seul, apprit à lire, et même un peu de latin.

Luther et Calvin prêchent l'obéissance. En 1560, Calvin se déclare amèrement contre la conjuration d'Amboise. De là une indécision, une hésitation, et des démarches contraires, fatales au parti protestant.

On pouvait parier cent contre un que la Réforme périrait :

Pour son austérité d'abord. L'esprit d'abstinence chrétienne qu'elle proposait, au moment même où la vie physique s'était réveillée dans son intensité brûlante, au moment où la nature enfantait des mondes de plus pour charmer et pour séduire l'homme, arrivait-il à propos?

Ces forces nouvelles, à peine nées, qui s'en emparait par surprise? Le vieil esprit. Le christianisme matérialisé, la dévotion romanesque, éclataient dans leur triomphe par la ruse de Loyola. L'invasion jésuitique, derrière l'invasion espagnole, menaçait toute l'Europe. Machine d'épouvantable force, qui, partout où elle agissait, trouvait pour auxiliaire la conjuration toute faite de la nature sensuelle, de l'intrigue passionnée, de la femme et du désir.

« Mais la Réforme, en revanche, n'était-ce pas la démocratie ? » Oui et non. Elle était assez populaire parmi les ouvriers des villes, mais fort peu dans les campagnes. Dès 1524, je vois près de Hambourg Zutphen, un des premiers martyrs, torturé par cinq cents paysans qu'ont lancés les dominicains en les enivrant de bière. Les missionnaires de Genève qui prêchaient nos moissonneurs n'en recevaient que des injures. Tout protestant, indistinctement, passait pour ennemi des images. Personne ne soupçonnait les arts que gardait dans son sein le protestantisme ; personne ne devinait Palissy, Goujon, Goudimel, le mouvement lointain, infini, de Rembrandt et de Beethoven.

La Réforme, je le répète, devait périr : 1° comme spiritualiste ; 2° comme incomprise de la majorité du peuple ; 3° elle devait périr pour son indécision sur la question capitale de *la légitimité de la résistance*.

On a reproché aux plus fermes caractères, à Coligny, à Guillaume-le-Taciturne, leurs fluctuations. Mais c'étaient celles du parti, celles de ses plus grands docteurs, et l'indécision de la doctrine elle-même. Le protestantisme n'avait pas d'avis arrêté sur la question pratique d'où dépendait son salut.

Cet argument pharisien embarrassait les protestants : « Si vous êtes chrétiens, vous devez, sans murmure, obéir, souffrir, périr. ».

Calvin baisse la tête et dit : « Oui. Résistons spirituellement, sauvons l'âme et laissons le corps. »

Mais ceux, comme l'Écossais Knox, qui étaient sur le champ de bataille et regardaient de plus près, sentaient bien que cette réponse ne résolvait rien. Si vous vous livrez vous-mêmes aux tyrans, allez-vous aussi livrer l'enfant, la femme, tous les faibles, qui, dans ces cruelles épreuves, pourront abandonner la foi? Vous donnez le monde aux bourreaux qui poursuivront l'œuvre de mort jusqu'à celle du dernier chrétien, jusqu'à ce que croyances et croyants aient également disparu de la terre. Est-ce là la victoire dernière que la foi doit remporter? Le christianisme doit-il avoir pour but, solution légitime, l'extermination du christianisme ?

Dans l'autre parti, au contraire, dans le parti catholique, il n'y a pas d'indécision sur cette question du glaive. Loin de là, une violente et terrible unanimité. Caraffa et Loyola la formulent (1543) en organisant pour le monde l'inquisition universelle, calquée sur celle d'Espagne.

Cette unité, cette vigueur, semblaient devoir à coup sûr exterminer un parti indécis et divisé, qui raisonnait contre lui-même et discutait chaque essai de timide résistance.

On insiste beaucoup trop sur les querelles de ménage entre catholiques, entre le pape et l'Empereur. Au moment même où l'Empereur était le plus contraire au pape, il faisait exécuter d'autant plus exactement les ordonnances effroyables qu'avait dictées le clergé d'Espagne et des Pays-Bas.

Nous ne faisons pas l'histoire d'Allemagne ; nous n'avons pas à raconter les scrupules, les hésitations du pieux Électeur de Saxe et des autres protestants ; au contraire, la résolution avec laquelle le peu scrupuleux Empereur, absous d'avance par ses prêtres, vous trompe ces bons Allemands. Indécis et timoré, le parti protestant, en face de tels adversaires à qui tout moyen était bon, devait succomber sans nul doute.

Par quoi se défendait-il, cet infortuné parti? Uniquement par l'éclat de ses martyrs.

Il n'y eut jamais une candeur plus sublime, plus intrépide à confesser tout haut sa foi.

Jamais plus de simplicité, de douceur devant les juges.

Jamais plus de joie divine, plus de chants et d'actions de grâces dans les horreurs du bûcher.

« Je vous écris altéré et affamé de la mort. » Ce mot d'un des anciens martyrs semble donner la pensée de ceux du seizième siècle. On voit qu'Alexandre Canus (d'Évreux, 1532) préchait par toute la France, sans aucune précaution de prudence, sur les places même, dans les rues ; c'est le premier à qui l'on coupa la langue. Même en 1550 un Italien, un Romagnol, Fanino, de Faenza, terrifia l'Italie de son intrépidité. Une seule chose blessait en lui, c'était sa gaieté, sa joie. « Quoi! lui disait-on en prison, Christ sua le sang et pria que le calice lui fût épargné. Et toi, pour mourir, tu ris!... » A quoi cet homme héroïque répondit, en riant encore : « C'est que ce Christ avait pris sur lui toutes les infirmités humaines, et qu'il a senti la mort... Mais moi, qui, par la foi, possède une telle bénédiction, qu'ai-je à faire qu'à me réjouir ? »

Dès l'origine, ce fut une très grande difficulté de trouver des supplices pour venir à bout de tels hommes.

Quand Charles-Quint, quittant l'Espagne en 1540, laissa le pouvoir au grand inquisiteur; quand il traversa la France pour comprimer la révolte des Flandres, le clergé des Pays-Bas lui dit que les lois d'Espagne ne suffisaient pas; qu'il en fallait de singulières, extraordinaires et terribles.

Défense de s'assembler, de parler, de chanter et de lire. Ceux qui ne dénonceront pas sont punis des mêmes peines que ceux qu'ils n'ont pas dénoncés. Quelles peines? Les hommes brûlés, les femmes *enterrées* vives.

La chose se fit à la lettre. Les villes furent fermées, et l'on fit des visites domiciliaires qui procurèrent sur-le-champ une *razzia* de victimes, vingt-huit dans Louvain seulement. Deux femmes furent enterrées vives : l'une, nommée Antoinette, de famille de magistrats; l'autre était la femme d'un apothicaire à Orchies. Marguerite Boulard, épouse d'un riche bourgeois, fut ensevelie de même, à la fête de la Toussaint. Puis, à Douai, Matthinette du Buisset, femme d'un greffier; à Tournai, Marion, femme d'un tailleur; à Mons, une autre Marion, femme d'un barbier, et, plus tard, une dame Vauldrue Carlyer, de la même ville, coupable de n'avoir pas dénoncé son fils, qui lisait la Sainte-Écriture.

Pourquoi ce supplice étrange? Une femme brûlée donnait un spectacle non seulement épouvantable, mais horriblement indécent, que n'aurait pas supporté la pudeur du Nord. On le voit par le supplice de Jeanne Darc. La première flamme qui montait dévorait les vêtements, et révélait cruellement la pauvre nudité tremblante.

Donc on enterrait par décence. La chose se passait ainsi. La bière, mise dans la fosse sans couvercle, était par-dessus fermée de trois barres de fer quand la patiente était dedans. Une barre serrait la tête, une le ventre, une les pieds. La terre était jetée alors sur la personne vivante. Quelquefois, par charité, le bourreau, pour abréger, étranglait d'avance (*supplice de la femme du tailleur de Tournai*, 1545). Mais on voit, par un autre exemple, celui de la femme du barbier de Mohs, que l'exécution se faisait parfois d'une manière plus sauvage, plus lente et par étouffement. La pauvre femme, répugnant à recevoir la terre sur la face, demanda un mouchoir au bourreau, qui le lui donna avant de jeter la terre. « Puis il lui passa sur le ventre, la foula aux pieds, tant que finalement elle rendit heureusement son esprit au Seigneur (1549). »

Nous épargnons au lecteur le détail abominable de tout ce qu'on inventa. Il paraît seulement que le plus excellent moyen pour atteindre et désespérer l'âme, c'était la privation de sommeil. Une stupeur mortelle prenait l'homme; il perdait l'entendement. Cette ingénieuse torture paraît avoir été trouvée d'abord par les docteurs d'Oxford pour venir à bout du martyr Cowbridge, que rien ne pouvait briser (1536).

Le supplice du feu était extrêmement variable, arbitraire à l'infini. Parfois rapide, illusoire, quand on étranglait d'avance; parfois horriblement long, quand le patient était mis vivant sur des charbons mal allumés, tourné, retourné plusieurs fois par un croc de fer, ou encore flambé lentement à un petit feu de bois vert (*martyre d'Hooper*, 1555). Hooper, évêque protestant, fut extrêmement torturé, brûlé en trois fois; il y eut d'abord trop peu de bois; on en rapporta, mais trop vert, et, comme le vent la détournait, la fumée ne l'étouffait pas. On l'entendait, demi-brûlé, crier : « Du bois, bonnes gens! du bois! Augmentez le feu! » Le gras des jambes était grillé, la face était toute noire, et la langue, enflée, sortait. La graisse et le sang découlaient; la peau du ventre étant détruite, les entrailles s'échappèrent. Cependant il vivait encore et se frappait la poitrine. Un sanglot universel s'éleva de toute la place; la foule pleurait comme un seul homme.

Aux Pays-Bas, l'Inquisition reprochait au clergé local d'exploiter cette terreur et de rançonner les accusés. Il en était de même en France. On défendit au clergé de ruiner les accusés par des amendes qui gâtaient la confiscation et faisaient tort aux courtisans. L'émigration protestante devait profiter fort à ceux-ci surtout, étendant *les biens vacants* dont les Guises et Diane avaient la concession.

En 1551, dans l'édit de Châteaubriant, ils montrèrent naïvement que pour eux la persécution et l'épouvantail du bûcher étaient une *affaire*. Ils attribuèrent au dénonciateur la prime énorme et monstrueuse du *tiers des biens du dénoncé!*

On demande comment Henri II, qui, après tout, n'était pas un homme pervers, put être mené jusque-là. Comment put-on l'aveugler tout à fait, lui crever les yeux?

On y parvint par la colère, par l'orgueil, par une violente et cruelle mortification (1549), en le mettant en face d'un de ses propres domestiques, dont l'humiliante résistance lui donna la haine, l'horreur, comme l'hydrophobie du protestantisme.

L'homme choisi pour l'expérience par le cardinal de Lorraine était un ouvrier du tailleur du roi. Diane voulut que la scène eût lieu sous ses yeux, dans sa chambre. L'effet alla au delà de toutes les prévisions. Le pauvre homme, avec respect pour la majesté royale, se démêla habilement de toutes les arguties; mais, loin de céder, héroïque, inspiré des anciens prophètes, il dit à cette Jézabel, qui s'avançait à dire son mot : « Madame, contentez-vous d'avoir infecté la France de votre infamie et de votre ordure, sans toucher aux choses de Dieu. »

Le roi, transpercé de ce trait, qu'il n'aurait jamais prévu, bondit de fureur, jura qu'il le verrait brûlé vif. Il y alla, et il en fut épouvanté et malade. L'homme, dans ce supplice horrible, immobile et comme insensible, tint sur lui un œil de plomb, un regard fixe et pesant, comme la sentence de Dieu. Le roi pâlit, recula, s'en alla de la fenêtre. Il dit qu'il n'en verrait jamais d'autres de sa vie.

Ces héros de calme et de force, d'apparente insensibilité, sont innombrables dans les riches martyrologes de Crespin, de Bèze, de Fox, etc.; mais j'aime mieux encore ceux qui ont été sensibles, ceux qui traversèrent vainqueurs les grandes épreuves morales, non moins douloureuses que celles du corps. Homme, je cherche des hommes, et je les vois tels à leurs pleurs. La plupart n'étaient pas des individus isolés; c'étaient des hommes complets, des familles; ils étaient maris et pères. Aux portes de leurs prisons priaient leurs femmes et leurs enfants. Je ne connais pas de plus saints monuments dans toute l'histoire du monde que les lettres simples, graves et pathétiques qu'ils écrivent à leurs femmes du fond des cachots. C'est là qu'il faut voir ce qu'est la sainteté du mariage et la force de l'amour en Dieu. Nulle idée plus que la glorification du mariage ne fut portée haut, enseignée, défendue par la Réforme. Plus d'un martyr y mit sa vie. Un augustin marié, Henri Flameng, avait sa grâce s'il eût voulu dire que sa femme était une concubine. Il refusa, mourut pour elle, soutint son honneur au milieu des flammes, la laissa légitime épouse et veuve glorifiée d'un martyr.

L'amitié a eu aussi, dans ces temps, des martyrs sublimes dont l'inestimable légende doit être soigneusement recueillie.

Celle qui me touche le plus est celle de deux

hommes de Louvain et de Bruxelles, le coutelier Gilles et le pelletier Just Jusberg, deux martyrs et deux amis.

Leur légende, forte et déchirante, est faite pour apprendre au monde léger, insensible, où ce nom d'ami est un mot, ce qu'est pour les âmes pures ce fort et profond mariage que Dieu réserve à ceux qu'il a le plus aimés.

Just Jusberg était tellement estimé et chéri de tous, que, quand il fut pris à Louvain, condamné aux flammes, les conseillers de la chancellerie, venus de Bruxelles, revinrent près de la gouvernante pour demander qu'il ne fût que décapité : « Hélas! dit-elle, c'est bien petite grâce!... mais je le veux bien. »

Just se trouvait en prison avec plusieurs de ses frères. Mais sa meilleure consolation était d'y être avec un saint, Gilles, jeune coutelier de Bruxelles. Celui-ci, qu'il faut faire connaître, était un homme de trente-trois ans, d'une douceur, d'une bonté, d'une charité extraordinaires, qui ne gagnait que pour les pauvres, et qui, dans une épidémie, avait vendu son bien pour eux. Il était connu, admiré, béni, dans tous les Pays-Bas. Geôliers, bourreaux, tous étaient à ses pieds, et on ne savait comment lui faire son procès, dans la crainte qu'on avait du peuple.

Just, qui n'avait eu jusque-là de pensée que Dieu, eut, en ce jeune saint, sa première attache à la terre. Son cœur, saisi d'une forte, profonde, véhémente amitié, reprit sa racine ici-bas. Pourtant il croyait mourir bien. La nuit qui précéda sa mort, prié par ses compagnons de leur faire une exhortation, il leur parla fermement de son bonheur du lendemain, les pria de rester unis, de s'aimer, de se préparer ensemble à tout ce qui adviendrait : « Car, si je ne me trompe, dit-il, j'en vois quelques-uns parmi vous qui me suivront de bien près... »

Ce mot, ce regard imprudent, lui révéla (à lui-même et à tous) la force du sentiment qui allait être brisé par la mort. Il voit Gilles dans cette foule, et il ne peut plus parler; sa langue sèche, il étouffe, il tombe foudroyé dans ses larmes.

Voilà que tout le monde pleure; tous faiblissaient si Gilles même n'eût succédé, pris la parole, embrasé de l'esprit de Dieu. Avec un charme, une force, une habileté admirables, il couvrit, fit oublier la défaillance de Just, le releva, et le rofit, ce que vraiment il était, un saint, un héros, un martyr.

« Bon Dieu! que tes secrets sont admirables!... Vous voyez Just, notre frère, condamné par le jugement du monde... Mais c'est un vrai enfant de Dieu... Ne vous scandalisez point; rappelez-vous Jésus même que nous suivons pas à pas. Il est écrit de Jésus : « Nous l'avons vu frappé de Dieu, et cela pour nos péchés. » Or le *disciple n'est point par-dessus le maître*... Nous vous réputons heureux, Just, notre frère, en vous voyant si ferme et fortifié de Dieu... Oh! heureuse l'âme qui habite au domicile de ce corps et comparaîtra demain, dégagée de toute souillure, en présence du Dieu vivant!... Ce bien éternel, nous l'aurions, n'était la lenteur des bourreaux qui nous contraignent de demeurer encore en misère pour cette nuit. »

Cette justification céleste d'une délicatesse infinie ne raffermit pas seulement Just et l'assemblée; elle avait emporté les cœurs aux portes du paradis. On pria, et Just disait : « Je sens une grande lumière et une inexprimable joie. »

CHAPITRE VI

L'école des Martyrs.

Navagero, envoyé de Venise près de Charles-Quint, écrit en 1546, dans son rapport au sénat : « Ce qui décide l'Empereur à agir contre les *luthériens*, c'est l'état des Pays-Bas, c'est l'*anabaptisme*. On y a fait mourir pour cela trente mille personnes. »

Confusion terrible de deux choses si différentes. La Saint-Barthélemy juridique, commencée contre le communisne anabaptiste, se poursuivait indéfiniment contre les protestants étrangers à cette doctrine, et qui, le plus souvent, ne la connaissaient même pas.

Ne pas mêler ces deux procès, c'était un point de droit autant que de religion. L'anabaptiste changeait la société civile, la propriété, le mariage même, tout le monde extérieur. Le protestant (surtout en France) ne changeait rien, ne voulait rien que s'enfermer, fuir les idoles, garder les libertés de l'âme, obéir, et il obéit jusqu'à extinction, se laissant brûler quarante ans avant de prendre les armes.

Comment, dans le siècle de la jurisprudence, dans l'âge de Dumoulin, Cujas et tant d'autres, les grands docteurs autorisés ne posèrent-ils pas cette distinction ? L'unique réclamation qui reste devant l'avenir est celle d'un écolier de l'Université de Bourges, d'un élève d'Alciat, Calvin.

Né Picard, d'un pays fécond en révolutionnaires, en bouillants amis de l'humanité, né peuple et petit-fils d'un simple tonnelier, fils d'un greffier de Noyon qui, tour à tour, travailla dans les deux justices, ecclésiastique et civile, il se trouve avoir en naissant un pied dans le droit, un pied dans l'Église. On lui donne à douze ans une sinécure cléricale, qu'il jette bientôt avec le désintéressement altier de Rousseau et de Robespierre. Il vit de peu, de rien, pauvre jusqu'à sa mort.

C'était un travailleur terrible, avec un air souffrant, une constitution misérable et débile, veillant, s'usant, se consumant, ne distinguant ni nuit ni jour. Il aimait uniquement l'étude, le grec surtout, et les lettres saintes. Il était fort timide, défiant, ombrageux, seul et caché tant qu'il pouvait. Pour le tirer de là, il fallait un coup imprévu, une manifeste nécessité morale, la violence du ciel et de la conscience, si j'osais dire, la tyrannie de Dieu.

C'était en 1534. Il avait vingt-cinq ans, et sortait à peine des hautes écoles. L'horrible tragédie de Munster, la fatale équivoque de l'anabaptisme commençait à tomber sur le protestantisme comme une pluie de fer et de feu. Tout le monde voyait que les protestants non seulement n'étaient pas des anabaptistes, mais leur étaient contraires. Tous le voyaient. Pas un ne le disait.

Le cri de la justice sortit de ce grand et jeune cœur, amant profond, sincère, de la vérité et de la loi.

Cet homme si timide parut seul devant tous, sacrifia l'étude, sa chère obscurité, et changea sa vie sans retour.

Son livre, l'*Institution chrétienne*, n'était nullement d'abord le gros livre, l'encyclopédie théologique qu'on voit maintenant. C'était une courte apologie.

Si l'acte était hardi, la forme ne l'était pas moins. C'était une langue inouïe, la nouvelle langue française. Vingt ans après Comines, trente ans avant Montaigne, déjà la langue de Rousseau.

C'est sa force, si ce n'est son charme. Rousseau a dit, après l'*Émile* : *Conticuit terra*. Mais combien plus dut-on le dire quand, pour la première fois, elle jaillit, cette langue, sobre et forte, étonnamment pure, triste, amère, mais robuste et déjà tout armée.

Son plus redoutable attribut, c'est sa pénétrante clarté, son extrême lumière, d'argent, plutôt d'acier, d'une lame qui brille, mais qui tranche.

On sent que cette lumière vient du dedans, du fond de la conscience, d'un cœur âprement convaincu, dont la logique est l'aliment. On sent qu'il vit de la raison, qu'il parle pour lui-même, et ne donne rien à l'apparence ; qu'il sue à bon escient et se travaille pour se faire un solide raisonnement dont il puisse vivre, et que, s'il n'a raison, il meurt.

Voilà donc cette France légère, cette France rieuse, dont le gaulois naïf semblait hier encore un bégayement d'enfance... Quelle énorme révolution !

Épouvanté de son triomphe, il se cache à Strasbourg, se colle sur les livres. Mais il était perdu. Dieu ne devait plus le lâcher.

Farel vint le prendre là, grondant et refusant. Il l'enleva, et le mit où? A Genève, dans la ville la plus antipathique à son génie. Calvin lui prouva que Genève était le lieu où il serait le plus inutile, et qu'il n'y ferait rien de bon. Farel rit, alla son chemin.

Nous avons parlé de ce personnage, un très violent montagnard du Dauphiné, homme d'épée et de naissance, un petit homme roux, d'un œil flamboyant, d'une parole foudroyante, d'une intrépidité, d'une opiniâtreté incroyables, l'homme du temps qui eut au plus haut degré la gaieté révolutionnaire. On tirait sur lui, il riait ; on le frappait, on battait de sa tête les murs et les pavés sanglants, il se relevait riant, prêchant de plus belle.

Notez que ce héros fanatique était plein de sens. Il glissa sur les points les plus obscurs du dogme, chercha à tout prix l'union des églises de Suisse. Il n'était pas écrivain, le savait, se rendait justice. C'était une flamme, rien de plus. Il ne se sentait nullement le pesant et puissant génie de fer, de plomb, de bronze, qui pouvait transformer Genève.

Avec l'autorité des *voyants* de la Bible, il saisit le savant jeune homme qui avait tous ces dons, lui jeta le fatal manteau de prophète et législateur, lui ordonna d'y mourir à la peine.

Cet homme pâle, arrivant à Genève, trouva une joyeuse ville de commerce, qui, ayant déjà fort souffert, n'en restait pas moins gaie. Sa situation est charmante, pleine d'air et de vie. Avec ce grand miroir du lac et ce brillant fleuve azuré, Genève a double ciel, deux fois plus de lumière qu'une autre ville. C'est le carrefour de quatre routes. De Savoie et de Lyon, de Suisse et du Jura, tout y passe. Circulation constante de marchands et de voyageurs, de visages nouveaux et de toutes les nouvelles de l'Europe. La population était à l'avenant, légère de parole et de vie. Mœurs du commerce, mœurs des seigneurs : chanoines et moines, chevaliers et barons, tous venaient jouir à Genève. Elle s'en moquait, et les imitait, rieuse et satirique, changeante comme son lac, subite comme son Rhône, vraie girouette et le nez au vent.

Lyon lui faisait du tort. La déchéance du commerce avait éveillé à Genève un esprit de résistance politique contre le prince-évêque et le duc de Savoie. Avec un grand courage, cette révolution n'en garde pas moins la vieille légèreté genevoise. Elle est héroïque et espiègle. La première scène qui s'ouvre est une farce sur un âne mort.

Son chroniqueur, Bonnivard, pour avoir été dix ans enfermé aux caves du château de Chillon, n'en a pas moins partout cette gaieté intrépide. On la trouve encore dans Farel, dans Froment, ses premiers prêcheurs. Nul livre plus amusant que la *Chronique* de Froment, hardi colporteur de la Grâce, naïf et mordant satirique que les dévotes genevoises, plaisamment dévoilées par lui, essayèrent de jeter au Rhône.

Qu'on juge de l'impression que ce sombre Calvin, malade, amer, le cœur plein des plaies de l'Église, reçut quand il arriva là! Je suis sûr que le lieu, le paysage, le choqua ; aimable, gai autant que grandiose, il dut lui apparaître comme une mauvaise tentation, une conjuration de la nature contre l'austérité de l'esprit. Il chercha la rue la plus noire, d'où l'on ne vît ni le lac ni les Alpes, l'ombre humide et verdâtre des grands murs de Saint-Pierre. Mais les hommes le choquaient encore plus que le reste. Il détestait Froment. Il avait ses amis en abomination, presque autant que ses ennemis.

Le fond de ce grand et puissant théologien était d'être un légiste. Il l'était de culture, d'esprit, de caractère. Il en avait les deux tendances : l'appel au juste, au vrai, un âpre besoin de justice; mais, d'autre part aussi, l'esprit dur, absolu, des tribunaux d'alors, et il le porta dans la théologie. Son Dieu, qui d'avance sauve ou damne dans un arbitraire si terrible, diffère peu du royal législateur comme on le trouve dans nos violentes ordonnances, ou dans la loi de Charles-Quint, effrayant droit pénal qu'il entreprit d'imposer à l'Empire, et qui eut influence sur toute l'Europe.

Ce fatalisme d'arbitraire, porté dans la théologie,

semblait devoir en supprimer le mouvement. Tout au contraire, il le lança. Il en fut comme du mahométisme primitif qui affrontait si hardiment une mort décrétée et écrite, que nulle prudence n'éviterait. La prédestination de Calvin se trouva en pratique une machine à faire des martyrs.

Imposer à Genève ce joug terrible n'était pas chose aisée. Elle chassa Calvin; mais les désordres augmentèrent, et elle le rappela elle-même. Il refusait, écrivait à Farel : « Je les connais; ils me seront insupportables, et moi à eux... Je frémis d'y rentrer. » Farel l'y contraignit. Il fallait que cet homme eût foi à l'impossible, pour croire que la Réforme tiendrait là, que la petite république subsisterait indépendante. Quand on examine la carte d'alors, on est effrayé d'une telle situation. L'imperceptible cité avait son étroite banlieue coupée, mêlée, enchevêtrée des possessions des grands États, ses mortels ennemis. A l'époque de la captivité de François Ier, il est vrai, Berne et les Suisses avaient senti qu'il fallait protéger Genève. Et la France le sentait aussi. Mais c'était là justement le péril de la petite ville. Quand le roi, en 1535, envoya sept cents lances pour la couvrir de la Savoie, la ville semblait perdue, et, en effet, le roi espérait l'absorber. Quand les Bernois, l'année suivante, prirent le pays de Vaud, Genève se crut au moment d'être emportée de l'avalanche, submergée du déluge barbare des populations allemandes.

Situation unique d'alarmes continuelles. Chaque nuit, le Savoyard pouvait tenter l'escalade. Chaque jour, les alliés bernois, ou les protecteurs français, pouvaient arriver sur la place et surprendre la Seigneurie. Il fallait se garder des ennemis, bien plus des amis, veiller toujours, craindre toujours. Et voilà pourquoi Genève a été la Vierge sage, et a tenu si haut sa lampe. Voilà pourquoi elle a été la grande école des nations. Mais, pour qu'il en fût ainsi, il fallait qu'elle subît une transformation complète, qu'elle s'abjurât elle-même; que, d'une ville de plaisir, d'une joyeuse ville de commerce, elle se fît la fabrique des saints et des martyrs, la sombre forge où se forgeassent les élus de la mort.

L'émigration religieuse de France, d'Italie, d'Allemagne, y créa une ville nouvelle, population disparate, mais naturellement plus docile à son dictateur ecclésiastique. La vraie et ancienne Genève, irréconciliable à l'esprit de Calvin, lutta quelque temps dans les *Libertins* (ou amis de la liberté), qui s'entendaient avec la France. C'étaient spécialement les amis du cardinal Du Bellay, de la Renaissance contre la Réforme. On assure qu'ils lui proposaient de conquérir Genève pour son maître. Qu'en serait-il arrivé? Que Du Bellay, impuissant pour défendre en France la liberté de penser, n'eût pu rien pour elle à Genève. On le vit en 1543, où, sous ses yeux, et lui étant évêque de Paris, on lui brûla (à Paris même) son secrétaire, un jeune protestant!

La Renaissance ne se protégeait pas. François Ier ne sauva pas Dolet. Marot, l'homme de sa sœur, et dont il goûtait les écrits, fut obligé de s'exiler.

Rabelais ne vécut qu'à force de ruses. Ceci juge la question.

Si le Capitole antique eut pour première pierre dans ses fondements une tête coupée et saignante, on peut en dire autant de Genève réformée.

Par où qu'on regarde Calvin, on y trouve l'image la plus complète du martyre.

Rupture des amitiés, nécessité de rompre avec les pères de la Réforme.

L'effort incessant, douloureux pour un logicien exigeant, de bâtir un dogme éclectique qui répondît à tout, de concilier en apparence ce qui est inconciliable, et de satisfaire le monde sans se satisfaire soi-même.

Le cœur, l'esprit brisé et le corps usé à cette torture. La maladie habituelle, des fatigues excessives, l'enseignement, la prédication, les disputes acharnées, une correspondance infinie, accablante, avec toute l'Europe. Au dedans, nulle consolation, la maison pauvre et veuve. Au dehors, la haine d'un peuple, le sentiment que son œuvre ne réussira pas ; qu'en donnant toute son âme, il n'inspire pas l'esprit de vie ! En 1552, lorsque Genève était si puissante par lui, lui désespère ; il écrit à un ami : « Je survis à cette ville, elle est morte ; il faut la pleurer... »

Mais sa plus exquise douleur, c'est celle qui sortait de son œuvre même. Les martyrs, à leur dernier jour, se faisaient une consolation, un devoir d'écrire à Calvin. Ils n'auraient pas quitté la vie sans remercier celui dont la parole les avait menés à la mort.

Leurs lettres respectueuses, nobles et douces arrachent les larmes. Étaient-elles sans action sur cet homme de combat? Oui, disent ceux qui le jugent sur sa violence polémique, sa dure intolérance. Nous pensons autrement. Ceux qui vécurent avec Calvin disent qu'il ne fut étranger à nulle affection de la famille et de l'amitié, très attaché surtout aux fils de sa parole. Il les suit des yeux par l'Europe dans leurs lointaines et cruelles aventures, les soutient et souffre avec eux. Ses lettres, fortes et chrétiennes, n'en sont pas moins pathétiques. Supplice étrange! de toutes parts, la mort lui revient, lui retombe. Le monde infatigablement vient battre le fer sur son cœur!

Si Calvin a fait les martyrs, eux-mêmes ont autant fait Calvin. On comprend bien que de tels coups, sans cesse répétés, ensauvagèrent cet homme, le rendirent absolu, féroce, à défendre un dogme qui, chaque jour, lui tirait du sang. C'est ainsi qu'on peut expliquer le crime de sa vie, la mort du grand Servet, dont nous parlons plus loin.

Crime du temps plus que de l'homme même!

N'importe! Il fut des nôtres!...

Quand j'entre dans le vieux collège de Calvin et de Bèze, quand je m'assois sous les ormes antiques, quand je visite l'académie et l'église, où Calvin, faible, exténué, parfois soutenu sur les bras de ses auditeurs, enseignait et prêchait à mort, je sens bien que le grand souffle de la Révolution a passé là. Ces vaillants docteurs du passé nous ont préparé l'avenir.

Huit cents auditeurs, de toute nation et de toute

langue, l'écoutaient : émigrés la plupart ou fils d'émigrés. Parmi eux, nombre d'artisans. Tels de ceux-ci étaient de grands seigneurs qui avaient cherché à Genève la pauvreté et le travail. Un d'eux s'était fait cordonnier.

Ville étonnante où tout était flamme et prière, lecture, travail, austérité. Quel était le ravissement de ceux qui, ayant réussi à fuir la terre idolâtrique, atteignaient la cité bénie! De quel œil tous ces fugitifs, ayant, par bonheur incroyable, passé la route de Lyon, suivi l'âpre vallée du Rhône, voyaient-ils le clocher sauveur! Nombre de familles illustres laissaient tout, bravaient tout pour parvenir à Genève. Les Poyet, les Robert Estienne, la veuve, les enfants de Budé, cherchèrent cette nouvelle patrie. Plus d'un confesseur de la foi y apportait ses cicatrices. L'intrépide, l'indomptable Knox, après huit années passées aux galères de France, les bras sillonnés par les chaînes, le dos labouré par le fouet, avant ses grands combats d'Écosse, venait s'asseoir encore un jour au pied de la chaire de Calvin.

Tout affluait à cette chaire, et de là aussi tout partait.

Trente imprimeries, jour et nuit, haletaient pour multiplier les livres que d'ardents colporteurs cachaient sur eux, faisaient entrer en Italie, en France, en Angleterre, aux Pays-Bas. Missions terribles! Ils étaient attendus, épiés. Pour le seul fait d'avoir sur eux un Évangile français, ils étaient sûrs d'être brûlés. C'est alors que l'imprimerie fit ses deux efforts admirables : la *Bible* en un volume, un petit volume, aisé à cacher! et les *Psaumes français, avec la musique interlinéaire.* En touchant ce qui reste encore de ces vieilles éditions, ces volumes tachés, usés dans les prisons, et qui souvent, jusqu'au bûcher, firent l'office de confesseurs, et soutinrent la foi des martyrs, on est tenté de s'écrier : « O petits livres! petits livres! pauvres témoins des souffrances de la liberté religieuse, soyez bénis au nom de la liberté sociale! Si quelque chose reste en vous des grands cœurs qui vous ont touchés, puisse cela passer dans le nôtre! »

Plût au ciel qu'on pût raconter tout ce qui s'accomplit alors! Mais les dangers étaient si grands, que presque toute cette histoire est restée enfouie et mystérieuse. Le peu qu'on en retrouve, c'est l'histoire de quelques martyrs.

J'ai suivi attentivement le martyrologe de Crespin pour trouver et dater les premières missions protestantes. Elles semblent d'abord fortuites. Ce sont presque toujours des Français que la persécution a fait fuir à Genève, et qui, pour affaires de famille, pour revoir leur pays ou répandre des livres, entreprennent de revenir. On voit très bien, dans ces histoires, que l'origine de tout cela est spontanée, d'abord française; mais la grande et forte école de Genève leur a formulé en doctrine leur sentiment religieux, leur a donné les livres, le désir de les répandre et de les interpréter.

Le premier exemple est celui d'une petite colonie de gens qui avaient cherché asile à Genève, et qui, attirés vers l'Angleterre par la réforme d'Édouard VI, s'en vont ensemble par la route du Rhin. « M. Nicolas, homme de savoir, François, et Barbe, sa femme, Augustin, barbier, et sa femme Marion, tous deux du Hainaut. » On voit ici l'égalité religieuse, le barbier de compagnie avec l'homme de savoir et le bourgeois aisé. Et c'est le barbier qui règle la route ; il obtient de M. Nicolas qu'il visite le petit troupeau des fidèles de Mons. De là leur catastrophe horrible. Les deux hommes sont brûlés. Barbe faiblit, a peur. La pauvre Marion est enterrée vive. (Voy. plus haut.)

Ce qui est remarquable dans cette légende fort ancienne (1549), c'est que ces infortunés, sur la charrette et au bûcher, se soutiennent par le chant des psaumes de Marot et de Bèze, qui pourtant ne furent imprimés que deux ans après, 1551. Sans doute, on les enseignait, on se les transmettait oralement dans les églises de Genève.

Lorsque François Ier sauva Marot en 1530, ce fut à condition qu'il continuerait le *Psautier*. Lorsque, en 1543, Calvin l'accueillit à Genève, il le fit autoriser par le Conseil à continuer cette œuvre. A sa mort Bèze la reprit, l'acheva et fut autorisé à imprimer en 1551 ; mais on changea la musique primitive, galante, inconvenante, profanée par le succès même. François Ier les avait chantés, et Henri II, et Catherine de Médicis, Diane, et tout le monde ! Cette musique fut biffée et on lui substitua des mélodies fortes et simples de l'Église de Genève, qu'on imprima sous les paroles.

Grande révolution populaire! Elle gagna par toute la France. Elle donna aux persécutés, aux fugitifs, un viatique, qui ne leur manqua jamais dans leurs extrêmes misères, dans ce qui plus que les supplices énerve les révolutions, l'implacable longueur du temps.

L'Église militante et souffrante, au centre des persécutions, la forte Église de Paris, transfigura ces mélodies, et, par un coup de génie, en fit la lumière de l'Europe. Le Franc-Comtois Goudimel, alors à Paris, gardant la sève austère et pure de ses montagnes du Jura, fit hardiment des psaumes un chant d'amis, un chant de frères, une musique à quatre parties.

Jean-Jacques Rousseau confesse avoir reçu en naissant la puissante inspiration de ces vieux chants de Goudimel. Et que d'hommes ils ont soutenus!

Lorsque Rabaut, aux landes, aux déserts des Cévennes, resta trente années sous le ciel, sans reposer sous un toit, lorsque le Vaudois Léger passa tant d'horribles hivers dans les antres des Alpes au souffle des glaciers, que tiraient-ils de leur sein pour se ranimer et se réchauffer? Quelque cordial? Sans doute, le cordial puissant de ces psaumes. Ils en chantaient les mélodies, et, si quelque ami courageux osait venir serrer leur main, la sainte assemblée se formait, l'Église était là tout entière, la mâle harmonie commençait, le désert devenait un ciel.

Tout n'est pas bon dans les paroles, mais la musique emportait tout. Tel accent connu et tel vers, souvent chante dans les supplices (*A toi, mon Dieu! mon cœur monte!... Mon Dieu! prête-moi l'oreille*), ne manquaient pas leur effet. Et sur les visages bronzés de ces confesseurs du désert une mâle pudeur avait peine à ne pas laisser voir de pleurs.

CHAPITRE VII

Politique des Guises — La guerre. — Metz. (1548-1552.)

Maintenant que nous avons posé l'enclume « où vont s'user tous les marteaux », nous pouvons amener les frappeurs inhabiles qui vont frapper dessus, voir au jeu les grands politiques avec leurs superbes machines de profonde diplomatie, l'immensité des efforts et le néant des résultats.

Les actes, les lettres secrètes récemment publiées, arrachent les beaux masques, la pourpre et le velours. Ces fiers acteurs, aujourd'hui en chemise, font peine à voir. On ne peut plus comprendre dans quel aveuglement marchaient les deux partis, le roi de France et Charles-Quint.

Nous simplifierons fort si, dès l'abord, en 1548, nous indiquons le but où vont ces fous, par un circuit immense d'intrigues, de dépenses et de guerres, en douze années, vers 1560.

L'Espagne alors apparaîtra ruinée. A Granvelle

éperdu qui lui expose l'épuisement des Pays-Bas, Philippe II communiquera en confidence son budget espagnol *en déficit de neuf millions sur dix!* (Granv., VI, 156.)

Et la France, qui n'a pas les Indes, à plus forte raison est ruinée. Les Guises, maîtres de tout en 1560, et vrais rois, seraient morts de faim dans leur royauté, sans une *razzia* à la turque sur leur propre parti, sur l'évêque et le clergé de Paris, qu'ils frappent d'un emprunt forcé avec contrainte par corps.

Ruine d'autant plus radicale qu'elle est universelle. La grande crise sociale et financière du siècle, précipitée par le changement des valeurs monétaires et l'enchérissement monstrueux de toutes choses, dessèche la source de l'impôt. Le fisc, cette pompe âprement aspirante, où plonge-t-il? dans nos poches vides; et qu'en aspire-t-il? le néant.

Dès la première année du règne d'Henri II, en 1547, on voyait parfaitement où on allait. Le déficit annuel était déjà d'un demi-million, et dès qu'on augmenta l'impôt, il y eut une révolte. On ne vécut plus que d'expédients, du fatal expédient surtout de vendre des charges, de prendre un peu d'argent comptant en grevant de nouveaux salaires les années suivantes et l'avenir.

Les rêves et les folies de François Ier en 1515, avec la forte France d'alors, étaient des folies de jeune homme; celles des Guises et de Diane, en 1547, avec une France ruinée, étaient une démence d'aliénés, une désespérée furie de joueurs, disons le mot, un jeu d'aventuriers qui, ayant peu à perdre, bravent la chance et mettent les enjeux sur la carte la moins probable.

Quelle était cette carte? Nous le savons par leurs flatteurs de Rome, par le cardinal Du Bellay, qui, pour regagner son crédit, mériter son retour en France, entre dans leur pensée et caresse leur rêve. Quel rêve? la conquête d'Italie, toujours la vieille idée de leur maison, toujours René d'Anjou, l'expédition de Naples. Dans cette voie de folies, ils prennent hardiment la plus folle. Du Piémont envahir Milan, c'est chose trop raisonnable encore. Non, il leur faut les Deux-Siciles.

Et routiniers autant que chimériques, sur quel appui comptent-ils pour recommencer ce roman? Sur le pape, dès longtemps fini, sur Parme, sur les petits princes italiens, sur Ferrare, dont François de Guise se dépêche d'épouser la fille. Mais qui ne voyait que l'Italie était morte? Qu'était devenue Rome? un désert! Telle la représente Rabelais dès 1536. Le pape? une ombre. Le duc d'Albe en parle avec un dur mépris. (Granv., VII, 284.)

Le moindre bon sens indiquait qu'il n'y avait que deux choses à faire :

L'une, vraiment sensée, tendre la main à la nation militaire qui prêtait des soldats à toute l'Europe, à l'Allemagne, l'aider à défendre la liberté religieuse contre les Espagnols. En quoi faisant, du même coup on s'assurait l'Angleterre, où montait le flot du protestantisme.

L'autre parti, humiliant, triste et bas, mais possible pourtant, c'était de marcher avec l'Espagne et dans son mouvement. C'était la secrète pensée de Montmorency, qui fut toujours (lettre du duc d'Albe, Granv., VII, 281) foncièrement espagnol, *et que l'Espagne tâcha toujours de maintenir au gouvernement de la France.*

Mais cet homme, sous forme rude, hautaine, était le courtisan des courtisans. La folie étant en faveur, il suivit le parti des fous.

Ce troisième parti, celui des Guises et de Diane, parti non espagnol, et pourtant catholique, voulait faire la guerre au roi catholique et combattre son propre principe.

Ce qui les rendait forts, prépondérants dans le conseil, c'est qu'ils tenaient l'Écosse par leur sœur, et se chargeaient de faire une Écosse française, de mettre en France la royauté d'Écosse en livrant au roi leur nièce, la petite Marie Stuart, qu'épouserait le Dauphin. Et l'enfant, en effet, nous fut livrée en 1548.

Cela semblait un beau succès, une forte garantie contre l'Angleterre. Une garantie, mais trois dangers :

1° On rendait l'Angleterre irréconciliable, implacable et désespérée, lui mettant la France même dans son île, une grande colonie française « des seigneuries pour un millier de gentilshommes ».

2° Cette Marie de Guise qui livrait son enfant, livrait-elle l'Écosse, ou n'allait-elle pas par cette trahison donner des forces incalculables aux Écossais protestants et en faire le parti national?

3° Comme on ne tenait l'Écosse que par une intime alliance avec les violents catholiques, avec le grand brûleur des protestants, l'archevêque de Saint-André ; comme on se portait pour son défenseur (et vengeur quand il fut tué), on associait la politique aux phases variables, incertaines, de la révolution religieuse.

Dès lors, comment s'entendre avec l'Allemagne, avec les grands ennemis de l'Empereur, les luthériens? Condamnée aux démarches les plus contradictoires, papiste pour l'Écosse et pour le roman d'Italie, et d'autre part défenseur hypocrite des libertés de l'Allemagne, la France allait apparaître à l'Europe comme un hideux Janus à qui ne se fierait personne.

Deux ans durant, cette France des Guises ne regarda que vers l'Écosse, vers l'Italie, et oublia la grande affaire du monde, l'Allemagne, l'oppression de l'Empire.

Situation bizarre! Les luthériens, le pape, étaient d'accord pour implorer la France contre Charles-Quint. Elle paraissait forte dans la faiblesse universelle. L'occupation d'Écosse, la reprise de Boulogne, que l'Angleterre nous rendit (pour argent), faisaient illusion.

Charles-Quint n'était plus un homme depuis sa victoire de Mulhberg. Il ne se connaissait plus. Ce n'était plus César, mais Attila, Nabuchodonosor. L'attitude de modération qu'il avait prise en sa jeunesse, après Pavie, sa faible tête de vieillard ne pouvait la retenir. Il paraissait horriblement aigri. Granvelle l'en excuse sur sa maladie. Il fit couper les pieds aux soldats allemands qui, selon leur vieil usage, s'étaient loués en France (*Mém. de Guise*), et l'infant (Philippe II) intercéda en vain pour eux.

Pour connaître le vrai Charles-Quint de cette époque, il ne faut pas toujours citer ses actes officiels, œuvre de ses ministres, mais lire les *instructions* qu'il écrit lui-même *pour son fils*. Elles indiquent deux choses, que sa tête est affaiblie, et qu'il ne connaît point du tout sa situation. Cet acte grave, écrit pour guider bientôt le jeune roi, n'a aucun caractère sérieux; il est d'une banalité plate, nullement instructif. Un prince qui s'amuse à écrire de telles choses, vaguement générales, évidemment n'a pas d'idées précises, ne sait pas le détail qui seul serait utile pour diriger son successeur (Granv., III, 267, 1548).

Les Vénitiens qui connaissent ses affaires mieux que lui disent (L. Contarini, 1548) que, malgré sa victoire, il est ruiné. « Il ne peut plus rien tirer de l'Italie. Ses sujets, surtout à Milan, aiment mieux abandonner la terre. » D'autre part, il tire encore moins de l'Espagne. Sa pauvreté en hommes est désolante. Tous les grands capitaines du siècle sont morts; il ne lui reste plus que le duc d'Albe, médiocre (au jugement de Contarini), et un bandit italien qu'on appelait le marquis de Marignan.

Mais ce coup de Mulhberg et l'Empire tombé à ses pieds, cinq cents canons enlevés aux villes, les razzias d'argent faites par ses soldats espagnols, lui avaient tourné la tête. Il donna au monde un de ces spectacles qui effrayent, qui appellent la colère divine. Ce fut une chose nouvelle dans l'Europe chrétienne de voir renouveler les scènes barbares de captifs promenés, montrés (comme Bajazet dans sa cage de fer). Il menait par l'Allemagne et jusqu'aux Pays-Bas ses prisonniers, l'Électeur, le Landgrave, un héros et un saint, comme on montre une ménagerie de bêtes fauves. Sauvage exhibition qui ne montrait que son parjure. Car il avait promis leur liberté, et il éluda par un faux, un faux ridicule, irritant, d'une lettre impudemment changée dans le traité, en vertu de laquelle il garda ceux qu'il promettait d'élargir.

Même dérision d'insolence à la diète d'Augsbourg. Ses théologiens présentèrent aux deux partis un compromis tout catholique. *Quelques districts*, et *pour un certain temps*, gardaient le mariage des prêtres et la communion sous les deux espèces. Tout le reste de l'Empire, dès le jour même, rentrait sous le vieux joug. Cela s'appela l'*Intérim*. La chose à peine lue, sans délibération, sans consulter personne, un prélat catholique, l'archevêque de Mayence, remercie l'Empereur, dit que la diète accepte, parlant effrontément pour les protestants mêmes. La séance est levée.

Voilà tous les débats religieux finis par cet escamotage. Le voilà pape, aussi bien qu'Empereur. Et que lui manque-t-il pour avoir cette monarchie universelle dont l'avaient bercé ses nourrices? Peu ou rien : conquérir la France, aller à Rome. Le pape est vieux, Charles-Quint peut lui succéder; déjà ses médecins remarquent que sa goutte se trouverait bien mieux du climat d'Italie.

Comme en ces moments de folie les valets dépassent le maître, son gouverneur du Milanais encourage l'assassinat de Pierre Farnèse, fils du pape Paul III, duc de Parme et de Plaisance, en saisissant la dernière ville. Paul III, effrayé par la victoire de Charles-Quint, par son Concile de Trente, négociait avec la France, et voulait faire épouser à son petit-fils une bâtarde d'Henri II. Charles-Quint, qui déjà avait aussi marié sa fille naturelle au fils du pape, n'en approuva pas moins cette cruelle affaire de Plaisance, où lui-même volait ses petits-enfants. Le pape perça l'air de ses cris, appela au secours la France, les protestants, les Turcs (dit-on), et, voyant sa famille s'arranger avec Charles-Quint, baiser sa main sanglante, il en mourut de désespoir.

Cet acte atroce saisit l'attention de l'Europe, étonna, effraya. Bientôt après, le frère de Charles-Quint, Ferdinand, estimé pour sa modération, fit poignarder son ennemi réconcilié, le moine Martinuzzi, à qui il devait la Hongrie.

Nous ne raconterons pas la punition; elle est connue. Une seule ville, Magdebourg, résista à l'Empereur, à l'Espagne, à l'Empire. Et son traître Maurice, qui l'avait fait vaincre, le trahit à son tour. Ce fut une belle scène, et consolante pour la terre opprimée, de voir ce vainqueur des vainqueurs presque pris dans Insprück, forcé de fuir la nuit avec sa goutte, manqué de deux heures par Maurice (23 mai 1552).

Maurice avait traité avec la France dès octobre 1552. Le roi avait pris Metz en avril; en mai il était dans l'Alsace.

Dès janvier 1552, les levées s'étaient faites à grand bruit par tout le royaume. « Il n'y avoit bonne ville où le tambour ne battît pour la levée de gens de pied; toute la jeunesse se déroboit de père et mère pour se faire enrôler; la plupart des boutiques demeuroient vides d'artisans. Tant étoit grande l'ardeur de faire ce voyage et de voir la rivière du Rhin! » Cette cohue immense de gens de pied, rapidement levée, dressée bien ou mal, comme on put, s'ébranlait vers l'ouest, sous le maître des maîtres, son rude instructeur Coligny. Le gendre de Diane, le frère de Guise, avait la charge agréable et plus noble de mener la cavalerie.

A voir ce mouvement, on se fût trompé sur le siècle, sur la pensée du règne. Ce roi persécuteur qui venait de lancer un édit inouï contre la liberté religieuse (donnant au délateur *le tiers des biens* du condamné!), voilà qu'il se portait en Europe pour le vengeur de la liberté politique. Il frappait des médailles au bonnet de la liberté, aux devises du Brutus antique!

Ce carnaval romain avait-il action sur les esprits? et vraiment qu'en pensait la France? On ne le sait. Ce qui est sûr, c'est qu'à ce mot de sauver l'Allemagne, de délivrer l'Empire, de punir Charles-Quint, le peuple, la noblesse, s'étaient précipités.

Cette noblesse mécontente avait tout oublié, et elle

était venue en si grand nombre (même les sauvages nobles de Bretagne, d'armes et de maisons inconnues), qu'Henri II, étourdi de sa propre grandeur, dit dans un sot orgueil : « Protecteur de l'Empire ! Mais pourquoi pas Empereur ? »

Le grand point était dès le premier pas de rassurer l'Allemagne, de réfuter la défiance ordinaire pour les *Welches*, de montrer qu'en les appelant elle ne s'était pas trompée. Les princes qui invitaient Henri lui avaient assez légèrement donné le titre de vicaire impérial dans les trois évêchés, Metz, Toul et Verdun. Il n'en fallait pas abuser. L'occupation de ces places devait se faire avec grande prudence, de doux ménagements. Metz naturellement hésitait. Le connétable y fut très mal habile, brutalement, impudemment fourbe. Il obtint d'y mettre *une enseigne,* mais sous cette enseigne de 500 hommes, 5,000 passèrent. On s'empara de même en trahison du duc de Lorraine, âgé de dix ans. On l'envoya en France. La ruse réussit moins contre Strasbourg. On avait dit que les ambassadeurs de Venise et du pape qui voyageaient avec le roi voulaient voir la fameuse ville, la merveille du Rhin. Ils arrivent fort accompagnés, mais ils sont reçus à coups de canon (3 mai).

Admirable conduite pour réconcilier les Allemands avec l'Empereur. Maurice, ayant dicté à Charles-Quint le traité qui garantissait les libertés de l'Allemagne (Passau, 17 juillet 1552), écrivit au roi ses remerciements. Il ne restait qu'à revenir.

Charles-Quint, miraculeusement relevé par nous,

par la haine de l'Allemagne pour son faux défenseur, tombe sur nous trois mois après. Le vieux malade, ravivé, rajeuni de l'élan de l'Empire, vient avec soixante mille hommes pour nous reprendre Metz. Mais la France elle-même y était. Elle défendait en personne ce poste essentiel d'avant-garde. Tout ce qu'il y avait de jeune noblesse, les princes du sang, une élite de dix mille vieux soldats, sous le duc de Guise, s'enferma là, décidé à combattre à outrance. Le duc d'Albe, qui menait l'armée impériale, trouva la ville formidablement préparée, tout rasé à l'entour à grande distance, cinq faubourgs abattus, une grande armée d'Henri II tout près pour l'inquiéter, enlever ses convois, le ciel enfin contre lui, et l'hiver. Une mortalité terrible commença chez les assiégeants, plongés jusqu'au nez dans la boue. L'Empereur malade se désespérait. On lui prête des mots contre lui-même : « La Fortune est femme, elle n'aime pas les vieux. » Et un autre plus grave : « Hélas! je n'ai plus d'*hommes!* »

Il perdit trente mille soldats, dit-on, avant de pouvoir s'arracher de là (1er janvier 1553). Il laissa un monde de malades que nos Français (comme en 92) soignèrent, nourrirent avec les leurs.

Donc nous gardâmes Metz, Toul et Verdun. Admirable morceau d'Empire. Mais ce qui valait plus, l'estime de l'Empire et l'amitié de l'Allemagne, nous ne les gardâmes pas. Nous les perdîmes pour toujours.

C'est la suprême fin de l'alliance protestante. La France reste seule en Europe.

Où prit-elle l'argent pour résister à l'Empereur? Dans un moyen désespéré qui plus qu'aucune chose va hâter la révolution.

Les deux grands corps qui écrasaient le royaume, le clergé et les gens de loi, amènent le gouvernement aux abois à doubler leur pouvoir.

Ceux qui ont lu les chapitres terribles des *Chats fourrés* de Rabelais, ceux qui ont vu les effrayantes voûtes du Palais de Rouen, leurs menaces suspendues, ceux-là devinent ce que pesa la tyrannie des marchands de justice, la justice devenue marchandise et propriété, achetée et vendue. Que fût-ce donc quand Henri II, vendant six cents sièges à la fois, et créant six cents juges, multiplia ces antres de chicane et de vénalité par toute la France, quand toute petite ville eut son *présidial*, tribunal, avocats, procureurs, gens de loi innombrables? Les causes civiles et pécuniaires au-dessus de deux cent cinquante livres leur étaient interdites, mais ils jugeaient à mort. On réservait l'argent, mais on livrait le sang. Une vie d'homme était cotée fort au-dessous de cent écus.

Pouvoir énorme, et dans les mains des enrichis, des fils de financiers, des enfants d'usuriers, d'une bourgeoisie de petite ville, d'esprit étroit et bas, toujours le chapeau à la main devant les gens de cour et les puissants solliciteurs, contre qui eût lutté parfois la liberté des parlements. La justice fut mise à portée des plaideurs qui plaidèrent d'autant plus, mais elle fut bien plus dépendante. Les grands seigneurs se mirent à plaider tous, étant toujours sûrs de gagner.

Une révolution non moins grave, ce fut l'énorme reculade du pouvoir civil devant le clergé. On lui rend ses justices.

Le prêtre peut-il être juge? et n'a-t-on pas à craindre sa trop grande miséricorde? J'ai trouvé la réponse dans un registre de 1403, où un prisonnier aime mieux être pendu par le prévôt du roi que de rester prisonnier de l'évêque. La reine Blanche est célèbre pour avoir brisé les cachots de l'église de Paris. Tout le travail de nos rois avait été de miner, supprimer les justices ecclésiastiques.

Le clergé profita de l'invasion imminente. A la royauté effrayée, qui ne sait où donner de la tête, il offre *trois millions d'écus d'or*. Il ne demande qu'une chose, c'est qu'on biffe le grand titre de François Ier, l'ordonnance appelée la *Guillelmine* (de Guillaume Poyet), qui avait mis à néant les justices d'église. Le clergé, ce pauvre clergé qui, à toute demande, déplore son indigence, trouve cette somme tout à coup; une vente de chandeliers, de vases, vingt livres imposées par clocher y suffirent, sans vendre un pouce de terre.

Le grand jurisconsulte Dumoulin venait précisément de donner au roi contre le clergé plus qu'une armée, un livre qui marquait Rome et les évêques comme simoniaques et faussaires. Puissant coup de tocsin sur les biens ecclésiastiques. Le clergé répondit par ce grand don d'argent. Dumoulin fut puni d'avoir servi le roi. Loué du connétable, persécuté des Guises, il lui fallut s'enfuir de France.

De la belle défense de Metz, et de l'échec de l'Empereur, il nous resta un grand malheur public. Cette défense, où tous furent admirables, devint la gloire d'un seul. François de Guise s'était trouvé, par le concours de tous les princes et seigneurs de la France, dans la haute et singulière position de commander à tous, d'avoir pour soldats des Vendôme, des Condé, des Montpensier, des Longueville; il fut là le prince des princes, et j'allais dire le roi des rois. Des hommes moins connus, bien autrement utiles, Italiens et Français, les premiers militaires du temps, groupés autour de Guise (gendre du duc de Ferrare), l'aidaient de leur conseil, et il en savait profiter. Il montra, en ce grand moment et dans ce rôle unique, un très bel équilibre de qualités contraires, guerrières et administratives, de valeur froide et ferme, de prudence, d'humanité même.

Mais il y eut encore autre chose. Et ce ne fut pas tant pour cela qu'on l'adora, mais pour sa fortune et sa chance; on dit, redit : « Il est *heureux*. » Ce peuple, ami de l'aventure, qui venait d'être mis en possession de la loterie, crut en Guise avoir un joueur sûr de gagner toujours. Fatale idolâtrie, et punissable! La France expie bientôt d'avoir fait un dieu du succès.

CHAPITRE VIII

Ronsard. — Marie-la-Sanglante. — Saint-Quentin. (1553-1558.)

Au faux Achille un faux Homère, au faux César un faux Virgile. Pour chanter dignement la prochaine conquête du monde, il fallait un grand poète, un immense génie. On en forgea un tout exprès.

L'universel faiseur, le jeune cardinal de Lorraine, à qui rien n'était impossible, y eut, je crois, bonne part. Dans une de ses tours du château de Meudon, ce protecteur des lettres logeait un maniaque, enragé de travail, de frénétique orgueil, le capitaine Ronsard, ex-page de la maison de Guise. Cet homme, cloué là et se rongeant les ongles, le nez sur ses livres latins, arrachant des griffes et des dents les lambeaux de l'Antiquité, rimait le jour, la nuit, sans lâcher prise. Jeune encore, mais devenu sourd, d'autant plus solitaire, il poursuivait la muse de son brutal amour. Gentilhomme et soldat, il n'était pas fait pour attendre, ménager son caprice; de haute lutte, il la violait. Il frappait comme un sourd sur la pauvre langue française. Il y a laissé trace ; grâce à lui, cent choses naïves de liberté charmante, de génie, de divine enfance, qu'elle a encore dans Rabelais, en ont été biffées, effacées pour toujours. Et il n'y a pas eu de remède. A tels côtés ingrats, noblement secs, que toute l'Europe justement lui reproche, il n'est que trop facile à voir que cette langue des gens d'esprit a passé par les mains des sots.

La France, par cet homme, est restée condamnée à perpétuité au *style soutenu*.

Il est bien entendu que celui qui exerce une si grande influence, tant maladroit, gauche et baroque qu'il ait été, eut quelque chose en lui. Celui-ci avait en effet une flamme, une volonté indomptable, héroïque. Et c'est justement cette volonté terrible qui, n'étant pas aidée de génie, lui fit faire ces cruels efforts, et pratiquer sur notre langue de si barbares opérations.

L'avènement de Ronsard date de l'époque où le monde des honnêtes gens, *des caffards et des chats fourrés*, parvint à condamner Rabelais au silence. Son protecteur Jean Du Bellay, ennemi et rival du jeune cardinal de Lorraine, avait placé Rabelais (pour observer le cardinal?) juste sous le château de Meudon, dans la cure du village. Et le joyeux curé, n'osant plus imprimer, mais visité de tout Paris, se dédommageait en criblant d'épigrammes le royal poète des sommets de Meudon.

La haine des deux partis venait de loin. Rabelais, dès les premières pages du *Pantagruel*, quinze ans d'avance, avait prédit Ronsard. Son noble Limousin, monté sur le cothurne antique, qui parle latin en français, qui, dans sa toge, fièrement *déambule par l'inclyte cité qu'on vocite Lutèce*, semble déjà le poète de Meudon. Il est de la nouvelle école ; comme Ronsard, Jodelle, Joachim Du Bellay, il peut pindariser, courtiser les *Camènes*, chanter la chanson *chasse-ennui*.

Joachim était propre neveu du cardinal Jean Du Bellay, le patron de Rabelais ; il en était jaloux, et il haïssait cruellement ce roi des rieurs. Ce fut lui qui, plus que personne, travailla contre Rabelais, éleva l'autel nouveau, la nouvelle religion littéraire, le nouveau dieu Ronsard.

Il l'avait rencontré dans une hôtellerie et il avait été frappé de sa haute mine, de sa noble et martiale figure, encadrée de cheveux d'un châtain doré, de barbe blondoyante, une face de Phébus Apollo. De tels dons préparaient ce héros de la mode.

Ardent jeune homme, et non sans éloquence, mais de trop peu de poids, Joachim parla pour un autre, l'exalta, l'adora, le mit sur le pavois. Il lança à la fois et l'homme et la doctrine.

Dans son *Illustration de la langue française*, cette langue naît, à l'entendre, et elle n'a pas eu de poète. Notre littérature commence ; elle bégaye, mais elle va parler. Qu'elle ceigne le laurier antique, qu'elle se pare et s'orne sans scrupule des dépouilles de Rome vaincue et surpassée.

A ce moment, Ronsard saisit sa lyre, chante le roi, les Guises et tout à l'heure Marie Stuart. Personne ne comprend, tous admirent. Les jeunes poètes font cercle autour de lui ; leur brillante pléiade entoure de ses respects l'Homère patenté d'Henri II.

On lui fait sa légende. Il est né justement dans la triste année de Pavie. La France, qui perdait son roi, concentra ses puissances et se dédommagea ; elle enfanta son roi de poésie.

S'il naquit aux terres prosaïques du Vendômois, il tire sa lointaine origine des rives du Danube et du pays d'Orphée. Cet Orphée gentilhomme est *le marquis de Thrace*. On lui crée cet illustre fief.

Si on le comprend peu, comment s'en étonner ? L'Antiquité elle-même, ressuscitée en lui, daigne parler français ; c'est la langue des dieux ; tout dieu parle en oracle. Étudiez et vous pourrez comprendre. Il est passé le temps où cette langue, basse et vulgaire, voulait être entendue de tous :

> Odi profanum vulgus et arceo.

A ce poète des rois, la cour tresse un laurier royal. Le succès double son effort, sa joue enfle, il souffle sa trompe. Tous soufflent après lui. Et la France n'a plus rien à envier à l'ampoule espagnole. Le genre sublime et vide est créé pour toujours. L'homme change, et le genre reste. Le dix-septième siècle, habile et littéraire, soufflera plus habilement. La trompette est toujours l'instrument national. Tous y soufflent, et jusqu'à Bossuet. Voyez ces chérubins bouffis, ces tritons effrénés de la grande galerie de

Versailles. Ils sonnent à crever, pour la gloire de l'astre nouveau pour lequel l'enflure s'est enflée dans un crescendo de deux siècles. Au royal empyrée où brilla jadis le Croissant, triomphe le Soleil en perruque, effigie de Louis XIV.

Revenons au seizième siècle. Pendant ces chants et ce triomphe, six mois après son avantage, la France reçoit le plus sensible coup. Charles-Quint relevé est plus haut que jamais dans l'opinion de l'Europe. La mort d'Édouard VI met sur le trône d'Angleterre la catholique Marie, qui se donne à l'Espagne, à Charles-Quint, à Philippe II son fils. Un miracle se fait pour le pieux infant. L'Angleterre paraît catholique. Philippe, protecteur et restaurateur de la foi, entre dans le grand rôle qu'il doit garder jusqu'à la mort (1554).

Il est le vrai, le légitime chef du parti catholique, et la France est le faux. La fausse position de celle-ci va dès lors éclater, et sa contradiction. Violemment catholique chez elle et en Écosse, il lui faudra, en Angleterre, s'associer traîtreusement aux conspirations protestantes.

Rien de plus curieux que de voir l'étrange fantasmagorie de cette révolution dans les dépêches de Renard, l'envoyé d'Espagne, qui conseilla Marie, la poussa, la soutint. L'affaire fut un malentendu. Le grand bouleversement économique et social qui changeait l'Angleterre prit, comme tout prenait alors, une apparence religieuse. L'Angleterre protestante de cœur (le pape l'avoue six mois après) porte, ou laisse porter au trône Marie-la-Catholique. Pourquoi? l'Angleterre croit *revenir au bon temps*, aux premières années d'Henri VIII.

Marie, d'autre part, ignorante, intrépide de son ignorance, qui ne sait rien, ne comprend rien, croit toute l'Angleterre catholique. Vieille fille et fille d'Henri VIII, Aragonaise de mère, âcre de passions retardées, la petite femme, maigre et rouge, va droit, sans avoir peur de rien. Où? à la messe et au mariage.

Péril énorme! La première messe fait une sanglante émeute à Londres. Par toutes les campagnes, ses partisans détrompés prennent les armes. Elle tient bon, tue sa parente Jane Gray, reine des révoltés. Et elle est bien près de tuer sa sœur Élisabeth. Sans souci des Anglais, elle appelle l'infant, qu'elle aime sur sa réputation. Ce fatal personnage apparaît, pour la première fois, beau comme le spectre de Banquo, séducteur et irrésistible : « Il est maigre, petit, de jambes grêles, mais fort velu de corps; donc, porté à l'œuvre de chair. »

Ce trait des jambes grêles est de grande conséquence. C'est le signe de l'homme assis, du scribe infatigable qui passera sa vie à une table. Flamand pâle et blondasse, aux yeux ternes et de plomb, quoiqu'il ait toujours travaillé à imiter les Castillans, il offre le vrai type d'un patient commis, d'un laborieux et sombre bureaucrate, méritant et très appliqué. Du reste, nul talent. Une œuvre personnelle en fait foi : c'est la lourde lettre, pédantesque et tristement plate, qu'encore infant il écrivit comme accusation d'Henri II. (Granvelle, V, 81.)

Sa femme, qui, en quatre ans, brûla vifs trois cents protestants, écrasant le pays (jusqu'à inquiéter Philippe même), lui donna le renom d'avoir refait l'Angleterre catholique et la bénédiction du clergé en Europe. Elle le sacra roi de tout l'ancien parti. Il put perdre Marie et perdre l'Angleterre, il n'en garda pas moins cette position unique de chef d'une religion.

Ni Rome ni la France ne comprenaient cela. Qui se souciait du pape? Le vrai pape, c'était le roi d'Espagne, le restaurateur de la foi en Angleterre. C'est pour lui qu'on priait dans toutes les églises, pour lui que les Jésuites et les moines travaillaient partout.

Ce fut aux Guises une insigne faute de s'associer aux fureurs du vieux pape Caraffa (Paul IV) contre le roi catholique. Les papes, depuis longtemps, n'avaient de but ni de moteur que l'esprit de famille. Paul III n'avait songé qu'aux Farnèse ses neveux, et avait appelé jusqu'aux luthériens pour les soutenir. Jules III s'était vendu à l'Espagne pour faire son neveu prince. Caraffa, le furieux Paul IV, violent inquisiteur, et croyant n'agir que pour l'Église, suivait les haines d'un neveu. Celui-ci, longtemps militaire au service des Espagnols, un brutal soldat, un bandit, n'y avait rien gagné et leur gardait rancune. Il lança son oncle, à l'aveugle, dans une folle guerre contre l'Empereur et Philippe, et cela au moment où Philippe était en vénération, en bénédiction, dans tout le monde catholique.

La France, qui vivait de hasard, à un mois ou deux de distance fit deux traités contraires avec et contre l'Empereur, par les Guises une ligue de guerre (déc. 1555), par le connétable un traité de paix (février 1556).

Qui l'emporterait des deux partis? Ce qui, je crois, décida pour la guerre, ce fut une intrigue de cour qui compromit la royauté de Diane, et lui fit désirer d'occuper Henri II par les périls d'une situation nouvelle.

Cette fidélité tant chantée par les poètes *du style soutenu* ennuyait le roi à la longue. La reine voyait bien que Diane baissait; mais comment hasarder de susciter au roi un caprice, une fantaisie, qui l'affranchît de son vieux joug? Catherine s'y prit adroitement. En 1554, le roi étant attendu à Saint-Germain, elle organisa une petite mascarade maternelle, déguisant ses filles en sibylles, avec la jeune Marie Stuart et une autre princesse, toutes enfants de douze ou treize ans. Pour compléter le nombre, elle y joignait une enfant un peu plus âgée, une petite fille écossaise, miss Flaming, jolie, parleuse, hardie.

L'effet désiré fut produit. Les grâces enfantines de cette tendre jeunesse repoussaient la vieille maîtresse dans la caducité. Les choses allèrent si bien que cette enfant eut un enfant du roi. Caprice dangereux. La petite prit sa honte avec un orgueil intrépide, qui pouvait rendre le roi fou ; elle allait déclarant la chose, faisant trophée, triomphe, d'aimer le plus grand roi du monde.

Il n'y avait pas un moment à perdre pour distraire Henri II par une guerre. C'était bien pis que la fenêtre de Trianon et la dispute de Louis XIV et de Louvois qui poussa celui-ci à décider la guerre européenne.

Les Guises y avaient hâte, non seulement pour leur roman de Naples, mais aussi pour une chance de conclave. Le vieux pape était si colère, et il arrosait tant sa colère de vin du Vésuve, qu'il pouvait un matin être emporté par un accès. Si l'armée française était là, le cardinal de Lorraine n'eût pas manqué d'être élu pape ; lui pape, et Guise roi de Naples, tous deux maîtres de l'Italie.

En lisant les dépêches des envoyés de France, on voit bien que ce pape Caraffa était constamment ivre ou fou. Nulle scène plus comique. Des heures de suite, à perdre haleine, il faisait la guerre en paroles, disant qu'il allait faire Henri II empereur, ses fils rois des Lombards, rois de Sicile ou cardinaux. Mais point de paix! A ce seul mot de paix, regardant de travers les deux Français : « Prenez-y garde! si vous voulez la paix, je n'irai pas me plaindre au roi ; je vous coupe la tête... Vos têtes! j'en couperais de pareilles par centaines! le roi ne s'en souciera guère. » Il continua jusqu'à ce qu'il ne pût plus parler.

Il faisait le procès à Philippe II, appelait Soliman

et les luthériens. Le duc d'Albe fut obligé de le mettre à la raison.

Il était près de Rome, que Guise était à peine parti de Saint-Germain (novembre 1556). Le fameux défenseur de Metz ne put pas faire grand'chose en Italie. A la première place qu'il prit, les habitants furent massacrés. La seconde, Civitella, instruite par un tel exemple, fit une résistance désespérée. Guise s'y morfondit. La nouvelle d'une grande défaite, celle de Saint-Quentin, qui le rappelait en France, lui vint fort à propos. « Partez, lui dit le pape. Aussi bien, vous avez peu fait pour le roi, moins pour l'Église, et rien pour votre honneur. » Le duc d'Albe finit cette guerre d'enfants en demandant pardon au pape, dès lors sujet du roi d'Espagne.

Cependant une intrigue nouvelle avait changé, en France, la face des choses. Marie Stuart, fiancée du Dauphin, avait atteint seize ans et sa suprême fleur, et déjà elle était la reine. Elle dominait, entraînait, troublait tout. La triste Catherine et la vieille Diane, toutes les deux reculaient, dans l'ombre, en présence du soleil naissant. Les Guises poussaient au mariage. Diane et Catherine, inquiètes, s'étaient liguées pour l'ajourner.

Que fit le cardinal de Lorraine? une chose inattendue et monstrueuse. Pour rompre cette ligne, il se rapprocha de la reine, lui immolant Diane, l'auteur et créateur de la fortune des Guises, la reniant, plaignant les siens d'avoir dérogé jusqu'à épouser sa fille.

Diane, en décadence, déjà persécutée du temps et des années, se sentant manquer sous les pieds son soutien naturel, fut heureuse de voir son ancien allié, Montmorency, lui revenir. Il lui demanda pour son fils aîné la bâtarde Diane, légitimée de France, qu'on croyait fille de la grande Diane. Ce n'est pas tout : le raccommodement alla si loin que, pour son second fils, il lui prit sa petite fille. Alliance complète et sans réserve qui irrita fort Catherine.

Guerre pour guerre. Catherine, qui avait toujours pour son mari l'attention de s'entourer de belles jeunes dames, hasarda (à ce moment, je crois) une mine nouvelle pour faire sauter Diane. Une dame fut mise en avant, une certaine Nicole de Versigny, dame de Saint-Remi, perverse, intrigante et mielleuse, espion femelle de la reine, qui depuis, pour argent, s'offrit comme espion à l'Espagne (Granvelle, VIII). Cette Nicole eut un moment d'Henri, et sut en avoir un enfant.

Pour se venger, Diane faisait dire au roi par Montmorency qu'en vérité, sauf la bâtarde, *nul de ses enfants ne lui ressemblait*.

On travaillait aussi contre les Guises. Le roi disait lui-même que c'était dommage de dépenser 160,000 écus par mois pour s'endormir devant Civitella.

Le connétable allait être mis en demeure de montrer s'il savait mieux faire. Le jeune roi d'Espagne nous attaquait au nord. Son armée était à Rocroi, et ne rencontrait pas d'obstacle. Même surprise qu'en 1521. On en était à faire venir des hommes de Gascogne à Mézières!

Cependant le neveu du connétable, Coligny, comme gouverneur de Picardie, avait vu, avait dit que le péril n'était pas sur la Meuse. Les vieilles bandes de l'Espagne restaient toutes à l'ouest. Et, en effet, quand leur habile général, le duc de Savoie, vit tous les Français vers Mézières, il tourna brusquement, entra en Picardie et se jeta vers Saint-Quentin.

S'arrêterait-il au moins à Saint-Quentin? c'était le seul espoir. En 1521, Bayard, par la défense de Mézières, avait sauvé la France. Quel serait le nouveau Bayard? Coligny se dévoua.

Grand, très grand sacrifice. C'était accepter une honte certaine, et la captivité probable, se faire tuer ou se faire prendre ; c'était (chose qu'on compte encore plus à la cour) ruiner sa fortune dans l'avenir, faire dire ce mot qui tue : Bon officier, mais *malheureux*.

La différence aussi était grande dans les situations. Bayard, simple capitaine, qui ne commanda jamais, hasardait beaucoup moins. Coligny, grand amiral, ex-colonel général de l'infanterie, gouverneur de Picardie et bientôt de l'Ile-de-France, neveu favorisé du tout-puissant ministre, jetait dans une affaire désespérée d'avance une fortune toute faite, croissante encore et sans limites, que tout autre aurait ménagée.

C'est ici que je dois dire un mot de ce grand homme, qu'on n'a nullement exagéré. J'ai attentivement regardé si sa tragique mort, si la passion d'un grand parti, n'avaient pas fait illusion; mais, d'abord, j'ai trouvé que plusieurs catholiques, et très hostiles, ne l'ont pas mis moins haut. En regardant de près les faits, on est forcé de dire qu'il n'y a jamais eu de vertu plus rare, de caractère plus ferme, plus suivi, jamais démenti.

Son dur métier d'instructeur et créateur de l'infanterie, son rôle d'inflexible justicier, pour dompter le soldat et protéger le peuple, son effort pour rester lui-même, ferme et pur, au foyer des intrigues, donna à cette haute vertu une ombre, d'être amère et chagrine. Vivante censure de ses contemporains, il opposa à la fortune un fier mépris et le reproche de son triste et hautain regard.

Des choses et non des mots, agir et non paraître : c'est ce qu'on voit dans toute sa vie. La discipline militaire, la moralisation de l'armée, c'est toute sa pensée pendant quarante ans. Toujours prêchant d'exemple; partout où il y a quelque service dur, obscur, périlleux, des coups à recevoir, et point de récompense, là on rencontre Coligny. Au contraire de tant d'autres qui se mettent en avant, il s'est montré si peu, que c'est par un hasard, souvent par ses ennemis, qu'on découvre ce qu'il a fait.

Lisez par exemple Tavannes : il conte que son père fit à Renty la belle charge de gendarmerie qui renversa les Impériaux, et dont Guise voulut se donner l'honneur. Mais Brantôme (peu partial certainement, catholique, et non récusable) dit que la charge était impossible tant qu'on n'avait pas débusqué d'un bois un corps d'arquebuses espagnoles, qui, posté sur le flanc, eût foudroyé ceux qui chargeaient. Coligny mit pied à terre ; avec ses meilleurs fantassins, une pique à la main, il fondit dans le bois, battit les Espagnols deux fois plus forts, fit de sa main la rude et hasardeuse exécution. Tavannes alors chargea.

Le soir, dans la chambre du roi, Guise disant : « *Nous* avons fait ceci, cela... », Coligny dit : « Où étiez-vous ? » Mot dur, mais juste. Le trop avisé capitaine, quelle que fût sa valeur, se réservait souvent, arrivait tard et recueillait le fruit. A Dreux, cette lenteur passa pour trahison, quand on vit Guise attendre froidement que tout, ami et ennemi, se fût détruit, et rester seul vainqueur.

Quoi qu'il en soit, ce mot de vérité lui fut comme un fer rouge. Il se sentit compris et pénétré, et il s'écria violemment : « Ah ! ne m'ôtez pas mon honneur ! — Je ne le veux nullement. — Et vous ne le sauriez !... » Les choses se gâtaient. Le roi s'interposa et les fit taire. Mais depuis ils furent ennemis.

Pour revenir à Saint-Quentin, on voit parfaitement que l'homme qui s'y jetait, se perdait à coup sûr pour donner deux jours à la France, désarmée et surprise. Jarnac et d'autres le lui dirent. Tout le monde fuyait de Saint-Quentin. Et fort peu voulaient y aller. De ceux qu'y menait Coligny, bon nombre le laissèrent en route. La chance d'être secouru était minime, la défense ne pouvant être que très courte, les Espagnols étant arrivés et très forts, Montmorency faible, éloigné, éperdu, ahuri dans les préparatifs.

Dans le récit très fier qu'il a laissé de son malheur, il y a pourtant cela de réservé et de modeste qu'il glisse sur l'horreur de la situation et l'imprévoyance de son oncle. Il abrège ; on en sent plus qu'il ne dit. Il constate seulement qu'à Saint-Quentin il n'eut en arrivant que vingt-cinq arquebuses, que le boulevard était sans parapet, le fossé commandé par des maisons où se logeaient les Espagnols, le rempart nul, « et le dehors plus haut que le dedans ». On pouvait faire brèche en une heure. Deux ouvertures étaient bouchées avec des claies d'osier, des balles de laine. De vieilles poudres, qui pourtant éclatèrent, tuèrent beaucoup d'hommes et ouvrirent une brèche à passer trois chariots. Coligny s'y mit lui septième, et un moment fut seul ou à peu près pour défendre sa ville. Tout le monde y était si découragé, que, d'une foule de paysans réfugiés, personne ne travaillait. Il fut contraint de dire qu'il ferait pendre ceux qui ne voulaient pas se défendre. Par deux fois, son frère Dandelot hasarda tout pour entrer dans la ville à travers les marais. Il y parvint, mais avec peu de monde.

Montmorency enfin, le 10 août, arriva pour le dégager. Diane, amie du connétable, en haine de François de Guise, qui ne faisait rien en Italie, avait obtenu pour Montmorency autorisation de livrer bataille. S'il gagnait, c'était Guise qui allait se trouver battu, autant et plus que l'Espagnol.

Il suffit de voir aux dessins du temps la grosse tête carrée, médiocre, suffisante, de Montmorency, pour sentir que cet homme fort et laborieux, qui eut plus de suite sans doute, de travail et de sérieux que d'autres favoris, n'en était pas moins incapable, qu'il fut un ministre, un général de troisième ordre, inévitablement battu.

Il se mit à canonner l'ennemi, l'obligea à se concentrer. Il triomphait. On lui disait en vain qu'il pouvait être enveloppé. Il avait entre lui et l'Espagnol, il est vrai, un marais et une rivière. Une chaussée traversait le marais, et par cette chaussée qu'il n'eut pas l'esprit d'occuper, les Espagnols pouvaient tomber sur lui. Serré de toutes parts par des forces bien supérieures, il fut pris, lui et tout, sauf quatre mille hommes tués et un corps qui se dégagea. Que pouvait Coligny ? Il eut beau s'obstiner avec son frère. Eux seuls voulaient se battre. L'amiral n'avait que trois hommes avec lui sur la brèche quand un Espagnol lui rendit le service de le prendre et le sauva des Allemands, qui ne faisaient aucun quartier.

Nul n'arrêta les Espagnols que Philippe II lui-même. Ce jeune roi, si sage et si peu curieux de la guerre, était resté aux Pays-Bas. Il eut peur de trop vaincre, accourut et arrêta tout. Il ne voulait point faire un pas avant d'avoir bien assuré sa route ; il se mit à fortifier nos villes picardes, comme s'il les eût prises à jamais. Sa prudence fit notre salut.

Cependant Guise arrive. On le fait lieutenant général du royaume. On lui dit d'attaquer Calais. C'était depuis longtemps l'avis de Coligny. Notre brave Italien Strozzi avait fait plus que de conseiller : avec un habile ingénieur de son pays, il s'était hasardé d'entrer déguisé dans la place, et il répondait de la prendre. Guise hésita, pensant que c'était un piège de ses ennemis. Mais le roi ordonna, et dit qu'il s'y rendrait lui-même, ce que refusa Guise obstinément. S'il assiégeait Calais, il voulait en avoir l'honneur.

Le 1ᵉʳ janvier 1558, une marche rapide, habilement dérobée à l'ennemi, nous mit devant la ville. Il n'y avait que huit cents hommes, ni vivres, ni munitions. La seule entrée par terre, le pont de Nieullay, fut emportée d'emblée par nos arquebusiers français. Mais, du côté de mer, un auxiliaire, sur qui Guise ne comptait pas, lui était arrivé. Le frère de Coligny, colonel général de l'infanterie, n'avait pas perdu un moment; échappé de prison, il accourt au galop, met pied à terre, emporte Risbank, l'entrée du port, l'abord du côté de la mer (2 janvier). Le 4, la brèche était ouverte; le 5, la vieille citadelle emportée. Lord Wentworth, gouverneur, étonné de cette furie et sans moyen de défense, capitule le 8 janvier. Nous reprenons Calais, perdu depuis deux cent dix ans. L'Angleterre pleure de rage; la France est ivre et folle. Elle ne se souvient plus de sa grande défaite. Cet heureux coup de main a fait tout oublier.

Le bizarre et l'inattendu, c'est que Guise, l'épée du parti catholique, par son succès, refait l'Angleterre protestante. Marie, avec son légat Pole, dans ses quatre années de supplices, avait usé la Terreur catholique. Vaincue par les martyrs, elle se sentait impuissante et comme submergée dans la grande marée montante du protestantisme vainqueur. Négligée de son cher époux, le *roi velu*, et furieuse de ses nuits veuves, blessée par Rome qu'elle servait si bien, excommuniée par un pape imbécile, elle reçut encore cet horrible coup de Calais, honte nationale que l'Angleterre lui mit comme une pierre sur le cœur. Elle n'y survécut guère, et mourut conspuée du peuple, laissant le trône à celle qu'elle haïssait à mort, la protestante Élisabeth (novembre 1558.)

Au retour de Calais, ce n'était plus le même Guise. C'était un grand chef de parti. Il allait, il montait, emporté du coursier de feu qu'on appelle opinion. Sa fortune eut deux ailes : d'une part, l'engouement populaire ; de l'autre, la passion calculée d'un parti en péril, qui avait besoin d'un messie. Il avait la France, il avait l'Église. Sa subite grandeur faisait ombre à la royauté.

Il ne ménagea pas cette situation unique. Ce fils de la fortune, cyniquement, d'une âpreté sauvage, la brusqua en se dégradant.

Une seule chose le gênait, Montmorency, les Châtillon. Ce grand homme en prison, Coligny, lui était amer, odieux. Dandelot, qui venait à Calais de l'aider d'un beau coup d'épaule, lui était singulièrement à charge. Il dit au roi en revenant *que Dandelot n'allait pas à la messe*, et que, s'il le suivait à Thionville, dont on proposait le siège, *sa présence ferait tout manquer.*

C'était plus qu'une prière dans l'état violent où était Paris. Le roi n'aurait osé employer Dandelot, qui ne tarda pas à perdre la charge de colonel général de l'infanterie.

CHAPITRE IX

Persécution. — Mort de Henri II. (1558-1559.)

Il était temps, grand temps, que le protestantisme prît l'épée et avisât à sa défense. Il périssait certainement s'il ne devenait un parti armé. Des événements graves, cent fois plus importants que cette vaine guerre des deux cours catholiques, s'étaient accomplis dans le monde religieux. La question suprême du temps éclatait dans sa vérité. Elle s'était révélée en Angleterre sous le terrorisme de Marie-la-Sanglante. En France, des ténèbres elle jaillit par un jet de flammes comme un incendie souterrain. En face de ces grands signes, les rois allaient se reconnaître, cesser une lutte qui n'avait point de sens, s'avouer qu'ils étaient d'accord, qu'ils n'avaient d'ennemi que la liberté protestante et tourner leurs efforts contre elle.

Aux Pays-Bas, en Angleterre, en Italie, en Espagne et en France, au nord comme au midi, tout s'accorde pour l'étouffer.

La Réforme française peut dire à ses enfants, comme le loup de la fable aux siens : « Montez sur une montagne, et regardez aux quatre vents ; aussi loin que vous pouvez voir, vous ne verrez qu'ennemis. »

L'Allemagne ne lui est pas amie. Les luthériens sont devenus, par leur succès sur Charles-Quint, un parti officiel et reconnu, une église établie ; ils sont maintenant en sûreté dans les constitutions de l'Empire, d'autant moins disposés à en sortir et courir l'aventure, à recommencer les combats pour la réforme calviniste, en rébellion contre Luther.

Allemands autant que luthériens, ils haïssent la France pour le vol des Trois Évêchés. Les réformés français sont encore des Français pour eux.

Combien moins de secours ceux-ci peuvent-ils espérer de la Suisse, catholique ou sacramentaire ? Ajoutons franchement, de la Suisse gorgée de pensions françaises et espagnoles. (Granvelle, VIII.)

Que fallait-il ? Les chrétiens diront : « *Accepter le martyre*, continuer de tendre la gorge aux bourreaux. On eût vaincu à force de souffrir. »

Et les philosophes, les amis de la civilisation diront : « *Attendre en attendant*, se fier à la toute-puissance de la lumière naissante ; la lumière, c'est la liberté, elle aurait vaincu à la longue. »

Réponses agréables aux tyrans et celles qu'ils demandaient eux-mêmes.

Accepter le martyre ? Il y avait quarante ans qu'on l'acceptait sans résistance. Ouvriers ou marchands, bourgeois des villes, ces chrétiens pacifiques se livraient à la boucherie; bien plus, ils voyaient, sans dire un mot, brûler leurs femmes et leurs enfants. Leur soumission excessive, dénaturée (coupable!), aux puissances, aux fléaux de Dieu, trahissait la famille, livrait non seulement à la mort, mais à la tentation, à la corruption, à la damnation, les âmes innocentes des faibles, dont la défense était leur plus sacré devoir.

On insiste : « Le christianisme primitif a vaincu *par la patience*, par l'obstination du martyre. » Vieille redite; ajoutez donc *la force :* une grande révolution sociale dans les rangs inférieurs, une conquête, l'épée de Constantin.

Voilà pour les chrétiens. Quant à l'inertie pacifique des hommes de la Renaissance, qu'aurait-elle produit? que leur eût-il servi de s'aveugler eux-mêmes? qui ne voyait que la lumière, loin de s'accroître, s'éteignait? qui ne voyait l'immense extension de l'intrigue dévote, du matérialisme d'Ignace? D'autre part, la victoire des sots, Ronsard éclipsant Rabelais? Quelle chute de son livre, du livre où *gît l'espoir*, au livre sceptique, égoïste et découragé de Montaigne.

Les sciences de la nature, si brillantes au début du siècle, vont pâlissant et faiblissant. Tous leurs héros sont des martyrs. Qu'est devenu Paracelse, le Luther des sciences? assassiné. Que devient le Christophe Colomb de l'anatomie, Vésale, tout médecin qu'il est de Charles-Quint? assassiné; du moins, il meurt de faim dans une île déserte. Que deviennent Goujon, Ramus et Goudimel? tués en un même jour. On ne refait pas de tels hommes. Et il ne faut pas croire que la création sera infatigable. L'histoire dit le contraire; et le bon sens aussi.

Non, si les protestants n'avaient tiré l'épée, s'ils n'étaient devenus un grand parti armé qui, du continent condamné, chercha la liberté des îles, en Angleterre, aux Pays-Bas; si l'invincible épée, si les vaisseaux vainqueurs de la Hollande n'eussent gardé, au dernier îlot de l'Europe, l'asile de la pensée humaine, vous n'auriez jamais vu le jet nouveau de la lumière; vous n'auriez eu ni Shakespeare, ni Bacon, ni Harvey, ni Descartes, Rembrandt, Spinoza, Galilée. Oui, je dis Galilée, puisque le télescope hollandais lui ouvrit les cieux.

Au seuil de la grande guerre où le protestantisme sauva les libertés humaines, qu'on me permette d'aller encore au Louvre, et, d'un cœur religieux, de saluer dans les tableaux de Ruysdaël et de Backhuysen le sacré drapeau tricolore de la république de Hollande, qui défendit le monde contre Philippe II, contre Louis XIV.

Quand la vraie foi vaincra, quand on fera des temples au Dieu de la pensée, qu'on y suspende donc les images sublimes où, mettant l'infini dans un infiniment petit, Rembrandt peignit deux fois l'abri sacré de la Hollande, son vieux lecteur, qui ne lit plus, mais qui pense au foyer, son puissant cosmographe, qui, les yeux sur un globe, mesure les mers, le champ de la victoire, la carrière de la liberté. (Musée du Louvre.)

Nous arriverons là, au dix-septième siècle, par cent ans de combats. Car le combat, l'épée, est la condition *sine qua non*. Si donc le protestantisme doit sortir des classes pacifiques qui se laissent égorger, pour passer par la classe seule militaire alors, par la noblesse, ne le chicanons pas. C'est l'adresse connue des ennemis de la liberté de l'arrêter ici, de faire appel à nos instincts niveleurs, de dire : « Ces réformés sont nobles; Guillaume et Coligny sont des aristocrates... Les accepterez-vous? » Oui, nous les acceptons; ils aguerrirent le peuple, qui, par eux, fut noble à son tour.

Coligny et son frère, colonels généraux de l'infanterie française, rudes, austères instructeurs de nos vieilles bandes, nous font une nation de soldats, qui, le lendemain de la Saint-Barthélemy, sur les corps de leurs capitaines, sans s'étonner, recommencent la guerre en France, aux Pays-Bas, et forcent les rois de traiter.

Nobles épées qui les premières formâtes l'avant-garde de l'armée de la liberté, vous méritiez d'être du peuple. L'historien doit faire pour vous ce qu'on faisait à Gênes quand la noblesse était exclue des charges, et qu'un noble rendait des services. Il avait la faveur d'être dégradé de noblesse, et il montait au rang de plébéien.

Qui mieux que Coligny a mérité cela, quand, après un traité, il dit au prince de Condé : « Votre traité ne garde que les nobles, les châteaux des seigneurs. Et le peuple des villes, qui le garantira? »

La Réforme semblait dans un inextricable nœud d'où elle ne pouvait se tirer. Il lui fallait, contre ses doctrines et malgré ses docteurs, devenir une puissance armée, prendre le glaive de bataille.

Calvin n'avait pas hésité à prendre celui de justice, à fonder la juridiction de sa république en condamnant à mort les chefs de l'ancienne Genève, qui l'auraient livrée à la France catholique. Contraction cruelle de salut public, où Genève, pour vivre, se poignarde elle-même. Les *libertins* mourants entraînent leur ami, le grand, l'infortuné Servet.

Toute la réforme italienne, espagnole, qui était à Genève, et dont le rationalisme en rompait l'unité, doit disparaître et fuir. A l'Angleterre, qui brûle les protestants comme raisonneurs (1555), Calvin montre Genève, et dit des philosophes : Ceux-ci ne sont pas protestants.

Loin de contester à l'autorité le droit de sévir, il le reconnaît hautement.... Tout pouvoir vient de Dieu. Les rois sont d'institution divine. C'est une vaine occupation aux hommes privés de disputer quel est le meilleur état de police... Si ceux qui vivent sous des princes tirent cela à eux pour révolte, « ce sera folle spéculation et méchante. Bien que ceux qui ont le glaive soient ennemis de Dieu, il a institué les royaumes pour que nous vivions paisiblement sous sa crainte. »

Voilà la doctrine genevoise. C'est dire assez que Genève, la force du parti, comme exemple républicain et comme séminaire de martyrs, en faisait aussi la faiblesse par sa doctrine d'autorité, de respect des puissances.

Le salut vint, je crois, de deux choses par où l'Église protestante, sans s'en apercevoir, s'affranchit de Genève.

Notre noblesse française, ruinée par la cour, par le règne honteux de Diane, gardait peu de respect pour l'autorité tombée en quenouille. Elle se prit d'amour, d'admiration, pour les hommes austères, dont les mœurs faisaient la satire de cette honte publique. Le devoir incarné lui apparut dans Coligny.

D'autre part, le contact de la noblesse d'Écosse, de ses *covenant* organisés par l'excitateur Knox, bien plus positif que Calvin, modifia de bonne heure la Réforme française, et fut un contrepoids au système d'obéissance *quand même* où persistaient les docteurs genevois.

Et pourtant nulle idée de résistance encore dans la respectable et touchante fondation de l'Église de Paris (1555). L'occasion en fut un baptême. Un gentilhomme, venu de province avec sa femme enceinte, ne voulut pas faire baptiser l'enfant selon le rit qu'il croyait idolâtre. Il demanda un ministre de la parole, le pur sacrement de l'esprit. Cette forte et puissante Église de Paris, qui a tant fait et tant souffert, naît d'elle-même autour d'un berceau (1555).

C'était le moment où Marie-la-Sanglante, sacrée par

un malentendu, ouvrait en Angleterre sa terrible persécution. Un prêtre (précurseur mémorable, prophète et conseiller de la Saint-Barthélemy) prêcha à Saint-Germain-l'Auxerrois l'imitation des saintes ruses qui avaient trompé l'Angleterre : « Le roi, dit-il, devrait un moment faire le luthérien ; les luthériens s'assembleraient partout, on ferait main basse sur eux ; on en purgerait le royaume. »

Ce conseil charitable était déjà de difficile exécution. Cette année même se constituèrent nombre d'églises, Bourges, Tours, Angers, Poitiers. Un peu après, l'Église de Paris se manifesta.

Au mois de mars 1557, des seigneurs d'Écosse, ceux qui depuis organisèrent le *Covenant*, étaient venus à Paris. Leurs amis naturels étaient nos réformés. Ceux-ci les accueillirent, les régalèrent de la belle nouveauté du temps, des chants populaires, héroïques, des graves harmonies fraternelles que chantait leur Église dans le secret des nuits. Nos vaillants alliés, fiers chefs de clans et rois chez eux, ne pouvaient s'astreindre au mystère. Nos nobles protestants auraient rougi d'être moins braves. Unis et se donnant le bras, les uns, les autres, allèrent ensemble dans Paris, et se mirent à chanter. C'était déjà le mois de mars, parfois très beau ici ; on se réunissait au Pré-aux-Clercs, et l'on chantait, d'abord des vœux pour le roi, pour l'armée ; puis tous les nouveaux psaumes, les chœurs de Goudimel. C'était la première fois que le peuple entendait une musique à quatre parties. Jusque-là, on n'en connaissait que l'essai ridicule. La foule fut ravie ; elle se rassembla en nombre sur les hauteurs qui dominaient le Pré-aux-Clercs, et s'unit parfois aux chanteurs. Mais cela dura peu. Le roi, à qui on alla dire que Paris était en révolte, défendit ces réunions. La ville rentra dans le silence.

Quelques mois se passèrent, et le clergé, bien averti, travailla puissamment. Le progrès des misères l'aida beaucoup. Par la prédication, seule publicité de ces temps, par la confession surtout, on inculqua aux masses, aux femmes, que leurs souffrances étaient le châtiment de Dieu, irrité contre les impies.

La cherté des vivres, l'ennemi en marche sur Paris, la défaite de Saint-Quentin, c'étaient les preuves de la colère céleste.

A la nouvelle de la bataille, Paris avait perdu la tête. On lui dit de s'armer, chose inouïe depuis un siècle. Chaque nuit, on croyait voir arriver l'ennemi.

Dans ces vaines alarmes, le 4 septembre 1557, voilà les prêtres du Plessis qui sortent une nuit en criant, appelant la rue Saint-Jacques aux armes. Est-ce l'ennemi ? non, ce sont des traîtres qui conspirent de livrer la ville. Des traîtres ? non, mais des voleurs. Des voleurs ? non, mais des paillards, qui, joyeux des malheurs publics, font ripaille, une orgie nocturne. Ces paillards sont des luthériens.

Le peuple respire et se rassure. Mais il reste furieux de sa peur. Ce n'est plus la guerre, c'est la chasse. On se met aux affûts pour prendre ce gibier. On ferme les rues de chaînes, on met des lumières aux fenêtres. On veut voir au visage ces libertins, ces dames effrontées. Car le bruit court qu'il y a là de grandes dames. On ajoute le sel à la chose : qu'ils soufflent la chandelle, pour se mêler entre eux, frères et sœurs, pères et filles; vieille histoire renouvelée des persécutions des premiers chrétiens, redite dans tout le Moyen-âge contre ceux que l'on voulait perdre.

C'était une assemblée de trois ou quatre cents protestants qui s'étaient réunis pour faire la cène dans une maison en face du Plessis et derrière la Sorbonne. Réunion fortuite de fidèles de toute condition. Nous savons quelques noms : deux étudiants du Midi, un procureur, un médecin de Lisieux qui était arrivé le jour même à Paris, un Allemand filleul du marquis de Brandebourg. Des deux *surveillants* de l'assemblée, l'un était un avocat qui tenait une école; l'autre, gentilhomme du Périgord, venait de mourir, mais sa veuve, madame de Graveron, y était à sa place; elle venait d'accoucher et n'avait que vingt-trois ans : c'était une sainte, bénie et adorée des pauvres du quartier Saint-Germain. Des dames de la cour (et de maris fort catholiques), mesdames d'Overty, de Rentigny et de Champaigne, étaient venues aussi, par piété ou par curiosité. Presque toutes les femmes étaient *de bonnes maisons.*

Dans cette assemblée pacifique où peu d'hommes étaient nobles, il n'y en avait guère qui eussent l'épée. Ceux qui l'avaient offrirent pourtant de faire sortir les autres, et, l'épée à la main, de percer à travers la foule. Peu s'y hasardèrent, craignant d'être lapidés. De ceux qui sortirent en effet, un fut atteint et abattu; la racaille se jeta sur lui et le traîna au cloître Saint-Benoît; il ne garda pas forme humaine. Quelques-uns essayèrent de fuir en sautant les murs du jardin. Ce qui resta surtout, ce furent les malheureuses femmes; elles crièrent par la fenêtre qu'au moins on appelât la justice. Le procureur du roi vint en effet, mais lui-même était effrayé, n'osait les faire sortir. La foule cria : « Si elles restent, nous les brûlerons. » Elles descendirent plus mortes que vives, pâles, aux premiers rayons du jour. La foule, qui les attendait là depuis minuit, assouvit sa fureur sur ces prétendues libertines, les battit, mit en pièces leurs chaperons, leur plaqua l'ordure au visage. A grand'-peine arrivèrent-elles au Châtelet, où on les fourra dans les basses fosses.

Le procès, vivement conduit par le cardinal de Lorraine, ne manqua pas de révéler toutes les infamies qu'on voulut. On assura au roi qu'on avait trouvé les *paillasses sur lesquelles se faisait l'orgie* et les restes de la ripaille.

On put bientôt juger ces calomnies. Ces infortunés, en justice, parurent ce qu'ils étaient, des saints. La dame de Graveron, si jeune, fut très touchante. Elle pleurait, riait en même temps; elle badina jusqu'à la mort. On lui dit qu'elle aurait la langue coupée : « Je ne plains pas mon corps, dit-elle, pourquoi plaindrais-je ma langue davantage? »

Un des étudiants montra un si grand cœur à embrasser la mort que le président qui l'interrogeait fut saisi de douleur : « Jésus! Jésus! dit-il, qu'a donc cette jeunesse pour vouloir ainsi se faire brûler pour rien? »

L'élan était donné ; les martyrs faisaient les martyrs. Tous portaient à la mort une incroyable joie. L'un d'eux, Guérin, le jour où il devait être brûlé, ouvre le matin la fenêtre pour voir encore la création et les œuvres de Dieu, et, regardant l'aurore : « Que sera-ce quand nous allons être exaltés par-dessus tout cela! »

Contre cette contagion d'héroïsme, toutes les forces du monde d'avance étaient vaincues. Mais l'affaire de Calais fut un salut pour le clergé. Lui aussi, il eut son héros, son David, son Judas Machabée. On le chanta, on le prêcha, on le canonisa. Tout un monde de sacristies et de couvents, de confréries, de moines en parla jour et nuit.

Dès ce jour, le clergé avait l'épée en main. La Terreur fut organisée. Le cardinal de Lorraine se fit donner par Rome les pouvoirs de l'Inquisition. Il tint dans son hôtel des États soi-disant Généraux, et dit ce que chacun payerait. Il avait les finances, François l'armée ; un autre Guise prit la flotte et un quatrième l'Écosse, un cinquième bientôt le Piémont. La monarchie fut dans leurs mains, dans les mains du clergé.

La police était aux mains des curés, qui confessaient, communiaient la paroisse sur liste exacte. A qui manquait, la mort! Il y avait, près la rue Saint-Jacques, la femme d'un libraire qui lisait et se convertit. A la veille des fêtes, contrainte à communier, elle ne savait plus comment faire pour éluder le sacrilège. Elle s'enfuit. Mais, dénoncée par le curé et réclamée par son mari, elle obéit à celui-ci, rentra où l'appelait le devoir, et elle fut brûlée vive.

Les moines, cependant, pendant l'avent et le carême, ébranlaient les églises de clameurs furieuses. La mort aux luthériens! Le peuple, hébété de misère, cherchait sa vengeance à tâtons, voulait tuer, et n'importe qui. Un écolier à Saint-Eustache eut le malheur de rire de ces sermons. Une vieille le vit, le désigna. Il fut tué à l'instant.

Un spectacle hideux nourrit cette fureur. Le 27 février, on exhume, on apporte au parvis Notre-Dame un corps demi-pourri. C'étaient les reliques d'un jeune saint, martyr enthousiaste, héroïque enfant, l'apprenti Morel. Frère de l'imprimeur du roi pour le grec et nourri dans sa savante maison, il avait troublé, embarrassé ses juges, et il était mort à propos, quelques-uns disaient de poison. Un mois après, on tire de la terre cette pauvre dépouille, os et chairs, et lambeaux rongés. Sans pitié, sans pudeur, on l'étale au parvis; on en régale la foule; le mort brûle sous les rires et les quolibets.

C'était le carnaval. On s'amusait. On s'étouffait aux potences, aux bûchers. L'assistance dirigeait elle-même et réglait les exécutions. Elle ne souffrait plus qu'on étranglât d'abord ceux qu'on devait brûler. Il lui fallait le spectacle au complet, les cris, les larmes et les grimaces de douleur, les furieuses contorsions. Beaucoup de magistrats répugnèrent d'autant plus dès lors à condamner, les supplices devenant des fêtes, le bûcher un théâtre, les tortures une farce, que l'assistance insatiable demandait et redemandait. Ils aimaient mieux traîner les procès en longueur; les accusés restaient dans les prisons.

Mais ce n'était pas le compte des moines; ils s'en plaignirent amèrement aux sermons de carême. Un pauvre vigneron qu'on brûla le 4 mars ne suffit pas pour les calmer. A l'église des Saints-Innocents, un minime dit que ce n'étaient pas seulement les luthériens qu'il fallait massacrer, *mais les juges qui les épargnaient, mais les grands qui les protégeaient.* Ce nouveau vin démocratique, versé à flots, mit l'assistance dans une vague furie, et chacun en sortant cherchait quelqu'un à tuer. Un homme reconnut son ennemi personnel, l'appela luthérien; mille bras à l'instant le frappèrent. Il rentra dans l'église où on le poursuivit. Par hasard, sur la place, passait un gentilhomme avec son frère, chanoine de Saint-Quentin. Entendant dire qu'on tuait un homme là-dedans et saisi de pitié il entre, il intervient, il prie le peuple. Mais un prêtre s'écrie : « C'est lui qu'on doit tuer, puisqu'il est pour les luthériens. » Les coups tombent sur le gentilhomme; le chanoine, son frère, veut le défendre; tous deux sont poursuivis. Le gentilhomme se jette au presbytère; le chanoine n'en a pas le temps; il est frappé d'une dague au ventre. Il a beau se dire catholique et montrer qu'il est prêtre : on frappe, on frappe à l'aveugle et toujours, sans même voir qu'il est mort; les plus petits venaient donner leur coup; ils mettaient les mains dans le sang et les levaient au ciel, fiers de les montrer *teintes du sang d'un luthérien.* Cela dura jusqu'à la nuit; la foule restait là, assiégeant encore la maison, dans l'espoir de tuer l'autre; et quand on leur disait que la justice allait venir, ils criaient *qu'ils tueraient le roi même*, s'il venait pour le délivrer (5 mars 1559).

Ainsi montait l'horrible flot. La justice semblait avilie; le nom même du roi était en jeu. Diane s'effraya; elle voulut à tout prix la paix et le retour de Montmorency pour l'opposer aux Guises.

Les difficultés étaient moindres. Marie venait de mourir et Philippe, devenu veuf, espérait peu épouser sa sœur, qui succédait; il insista moins pour Calais. Nous le gardâmes, et les Trois Évêchés. Toutefois à la très dure condition de renoncer à l'Italie, en rendant le Piémont, non seulement le Piémont, mais la Savoie et plus que la Savoie, le Bugey (l'Ain), de sorte que le duc de Savoie se trouva avancé jusqu'à dix lieues de Lyon. Gardant Calais, nous nous fermons au nord, mais pour nous ouvrir au midi.

Les vieux qui se souvenaient de Cérisoles et de François Iᵉʳ, de cinquante ans de guerre, faisaient la lamentable énumération des deux cents places fortes que la France rendait d'un trait de plume; — une autre place encore, les Alpes, la grande citadelle que Dieu a mise au milieu de l'Europe.

Deux petits débris italiens qui faisaient mine encore de vivre furent laissés là à leur destin, nos amis de Sienne et nos amis de Corse, abandonnés, livrés. Des Alpes à l'Etna, on n'entendit plus une haleine qui fît souvenir de la grande Italie.

On avait autre chose à faire. Montmorency avait hâte de rentrer, et Philippe II de le renvoyer ; il ne souffrit pas qu'il payât sa grosse rançon de connétable, lui fit grâce, dit-on, de deux cent mille écus.

Mais les Guises non moins voulaient traiter. Le cardinal, d'accord avec Granvelle, sentait que les deux monarchies n'avaient d'ennemis que le protestantisme. Un rôle immense allait s'ouvrir en France au cardinal inquisiteur, au duc, chef populaire, épée des catholiques.

Philippe II devait épouser la fille du roi de France. Et celui-ci épousait l'Inquisition, désormais établie en France, aux Pays-Bas, partout. Cet article secret fut révélé à Guillaume d'Orange, l'un des ambassadeurs d'Espagne. Par qui ? Par Henri même, qui le croyait instruit. Le Taciturne écouta, ne témoigna aucun étonnement, mais se le tint pour dit, et dès lors prit ses mesures. Il le déclare dans son *Apologie*.

Sous ces joyeux auspices, deux mariages allaient avoir lieu : sur-le-champ, le Dauphin épouse la jeune reine d'Écosse, Marie Stuart (24 avril), et tout à l'heure le duc d'Albe va venir épouser pour son maître notre princesse Élisabeth.

Le mariage écossais, accompli malgré Diane et la reine, fut le sceau du triomphe des Guises. Ils firent écrire par l'épousée que, si elle mourait, *elle donnait l'Écosse à Henri II ;* que, de son vivant même, *la France aurait l'usufruit de l'Écosse* jusqu'au remboursement de ce qu'elle avait avancé. Enfin *elle signa une protestation* contre les lois et constitutions de l'Écosse qu'elle allait jurer. Trois crimes et trois fautes. A quoi ils ajoutèrent la faute insigne de lui faire prendre les armes d'Angleterre, sûr moyen de lui rendre Élisabeth hostile, implacable et jusqu'à la mort.

Ils voulaient exiger des Écossais, venus pour le mariage, les joyaux et la couronne d'Écosse. Les ambassadeurs refusèrent, et le malheur voulut qu'ils mourussent peu de jours après.

Le connétable était rentré. Le roi, sur son avis, dit-on, n'était pas loin de renvoyer les Guises.

Mais les Guises étaient un parti; ils avaient force dans la persécution. Le cardinal reprit l'accusation contre le frère de Coligny, mais doucement, chrétiennement, pria le roi de l'inviter à rentrer en lui-même. Il connaissait parfaitement la loyauté impétueuse du colonel général, l'orgueil irritable du roi. Henri était à table quand Dandelot, mandé, se présenta. Il lui rappela *la nourriture* qu'il avait eue chez lui et son affection, et lui reprocha quatre choses : la première, dénoncée par Guise, de ne pas aller à la messe; la seconde, de faire prêcher chez lui; la troisième, d'avoir chanté au Pré-aux-Clercs; enfin, d'envoyer des livres hérétiques à son frère Coligny. Dandelot remplit les vœux du cardinal. Il dit au roi que son épée, sa vie, étaient à lui, son âme à Dieu. Sur cette réponse, nullement insolente, le roi s'emporte, lui jette son assiette à la tête; elle vole au hasard, va blesser le Dauphin. Dandelot est arrêté, dépouillé de sa charge; on le force d'entendre la messe. Voilà les choses au point où les Guises les voulaient, la persécution relancée.

Ce coup frappé sur la noblesse, les Guises en vinrent à la justice, entreprirent d'étouffer la sourde opposition qui se formait au Parlement. Le dernier mercredi d'avril, le procureur du roi invite ce corps à exercer sur lui-même l'espèce de censure mutuelle qu'on appelait *mercuriale*. Cette formalité ordinaire ici n'était plus rien de tel. C'était un vrai combat dont les Guises donnaient le signal.

Les deux sections du Parlement jugeaient dans un esprit contraire. L'une et l'autre avaient à craindre l'éclat de ce débat. La Grand'Chambre et la Tournelle avaient péché, chacune à leur manière, et tous arrivaient tête basse. La première, sans miséricorde, brûlait les protestants; mais, en revanche, elle venait d'absoudre le meurtre horrible du prêtre charitable tué aux Innocents pour avoir arrêté la fureur populaire. La Tournelle, au contraire, venait d'élargir quatre protestants condamnés par les juges inférieurs; un habile interrogatoire les innocenta malgré eux.

Voilà donc en présence des juges diversement coupables d'avoir violé ou éludé les lois. Les présidents Le Maistre et Saint-André se présentaient à l'examen avec le sang versé aux Innocents et leur scandaleuse absolution des meurtriers. Les présidents Séguier, Harlay, se présentaient suspects de l'indulgent escamotage qui avait sauvé des martyrs.

La dispute devint interminable. Elle dura en mai et en juin. Elle pouvait tourner mal pour Le Maistre;

qui était attaqué non seulement par des protestants secrets, comme Dubourg, mais par des catholiques, austères jurisconsultes. Tel (et non protestant) me semble avoir été l'illustre Paul de Foix, homme de science profonde et d'affaires, qui, trente années durant, servit la France dans les plus difficiles missions, et, prêtre catholique, n'eut guère (ce semble) d'évangile autre qu'Aristote et Papinien.

La grande majorité du Parlement paraissait ralliée à un avis, la demande d'un libre concile, et, en attendant, l'indulgence. Si la mercuriale avait une telle issue, le coup ne portait pas seulement sur Le Maistre et les juges courtisans, mais sur la cour. Il eût frappé les Guises au profit de Montmorency.

Le Maistre cria au secours. Le cardinal de Lorraine dit au roi que le Parlement était en révolte si le roi en personne ne comprimait le mouvement. Henri, ému et indigné, y vint (le 14 juin), ayant à droite, à gauche, ceux qui disputaient le pouvoir, le connétable d'un côté, et de l'autre les Guises. La scène fut sinistre, honteuse et laide, le garde des sceaux disant qu'on opinât en liberté, le roi ne disant rien et siégeant là comme un espion.

Les Guises avaient gagné d'avance : ils étaient sûrs que ces graves personnages, défenseurs de la foi ou défenseurs de la justice, ne changeraient rien devant le roi et porteraient haut leur opinion. Des hommes, même timides, mis au-dessus d'eux-mêmes par la situation, trouvèrent de belles paroles. Séguier, Harlay, dirent que la cour avait bien jugé et continuerait. De Thou, père de l'historien, dit qu'il n'appartenait pas aux gens du roi de toucher aux jugements rendus, et que, pour l'avoir fait, ils méritaient le blâme de la cour. Paul de Foix paraît avoir abondé en ce sens. Les protestants, menacés spécialement, montrèrent un grand courage. Dubourg, parmi des choses hardies, dit celle-ci, naïve et touchante : « Croit-on que ce soit chose légère de condamner des hommes qui, au milieu des flammes, invoquent le nom de Jésus-Christ? »

On assure que l'élan des magistrats alla si loin qu'un d'eux, révélant tout à coup l'esprit qui sourdement commençait à couver, le démon du *Contr'un*, dit le mot du prophète : « Roi, c'est toi qui troubles Israël. »

Le roi ne dit pas mot. Il consulta un moment les siens à voix basse, puis se fit apporter la feuille où les greffiers avaient écrit les opinions. Alors il éclata, et dit qu'il ferait des exemples. Il donna ordre, non à un chef d'archers, mais (chose inattendue!) au connétable, chef de l'armée, de descendre les gradins et d'empoigner les conseillers. Cette humiliation de Montmorency, du principal ami du roi, avait été sans doute conseillée par les Guises; il leur était utile qu'il parût avec eux, subordonné à leur triomphe, isolé de son neveu, Dandelot l'hérétique, et du très suspect Coligny.

Montmorency avala cela et sauva sa fortune. Ce roi, jouet des rois, qu'en 1540 François Ier s'était plu à faire valet de chambre, Henri II le fit recors et archer.

Il ne sourcille pas. Il descend les gradins, cherche, choisit, saisit les hommes désignés, les ramène, les livre au capitaine des gardes. Ils furent jetés à la Bastille. Le Parlement resta anéanti. Avili sous ce règne par la vente des charges, recruté des fils d'usuriers, il avait fort baissé. Mais, ce jour, il fut violé, son nerf brisé, au moment même où il aurait pu être utile. La France tout à l'heure va frapper à sa porte, demander aide à la Justice. La Justice est évanouie.

Montmorency eut le prix de sa bassesse. Les Guises ne purent empêcher qu'il n'emmenât le roi chez lui à Écouen. Mais d'Écouen même ils tirèrent une violente lettre du roi au Parlement, où on lui faisait dire qu'il avait la paix maintenant avec l'Espagne, que l'*armée* n'avait rien à faire, qu'il l'emploierait contre les luthériens.

L'*armée*, c'était le connétable; les Guises, par cet acte, le compromettaient encore plus et le faisaient leur instrument.

Pendant que le Parlement, pour apaiser le roi, brûle un colporteur de Genève, la foule se porte à Saint-Antoine, au royal palais des Tournelles, à l'église Saint-Paul, où le mariage d'Espagne va se célébrer.

Parmi ces sombres circonstances, on voulait régaler, amuser le duc d'Albe et la noble ambassade qui venait épouser Élisabeth au nom de Philippe. Les lices étaient sous la Bastille, et sans doute vues des prisonniers. Le roi, selon l'usage, fut au tournoi le premier des tenants, brilla tant qu'il voulut, et tout était fini quand il lui vint la fantaisie de briser encore une lance contre ce capitaine des gardes qui mit Dubourg à la Bastille. C'était un homme jeune et fort, Montgommery. Il refusait, mais le roi insista. Un accident, très rare dans ces combats inoffensifs, arriva : un éclat de bois arracha la visière de son casque, et lui entra dans la cervelle.

Voilà la joie changée en deuil. La mariée, en noir, est épousée la nuit à Saint-Paul par le duc d'Albe; la sœur du roi par le duc de Savoie, dans la chapelle des Tournelles, à deux pas de l'agonisant.

Si jamais coup parut frappé du bras de Dieu, ce fut ce coup sans doute. Les protestants le prirent ainsi. Une main, on ne sait laquelle, osa, sur le corps même, dans les tentures, mettre une tapisserie de saint Paul, où, terrassé au chemin de Damas, il entendait du ciel la foudroyante voix : « Pourquoi, Saül, persécuter ton Dieu ? »

Un acte bien autrement hardi venait d'avoir lieu dans Paris, à l'insu de tout le monde. Appelons-le de son vrai nom qu'ignoraient ceux mêmes qui le firent : *la république réformée.*

Du 26 mai au 29, une assemblée générale des ministres de France avait eu lieu au faubourg Saint-Germain. Pendant ces violentes disputes du Parlement, au milieu des bûchers, au sein d'un peuple furieux qui massacrait jusqu'à des catholiques suspects de tolérance, ces hommes intrépides, de toutes les provinces, vinrent siéger en concile. Dans leur gravité forte, ils écrivirent leur foi, leur discipline, et l'acte de naissance de la démocratie religieuse.

D'où en vint la première pensée? de Paris? de Genève? Elle sortit surtout de la nécessité. L'immense développement souterrain qu'avait pris la Réforme, cette foule d'églises nées de l'inspiration spontanée ou des missions, dans une cave, une grange, un bois, une lande solitaire, c'était la diversité même; peu en rapport entre elles, elles différaient, sans le savoir, d'organisation et de discipline. Choudieu, ministre de Paris, fut envoyé par son église au synode de Poitiers. Il y porta (ou y trouva?) l'idée d'établir un accord entre les églises de France. Le rendez-vous fut donné à Paris, au volcan même de la persécution. Le faubourg Saint-Germain, que l'on commençait à bâtir hors de la ville, offrait quelques retraites à la mystérieuse assemblée.

Pour la discipline, comme pour la foi, on eut en vue de renouveler la primitive église, telle que Genève croyait la reproduire. « Nulle église au-dessus des autres. Deux fois par an s'assemblent les ministres, chacun amenant un ancien et un diacre. Le ministre nouveau, *qu'élisent les anciens et les diacres*, est présenté au peuple pour lequel il est ordonné. S'il y a opposition, elle sera jugée en consistoire, ou en synode provincial, non pour contraindre le peuple à recevoir le ministre élu, mais pour justifier ce ministre. »

Voilà la base républicaine de l'Église de France, vraiment républicaine alors; car en ces commencements *les électeurs* (anciens et diacres) *sont eux-mêmes élus par le peuple.*

Tout cela calqué sur Genève; mais combien différent, en résultat, quand on le transportait de la petite ville au royaume de France, à cet empire immense que la Réforme allait se créant aux Pays-Bas, et en Écosse, en Angleterre, bientôt en Amérique!

Combien plus différent encore quand, d'une ville d'asile et d'école, fermée et protégée, la République réformée passait dans l'aventure, sur ces vastes champs de bataille, aux hasards de la guerre civile!

La distinction du monde spirituel où cette Église espérait se tenir durerait-elle d'une manière sérieuse? Le glaive de la parole et de l'excommunication, le seul dont elle voulût s'armer, serait-il suffisant? Les tyrans de la terre en sentiraient-ils la pointe acérée? La défense du peuple, l'impérieux devoir de défendre les faibles ne forceraient-ils pas de prendre un autre glaive? La réforme républicaine deviendrait-elle la république armée?

Oui, répondait l'Écosse. Non, répondait la France, s'efforçant encore d'obéir à la tradition genevoise et de rester fidèle au vieil esprit d'obéissance recommandé par le christianisme.

CHAPITRE X

Royauté des Guises sous François II. (1559-1560.)

C'était le cérémonial de France qu'une reine veuve restât quarante jours enfermée *sans voir soleil ni lune.* Mais la situation ne le permettait guère. La reine mère et la jeune reine, avec les Guises, menèrent le petit roi au Louvre, s'y cantonnèrent. La tour et ce qui subsistait du vieux château en faisait encore un lieu fort, à l'abri d'une surprise. Montmorency resta, cloué par son devoir de grand maître, aux Tournelles pour tenir compagnie au mort, pendant qu'au Louvre on réglait tout sans lui.

En trois ou quatre jours, chacun prit son parti. La grande foule des seigneurs et de la noblesse, chose imprévue, resta avec le mort, et du côté du connétable. La solitude était extrême au Louvre. Les Guises étaient réduits à quelques gentilshommes ; leur armée ecclésiastique, populaire et populacière était partout, nulle part ; elle ne se groupait pas encore.

Montmorency, rapproché de Diane aux derniers temps, brouillé avec la reine mère, ne pouvait s'appuyer que sur les princes du sang (Navarre, Condé). Il leur fait dire de venir en toute hâte. Puis, se voyant si fort et si accompagné, il laisse le cercueil, marche aux vivants, aux Guises, veut les faire compter avec lui. A travers tout Paris, une file interminable de gentilshommes montrait de son côté toute la noblesse de France. Sa famille imposante l'environnait, ses fils à l'âge d'homme, et, dans les grandes charges, ses neveux, l'amiral Coligny, le cardinal Odet de Châtillon, Dandelot, colonel général de l'infanterie. Superbe trinité d'une élite morale, où la diversité produisait l'harmonie; l'aîné, le bon Odet, aimé de tous, l'ami de tous les gens de lettres et l'homme même de la Renaissance; Dandelot, le plus jeune, loyal, bouillant soldat, plein de cœur et de conscience; ils entouraient avec respect la figure triste et grave, sombrement résignée du héros, du futur martyr.

Des dessins admirables et terribles de vérité nous ont conservé cette cour. Ils démentent généralement et les estampes, et les mémoires, les portraits par écrit. Ces dessins véridiques, inexorables, accusateurs, tracés aux trois crayons par une main émue, et devant les originaux, n'ont pas besoin d'inscription. Ils se nomment eux-mêmes. C'est Guise, c'est le cardinal de Lorraine, c'est Coligny, c'est le connétable. Chacun d'eux fait crier : « C'est lui. »

Donc nous pouvons entrer, avec Montmorency, au Louvre. Nous sommes sûrs d'y voir les acteurs dans leur vrai et naturel visage, comme, on les voyait ce jour-là. Nous sommes sûrs aussi d'une chose, c'est que les hommes de toute opinion, sur la vue de ces masques, reculeront et seront effrayés.

Je ne veux dire ici qu'un mot des Guises. Ce qui alarme en tous les deux, dans François et son frère le cardinal de Lorraine, c'est la mobilité nerveuse de la face qu'on ne retrouve à ce degré nulle part. Le cardinal, d'un teint infiniment délicat, transparent, tout à fait grand seigneur, évidemment spirituel, éloquent, d'un joli œil de chat, gris pâle, étonne par la pression colérique du coin de la bouche, qu'on démêle sous sa barbe blonde; elle pince! elle grince! elle écrase!...

François, d'un teint grisâtre, plutôt maigre, d'un poil blond gris, d'une mine réfléchie, mais basse, malgré sa nature fine et sa décision vigoureuse, n'a rien d'un prince. Figure d'aventurier, de parvenu qui voudra parvenir toujours. Plus on le regarde longtemps, plus il a l'air sinistre. Sa sœur Marie de Guise l'accusait de tirer à lui seul. Son frère Aumale ne recevait rien du roi que François n'en fût triste, ne l'en chicanât. Son visage dit tout cela. Il a l'air chiche et pauvre, et si mauvaise mine que personne, je crois, n'oserait contre un pareil joueur jouer une pièce de trente sous.

La reine mère a fait faire d'elle-même un grand et magnifique médaillon italien (*Trésor de Num.*), pièce admirable qu'il faut rapprocher des dessins de la bibliothèque du Panthéon. Il nous donne et met en saillie le trait essentiel, le mufle traditionnel des Médicis, la forte face intelligente, mais bestiale pourtant par une bouche proéminente qu'offrent leurs plus anciens portraits. Ce mufle est conservé, quelque peu adouci, dans la dernière de la famille, la petite reine Margot, provocante pourtant par de jolis yeux de catin.

Les autres tenaient aussi de ce trait de la famille, étaient tous Médicis. Dans leur enfance surtout, la bouffissure héréditaire se surenflait d'humeurs mauvaises, trop visiblement héritées des deux grands-pères, François Ier, malade dès seize ans, Laurent, qui meurt à vingt, consumé jusqu'aux os. Ce mal épouvantable sautait parfois une génération; indulgent pour Henri II et Catherine, il retomba d'aplomb sur les petits-fils, qu'il mina sous diverses formes. Il nous délivra des Valois.

François II et sa jeune reine Marie Stuart faisaient un grand contraste. C'était un petit garçon qui ne prit sa croissance que six mois après. Pâle et bouffi, il gardait ses humeurs, ne mouchait pas. Bientôt, il moucha par l'oreille, et dès lors il ne vécut guère. Un nez camus complétait cette figure royale.

Il n'avait pas fallu moins que la violence des Guises, leur féroce impatience, pour marier cet enfant malade, que sa mère défendit en vain. On a vu qu'ils le mirent avec leur dangereuse nièce Marie Stuart (pour le gouverner? ou le tuer?), comme on jette une cire au brasier. Non formé, misérable de ce don ravissant, il se mourait pour elle. Il n'y eut jamais pareille fée.

Sa beauté, célébrée par les contemporains, était la moindre encore de ses puissances. Les portraits sérieux nous la montrent fort rousse, de cette peau fine, transparente et nacrée qu'avait son oncle le cardinal; l'œil vif, mais brun, qui par moments dut être dur. Étonnamment instruite par les livres, les choses et les hommes, politique à dix ans, à quinze elle gouvernait la cour, enlevait tout de sa parole, de son charme, troublait les cœurs.

En cette merveille des Guises (comme en eux tous) il y avait tous les dons, moins la mesure et le bon sens. Chimérique, malgré son intrigue, avec tant d'apparence de ruse et de finesse, elle tomba dans tous les panneaux.

Tout le monde voyait qu'à cette flamme l'enfant royal aurait fondu bientôt, qu'on passerait au second enfant (Charles IX), qui, si l'on croit l'ambassadeur d'Espagne, n'était guère moins malsain; — que du second on irait au troisième (Henri III) et au quatrième. Les Guises parfois s'en lamentaient, déploraient cette race lépreuse; on se faisait à l'idée d'en changer.

A chacun donc de se pourvoir. La traversée terrible de cinq minorités de suite avait anéanti l'Écosse. Une seule, la folie de Charles VI, avait comme assommé la France. Bon temps qui allait revenir. La fameuse garantie de l'ordre, la forte unité monarchique (qui fut toujours une république de favoris) allait nous en donner une autre, une république de nourrices, de mères et de gardes-malades. Que deviendrait la loi salique qui excluait les femmes du pouvoir? Le salut de l'État posé dans un individu, l'État tombait fatalement aux mains conservatrices par excellence, qui répondaient le mieux de cet individu, aux mains de la mère. Une étrangère allait régir la France.

Le petit roi malade, assis entre les femmes, la Florentine et l'Écossaise, soufflé par elles, dit très bien sa leçon. Il remercia le connétable avec bonté, et, quand il lui remit le sceau, le prit et le garda, reconnaissant de ses services et voulant soulager son âge, bref, le chassant avec honneur.

La reine mère, qui avait besoin des Guises contre le roi de Navarre, premier prince du sang et tuteur naturel, se montra vive contre le connétable. Elle lui reprocha d'avoir dit au feu roi que pas un de ses enfants ne lui ressemblait : « Je voudrais, lui dit-elle, vous faire couper la tête. » Pendant qu'elle flattait ainsi les Guises, elle recevait contre eux des lettres secrètes des protestants, à qui elle laissait croire qu'elle était touchée de leur sort, point ennemie de leurs doctrines. Plus tard, en mainte occasion, elle affecta d'écouter Coligny.

Maîtres de tout, les Guises n'étaient que plus embarrassés. Leur guerre sous Henri II avait mené la France à bout. Le plus liquide de la succession était quarante-deux millions de dettes. Somme énorme! Nul moyen de créer des ressources. Les États, si on les assemble, commenceront par chasser les Guises. Le cardinal de Lorraine n'y sut d'autre remède que de ne plus payer les troupes, de désarmer. Dès lors on devenait bien faible, humble, devant l'Espagne, et, au dedans, en grand péril, avec tant d'éléments de troubles. Quant aux créanciers importuns et aux solliciteurs, le cardinal sut s'en débarrasser. Il afficha aux portes de Fontainebleau : « Tout demandeur sera pendu. »

Nous sommes à même aujourd'hui d'apprécier la politique des Guises. Les lettres de Granvelle et du duc d'Albe établissent : 1° que leur brillante guerre, qui nous donna Metz et Calais, n'en eut pas moins pour résultat de mettre la France aux pieds de l'Espagne ; 2° que les chefs des partis, les hommes considérables qui menaient tout, dépendaient de Philippe II ; leur concurrence tournait au profit de son ascendant.

Le connétable fut toujours Espagnol. Le cardinal de Tournon, homme spécial de la reine mère, l'était également. Il en était de même de Saint-André, le riche favori d'Henri II. (Granv., VII, 275.)

Les Guises l'étaient-ils à cette époque ? En Écosse et en Angleterre, ils se portaient pour chefs des catholiques, en concurrence de l'Espagne. Mais, en France, telle était leur misérable position que, sans l'appui moral de Philippe II, ils n'eussent pu se soutenir.

Le plus dépendant de l'Espagne était Henri de Vendôme, roi de Navarre. Sa femme, Jeanne d'Albret, une sainte du parti protestant, fortifiait sa position de premier prince du sang par la faveur, les vœux d'un grand parti prêt aux plus extrêmes sacrifices, qui, par-dessus son zèle ardent et fanatique, aurait porté dans l'action toute l'énergie du désespoir. Mais ce prudent Henri suivait peu des *conseils de femme;* ses conseillers étaient deux traîtres, un d'Escars et un jeune évêque, bâtard du chancelier Duprat. Ils le menaient au gré de ses ennemis. Sous leur direction, il joua un jeu double, faisant bonne mine aux protestants d'une part, de l'autre négociant à Madrid. Les Espagnols le leurraient de l'espoir de l'indemniser pour la Navarre espagnole. Point de roman, de rêve, dont on n'ait amusé cet homme crédule. Une fois, on lui donnait la Sardaigne; une autre fois, la Sicile, la Barbarie. Lui-même, par une idée encore plus folle, il offrit à Philippe II, au pape, de leur conquérir l'Angleterre, qu'il aurait tenue d'eux en fief.

Dès 1559, au moment où Montmorency l'appelait à venir en hâte prendre la direction des affaires, lui, il regardait vers l'Espagne, implorait Philippe II pour son indemnité. Cette Navarre lui fit manquer la France.

Voilà le chef du parti protestant, et l'une des causes de sa ruine. La république religieuse eut cette contradiction fatale d'aller chercher pour chef un roi.

Les Guises étaient terrifiés, s'imaginant que ce parti voyait et voulait son vrai rôle, *une grande république à la Suisse.* Ils essayèrent souvent d'en arracher l'aveu aux réformés, très éloignés de cette idée.

Les Guises, sans argent, et partant sans soldats, devaient attendre que le roi de Navarre, avec ses lestes bandes d'admirables marcheurs gascons, arriverait à Paris vingt jours après la mort d'Henri, balayerait le gouvernement, mettrait la main sur François II, convoquerait les États, et se ferait par eux lieutenant général, régent, tuteur, vrai roi au nom du petit roi. A cela il n'y eût eu aucun obstacle. Et les Guises n'y opposèrent rien qu'une lettre de Philippe II.

Pendant que cette dupe, le mou, l'inepte Navarrais, voyage à petites journées, les Guises, à qui ses conseillers vendaient leur maître jour par jour, et qui savaient ses moindres pas, font écrire par la reine mère à Madrid une lettre touchante et maternelle, où elle prie son bon gendre, Philippe II, d'aider et d'appuyer le jeune âge de son fils. Le voudrait-il? on en doutait. Il hésitait à soutenir en France les Guises, qui en Angleterre se portaient ses rivaux.

Même avant la réponse de l'Espagne, le Navarrais s'était perdu. Les Guises le virent, et l'enfoncèrent par des outrages publics. Ils lui laissèrent ses malles à la porte de Saint-Germain, en pleine route, sans les laisser entrer, le logèrent sous le ciel. Saint-André l'hébergea par charité. Il alla à Paris, pour sonder les parlementaires, prudemment et timidement. La nuit, il courait chez eux déguisé. Il trouva tout de glace. Les Montmorency et les Châtillon se gardèrent bien d'aller à lui.

Alors la lettre de Philippe II arriva, l'assomma. Cette lettre, lue en conseil devant lui, était une terrible menace d'intervenir, de faire entrer en France quarante mille Espagnols, d'employer sa vie même, s'il le fallait. Le Navarrais fut tué du coup. A partir de ce jour on le vit courtisan des Guises, les suivre, dédaigné d'eux, n'en tirant pas même un regard.

Voilà le commencement du règne de l'Espagne en France. Règne facile. Sur tous, il lui suffisait de souffler.

Les Guises, en même temps, par un coup imprévu, étaient prosternés aux pieds de l'Espagne. Leur violence étourdie les avait perdus en Écosse. Malgré leur sœur, la reine douairière, qui connaissait mieux le péril, ils avaient entrepris de faire en ce royaume une *razzia* des protestants et le séquestre de leurs biens. Projet fou, qui était la base d'un autre encore plus fou, l'établissement sur ces biens de mille gentilshommes français qui, obligés au service militaire, eussent tenu le pays en bride; une miniature enfin du grand établissement de Guillaume-le-Conquérant en Angleterre. Ce beau projet réconcilia l'Écosse; tous les partis s'unirent. Maîtres d'Édimbourg, le 29 juin, le jour de la mort d'Henri II, ils dépouillent Marie de Guise de la régence.

Ils ont l'appui d'Élisabeth et d'une armée anglaise, qui chassera à la fin les Français. Les Guises, d'autre part, étaient appelés en Angleterre; les catholiques anglais leur offraient l'île de Wight. Qui les arrêta? qui garda Élisabeth et lui permit d'assurer en Écosse la victoire du protestantisme? On en sera surpris, ce fut le roi d'Espagne qui défendit aux Guises d'accepter.

Ainsi partout l'Espagne. C'est elle encore qui empêche les Guises de tenir en France un concile national, les oblige d'envoyer au concile général qui se tient à Trente, sous le bâton de l'Espagnol.

Donc l'Espagne faisait la terreur de l'Europe.

On se fût rassuré, si l'on eût su l'état réel de Philippe II comme nous le savons aujourd'hui, pouvant lire dans ses lettres et celles de ses ministres sa misère et son impuissance.

Nous apprenons d'abord du duc d'Albe que toute l'inquiétude de l'Espagne, pendant quatre ans, fut d'empêcher que *la machine* (de la France) *ne se disloquât, n'étant pas encore en mesure* de profiter de ses débris. (Granv., VII, 281.)

On voit, par les lettres de Granvelle, sa grande inquiétude, qu'il n'arrivât la moindre chose en Europe, par exemple une tentative de la Savoie sur Genève; *Berne en prendrait prétexte pour s'emparer du Milanais ou de la Franche-Comté, que,* dit-il, *nous ne pourrions jamais reprendre.* Philippe II lui répond qu'il est de cet avis, et qu'il y faut bien prendre garde, retenir la Savoie. L'Espagne est si malade qu'elle a peur du canton de Berne. (Granv., VI, 103, 104, 153, 195; juin 1560.)

« Que deviendrions-nous, dit Granvelle, s'il y avait quelque trouble ici, aux Pays-Bas! » (Granv., VI, 41, 43.)

Cette misère datait de loin. Dejà, en 1556, Charles-Quint, ayant abdiqué, resta des mois aux Pays-Bas, sans pouvoir passer en Espagne, *faute d'argent*. La scène de l'abdication, qui inaugurait le nouveau règne, se passa dans une salle encore tendue du deuil récent de Juana, la mère de Charles-Quint. Pourquoi? *l'argent manquait*. On garda le noir par économie.

En janvier 1561, l'argent du roi manque pour envoyer un courrier à Rome; Granvelle le dépêche à ses frais, il manque même pour arrêter un grand hérétique qui d'Angleterre arrive aux Pays-Bas. (Granv., VI, 247.)

L'Espagne a une littérature qui manque ailleurs, celle des gueux. Mais elle n'a rien, en tous ces livres, de comparable à la conversation lamentable qui se tient par écrit entre Malines et Madrid, entre Granvelle et Philippe II. Celui-ci, dont les Pays-Bas sont la mine véritable (lui rapportant cinq fois plus que les Indes), veut que Granvelle et Marguerite fassent un effort désespéré pour tirer encore quelque argent. Pour cela, il ne cache rien, montre sa nudité; il leur écrit, leur confie de sa main le secret de la monarchie, son budget déplorable. Pour cette année, *dépense dix millions, et recette un million* (le reste est épuisé d'avance); donc, *neuf millions de déficit*.

La pièce est curieuse. Entre autres détails importants, on voit que l'armée se débandait, qu'elle eût laissé les garnisons frontières s'il n'était venu un peu d'argent des Indes, qu'on devait deux ans de solde, *que les soldats espagnols pourraient bien se vendre à la France;* même la maison du roi ne touche rien, etc. (Granv., VI, 146, 156, 183.)

Il ne peut plus payer les pensions aux chefs des reîtres, aux princes faméliques de l'Allemagne. Rien au prince d'Orange, dont la nombreuse maison meurt de faim. Rien au beau-frère de ce prince, Schwarzbourg, que la misère réduit à vendre ses trois filles (Gr., VI, 167, 550). Philippe II voudrait payer ces Allemands, il les payera plus tard, Granvelle peut le leur dire. En attendant, que faire? « A l'impossible nul n'est tenu. » (Gr., 167.)

Toute la ressource que voit Philippe II pour le moment, c'est de vendre ce qu'il a dans les mains, des indulgences papales ; il propose à Granvelle de publier un jubilé.

Le ministre répond avec bon sens que les Flamands qui viennent d'avoir un jubilé gratis se garderont bien de payer celui que le roi voudrait vendre. Il peint, déplore sur tous les tons l'épuisement des Pays-Bas. Et, en réalité, la Hollande (Wagenaar) avait, aux derniers temps, payé par an deux ans d'impôt.

Enhardi par cette confiance surprenante de Philippe II, Granvelle se hasarda à lui dire qu'Anvers ne « veut pas croire la détresse de l'Espagne, sachant par le commerce les sommes que Sa Majesté *a dans les mains* et pourrait réaliser dans peu ». C'était en effet une ressource singulière de ce gouvernement. Parfois les lingots, arrivant des Indes à Séville pour tel négociant, étaient saisis pour un besoin public ; en place il recevait une feuille de papier, un titre pour en toucher la rente.

Ce qui effraye dans cette pauvreté de l'Espagne, c'est qu'en réalité elle avait peu fourni à Charles-Quint. Les horribles dépenses de l'Empereur avaient porté sur les Pays-Bas, l'Italie, et un moment sur l'Allemagne. Qu'était donc ce pays, qui, sans donner, s'appauvrissait toujours ?

Deux cancers le rongeaient : la vie noble, l'idée catholique. La première desséchait l'industrie, méprisait le commerce, annulait l'agriculture. La seconde multipliait les moines, étendait chaque jour la police de l'Inquisition ; mais peu à peu cette police rencontrait le désert ; tous, se faisant persécuteurs pour n'être pas persécutés, n'eussent bientôt trouvé à brûler qu'eux-mêmes. Les juifs manquaient aux flammes, les protestants manquaient. L'Inquisition affamée cherchait au loin, et jusqu'aux Pays-Bas. A chaque instant arrivaient à Anvers des dénonciations vagues, sans preuves, d'où ? de l'Andalousie ! de l'inquisition de Séville !

Faut-il le dire pourtant ? ce cancer exécrable qui rongeait les os de l'Espagne, pour l'heure même, la rendait terrible. Philippe II apparaissait comme un peu plus qu'un pape, comme représentant du vrai catholicisme austère, vengeur, épurateur de la foi catholique, le roi des flammes. Rome suivait de loin. Le duc d'Albe parle du pape comme de tout autre petit prince.

Contre la France divisée, contre l'Angleterre agitée, l'Espagne avait la force de sa grande attitude, n'ayant qu'un principe, et non deux. Le jeune roi aussi, vivant renfermé, appliqué, toujours sur ses papiers, mystérieux dans sa vie privée, correspondait à l'idée sombre qu'on se faisait d'un monarque espagnol. Personne ne savait combien sa nature forte, étroite, bigote et dure, sensuelle pourtant et cruelle, allait se pervertir dans son épouvantable rôle.

La France présentait un grand contraste avec l'Espagne. Ruinée d'argent, il est vrai, elle surabondait de force. Une pléthore maladive se montrait dans la violence des partis. Certaines classes s'étaient immensément multipliées, la noblesse et la bourgeoisie. Le peuple s'était fort aguerri. Et, ce qui étonnait le plus, telle qualité, étrangère à l'ancienne France, avait apparu tout à coup. L'austérité, la gravité, la pureté des mœurs protestantes, transformèrent plusieurs villes, même de l'aveu des catholiques. Nombre de ceux-ci, dans la robe surtout, envièrent et imitèrent la noblesse morale des réformés qu'ils haïssaient. S'ils n'en prirent la pureté chrétienne, ils eurent du moins leur gravité, leur tenue, leur persévérance.

Le duc d'Albe pense lui-même qu'à ce moment la France était très redoutable : « Si les Français n'avaient eu tant d'affaires sur les bras, si Votre Majesté n'avait prévenu leurs projets, il leur était facile de se rendre maîtres de la chrétienté tout entière. » (Gr., VII, 240.)

CHAPITRE XI

Terrorisme des Guises. — La Renaudie. (1560.)

Les Guises, appuyés en France par Philippe II et ses rivaux en Angleterre, comme chefs du parti catholique, avaient double sujet d'imiter l'Espagne, dans ses furies contre les hérétiques, de la surpasser, s'ils pouvaient.

Comment allait s'organiser la machine des persécutions ?

On l'a vue déjà sous deux formes : la police des curés, les sermons sanguinaires des moines. L'énorme clientèle du clergé dans Paris, les confréries marchandes qui lui étaient affiliées, les bandes d'écoliers tonsurés, les frères de toute robe, surtout les Mendiants, enfin, et plus que tout, l'infini des misères publiques, le grand troupeau des pauvres assidus aux églises, assiégeant les couvents, suivant les prêtres distributeurs d'aumônes, tout cela, dis-je, rendait possible la Terreur ecclésiastique.

Force morale énorme, mais non moindre matériellement. Notre-Dame et les grands abbés (Saint-Germain, Sainte-Geneviève, Saint-Martin, etc.), nombre d'églises, avaient juridictions, officiers, huissiers, sergents et bedeaux. Tout cela appuyé du guet et du prévôt, d'autre part soutenu des pauvres robustes à bâtons, c'était une cohue redoutable. Qu'était-ce si le clergé, maître dans chaque paroisse, avait fait appel aux bannières, à cette armée urbaine qui, dès le temps de Charles VI, offrait un front de soixante mille hommes?

Dès août 1559, un mois ou deux à peine après la mort du roi, le cardinal de Lorraine dressa ses batteries. Le personnel de ses acteurs se composait ainsi.

Il y avait un clerc du greffe, Freté, homme d'esprit et parleur habile, qui faisait l'apôtre à merveille; on le mettait fréquemment au cachot avec les prisonniers douteux. Ce comédien les gagnait, les tentait, leur faisait désirer la couronne du martyre. Chose peu difficile, au reste; il suffisait de leur dire, comme faisait le lieutenant criminel : « Si tu renies Jésus, il te reniera à son tour. »

Il y avait encore un tailleur, Renard, homme nerveux, peureux, qui, depuis l'horrible hiver de 1535, où l'on brûla tant d'hommes, vingt ou trente ans durant, fut entre la peur et la foi. Il se fit, se défit, se refit protestant. Quand la persécution revint, on lui dit que, comme relaps, il était perdu. Effrayé, il se fit mener à l'inquisiteur De Mouchi, lui donna les noms, les adresses, tout le détail des assemblées. En une fois, il révéla toute l'Église.

Son charitable conseiller, qui l'effraya et le mena, était un homme de sac et de corde, un certain orfèvre, Ruffange, ex-*surveillant* d'assemblées protestantes, destitué pour s'être approprié l'argent des pauvres. Sur l'espoir de la belle prime qu'on promettait (moitié de la confiscation!), il s'était fait délateur patenté. On aurait rougi cependant de ne produire que lui. Il fallait des témoins.

Deux apprentis avaient été menés par leurs maîtres aux assemblées. Puis, fiers de ce secret, ne voulant plus rien faire, ils furent mis à la porte. Leurs mères, fort irritées, les mènent à confesse, leur font déclarer tout. L'inquisiteur et un parlementaire accueillent, caressent ces garçons, les gardent avec eux, les font manger et boire. Les vauriens, tout à coup importants, bien nourris, parlent tant qu'on veut, davantage. Les assemblées infâmes, les orgies aux lumières éteintes, tout ce qu'on disait de sale, ils ont tout vu, tout fait.

Ayant ces témoins respectables, on ramasse des forces. Archers du guet, sergents de la justice, bedeaux et porte-croix, on réunit le ban et l'arrière-ban. On fond rue des Marais sur une hôtellerie. L'assemblée y était nombreuse; quatre hommes tirent l'épée, sans s'étonner de cette racaille de police, barrent la porte de leur corps, donnent le temps aux autres d'échapper. A force de pousser, la foule entre pourtant. Tout fut cruellement saccagé, les gens blessés, les caves surtout pillées, les tonneaux éventrés ; une scène hideuse d'ivresse, de sang et de pillage.

On passa à d'autres maisons, aux dénoncés, puis aux suspects. On ne voyait que gens traînés, meubles en vente, butin emporté. La police ne pillait pas seule. Derrière elle venaient les *glaneurs*, tout ce qu'il y avait de garnements dans la ville. Cela popularisait fort l'exécution ; le pauvre monde voyait bien qu'on ne perdait rien à travailler pour Dieu. A chaque carrefour, des moines ou des abbés crottés causaient et animaient les groupes. Et l'on voyait aussi aux bornes de petits misérables qui étaient affamés et cherchaient leur vie aux ordures ; car personne n'osait leur donner : c'étaient les enfants protestants.

Les princes d'Allemagne en vain étaient intervenus, spécialement en faveur de Dubourg, qui était encore à la Bastille. Ordre vint de l'expédier. Tout appel épuisé, ses parents, à force d'argent, lui avaient ménagé l'appel au pape. Il refusa et se laissa brûler. Ses collègues, qui étaient ses juges, et qui brûlaient en lui les libertés du Parlement, disaient : « Ce fut un juste ; mais il a la loi contre lui. »

La justice s'étant suicidée elle-même, des libertés nouvelles commencèrent dans Paris, celle surtout de battre les passants. A tous les coins de rues, aux meilleures maisons catholiques, on mettait des Vierges Maries devant lesquelles on marmottait. Ces marmotteurs ne perdaient pas leur temps, ils arrêtaient les gens avec des boîtes ou tirelires, où il fallait donner pour le luminaire de la bonne Vierge, pour les messes qu'on lui dirait, pour les procès à faire aux luthériens; qui ne donnait, était battu. Mode excellente qui alla s'étendant. On se mit, avec des bâtons, à promener ces boîtes de maison en maison. Un refus désignait pour le meurtre et pour le pillage.

Cette terreur dura tout l'hiver. Le cardinal triomphait tellement, qu'il mena à grand bruit les deux apprentis à la cour, contant cyniquement aux dames toutes les infamies protestantes. Le malheur voulut cependant que, dans ce troupeau de moutons qu'on égorgeait muets, il y eût un homme résolu, un certain avocat Trouillas, de la place Maubert. Les deux vauriens parlaient fort des filles de Trouillas et s'en vantaient. Le père, solennellement avec elles, alla s'emprisonner, et exigea que la chose fût éclaircie. Les misérables, confrontés, se coupèrent, s'embrouillèrent. Cette famille courageuse couvrit la justice de honte.

La protection publique cessant, le gouvernement s'affichant comme gouvernement d'un parti, chacun était tenté de se protéger soi-même. On lança édit sur édit pour défendre les armes, et on les enlevait de vive force. Défense très spéciale de voyager avec des pistolets. Ordre de courir sus à qui en porte, et de crier sur lui : « Au traître! au boute-feu! » Enjoint aux paysans de laisser leurs travaux, pour y courir, de sonner le tocsin sur celui qui voyage armé.

Une réaction était infaillible. Quels en seraient les chefs? Navarre? Condé? l'amiral ou Montmorency? Celui-ci était poussé sans ménagement. Guise n'était pas content d'avoir tiré de lui la charge de grand maître, et de son neveu le gouvernement de Picardie. Il faisait encore au vieux Montmorency un procès ruineux sur je ne sais quelle terre. Tel était ce pouvoir, irritant, provoquant sur le petit et sur le grand, tracassier, processif, menant de front deux guerres, celle de force et celle de chicane, plaidant au Châtelet pour un champ, pendant qu'à main armée il saisissait la monarchie.

Il pensait, non sans vraisemblance, que le roi de Navarre d'une part, Montmorency de l'autre, n'oseraient fâcher le roi d'Espagne, dont le premier était l'humble client, l'autre le serviteur et l'obligé.

Condé, moins dépendant que son frère de l'Espagne, était chef naturel de la révolution. On s'adressa à lui. Des hommes intrépides, de fortune désespérée, s'offrirent, dirent que rien n'était plus facile, qu'on ne nommerait pas même le prince, qu'il n'avait rien à faire qu'à s'en aller princièrement jusqu'à la Loire, à Orléans, et là d'attendre; qu'on ferait tout pour lui, qu'on enlèverait les Guises, qu'on lui mettrait en main le roi et le royaume.

L'homme qui se faisait fort ainsi de transférer la France était un gentilhomme du Périgord, le sire de La Renaudie, ruiné et diffamé par un procès. A tort ou à raison? il n'est aisé de l'éclaircir. Lui-même contait ainsi la chose. Sa famille avait élevé et nourri un jeune et savant homme, le greffier Du Tillet; ce nourrisson, dès qu'il eut plumes et ailes, tourna du bec contre son nid; fort de sa position au Parlement, il attaqua ses bienfaiteurs, leur fit procès, gagna. Ce n'est pas tout; il fit happer La Renaudie, comme ayant fait des pièces fausses. Tout cela d'autant plus facile, que Du Tillet s'était donné aux Guises, au cardinal de Lorraine, qui se servait de lui. Un beau-frère de La Renaudie, messager du roi de Navarre, fut, par ordre de François de Guise, mis à la torture à Vincennes, et étranglé par le garrot, à la mode espagnole.

La Renaudie, élargi, était passé en Suisse, avait vu les réfugiés à Lausanne, à Genève, mis son épée aventurière à la disposition des saints. La difficulté était de leur faire croire qu'il n'y avait pas de révolte en tout cela. Les vrais révoltés, au contraire, disait-il, les usurpateurs, c'étaient les Guises, qui tenaient le roi prisonnier. On n'agissait que pour son bien, pour le remettre en liberté.

Rien de plus innocent. Nul droit plus évident pour un peuple que d'aller porter à son roi ses doléances. L'année dernière, on avait vu les Écossais, d'un grand soulèvement pacifique, partir à la fois de toutes les villes, aller par cent mille et cent mille, faire leurs remontrances à Stirling. La France allait en faire autant; pacifiquement, mais tout entière, elle devait se diriger vers Blois. Seulement, comme on pouvait prévoir que les Guises fermeraient la porte, il n'était pas inutile d'avoir quelques centaines d'épées de gentilshommes qui se chargeassent de l'ouvrir.

Les actes émanés des Guises, qui qualifièrent et frappèrent la révolte, ne manquent pas, pour l'amoindrir, de la concentrer dans La Renaudie et ceux qui armèrent avec lui. Ce qui est sûr, c'est qu'un petit nombre de nobles, venus de toutes les provinces, se rallièrent à lui à Nantes, et s'engagèrent pour eux et leurs amis. Voilà ce qu'on appelle conjuration d'Amboise ou conjuration de La Renaudie. Les histoires postérieures, écrites longtemps après sous Henri IV, les De Thou, les Matthieu, pour abréger et simplifier, unifient, concentrent et précisent, écartent nombre de circonstances, réduisent une grande révolution à un petit mouvement. Les modernes encore plus. L'un d'eux, sans preuve, raison ni vraisemblance, suppose une assemblée en règle de tout le parti protestant, et présidée par Coligny!

Tenons-nous-en aux récits du temps même, rétablissons les circonstances qu'on a cru pouvoir écarter. La révolution reparaît ce que le seul bon sens devait faire présumer, immense, infiniment diverse, mais absolument spontanée.

L'équivoque de La Renaudie ne trompait que ceux qui voulaient l'être. On devinait parfaitement qu'un homme comme le duc de Guise ne serait pas aisément enlevé, qu'il y aurait un rude combat. Et l'on sentait aussi qu'aller en armes arracher au roi ses premiers serviteurs, ses oncles (par sa femme), le délivrer des Guises pour l'assujettir à Condé, ce n'était pas précisément un acte d'obéissance.

Rien n'indique que les ministres protestants y aient pris la moindre part. Ils recevaient encore le mot d'ordre de Genève, et Genève condamna cet événement.

Beaucoup de Français s'abstinrent de même par loyauté et fidélité monarchique. Ils auraient cru entacher leur honneur. Au moment où le roi d'Espagne venait de s'engager à protéger le petit roi, une telle prise d'armes pouvait donner prétexte à l'invasion espagnole.

Enfin, chose très grave, de grands mouvements populaires avaient lieu en Normandie, d'un caractère anarchique et sinistre, absolument étranger et contraire à l'influence de Genève. Un maître d'école de Rouen prêchait la résistance à main armée, non pas la nuit dans quelque cave, mais le jour, en plein champ, à un peuple innombrable. Cet homme, dont les historiens protestants parlent avec horreur et qu'ils flétrissent du nom d'anabaptiste, rappelait les prophètes de Munster par son illuminisme, ses visions, ses révélations. L'Esprit le saisissait quand il planait sur cette foule. Il luttait, se débattait contre, écumait, se tordait. Enfin l'Esprit était vainqueur, le torrent débordait en brûlantes paroles qui toutes ne prêchaient que l'épée.

Cette génération, élevée dans la terreur de la tragédie de Munster et dans la plus profonde antipathie pour l'anabaptisme, avait d'autant plus d'éloignement pour toute résistance armée. Il fallut des circonstances inouïes, les plus cruellement provocantes, pour l'amener à la guerre civile. Aussi l'on ne voit pas que beaucoup de gens aient armé. La grande foule qui se mit en mouvement, partit sur ce mot d'ordre qu'on répandit : *Aller se plaindre au roi*. Elle partit sans armes, innocente et confiante, de toutes les provinces, croyant uniquement appuyer une remontrance sur le gouvernement des *Lorrains* et l'usurpation *étrangère*, en faveur des princes du sang, du droit national, de l'autorité légitime. Dans une chose tellement licite, il n'y eut ni crainte ni précaution, ni mystère. Toutes les routes se couvrirent de gens qui marchaient vers la Loire, sans être affiliés à la conjuration, probablement sans savoir même le nom parfaitement obscur de La Renaudie.

Notez que, dans ceux mêmes qui armèrent et furent pris, il n'y a aucun nom connu. Le plus considérable est un baron de Castelnau, apparenté à quelques grandes familles. Du reste, aucun seigneur. C'étaient, en tout, quelques centaines de petits gentilshommes, étrangers à la haute noblesse, et non moins inconnus à la grande foule populaire qui allait se plaindre au roi.

Ce qu'il y avait de considérable parmi les nobles délaissait les Guises et la cour dans une grande solitude, et s'était tout d'abord groupé autour des Montmorency et des Châtillon. Toute la crainte des Guises, qui furent de très bonne heure avertis du mouvement, c'était que les trois Châtillon, l'amiral Coligny, le cardinal Odet et Dandelot, n'en prissent la conduite. De quoi ils étaient très éloignés, et comme neveux du connétable, et comme loyaux sujets, enfin comme chrétiens protestants, encore très soumis à Genève, fort éloignés des doctrines hardies de Knox et du *covenant* écossais. Ils ne voyaient pas clair dans ce grand mouvement anonyme d'une foule mêlée, encore moins dans cette ténébreuse chevauchée d'un homme mal noté, qui, avec un parti de petite noblesse, avait aussi embauché quelques reîtres, nouvellement licenciés.

La Renaudie était venu à Paris, sans nul doute pour tâter les ministres réformés, qui y avaient déjà un centre. Tout indique qu'il échoua. L'affaire eût été bien autrement organisée, harmonique et d'ensemble, s'il eût eu l'appui des églises qu'on venait de constituer. N'ayant Genève, il n'eut Paris. Il dut manquer la France.

A Paris, il logeait au faubourg Saint-Germain, dans la maison garnie que tenait un certain avocat Avenelles. Cet homme, à qui on ne put cacher la chose, y entra, puis s'en effraya et dit tout à Millet, secrétaire du duc de Guise (qui a compilé ses Mémoires). Millet leur mena Avenelles. Ils étaient déjà avertis, surtout d'Espagne. Ils virent que la chose était sérieuse, et se jetèrent, avec le roi, au fort château d'Amboise.

Là, ni troupes ni munitions dans le château. La ville même d'Amboise pleine de protestants. La grande ville voisine, Tours, indifférente ou hostile. La nécessité d'attendre que le secours leur vînt de Paris, de cinquante ou soixante lieues. Si La Renaudie eût agi seul, et fût venu d'une seule course avec deux ou trois cents chevaux, il prenait le renard au gîte. Il aurait eu la ville sans coup férir, et le château, sans vivres ni poudre, eût été obligé de traiter au bout de deux jours.

Mais l'assemblée de Nantes, peu confiante pour La Renaudie, lui avait donné un conseil de six personnes qui l'obligèrent d'agir *avec prudence*, autrement dit, de manquer tout. On s'attendit les uns les autres; on voulut agir en cadence avec *le chef muet* (Condé); on attendit peut-être ce que feraient les Châtillon.

Les Guises étaient perdus sans l'incroyable chance qu'ils eurent de voir leurs ennemis, les Châtillon, Condé, se mettre dans Amboise avec eux, déconcerter l'attaque, paraissant être pour les Guises, et, par leur seule présence, manifestant la discorde morale et l'impuissance de la révolution.

Nous l'avons dit : l'opposition protestante, et toute opposition alors, était brisée d'avance par son incertitude sur la question capitale : *Faut-il obéir aux puissances injustes?* Oui, répond le Christianisme. Non, répond la Révolution.

Les Guises n'ignoraient pas que Coligny était chrétien, et chrétien de Genève; donc, qu'il obéirait. Ils n'hésitèrent pas à l'appeler.

Ils lui firent écrire par la reine mère que nos troupes étaient assiégées en Écosse, qu'il fallait aller à leur secours, forcer le passage à travers les vaisseaux anglais, que le roi voulait s'entendre avec eux. A l'instant même, les trois frères arrivèrent, Coligny,

Dandelot, Odet le cardinal. Ils ne virent que la France et ils sauvèrent leurs ennemis.

La présence du cardinal de Châtillon, inutile pour la question de guerre, indique assez que les trois frères espéraient profiter de cette crise pour la cause de la liberté religieuse.

En effet, à peine arrivés (fin février), on les caresse, on les entoure, on leur demande ce qu'il faut faire. Ils répondent en deux mots : *Amnistie, liberté*. A quoi on leur dit qu'on a peur d'irriter le parti contraire. On réduit la concession à un acte bâtard qui amnistie le passé pour ceux qui se repentent et changent. Mais on excepte *ceux qui conspirent sous prétexte de religion*. On excepte les *ministres* mêmes. On met au bas de l'acte les noms des membres du conseil, spécialement des Châtillon.

Coup terrible pour La Renaudie. Mais un autre lui vient plus fort.

Condé venait lentement entre Orléans et Blois. Un lieutenant des Guises qui allait à Paris le rencontre, lui dit avec une légèreté méprisante qu'on sait tout, qu'on n'en tient grand compte. Le prince perd la tête; il sent le ridicule de sa situation; il voit qu'on se rira de lui, qu'on chansonnera sa prudence. Et, pour se montrer brave, il va se jeter dans Amboise.

Les Guises, surpris de leur bonne fortune, traitent cet étourdi avec le mépris qu'il mérite. Ils sentent que, par lui, ils seront vainqueurs sans combat.

Forts dès lors, ils écrivent au roi de Navarre, lui

font peur de l'Espagne, mettent sa pauvre tête dans un tel ébranlement qu'il rassemble des forces, surprend et taille en pièces trois mille hommes de son parti; il se lave dans le sang des siens.

La Renaudie était un homme peu ordinaire. La duperie des Châtillon, l'insigne étourderie de Condé, la complète connaissance que les Guises ont de son plan, rien ne peut lui faire lâcher prise. Il se tient à six lieues d'Amboise. Il sait parfaitement que les Guises n'ont encore que cinq ou six cents hommes, qu'ils ne les emploient au dehors qu'en dégarnissant le château.

Ayant dans la ville d'Amboise une centaine de réformés, cet homme d'indomptable courage se tient prêt à frapper un coup.

Le parti, malheureusement, lui avait donné des lieutenants qui lui ressemblaient peu. L'un d'eux, baron de Castelnau, homme de haute noblesse, de science et de grande piété, conduisait une petite bande du Périgord. Assiégé dans une maison par le duc de Nemours et cinq cents cavaliers, il parvint cependant à faire avertir La Renaudie. C'était justement l'occasion que celui-ci attendait. Il calcula que, si Castelnau résistait, il trouverait les Guises à peu près désarmés. Au grand galop, il courut vers Amboise. Trop tard, il sut en route que Castelnau avait parlementé, que, Nemours lui donnant sa parole de prince *de le mener au roi* sans qu'il lui arrivât mal, *de lui faire donner audience*, le bonhomme l'avait remercié de lui procurer sans combat un tel excès d'honneur. Inutile d'ajouter que la parole de prince, l'honneur, l'audience royale, se résumèrent en une cave où il fut jeté en attendant qu'on l'étranglât.

La Renaudie fut tué, peu après, dans une obscure rencontre. Mais les Guises purent voir que sa mort ne finissait rien. Ces hommes obstinés, intrépides, arrivaient toujours et toujours pour se faire tuer. On en trouvait tout autour dans les bois. Amenés, ils ne paraissaient pas dans une humble attitude de captifs, mais parlaient franchement, tout haut et menaçants, disant sans détour qu'ils venaient uniquement pour chasser les Guises. On pouvait les tuer, non leur ôter leur espoir, tant ils étaient sûrs de leur cause et de la justice de Dieu. Au milieu même du triomphe des Guises, il y eut encore un gentilhomme d'un si aventureux courage, qu'il faillit enlever la ville sous leurs yeux, et que, sans un malentendu, la chose eût encore réussi.

Cette obstination jeta Guise dans un sauvage désespoir. Il jugea fort bien dès ce jour qu'il périrait par ce parti : « Du moins je vengerai ma mort, dit-il, je jouerai quitte ou double; j'en tuerai tant qu'il en sera mémoire. — Attendez donc au moins, dit le chancelier Olivier, que vous ayez les chefs. » Mais il ne voulut rien attendre. Il se donna à lui-même (17 mars) des lettres royales qui le firent lieutenant du roi pour les faire mourir *sans forme de procès*. Il avait mis au bas : *De l'avis du conseil*, qu'il n'avait daigné consulter.

Le mouvement était si vaste et si universel, qu'il

dédaignait ou ignorait (dans les provinces lointaines) la Terreur de la Loire.

En Berry, en Guyenne, des soulèvements commençaient. En Provence, trois mille hommes armés forçaient la ville d'Aix pour délivrer un prisonnier. Dans le Dauphiné même, dont Guise était le gouverneur, les protestants s'inquiétèrent si peu de l'échec de La Renaudie, qu'ils prirent ce moment même pour occuper une église de moines, en faire un temple. Le danger était plus grand à Rouen, où l'anabaptisme se prêchait hardiment aux grandes foules d'ouvriers, bravant également et les catholiques impuissants et les protestants dépassés.

Nul doute que cette situation n'intimidât et ne paralysât les Châtillon. On les retint d'autant mieux à Amboise à attendre les vieilles bandes qui allaient venir, disait-on, et s'embarquer avec eux pour l'Écosse. Dandelot écrit dans ce sens à son oncle le connétable (26 mars 1560). Il espère qu'on étouffera *ces mauvaises et pernicieuses volontés;* l'exécution des prisonniers *continue tous les jours.* Il n'en écrit pas davantage.

Exécutions sans procès et sans preuves. On ne put jamais rien tirer des prisonniers que parfait dévouement au roi. La situation du chancelier Olivier, qui les interrogeait, les trouvait innocents et les voyait périr, était épouvantable, pleine d'horreur et d'infamie. Cet homme éclairé, modéré, au bout d'une carrière honorable, marquée par des réformes utiles, se laissait traîner par les Guises, abîmer dans la boue, dans la damnation. Ses prisonniers étaient ses juges et le tenaient sur la sellette. L'un d'eux (c'était le baron de Castelnau), à qui Olivier demandait où il était devenu si savant, lui répondit : « Chez vous, par vos exhortations, quand vous me disiez d'aller à Genève, quand je vous vis pleurer votre faiblesse pour le massacre des Vaudois, et que vous sentîtes dès lors que vous étiez rejeté de Dieu. »

Un autre, un orfèvre, nommé Picard, alla plus loin. Il lui défila toute sa vie, lui rappela combien de fois il lui avait porté des livres protestants et révéla son intime intérieur. Le chancelier, comme un homme blessé et chancelant, faisait le brave encore. Il menaçait un jeune homme de le faire pendre. « Pendre! dit celui-ci, cela est bien aisé à dire. Si l'on vous eût pendu lorsque vous l'avez mérité, vous seriez sec depuis trente ans. Rappelez-vous qu'étant écolier à Poitiers, vous tuâtes méchamment un camarade, si bien que votre père depuis ne voulut plus vous voir. Et rappelez-vous aussi que, pour ce meurtre, vous avez laissé pendre votre ami Arquinvilliers à la place Maubert. » — Cette révélation d'un crime si longtemps ignoré, qui lui éclatait tout à coup, fut une lame qui lui perça le cœur. Il ne contredit pas et resta là anéanti. On le prit, on le porta à son lit. Et le vieillard débile, devenant frénétique, se mit à battre son lit plus fort que n'eût fait un jeune homme. Tout le monde était épouvanté. Le cardinal de Lorraine y alla, pour que du moins il mourût décemment. Mais Olivier ne put le voir. Il s'écria : « Ah! cardinal, par toi, nous voilà tous damnés! — Mon frère, dit le prélat, résistez au malin esprit. — Bien dit! bien rencontré! » dit l'autre avec un rire horrible. Il tourna le dos et mourut.

Quand le duc de Guise le sut, il fut exaspéré de l'audace du mourant qui damnait un homme comme lui. « Damnés! damnés! s'écriait-il, tirant sa barbe rousse. Il en a menti, le vilain!... Il est mort comme un chien; qu'on me le jette à la voirie! »

Cette certitude qu'il avait d'être tué tôt ou tard le rendait très féroce. Castelnau, ayant longuement disputé de la foi avec le cardinal, lui fit accepter quelque chose, et il en prenait à témoin le duc : « Eh! que m'importe à moi? dit celui-ci. Qu'ai-je à faire de ta religion? mon métier n'est pas de parler, mais de couper des têtes. — Mot indigne d'un prince! » dit courageusement le martyr.

Les femmes et les enfants étaient menés, après souper, voir les exécutions. Les petits frères du roi s'y habituaient et finirent par en rire.

Les dames avaient pitié dans le commencement. La duchesse de Guise, qu'on traîna pour voir ce spectacle, rentra éperdue chez la reine mère. « Qu'avez-vous? lui dit celle-ci. — Ce que j'ai? Ah! madame! je viens de voir la plus piteuse tragédie, le sang innocent répandu, les bons sujets du roi à mort... Comment douter qu'un grand malheur ne frappe bientôt notre maison! »

Personne ne fut exempt de cette complicité des yeux. On exigea de Condé même qu'il regardât par la fenêtre, qu'il vît mourir ceux qui mouraient pour lui.

On l'y traîna, pour ainsi dire. A ce dernier degré de honte, mordu au cœur, il s'écria : « Je comprends bien pourquoi on fait mourir tant de braves gentilshommes qui ont rendu tant de services. Les étrangers auront bon temps ; avec l'aide d'un prince ennemi, ils mettront en proie le royaume. » Ce mot était tout un réquisitoire pour faire mourir plus tard les Guises. Ils comprirent, et le cardinal dit qu'il fallait le tuer. On assure qu'ils auraient voulu que François II, qui jouait souvent avec lui, lui donnât un coup de dague. Comment compter pourtant sur une main si faible ? on ne tenait ni le roi de Navarre ni Montmorency. Qu'eût servi d'égorger Condé ?

Toutefois, pour être folle, l'idée eût pu, à la rigueur, leur traverser l'esprit. Le cardinal était dans le paroxysme féroce d'un poltron rassuré qui se venge de sa peur ; Guise, dans la sauvage fureur d'un homme qui s'est cru adoré et qui se voit maudit. Il avait soif de sang. Toutes les lettres qu'il fait écrire, comme lieutenant du roi, ne parlent que de tuer, pendre, tailler en pièces : « En finir avec la canaille qui ne fait que charger la terre », etc., etc. Sans parler des potences et des têtes fichées, des cadavres exposés au marché, dont on souffrait la puanteur, on noyait dans la Loire, on tuait dans les bois, on tuait dans le château. Un gentilhomme étant venu s'informer de la santé de Guise de la part du duc de Longueville, qui se disait malade (pour se dispenser de venir), Guise voulut qu'il emportât un effet de terreur et qu'on sût bien quel homme il était. Il le reçut à table et dit : « Rapportez-lui que je me porte bien, et de quelle viande je me régale. » On amena un homme grand, de belle apparence, qui fut accroché par le cou aux barreaux des fenêtres et lancé sous les yeux du gentilhomme épouvanté.

Mais ces morts n'étaient pas muettes. On n'avait pas si bon marché de ces hommes d'épée que des pauvres martyrs des villes, ouvriers, artisans, qui, quarante ans durant, avaient alimenté la flamme des bûchers, sans rien faire que bénir, prier. Ceux-ci priaient contre leurs assassins, voulaient leur châtiment, et déjà le commençaient par leurs regards et leurs paroles. Ils sentaient avec eux la France, la vraie France, le ciel et l'avenir. Ils levaient en mourant leurs mains loyales à Dieu. L'un d'eux, M. de Villemongis, trempa les siennes dans le sang de ses amis déjà exécutés, et, les élevant toutes rouges, cria d'une voix forte : « C'est le sang de tes enfants, Seigneur! tu en feras la vengeance! »

CHAPITRE XII

Mort de François II et chute des Guises. (1560.)

Le 31 mars et le 12 avril, les Guises firent au nom du roi deux apologies de l'affaire d'Amboise, l'une envoyée au Parlement, l'autre au roi de Navarre. Ils réduisirent les tailles, et créèrent chancelier un homme connu pour modéré, L'Hospital, chancelier de la sœur d'Henri II, Madeleine, récemment mariée au catholique duc de Savoie, mais qui tenait à Nice sa cour dans un tout autre esprit.

Changement subit, inouï, incroyable! Disons mieux, défaillance étrange des Guises. Le cœur manqua, ce semble, au cardinal de Lorraine; la girouette tourna; la violence fit place à la peur.

Non sans cause. Dans les murs même d'Amboise, et parmi les supplices, contre les Guises venait de se former le tiers parti.

Observons-en bien la naissance. Ceux qui, par devoir ou hasard, se trouvèrent au fatal château dans ce moment d'horreur, les Châtillon spécialement, en désapprouvant la révolte, cherchèrent inquiètement par où l'on contiendrait les Guises.

Le jeune roi, âgé de dix-sept ans, nerveux et maladif, avait été d'abord fort ému de l'affreux spectacle. Il en avait pleuré, disant toujours : « Hélas! qu'ai-je donc fait à mon peuple? » — Puis entendant les condamnés n'accuser jamais que les Guises, il en avait fait la remarque, comprenant très bien que l'entreprise n'était nullement, comme on le lui disait, dirigée contre lui.

Cette faible et pauvre volonté ne s'appartenait pas. Deux femmes se la disputaient, sa mère, sa jeune épouse. De quel côté pencherait-il? Cette grande question, décisive pour la France, était toute dans la chambre à coucher. Jeune et malade, il avait bien ses faiblesses natives pour sa mère et nourrice. Mais qu'était tout cela contre un mot de Marie Stuart?

La mère, plus que prudente, et n'osant même souffler devant les Guises, avait cependant pris parti dans l'amnistie accordée le 2 mars. Le messager royal qui porta l'acte au Parlement y ajouta ce mot : Que le cardinal de Lorraine demandait *qu'on attendît quatre jours* et qu'on fît des processions dans Paris, mais que la reine mère engageait à enregistrer *sans attendre*.

Voilà la première et timide révolte de Catherine.

Elle intervint, et avec beaucoup d'insistance, pour que l'on sauvât Castelnau, apparenté à maintes grandes familles, qui, disait-elle, ne pardonneraient jamais sa mort. D'autres, surtout les Châtillon, prièrent aussi pour lui. On poursuivit les Guises de prières et de caresses jusque dans leur chambre. On ne tira du cardinal qu'un mot : « Il mourra, et personne ne viendra à bout de l'empêcher. »

Je ne vois point que la jeune Marie Stuart, alors toute-puissante, se soit jointe à sa belle-mère. Elle avait été élevée par le cardinal de Lorraine, et ne faisait qu'un avec lui. Les lettres de sa plus tendre enfance, qui témoignent d'une précocité d'esprit extraordinaire, montrent aussi combien elle naquit violente et dure. Elle y félicite sa mère des exécutions qu'elle faisait en Écosse : « Vous avez très bien fait de ce que *voulés faire justice;* ils en ont bon besoin. » (Labanoff, I, 6.)

Élevée, dès l'âge de six ans, par sa belle-mère Catherine, qui la faisait coucher près d'elle à côté de ses filles, à peine fut-elle reine qu'elle devint son espion, mais ouvertement, sans pudeur ; elle se fit, à dix-huit ans, gouvernante et surveillante d'une femme de cinquante ans qui lui avait servi de mère, abusant de ce que l'audace et l'insolence lui donnaient d'ascendant sur cette personne fine et rusée, mais vile, tenue toujours très bas, lâche de nature et d'habitude.

Choquant spectacle ! de voir la vieille qui tremblait sous la jeune ! de voir déjà en cette créature comblée de tous les dons, et qu'on eût voulu adorer, le cœur ingrat, le vilain cœur des Guises et leurs bas instincts de police !

La situation de Catherine lui faisait regretter sans doute d'avoir, pour plaire aux Guises, reçu durement

Montmorency. — D'autre part, les Châtillon, ses neveux, ne pouvaient avoir prise sur le jeune roi contre sa femme qu'au moyen de sa mère. Ils s'adressèrent à Catherine, exprimèrent le désir qu'elle prévalût près de son fils.

Qu'auraient-ils fait? Le roi de Navarre négociait avec l'Espagne, et pour plaire à l'Espagne, pour se laver de l'affaire de Condé, égorgeait son propre parti!

Montmorency, les Châtillon, pensèrent sans doute qu'après tout cette Italienne, infiniment prudente et modérée, sans amis ni parti, serait heureuse de s'appuyer sur eux, de se régler par leurs conseils.

Le connétable agit dans ce sens et contre les Guises. Armé chez lui et cantonné à Chantilly, il voulut bien en sortir sur un ordre du roi pour expliquer au Parlement l'affaire d'Amboise. Il blâma la prise d'armes, mais non le mécontentement public, et spécifia qu'on n'avait *attaqué que les Guises*, les désignant ainsi comme la pierre d'achoppement, la cause de tous les embarras.

L'ambassadeur d'Espagne (qu'on croyait dirigé par les avis du connétable) offrit les secours de son maître, mais à qui? non aux Guises. Loin de là, il dit qu'on ferait bien de les écarter pour un temps.

Ce mot seul les tuait. Et au même moment leur fortune périssait en Écosse. Philippe II se vengeait de leur duplicité. Ils sollicitaient son appui en France, et en Angleterre travaillaient pour se faire, à sa place, les chefs du parti catholique. Le roi d'Espagne protégea la protestante Élisabeth, leur interdit de l'attaquer. Elle put à son aise envoyer des troupes en Écosse et en chasser les Français. Les Guises ne désarmèrent Élisabeth que par l'intercession de Philippe II.

Donc voilà les deux faits qui dominent la situation : le tiers parti commence en Catherine, et les Guises ne se maintiendront qu'en devenant de plus en plus les serviteurs du roi d'Espagne, dont ils avaient eu jusque-là la folie de se croire rivaux.

Blessés ainsi au sein de leur victoire, ils étaient fort embarrassés de Condé. Ils ne pouvaient guère l'élargir qu'en lui faisant excuse. On n'avait rien trouvé dans ses papiers. Il était en mesure de les menacer à son tour. Lui-même avait besoin d'une bravade pour se relever, après le triste rôle qu'il avait joué, son mensonge palpable et le reniement de ses amis. Il risqua un outrage aux Guises.

Le mot de Castelnau *qu'un bourreau n'était pas un prince*, indiquait ce qu'il fallait dire. Condé, dans le Conseil, déclara que ses ennemis qui le prétendaient chef de la conjuration avaient menti, qu'il était prêt *à mettre bas son rang de prince*, pour, *les haussant à son niveau*, les combattre, leur faire avouer qu'ils étaient poltrons et canailles. Cela dit, il sortit, les ayant d'un mot dégradés.

Cela leur fut amer. Ce nom de princes, fort longtemps disputé, laborieusement établi, mais si justement contesté à des bourreaux couverts de sang, ils le revendiquèrent bien vite. Guise se leva, et dit que, *comme parent du prince*, s'il y avait combat, *il avait droit* d'être son second.

Voilà ce mot qu'on a défiguré.

Condé se trouva libre. Mais Catherine ne l'était pas. Les Guises sentaient bien que leur péril dès lors était en elle, et la gardaient à vue. Son garde et son geôlier, c'était sa tendre fille, Marie Stuart, qui ne pouvait s'arracher d'elle, ne la quittait d'un pas. On savait que, sous main, dans les rares échappées qu'elle avait eues, elle adressait de bonnes paroles aux réformés. Une fois, elle avait cru pouvoir se ménager un moment d'entrevue avec Régnier de La Planche, l'illustre historien protestant. On le sut à l'instant. Catherine jura qu'elle n'avait voulu que trahir La Planche, le faire parler devant les Guises, lui faire livrer les secrets du parti. Et, en effet, elle cacha le cardinal de Lorraine de manière à pouvoir l'entendre. Elle l'écouta longuement, puis le fit arrêter. Elle obtint cependant qu'il sortît quatre jours après.

Il en fut de même d'une adresse que les réformés lui firent remettre par un jeune homme à son passage entre deux portes; cette pièce fut saisie à l'instant dans les mains de la reine mère par sa belle-fille, et portée aux Guises. Catherine, lâchement, abandonna l'homme en péril; mise en face de lui, elle lui reprocha de lui avoir remis un pamphlet qui l'attaquait elle-même. « En quoi? dit-il. — En attaquant MM. de Guise, avec qui nous ne faisons qu'un. »

Le plus bizarre de la situation, c'est que le cardinal de Lorraine, inquiet de cette popularité de Catherine, imagina de lui faire concurrence auprès des protestants. Deux mois après Amboise, ayant à peine lavé ses mains sanglantes, il veut conférer avec eux, les appelle, les accueille, dispute amicalement.

C'est lui qui avait appelé L'Hospital, créature d'Olivier, légiste homme de lettres, et grand faiseur de vers latins, panégyriste facile des grands, à la mode italienne. C'était un homme absolument inconnu de la magistrature, et qui avait cheminé sous la terre. Personne ne devinait qu'il fût très honnête et très bon, excellent citoyen. Il était fils d'un médecin, d'un proscrit qui avait suivi le connétable de Bourbon. Il avait longuement vécu en Piémont. Le malheur et l'exil l'avaient fort aplati; au dehors seulement, car le cœur était admirable. Plus que sage et plus que prudent, il était secrètement favorable aux réformés, et pourtant le cardinal de Lorraine le croyait son homme. D'Aubigné assure qu'il avait donné, comme sans doute une infinité de gens inconnus, sa petite contribution d'argent aux conjurés d'Amboise.

Dans ce moment les Guises étaient entre l'enclume et le marteau. D'une part, Philippe II les pressait d'acquitter le vœu d'Henri II et d'accepter l'Inquisition. D'autre part, ils auraient voulu calmer le parti réformé, qui partout se montrait en armes. L'Hospital, déjà chancelier (sans avoir encore sa nomination), leur fit habilement le bizarre édit de Romorantin, un édit à deux faces, indulgent et sévère. Il donnait aux évêques le jugement d'hérésie. Nulle peine indiquée que la mort. Voilà pour le sévère et ce qu'on montrait à l'Espagne. Mais, d'autre part, les Parlements ne jugeant plus, et la mort ne pouvant être prononcée par l'Église seule, les protestants n'avaient à craindre que les punitions canoniques.

Cependant Condé, de retour près de son frère, l'avait ramené au connétable, aux Châtillon. Tous ensemble exigèrent les États généraux. Les Guises n'osèrent s'y opposer. Seulement ils rusèrent, en faisant seulement une assemblée de notables, intimidant Navarre, l'empêchant d'y venir. Montmorency vint seul, mais avec ses neveux et une armée de gentilshommes. (Fontainebleau, 21 août 1560.)

Les deux partis obtinrent ce qu'ils voulaient. Coligny dit que, sur l'ordre de la reine mère, il avait vu la Normandie, et qu'il en rapportait une adresse des réformés pour obtenir la tolérance. « Par qui signée ? dit-on. — Par cinquante mille hommes de Normandie, si vous voulez, demain. » On disputa, mais on promit la tolérance provisoire, et les États généraux, qu'exigeait aussi Coligny.

En revanche, les Guises se donnèrent à eux-mêmes, au nom du roi, l'indemnité complète, la plus blanche innocence, pour tous leurs actes de finances et de guerre.

L'édit pacificateur est du 26 août. Et le 27, le connétable étant à peine en route pour retourner chez lui, les Guises mettaient à la Bastille *un complice du connétable* qui, d'accord avec lui et d'autres, écrivait au roi de Navarre pour l'engager à faire mourir les Guises, dont les États auraient ordonné le procès.

Tout cela, disait-on, se lisait dans des lettres qu'on prit sur un messager.

C'était déjà la guerre civile. Et elle éclatait de toutes parts.

Dans le Midi, le parti protestant, tout au contraire de ce qu'on attendait, eut pour lui les meilleures épées, des hommes redoutables qui sont restés célèbres. En Provence, Mouvans, avec une poignée d'hommes, embarrassa, déconcerta, et le gouverneur de la province, et le vieux Paulin de La Garde, fameux par ses campagnes avec les forbans turcs et pour le massacre des Vaudois; ce héros des galères fit très mauvaise contenance devant un vrai héros.

En Dauphiné, plus tard dans le Comtat, commençait ses campagnes l'intrépide et cruel Montbrun.

Un échappé d'Amboise, Maligny, avait entrepris pour le roi de Navarre une affaire aussi grave peut-être que celle d'Amboise : c'était de prendre Lyon. La chose ne manqua que par la lenteur et l'hésitation de ce malheureux Navarrais, qui, comme à l'ordinaire, par peur ou par conseil des traîtres, défendit de rien faire et faillit ainsi faire périr ceux qui s'étaient tant avancés.

Saint-André assura Lyon pour les Guises. Leurs lieutenants reprirent le dessus en Provence et en Dauphiné, à force de bonnes paroles et de serments que suivaient les massacres. Les Guises se trouvaient forts par leur défaite même d'Écosse. Les vieilles bandes leur étaient revenues. Ils crurent pouvoir jouer quitte ou double, attirer Navarre et Condé, les

Châtillon, les dégrader par la main du roi même, les faire mourir comme hérétiques.

Projet désespéré, mais non invraisemblable. J'en juge par la ressource non moins extraordinaire qu'ils cherchèrent en octobre dans une somme tirée violemment de leurs partisans même, du clergé de Paris. Elle devait être payée par l'évêque et les grands abbés *en six jours*. On leur envoyait pour huissier et pour garnisaire un conseiller du roi, qui devait attendre la somme, *séjournant à leurs frais*, pouvant saisir leur temporel, poursuivre leurs officiers et receveurs, vendre leurs biens, sans forme de justice. Que si, avant tout cela, ils tardent de payer, ce conseiller *emmènera* l'évêque, les grands abbés et leurs chapitres, qui resteront avec le roi, le suivront, à leurs frais, jusqu'à l'entier paiement. (Saint-Germain, 7 octobre 1560.)

Qu'auraient fait de plus les réformés? L'embarras fut extrême. Mais le clergé ne vendit pas un pouce de terre. Il aima mieux engager les reliques.

Un coup si violent, si révolutionnaire, frappé sur les leurs mêmes, donne à penser sur ceux dont ils auraient frappé leurs ennemis. Pour subir de telles choses, le clergé dut attendre des résultats définitifs. Si Navarre et Condé périssaient en effet, leur mort eût commencé dans les provinces une Saint-Barthélemy, comme celle que le Savoyard, au moment même, à l'aide de nos troupes, exécutait sur les Vaudois.

Les deux frères, le roi et le prince, n'en croyaient pas moins de leur honneur de venir à ces États qu'ils avaient demandés. Ils avaient manqué l'assemblée de Fontainebleau; pouvaient-ils manquer celle-ci? La seule question était de savoir s'ils y viendraient en armes. Leurs femmes, ardentes protestantes, la reine Jeanne d'Albret et la princesse de Condé, les priaient, conjuraient, de se laisser accompagner. Dans tout le Midi et l'Ouest, une grande cavalerie protestante s'était levée d'elle-même, d'elle-même réunie à Limoges; elle brûlait d'aller parler aux Guises et de les voir de près. Elle se payait et se nourrissait, et ne voulait des princes que l'honneur de leur faire escorte. Mais les Guises tenaient déjà par ses conseillers le roi de Navarre; ils le tenaient par une demoiselle de la reine mère dont il était amoureux. Il s'ennuyait fort à Nérac près de Jeanne d'Albret, malgré les prêches assidus dont on le régalait. Il avait hâte d'échapper à sa femme. Condé aussi, très vraisemblablement, suivait un même attrait; tous les avis de son ardente épouse lui faisaient moins d'impression que les plaisirs faciles de la cour de la reine mère. Rien de plus futile que ces deux frères, vrais papillons, nés pour donner droit dans la flamme et se brûler à la chandelle.

Catherine n'ignorait pas certainement l'appeau grossier des Guises; on se servait d'une fille à elle pour amener les princes à la catastrophe qui l'eût annulée elle-même. Elle versa des larmes quand ils entrèrent dans Orléans, et pourtant elle était tellement dépendante, tellement obsédée, dominée par Marie Stuart, qu'elle ne risqua pas un mot pour les sauver.

Du moment que les princes eurent renvoyé la formidable escorte qui eût voulu les suivre, les caresses, les honneurs, dont les amis des Guises les entouraient, cessèrent. Personne ne vint plus à leur rencontre. La route fut morne et solitaire. Mais il n'y avait plus à reculer; ils avançaient toujours vers l'abattoir.

Les Guises avaient concentré toute une armée dans Orléans, infanterie, cavalerie et canons, les vieilles bandes surtout, endurcies et féroces, qui avaient fait les guerres sans quartier d'Écosse et d'Italie. Race de dogues, ignorée jusque-là, mais propre à cette époque, et soigneusement choyée des Guises. Le type, c'est Tavannes, sanguin et furieux Bourguignon, c'est le bilieux Gascon Montluc, homme de guerre, mais aussi de massacres, qui ont eu soin de raconter leurs crimes.

Nos étourdis, entrés dans Orléans, passèrent entre deux files de ces soldats des Guises, qui riaient d'eux et s'apprêtaient à rire davantage à l'exécution.

On ne daigne leur ouvrir la porte du palais.

Admis par le guichet, ils montent, trouvent Catherine en larmes, le pâle petit roi qui joue son rôle de colère, et les arrête. Navarre reste au logis du roi sans savoir s'il est libre, mais entouré et observé. Condé, qu'on craignait plus, est jeté dans une maison à fenêtres grillées, qu'on change tout à coup en tombeau, l'entourant en deux jours d'un fort de briques, avec triple rang de canons qui montrent la gueule à trois rues.

Navarre était si peu de chose, et tellement captif en tous sens, lié, livré par sa maîtresse, et sans autre foi que la sienne, qu'il eût abjuré de grand cœur, se fût fait catholique ou turc; il n'était pas aisé de le tuer, à moins de simuler une querelle, où François II l'eût tué *pour se défendre*, comme l'empereur Valentinien assassina Aétius. Pour Condé, une commission du Parlement devait l'expédier, sa mort déjà fixée au 26 novembre, et les bourreaux mandés.

Une seule chose eût pu retarder, c'est qu'on attendait Coligny. Il s'était mis en route, voulant, disait-il, confesser sa foi, mourir, s'il le fallait, avec le prince de Condé. Peut-être aussi plus sagement crut-il gagner du temps et prolonger la vie du prince, en faisant espérer aux Guises d'envelopper tous leurs ennemis dans une mort commune.

La mort au nom d'un mort. François II arrivait à la solution prévue. Dès longtemps, les Guises eux-mêmes, qui avaient tant d'intérêt à sa vie, disaient que tous les Valois étaient pourris, que cette race était lépreuse, et qu'il faudrait bientôt changer de dynastie. François avait seize ans et dix mois. Sa belle épouse en avait près de vingt. C'était une forte rousse et fort charnelle; son oncle, le cardinal, qui nous la peint charmante dès l'enfance, ne lui connaît de défaut que de trop manger. Cette personne puissante, violente, absorbante, devait user l'enfant. Le duc d'Albe dit expressément « qu'il mourut de Marie Stuart ».

Dès longtemps il avait la fièvre. Le 16 novembre, il

tâcha encore de faire le gaillard et alla à la chasse. Il revint avec une grande douleur à la tête; un abcès s'était déclaré; un flux d'oreille survint, puis la gorge parut gangrenée.

Les Guises désespérés voient les têtes des princes leur échapper et pourtant n'osent accomplir l'assassinat. Chose qui peint ces héros de la ruse, ils avaient fait signer du Conseil l'ordre d'arrestation, et eux-mêmes n'avaient pas signé.

Le roi mourait. Mais ils avaient une armée dans les mains. Ils tentent d'intimider, gagner la reine mère; ils lui offrent la régence et tout, pour qu'elle couvre de son nom les deux meurtres dont ils ont besoin.

Elle se garda bien de refuser, mais demanda à se consulter un peu, espérant que son fils mourrait et qu'elle serait régente sans eux. L'Hospital, créé par les Guises, vint la conseiller, mais contre eux. Cependant François expirait (5 déc. 1560), et le pouvoir des Guises aussi. Ils avaient tout à craindre. Le tuteur naturel du jeune roi âgé de dix ans allait être le roi de Navarre, à qui ils voulaient couper la tête. Si la France le saluait régent, que leur serviraient Orléans et leur petite armée?

Catherine leur fut très utile pour attraper ce pauvre prince. Elle le fit amener, et d'autre part les Guises. Elle lui fit accroire qu'il était encore en péril, lui fit promettre qu'il serait leur ami, qu'il leur laisserait leurs charges, et qu'il refuserait la régence pour la laisser à Catherine.

Et que lui donnait-on à cette dupe?

Pampelune et la Navarre, dont on allait bientôt obtenir pour lui la restitution de Philippe II.

De plus, le cœur de sa maîtresse et les caresses d'une fille. L'idiot jura tout, baisé, livré, tondu des ciseaux de sa Dalila.

CHAPITRE XIII

Charles IX. — Le triumvirat. — Poissy et Pontoise. (1561.)

Le connétable, qui faisait le malade à Étampes, arriva au galop le lendemain de la mort du roi, et, rencontrant aux portes d'Orléans la nouvelle garde créée par les Guises : « Que faites-vous là? dit-il. Le roi est gardé par son peuple. » Et il les licencia, de son droit de connétable de France.

Sans nul doute, il était en force. Les Châtillon venaient derrière. Mais toutes choses étaient arrangées. Guise gardait le roi, comme grand maître, et les clefs du palais; son frère, le cardinal, les finances, l'argent, c'est dire à peu près tout.

Une chose pourtant était inévitable : la France allait se voir, découvrir la blessure énorme que lui laissait ce terrible gouvernement, un gouvernement de désespérés. En doublant toutes les dépenses, il avait fait l'amère plaisanterie (pour désoler ses successeurs) de diminuer les tailles. Cette diminution eût-elle été réelle, il eût fallu la compenser par des avanies à la turque, des contributions noires, des razzias d'argent, comme ils en avaient fait eux-mêmes sur leur ami, le clergé de Paris.

Ces maîtres de la France, avec toutes leurs armes de terreur, avaient travaillé les élections, croyant surtout fermer la porte aux protestants. Ceux-ci n'en arrivent pas moins en bon nombre aux États, et la plupart des autres députés sont des protestants politiques.

On s'était figuré que les trois ordres, fondant leurs cahiers et se réunissant, choisiraient un seul orateur, le cardinal de Lorraine. Il fut respectueusement, mais positivement écarté.

La noblesse était si divisée qu'elle ne put s'entendre et présenta quatre cahiers.

Le clergé et le Tiers restèrent en face, en deux armées compactes, l'armée des *gras*, l'armée des *maigres*.

La demande du Tiers fut que désormais le clergé, selon sa vraie institution, fût par le peuple et pour le peuple, élu par lui, le servant de ses biens pour les pauvres et les enfants, pour les hospices et les écoles. Plus de persécutions. Plus de justice vénale, plus de jugements par les valets de Cour. Plus de douanes intérieures. L'économie dans les finances. Tous les cinq ans, les États généraux.

C'est la voix de 89 qui éclatait déjà de la poitrine de la France. Aussi l'homme qui parla n'eut pas besoin, comme les orateurs du clergé et de la noblesse, de lire un discours apprêté. Jean Lange, avocat de Bordeaux, avait son discours dans le cœur; les autres lurent, lui seul parla.

Il parla à genoux. Il ne put s'expliquer sur le point capital, sans lequel le reste était vain. La bourgeoisie, timide, n'osa pas le toucher. Elle n'osa pas nommer les ennemis publics. Les réformes qu'elle demandait, elle en laissa le soin à ceux qu'il fallait réformer.

Le Tiers avait pourtant une force, s'il eût su en user, dans les honteux aveux qu'on apportait. Un déficit énorme apparaissait. Où trouver tant d'argent dans les remèdes proposés? L'Hospital n'osait pas parler des monstres de richesse chez qui l'on eût trouvé les vols. Il demandait aux pauvres. Il proposait une augmentation de la taille, des droits sur le sel et le vin. La noblesse, il est vrai, eût payé sa part, les nouveaux droits portant sur la consommation. Le clergé eût été chargé de racheter les domaines et les impôts aliénés.

Tous dirent qu'ils n'avaient pas de pouvoirs suffisants. On convint que, le 1er mai, chacun des treize gouvernements enverrait *un député* noble et un du Tiers, pour apporter réponse.

Les Guises, les tyrans, les voleurs, avaient eu belle peur devant la France. Mais, désormais, ils étaient quittes, sûrs d'escamoter les réformes.

La justice d'abord les rassura. Le Parlement donna l'exemple de la mauvaise volonté. L'honnête chancelier espérait, par une ordonnance, sans toucher au passé, amender un peu l'avenir (*ord. d'Orléans*). Il rendait part au peuple, au bas clergé, dans les élections ecclésiastiques, réprimait la noblesse, rendait moins arbitraire l'assiette de la taille, protégeait le commerce. En même temps il rognait les juges, les réduisant de nombre et de profits. Le Parlement, blessé de n'avoir pas été ménagé dans la réduction générale des gages, éclata honteusement par cette question d'argent. Il trancha du Caton, se montra *gardien inflexible des libertés publiques*, repoussa les réformes qui venaient *de la Cour*, surtout la tolérance, garda sous clef les protestants qu'on devait élargir, d'après un vœu des États généraux.

La ligue des juges et des voleurs était palpable. Nul remède aux maux, si l'on ne commençait des justices sérieuses. Les États provinciaux de l'Ile-de-France (encouragés par Coligny) demandèrent *une enquête des vols publics*. — Et, pour que le Conseil n'empêchât pas, ils voulaient *nommer le Conseil*, enfin que le roi de Navarre devînt lieutenant général et vrai chef du gouvernement (20 mars 1561).

Mémorable insolence! Tous les voleurs s'en indignèrent, crièrent que tout était perdu.

Et il y eût eu en effet un grand bouleversement. Quel spectacle eût-ce été si l'on eût remué les douze ans d'Henri II, pénétré les mystères d'Anet, de Chantilly, montré au jour l'horreur de l'antre de Cacus. A l'odeur de tout ce fumier, un monde de témoins se fût levé, fût venu déposer. Et de tant de boue soulevée, n'en eût-il pas jailli sur la Justice même, servante de Cour en blanche hermine, par les mains de laquelle des tas d'ordures avaient passé?

Il fallait vite sauver l'*honneur public*, le respect dû aux princes et aux honnêtes gens. Tous étaient d'accord là-dessus. Les Guises le sentirent, et qu'on aurait grand besoin d'eux. Ils s'éloignèrent ; l'ancienne Cour, certainement, allait s'unir au clergé pour les prier de revenir.

Diane, effrayée la première, sortit de son manoir d'Anet, remontra sa beauté ridée, et, magnanimement, sans rancune pour les Guises ingrats, se mit à travailler pour eux. Elle alla trouver Saint-André, non moins effrayé qu'elle, et il alla trouver Montmorency, le pria de s'entendre avec MM. de Guise.

Trop facile négociation. Le vieil oncle, jaloux de la grandeur de ses neveux, du poids qu'avait pris Coligny, se sentait catholique et commençait à éprouver de grands scrupules religieux. Scrupules augmentés par sa femme, une dévote savoyarde. Ce pieux personnage avait-il les mains nettes ? Dès le temps de François Ier, il avait vendu des procès, blanchi Châteaubriant. Il avait, de Philippe II, reçu grâce et merci, dispensé par lui de payer une rançon de connétable, pas moins de 200,000 écus. Fort aimé de Granvelle, depuis longues années, il était (en tout bien, sans doute) un très bon conseiller de la couronne d'Espagne.

Les choses en étaient venues au moment où Montmorency devait se déclarer décidément pour le clergé et pour les Guises, ou décidément contre.

En ce dernier cas, il perdait son inestimable joyau,

l'amitié de l'Espagne, qui avait fait, autant qu'aucune faveur royale, la racine ignorée de sa permanente fortune.

Qui nous dit ce mystère qu'on n'eût point soupçonné d'un fourbe si masqué de franchise, d'un vieux soldat paré de cheveux blancs? Qui le dit? C'est le duc d'Albe, dans la lettre secrète à son maître, que nous avons déjà citée.

Le 6 avril 1561, jour de Pâques, jour que l'histoire marquera d'un rouge sombre, Montmorency, Guise et Saint-André communièrent dans la basse chapelle de Saint-Saturnin à Fontainebleau, pendant que, près de là, dans une autre chapelle, priaient les protestants qu'on voulait égorger.

Ce qui précipitait les choses, c'est que le chancelier préparait un édit *pour enjoindre aux bénéficiers de donner sous deux mois déclaration des biens et revenus des bénéfices.*

Mot impie, qui toujours atteint le prêtre au cœur, déchire le voile du temple. Jamais il ne fut prononcé, sous l'ancienne monarchie, qu'un grand vent de tempêtes ne mugît et ne menaçât. Au dernier siècle, Machault et les voltairiens d'Argenson furent disgraciés pour l'avoir dit. De l'idée seule périt Turgot. L'orage artificiel, le foudre de théâtre, fit peur aux rois, jusqu'à ce que lui et les rois fussent enlevés par le grand et réel orage.

Le 23 avril, l'évêque du Mans écrit pour excuser un tout petit massacre que *son bon peuple* (littéral) vient de faire, mais sur des impies. On apprend qu'à Beauvais un mouvement plus grave encore se fait contre l'évêque, le frère de Coligny.

Paris ne peut être en arrière. Aux derniers jours d'avril, les bandes sales de l'Université, moines tondus et régents tonsurés, le noir peuple séminariste commence à grouiller sur les places, par les profondes boues de la rue du Fouarre, des Mathurins à Saint-Jean-de-Beauvais et jusqu'à Montaigu. De l'Aventin crotté, le peuple souverain des cuistres, dans sa force et sa dignité, s'achemine vers le Pré-aux-Clercs. Il y avait sur le Pré même l'hôtel du sire de Longjumeau, qui avait ouvert sa porte aux protestants et protégé leurs assemblées. La bande marche à l'assaut, soutenue de bons pauvres, d'infirmes, d'aveugles clairvoyants. Pas un n'y manque. La maison était riche.

Longjumeau ne s'étonne pas. Il ferme, fait avertir le guet. Le guet, fort et nombreux sur le pont Saint-Michel, n'a garde de venir ni de faire de la peine *à la pauvre commune*. C'est le nom charitable dont le Parlement qualifie cette foule dans sa remontrance au bon peuple.

En deux minutes, les carreaux sont cassés à coups de pierres par la jeunesse. Les hommes forts arrivent alors avec leurs bûches, enfoncent la grande porte, rencontrent le portier, le tuent. Ils en auraient tué d'autres s'ils n'eussent rencontré au museau les pointes piquantes des épées. Une panique les prend derrière. Un avocat, nommé Rusé, qui revenait du Parlement, et passait sur la place, vit cette cohue hurlante et fut saisi d'indignation. Quoique avocat, il avait une épée (tous commençaient à en porter dans ces temps de péril). Quoique seul et fort désigné dans cette foule noire par un manteau rouge, il prit à deux mains cette épée et se mit à frapper les dos. Blessés ou non, sans oser regarder ni se compter, les voilà qui détalent, et ils couraient encore aux Mathurins.

Que fait le Parlement? Il emprisonne l'avocat héroïque. Il envoie un ajournement au sire de Longjumeau pour lui reprocher de s'armer, le réprimande, le bannit. A ces juges iniques, souteneurs de l'émeute, du meurtre et du pillage, il fit répondre avec un froid mépris que, sans doute, il vidait Paris, mais qu'à cette heure il était occupé, avec des gentilshommes armés, à garder les maçons qui réparaient les brèches, et le mort couché là, en son jardin, couvert de paille.

Comment le Parlement eût-il puni l'émeute? Luimême en faisait une contre le chef de la justice. Le chancelier ayant adressé aux petits tribunaux l'édit de tolérance (si souvent repoussé du Parlement), le Parlement lui lance un ajournement personnel. Le prévôt de Paris a l'impudence de défendre de publier l'édit du roi.

Quelle fut la punition de cet acte étonnant? Aucune. Ce fut le Parlement qui se plaignit encore, et sa furieuse plainte, qui montrait la sédition aux portes, était faite pour la déchaîner.

Datons d'ici l'ère véritable des guerres civiles. Elles datent, non pas du tumulte d'Amboise ni du soulèvement armé, mais du jour où l'émeute fut sous les fleurs de lis, où les gens du roi se mirent à plaider contre le roi et proscrivirent l'édit de pacification.

Ce fut le premier pas. Et le clergé fit le second, l'*appel à l'étranger*.

Le 3 mai, jour où on lui présenta l'ordre de déclarer ses biens, le chapitre de Paris dit qu'il fallait attendre *et que Dieu aiderait*. Ce Dieu, c'était le roi d'Espagne.

On rédigea d'amples instructions, et, en même temps qu'on envoyait aux Guises, le clergé adressa à Philippe II un messager secret, le prêtre Arthur Didier (qui fut saisi à Orléans).

Dans une remontrance adressée aux États, il déclarait « que cette description odieuse qu'on demande du bien de l'Église, *contre les libertés* du royaume, cessât, selon le vœu du droit commun qui l'estime dure et inhumaine *aux républiques libres*, où chacun *également* jouit du sien en pleine *liberté*, pour ne découvrir la vilité des uns et faire envier les facultés des autres ».

La *liberté!* l'*égalité!...* Les amis des formules seront ravis ici. Quelle preuve plus manifeste que le clergé de France eut toujours la vraie foi révolutionnaire... La *fraternité* manque, il est vrai, au symbole.

Cet acte hypocrite et pervers, pour mettre sous l'abri du droit commun le plus monstrueux monopole, est le point de départ et le digne évangile de la démocratie catholique que la Saint-Barthélemy va mieux révéler tout à l'heure et dont toute la Ligue nous donnera le commentaire.

Maintenant que les lettres secrètes (d'Espagne et d'Allemagne) ont été publiées, cette année 1561, jusque-là incompréhensible, a pris quelque lumière.

On voit parfaitement que le clergé et ses agents, les Guises, marchèrent d'un pas ferme à la guerre civile ; que leurs actes, flottants et discordants en apparence, concordent admirablement, et (d'une extraordinaire roideur) les mènent directement au but.

La noblesse était divisée : pour la bonne moitié, mécontente ; pour un quart, protestante ; un quart à peine du côté du clergé. Mais ce quart, protestant, très vaillant et très aguerri, était de plus ardemment fanatique, prêt à donner sa vie.

De fanatisme, il n'y en avait parmi les catholiques que dans le petit peuple. Les nobles, amis des Guises, étaient des hommes d'intrigues et d'intérêts, très froids dans les commencements.

Du premier jour, les Guises virent qu'ils n'avaient de salut que Philippe II. Faire venir l'Espagnol et obtenir des Allemands luthériens qu'ils n'aidassent pas nos calvinistes, ce fut toute leur politique.

Philippe II, de lui-même, s'occupait de la France. Même du vivant de François II, il signifia qu'il ne voulait point en France de concile national, et il fut obéi. Nos prélats se rendirent à son Concile de Trente. Après la mort de François II, les Guises, renonçant à leurs intrigues d'Angleterre, s'unirent à Philippe II de plus en plus. Son ambassadeur Chantonnay, frère de Granvelle, agit de deux manières. D'une part, il travailla, gagna et corrompit le roi de Navarre, l'amusa de la folle idée de conquérir l'Angleterre et d'épouser Marie Stuart, en répudiant Jeanne d'Albret. D'autre part, il tint en échec le faible gouvernement de Catherine et de L'Hospital; et c'est lui sans nul doute qui leur fit faire des actes directement contraires à leur pensée.

Sans cette terreur de l'Espagne, il est impossible d'expliquer les deux faits qui suivent :

Le chancelier, naguère outragé par le Parlement, vient dans son sein, déclare que le roi veut avoir *l'avis du Parlement sur la religion*. Là-dessus longue discussion qui aboutit au but voulu des Guises : *l'interdiction des assemblées protestantes*. Énorme reculade, et bientôt prétexte aux massacres (juillet 1561).

L'autre fait, de même inexplicable sans la pression de l'étranger, c'est la subite réconciliation de Guise et de Condé (août). Quelques fières paroles de Condé ne couvrirent pas la honte de cet acte, qui le rendit suspect aux siens, le paralysa pour longtemps.

« Dieu aidera », avait dit le clergé de Paris. Et il y paraissait.

Le parti catholique, ayant derrière lui et pour lui cette ombre menaçante, ce monstre, la puissance espagnole, se trouvait maître du terrain. Le prêtre Arthur Didier, envoyé du clergé à l'Espagne, saisi avec ses lettres et toutes les preuves, est livré par le chancelier au Parlement. Ce corps, si cruellement sévère pour les moindres délits, indulgent tout à coup dans ce cas de haute trahison, prononce la peine dérisoire d'une amende honorable contre le messager, supprime les lettres et n'en fait nul usage, respecte le nom des vrais coupables, et par sa connivence s'associe à la trahison (14 juillet).

Toute la pensée du chancelier et de la reine, battus sur ce terrain, était au moins d'agir sur celui des finances, de faire composer le clergé.

Il fut convoqué à Poissy, où il forma une sorte de concile, tandis que, conformément au plan bizarre adopté aux derniers États, treize députés nobles des treize gouvernements furent appelés à Pontoise, et treize aussi du Tiers état. Le célèbre discours du magistrat d'Autun (l'homme du chancelier) ne proposait pas moins que de prendre tous les biens du clergé, sans, disait-il, qu'il y perdît, puisqu'on lui en payerait la rente. Ces biens vendus auraient donné une énorme plus-value, qui aurait payé la dette publique et libéré l'État.

Plan admirable, mais si peu exécutable alors que je ne puis le considérer que comme une menace pour amener le clergé où on voulait. Elle produisit une transaction. Le domaine engagé montait à seize millions. Le cardinal de Lorraine les offrit. Et, à ce prix, le roi révoqua l'ordre qui obligeait le clergé à déclarer ses biens.

Le cardinal de Châtillon (frère de Coligny, et, je crois, son organe) parla pour cet arrangement, c'est dire assez qu'il était seul possible.

L'histoire s'est méprise entièrement selon moi sur la situation réelle, à ce moment. Elle a cru que le clergé avait accepté malgré lui la demande, souvent faite par les protestants, d'une discussion publique, d'un colloque à Poissy. Les actes publiés montrent très bien que cette discussion le servait fort, qu'elle était dans son plan, que les Guises l'avaient ménagée et en tirèrent un grand parti.

On sait maintenant qu'ils regardaient vers l'Allemagne, voulaient gagner les luthériens, et les séparer de nos calvinistes. Parents et amis de l'un des princes luthériens, du duc de Wurtemberg, qui avait longtemps servi dans nos armées, ils voulaient le constituer répondant de leur bonne foi par-devant ses compatriotes, par lui garder le Rhin.

Ceux de Genève virent-ils le guet-apens où on les attirait? Je l'ignore. Quand ils l'auraient vu, ayant tant demandé une discussion, ils n'auraient pu la décliner.

Les protestants eux-mêmes, dans leur sincère et violent fanatisme, ne pouvaient deviner l'excès d'indifférence où les grands prélats catholiques étaient de leur propre doctrine. C'étaient deux mondes séparés l'un de l'autre par une mutuelle ignorance, plus profonde que celle où notre planète se trouve des habitants de Sirius.

Ces innocents qui, de Genève et de toute la France, à travers les malédictions et les pierres de la populace, venaient confesser leur foi à Poissy, étaient fort loin de deviner qu'on les faisait acteurs dans une farce religieuse, arrangée pour brouiller la grosse intelligence des reîtres et lansquenets du Rhin.

L'Espagne n'y comprenait rien. L'idée d'un tel colloque avait saisi d'horreur Philippe II. Sa femme, Élisabeth, en écrivit à Catherine; et, celle-ci s'excusant sur sa faiblesse et son isolement, Philippe II répliqua que, pour la foi, il donnerait secours *à quiconque le demanderait.*

Ce *quiconque* était tout trouvé. C'était le clergé de France qui lui avait écrit déjà, c'étaient les Guises, tellement dépendants dès lors du secours de l'Espagnol, qu'ils lui sacrifiaient tout projet personnel sur l'Angleterre, et désiraient que leur Marie Stuart épousât l'infant D. Carlos, pour renverser Élisabeth. Si l'on en croit De Thou, ils eussent même désiré que Philippe II *vînt en personne* en France; le jésuite Lainez, envoyé alors à Poissy, eût été en Espagne, comme organe des Guises et du clergé de France, pour le sommer *au nom de Dieu.* Mais Chantonnay, l'ambassadeur d'Espagne, qui connaissait son maître, savait bien que difficilement il quitterait sa table, ses papiers, son silence, son antre de Madrid.

Les Guises pensèrent que le secours d'Espagne serait peu de chose, et que son apparition aurait un grand effet, un air menaçant de croisade, que les hommes du Rhin, depuis longtemps sans guerre, et n'ayant pas perdu la mémoire de nos vins, pouvaient être tentés d'en venir boire. La grande pépinière de soldats était toujours l'Allemagne, féconde et redoutable, si elle s'ébranlait une fois contre l'Espagne épuisée, tarissante.

Donc il fallait élever sur le Rhin un solide brouillard, qui empêchât l'Allemagne de voir la France, qui présentât nos calvinistes sous un faux jour, les fît méconnaître par les luthériens.

C'est à quoi servit le colloque.

Les cardinaux se distribuent les rôles, Lorraine disputeur insidieux, Tournon violent interrupteur. Au lieu de discuter le *Credo* par articles, on fait tout porter sur un seul, la *présence réelle*, le seul point essentiel sur lequel Genève différait de l'Allemagne.

Bèze, un grand esprit littéraire, éloquent, chaleureux, sentit si peu le piège, qu'il leur fournit ce qu'ils voulaient, un mot où ils pussent crier : *Blasphemavit*. Le cardinal de Tournon se voile la tête, et ne peut plus en entendre davantage. Pour que le coup s'enfonce, on lève la séance. Cependant, là derrière, étaient les docteurs luthériens que le cardinal de Lorraine tenait chez lui, repaissait, abreuvait de vins français et de mensonges.

Pour terminer la comédie, arrivaient, de Rome et d'Espagne, des ambassades solennelles pour faire rougir la reine mère d'avoir permis une telle scène. L'Espagnol Maurique d'une part, le jésuite Lainez de l'autre, conspuent, renversent tout, gourmandent Catherine, chassent les ministres; Lainez, pour toute discussion, les appelle des porcs et des singes.

Dans un esprit plus doux, le nonce romain, cardinal de Ferrare, issu des Borgia et oncle des Guises, venait surtout pour gagner le roi de Navarre. Il réussit en lui donnant pour secrétaire et confident un ami du jésuite Lainez.

Toute l'Europe croyait, et même jusqu'ici l'on a cru que Philippe II était déjà dans cette ligue. Un acte du 25 octobre prouve qu'il n'était pas engagé. Sa pénurie le rendait lent. Il croyait, bien à tort, ainsi que la gouvernante des Pays-Bas, que le roi de Navarre était le maître de la situation, et il envoyait un agent obscur, Courteville, « pour *découvrir* quels amis Sa Majesté pourrait avoir de son côté, et *s'il n'y a personne* en France sur qui on pût faire fondement et qui le premier voulût *montrer les dents* à Vendôme (au roi de Navarre). » (Gr., VI, 433.)

Courteville *découvrit* les Guises, qui surent *montrer les dents* par le massacre de Vassy.

La gouvernante des Pays-Bas et Granvelle avaient reçu en septembre ce budget confidentiel de Philippe II où il prouve qu'il n'a pas un sou, et ils reçurent en novembre la nouvelle de cette mission dans laquelle on voyait très bien qu'il allait prendre en main l'affaire épouvantable de France et d'Angleterre. Leur sang en fut glacé. Marguerite rappelle à son frère les échecs de leur père Charles-Quint et du connétable de Bourbon, « si peu aidé des catholiques », qui s'offrent maintenant. Si l'on trouble la France, il faut le faire par les Guises, *à l'aide du Parlement, avec plainte de la tyrannie*, et pour les libertés de la nation. Surtout, *ne pas parler de religion;* ce mot pourrait armer les protestants. » (Gr., VI, 444, 451, 13 déc. 1561.)

Ce qui frappe le plus dans cette curieuse lettre, c'est le mot d'ordre donné dès lors dans tout le parti catholique : *Liberté*, résistance à l'oppression protestante. L'ambassadeur Vargas à Rome ne cesse de crier *pour la liberté du Concile de Trente*, contre les conciles où jadis la *liberté* était étouffée par les ariens. On a vu que plus haut le clergé, menacé d'avoir à déclarer ses biens, atteste aussi la *liberté*.

En avril, le bon peuple du Mans, de Beauvais, de Paris, avait fait ses premiers essais dans les libertés du massacre. En juillet, même scène à Cahors. Le 12 octobre, à Paris de nouveau, les protestants assemblés hors de la ville, à Popincourt, apprennent qu'on leur ferme les portes : ils les enfoncent et rentrent; des deux côtés, des morts et des blessés. Huit jours après, batterie plus sanglante à Montpellier; les protestants prennent d'assaut une église; nombre d'hommes sont tués. Aux protestants se mêle une foule inconnue dont ils ne sont plus maîtres, gens ruinés et désespérés, soldats licenciés, etc.

Courteville traversa cet océan de révoltés, et arriva à Saint-Germain, où la petite cour, toujours plus solitaire, était comme cachée. Elle venait d'essayer la force, et elle avait été humiliée. Un minime, qui prêchait le meurtre, fut enlevé par ordre du roi, mené à Saint-Germain. Mais il fallut bien vite le renvoyer aux Parisiens, qui lui firent un triomphe; nombre de marchands à cheval vinrent au-devant de lui, et le ramenèrent à sa chaire.

Cependant, depuis le Colloque, les protestants avaient une grande attitude. Ils formaient à Bordeaux le cinquième de la population. Ils comptaient parmi eux toutes les familles d'échevins et consuls des villes du Midi. A Paris même, ils étaient redoutables. Chacune de leurs deux assemblées avait cinq ou six mille fidèles, nombre de gentilshommes. Sous la protection de ces hommes d'épée, ils prenaient confiance. On avait vu des familles même de gens de loi, de cour, faire leurs mariages et baptêmes « à la mode de Genève ». Donc ils s'organisaient. Chose plus alarmante pour le clergé, ils réglèrent en public, imprimèrent et firent afficher les secours qu'ils donnaient aux pauvres, avec les noms, prénoms et qualités des *diacres* chargés de la distribution.

C'était un point sur lequel le clergé n'eût toléré aucune concurrence. Les pauvres lui tenaient trop au cœur. De tous ses privilèges, celui dont il était le plus jaloux, c'était d'être l'unique et souverain distributeur d'aumônes, de tenir seul sous lui les masses faméliques, les redoutables bandes des pauvres qui l'informaient de tout, l'appuyaient, constituaient son armée populaire. Que fût-il arrivé, si l'Église rivale, incomparablement généreuse (voir la Hollande) par ferveur et par concurrence, eût pu lui disputer sa plus sûre royauté, la royauté du ventre!

On pouvait aisément prédire que le mouvement d'avril allait recommencer, non plus au Pré-aux-Clercs, mais dans les grands faubourgs de la misère, Marceau et Popincourt. C'était là justement que les protestants, encore exclus de la ville, étaient autorisés à s'assembler.

Au faubourg Saint-Marceau, l'assemblée protestante se tenait dans un lieu qu'on nommait et qu'on nomme encore le Patriarche, à peine séparé par une petite rue de l'église Saint-Médard. Le curé était un moine de Sainte-Geneviève, puissamment soutenu d'en haut par cette riche abbaye de la Montagne. Et, il l'était d'en bas par l'abbaye de Saint-Victor (emplacement de la rue Cuvier). Abbayes, seigneuries aux revenus immenses, puissants fiefs ecclésiastiques, dont les moines seigneurs, magnifiques de costumes et d'habits (spécialement les Génovéfains), étaient les vrais rois du quartier. Le pain, la soupe, distribués à la porte de ces couvents, entretenaient les foules qui ne pouvaient ou ne voulaient rien faire, mais qui, au besoin, pouvaient faire un coup de violence, comme le saccagement de l'hôtel Longjumeau.

D'autre part, l'assemblée protestante était fort nombreuse, étant unique, et se tenant un jour à Popincourt, un jour au Patriarche. Elle comptait habituellement au moins six mille personnes, et parfois beaucoup plus. Ayant tant d'ennemis, ils n'y allaient qu'en nombre, avec femmes et enfants, mais la plupart armés, pour garder leurs familles. Cela faisait une longue défilade à travers Paris, et comme une revue. Il y avait beaucoup de gentilshommes ; la masse était mêlée ; mais tous tâchaient de se bien mettre, et voulaient se faire respecter. On voit par un journal du temps (Condé, 20 déc. 1561) qu'en une grande occasion où ils croyaient que la reine mère viendrait les voir passer, beaucoup louèrent chez les fripiers des habits honorables, et commencèrent à porter des cornettes et colliers empesés, qui, jusquelà, n'étaient portés que par les gentilshommes. On remarquait dans cette foule deux avocats, l'intrépide Rusé, qui, en avril, avait mis seul en fuite les assaillants de l'hôtel Longjumeau, et l'illustre Charles Dumoulin, premier jurisconsulte de ce temps et de tous peut-être.

Ces assemblées du reste étonnaient par l'ordre admirable, la gravité, une tenue que la France ne connaissait guère. Le péril évident augmentait la ferveur, chez les hommes sombre et redoutable, chez les femmes touchante, émue surtout, et non sans larmes chez des mères qui amenaient, exposaient leurs enfants. Rien d'excentrique du reste, ni de bizarrement fanatique (comme on vit plus tard aux Cévennes). Tout se passait en grande publicité, de jour, par-devant le soleil, les curieux et le magistrat; car l'autorité assistait, aux termes des derniers édits.

Nul prétexte à l'attaque. On s'en passa. Le 24 décembre, le curé de Saint-Médard, hors de l'heure des offices, se mit à faire sonner toutes ses cloches, de façon qu'on ne pût entendre le prêche qui se faisait tout près. Mais des hommes notables se détachèrent de l'assemblée, allèrent dire au curé qu'une si nombreuse réunion, légale, autorisée et présidée du magistrat, ne pouvait ainsi recevoir sa loi. Il cessa de sonner, ne voulant rien encore que dire : « Les huguenots nous font taire... Ils tiennent la ville en subjection. »

Le 27 décembre était une fête. On monte pour ce jour un grand coup. Les pauvres des faubourgs Saint-Marceau et Saint-Jacques, et jusqu'à Notre-Dame-des-Champs, sont avertis de venir au tocsin. Le curé s'assure de l'armée des deux grandes abbayes, frères convers, chantres, domestiques, bedeaux, sergents ou porte-croix. Seulement les deux abbés voulurent auparavant consulter les gros bonnets du Parlement, le premier président, le président Saint-André et le procureur général Bourdin. Ils promirent de fermer les yeux.

On avertit sous main les protestants qu'il y aurait un terrible mouvement du peuple, qu'ils couraient un grand risque. Ces avertisseurs charitables pensaient qu'ils n'oseraient venir; leurs assemblées, dès lors, suspendues par la peur, cessaient d'elles-mêmes; leur culte se trouvait supprimé sans combat. Ils ne reculèrent pas; ils vinrent au complet, hommes et femmes; ils étaient douze mille. Les prières faites et le psaume chanté, le ministre Mallot prit ce texte : « Venez, vous qu'on opprime. » L'autorité qui présidait était Rouge-Oreille, prévôt de la maréchaussée.

On n'avait commencé qu'à trois heures; les vêpres étaient dites, et l'église silencieuse. Rien d'apparent; on l'aurait crue déserte. Mais à peine le sermon commencé, les cloches se réveillent et se mettent en branle; elles sonnent à toute volée, en furieuses, on n'entend plus qu'elles. Deux députés sont envoyés pour demander silence. Alors une batterie imprévue se démasque. A toute ouverture du clocher, du plus haut au plus bas, des têtes apparaissent; flèches et pierres pleuvent comme grêle. Le tocsin sonne, appelle le faubourg et l'armée des deux abbayes.

Des députés, l'un parvient à entrer, et il est tué. L'autre revient à toutes jambes. Le magistrat espère être plus respecté. Il avance seul vers l'église. La pluie de pierres ne continue pas moins. Il est forcé de revenir.

Les protestants, malgré leur nombre, auraient eu fort à faire s'ils n'avaient eu quelque cavalerie. Ceux qui, venus de loin, étaient à cheval, faisaient le guet autour de l'assemblée. Ils virent bientôt de noires fourmilières des faubourgs Saint-Marceau et Saint-Jacques venir à eux, gens de toutes sortes, à qui on faisait croire que l'église était au pillage. Ils mirent leurs chevaux au galop, et, sans qu'ils en vinssent à charger, toute la foule avait disparu.

Cependant les douze mille qui étaient devant Saint-Médard avaient leur homme dans l'église qu'on ne leur rendait pas et dont ils ignoraient le sort. Ils entreprirent de le reprendre, et enfoncèrent les portes. Cela ne se fit pas assez vite pour qu'ils ne reçussent d'en haut une effroyable grêle dont plusieurs furent blessés. Ils entrent pourtant, et ils trouvent leur homme à terre ; ce n'est plus qu'un cadavre. L'église pleine de gens armés. Les reliques avaient été retirées et cachées la veille ; les images restaient, les statues, crucifix ; les protestants les mettent en pièces. Je ne crois nullement, comme ils le disent, que les catholiques eux-mêmes les aient brisés pour s'en armer ; dans une chose si bien préparée, ils s'étaient pourvus d'autres armes.

Le nombre des blessés protestants est inconnu ; mais il y en eut trente ou quarante parmi les catholiques. Le curé et ses gens se réfugièrent dans le clocher, laissant leurs paroissiens devenir ce qu'ils pourraient. « Pauvres idiots populaires, dit le récit protestant, qu'on tâcha de sauver, bien qu'il n'y eût pas une vieille qui n'eût fait son devoir, au défaut d'autres armes, d'amasser et jeter des pierres. »

Pour prendre le clocher et faire taire le tocsin, on fit mine de vouloir mettre le feu au pied. Ils descendirent alors, et le prévôt les fit lier. Le difficile était d'emmener ces prisonniers, et aussi de pourvoir à la sûreté des protestants qui se retiraient à travers un quartier hostile. Le guet et les cavaliers protestants en vinrent à bout. Ceux-ci à la première tentative de sortie violente qu'on fit de certaines maisons pour déranger la file, rembarrèrent si durement les assaillants qu'ils n'y revinrent pas ; la route fut paisible jusqu'au Châtelet, où le prévôt mit les prisonniers.

Première et notable victoire de la liberté religieuse (27 déc. 1561).

Le lendemain dimanche, elle fut constatée. Au matin, l'assemblée se fit, moins populaire, mais tout armée, et en mesure de résistance. Nul désordre pourtant, pas un geste, pas un mot d'outrage, le calme de la force.

Le soir, quand pas une âme n'était au Patriarche, on vint bravement en faire le siège ; on cassa, brûla tout, la chaire fut mise en pièces. Tout eût été détruit, sans douze cavaliers protestants, accourus au galop, qui fondirent et dispersèrent tout, sauf cinq ou six vauriens qu'ils saisirent, sans les maltraiter, et livrèrent aux gens de justice.

La rage fut profonde, on peut le croire. On fit cent récits sur les blasphèmes et sacrilèges, sur les injures des huguenots *au Dieu de pâte.* On assura que, le lendemain, des hommes (étaient-ce des huguenots? ou des gens apostés?) revinrent à Saint-Médard et brisèrent tout ce qui restait. Mais on n'eût pas produit assez d'effet, si l'on n'eût forgé un martyr; on supposa « qu'un pauvre boulanger, chargé de douze enfants, avait pris dans ses bras le saint ciboire où était le précieux corps de Notre-Seigneur, et qu'en voulant le protéger il avait reçu le coup mortel ». Ces histoires, vraies ou fausses, exaspérèrent tellement les pauvres esprits faibles, qu'au pont Notre-Dame une femme, voyant passer le lieutenant civil, avec ses gens, tomba sur lui des ongles; elle fut prise, menée au Châtelet. Là-dessus, nouveaux cris, lamentations, larmes, sanglots sur l'esclavage de Paris, pire cent fois que la captivité de Babylone.

Le premier président avait fait le malade, pour ne pas faire agir la police du Parlement, pensant donner aux catholiques le temps de faire leur coup. Eux battus, on s'éveille; le président n'est plus malade; le Parlement condamne à mort deux chefs d'archers, suspects d'avoir favorisé les protestants. Exécutés à l'instant même; les enfants, le prétendu peuple arrache et traîne leurs cadavres.

Tout cela vu, approuvé, goûté du connétable, qui vient siéger au Parlement, jure de donner sa vie pour la religion catholique. On se prépare à faire à

Saint-Médard une grande fête d'expiation, de ces fêtes sinistres qui toujours s'arrosaient de sang.

Cependant L'Hospital avait imaginé d'opposer tous les parlements au parlement de Paris. Il avait réuni à Saint-Germain leurs députés, choisis par lui dans les plus modérés, et avait, avec leur concours, fait un nouvel édit (17 janvier 1562) qui, d'une part, rendait aux catholiques les églises envahies par les protestants, d'autre part assurait à ceux-ci le droit, déjà reconnu, de s'assembler hors des villes.

Édit durement repoussé par le parlement de Paris. Mais ceux de Rouen, de Bordeaux, de Grenoble, de Toulouse, de Rennes, d'Aix même (mais après un combat), enregistrent successivement.

Dijon seul et Paris résistent.

Condé, cependant, avec l'aide du gouverneur de l'Ile-de-France, Montmorency l'aîné (opposé à son père), avec l'aide des Châtillon, quelques centaines de vieux soldats, de gentilshommes et d'écoliers, tenait le haut du pavé dans Paris. Les écoliers surtout, dans un esprit nouveau, tout contraire aux vieilles écoles, menaçaient fort le Parlement.

L'ambassadeur d'Espagne, au nom des libertés publiques, demanda que Coligny quittât Paris, qu'on respectât la désobéissance d'un parlement que les parlements même avaient abandonné. Ce corps, si bien soutenu de l'étranger, allait céder. Il céda le 6 mars.

Mais auparavant un grand acte, sanglant et décisif, avait lancé la guerre civile.

Guise, que nous avons longtemps perdu de vue, dès octobre, avait cru à la victoire des protestants, si l'on ne recourait aux plus extrêmes moyens.

Le premier, fort bizarre, fut une tentative d'enlever le jeune frère de Charles IX, le petit Henri, depuis Henri III. Son gouverneur était gagné, et il avait gagné l'enfant, qui toutefois le soir dit tout naïvement à sa mère.

La ruse ayant manqué, il fallait un autre moyen, de force et de violence, un coup sanglant. Seulement, si on le frappait par devant, n'aurait-on par derrière un coup vengeur de l'Allemagne? C'est ce qu'on voulut éviter.

CHAPITRE XIV

Intrigue des Guises en Allemagne. (1562.)

Sur un superbe livre d'Heures, manuscrit du quatorzième siècle, qui fut le livre usuel de Pie VII à Fontainebleau, parmi des miniatures délicieuses de fleurs et de jeux d'enfants, imagerie sensuelle, mais adorablement naïve, je trouvai sur un feuillet une chose qui me fit reculer, comme eût fait une tache de sang. C'était ce mot ajouté, d'une grande, belle et forte écriture du seizième siècle : *Parvenir ou mourir*. Puis le funèbre millésime de la Saint-Barthélemy : 1572.

Quelle main écrivit cette note sur ce livre royal, qui n'a appartenu qu'à des rois, des princes ou des papes? Je n'en sais rien. Mais je sais bien que dans la sinistre effigie de François de Guise, dont j'ai parlé, j'ai cru lire les mêmes mots, en terribles caractères, datés de 1562 ou du massacre de Vassy.

Parvenir, par le meurtre. Au meurtre parvenir par l'abaissement du caractère, par la bassesse du mensonge et les hontes de l'hypocrisie.

Fut-il mené là par son frère, son mauvais ange et son démon, le lâche cardinal de Lorraine? ou s'y précipita-t-il par la furieuse violence de sa nature, par le besoin absolu et désespéré qu'il avait de réussir? L'une et l'autre explication sont vraisemblables également. La fortune lui avait joué un tour qu'elle fait à peu d'hommes : elle l'avait lancé d'abord d'une manière inouïe, puis arrêté court, heurté sur un obstacle invincible. Il s'y acharna, s'y brisa, y jeta son âme, son salut de chrétien, que dis-je? son honneur de gentilhomme et tout le soin de sa mémoire.

Le hasard nous a conservé l'acte irrécusable sur lequel sa mémoire est jugée.

Acte écrit au moment même, et d'un homme tenu pour hautement estimable et véridique par tous les partis du temps, d'un prince protestant, dont les catholiques même font un éloge illimité, Christophe, duc de Wurtemberg. Fils du malheur et de l'exil, longtemps otage en Espagne, longtemps au service de France, Christophe *le Pacifique* ne succéda à son père, le violent Ulrich, que pour en différer en tout. Non seulement il eut grande part aux transactions qui consacrèrent les libertés religieuses dans l'empire, mais il travailla à donner au Wurtemberg un bien non moins précieux, l'accord et l'unité des lois. L'égalité des poids et mesures, l'aménagement des forêts, la protection du commerce, signalèrent sa prévoyance paternelle. Il avait l'autorité la plus haute, et son désintéressement connu augmentait encore son autorité. Quoiqu'il eût un fils, il décida son oncle à se marier, et lui donna ce qu'il avait dans la Comté et dans l'Alsace.

Sa mère était Bavaroise, sa femme du Brandebourg ; ses filles épousèrent les landgraves de Hesse-Cassel et Hesse-Darmstadt. Il était fort apparenté au Nord, au Midi, sur le Rhin. Par ses alliances il était l'un des premiers princes de l'Allemagne, par son caractère le premier.

L'opinion qu'en avait la France est assez constatée par un acte. Après la mort du roi de Navarre et du duc de Guise, Catherine de Médicis offrit la lieutenance du royaume à Christophe, qui refusa (25 mars 1563).

L'offre était-elle sérieuse? Ce qui est sûr, c'est qu'elle voulait faire cet hommage à l'Allemagne dans son plus honorable prince, se concilier la grande nation militaire d'où venaient nos meilleurs soldats.

Et c'est pour la même cause qu'en février 1561, lorsque tout semblait devoir les retenir en France, en plein hiver, les Guises firent le voyage, très long alors et pénible, du Rhin. Ils le firent en corps de famille, quatre frères, le duc, le cardinal de Lorraine, le cardinal de Guise et le duc d'Aumale.

Quel était leur but? Touchant, noble, chrétien : de travailler à leur salut.

Le rendez-vous était à Saverne. Les Guises s'y arrêtèrent et prièrent Christophe de venir, ayant le plus grand désir *de s'entretenir amicalement avec lui et avec ses théologiens.*

Dès le lendemain de l'arrivée, au matin, le cardinal prêcha devant les Allemands, un sermon du luthéranisme le plus pur, puis conféra avec les théologiens. Après midi, bonnement, Guise alla voir Christophe et causa de choses diverses; puis lui dit, par occasion, que, n'étant qu'un homme de guerre, il ne s'était guère enquis jusqu'ici de religion, qu'il était fort ignorant, mais qu'il aimerait à s'instruire et à assurer sa conscience. « J'ai été élevé dans la foi de mes pères. Est-elle vraie?... Si elle était fausse, j'en serais fâché... »

L'Allemand était un esprit trop sérieux pour ne pas voir où tendait cette grande affectation de simplicité.

Dans sa réponse, il cacha peu ses motifs de défiance : « Comment se fait-il qu'à Poissy on ait fait porter la discussion sur un seul point, la sainte Cène? » Cependant il ajouta que, si Guise voulait s'instruire, les livres qu'il lui avait envoyés l'éclaireraient; qu'au surplus, s'il avait quelque question à faire, *il y répondrait volontiers.*

C'est ce mot que Guise attendait : « Les ministres à Poissy nous appelaient *idolâtres.* Mais qu'est-ce qu'*idolâtrie* ?

« C'est adorer d'autres dieux que le vrai Dieu, de chercher d'autre salut que son Fils.

« Alors je ne suis pas idolâtre, dit Guise. Je n'ai de Dieu que Dieu, et je sais que je ne puis être sauvé que par son Fils, non par mes propres mérites. »

Ici, le sage Allemand, trop sensiblement flatté, perdit la sagesse, et crédulement : « J'entends cela avec joie... Puissiez-vous persévérer! »

Sur la messe, le rusé disciple ne manqua pas également d'être d'accord avec le maître. Christophe, entraîné par la douceur de dogmatiser, fit cependant un effort pour se tenir sur la pente d'une séduction qu'il sentait, tout en y cédant. Il reprit, avec un peu de cette rudesse apparente qui couvre souvent la douceur intérieure de l'Allemand : « On dit pourtant que c'est vous et votre frère le cardinal qui, sous le dernier roi et après, avez fait périr nombre de personnes qui sont mortes pour leur foi ? »

Alors, avec de grands soupirs : « On nous accuse de cela et de bien d'autres choses, dit Guise, mais on nous fait tort. Avant le départ, nous vous expliquerons tout cela. »

Le bon Allemand continua ses explications de dogme, et entendit avec bonheur Guise, vaincu par son éloquence, s'écrier : « S'il en est ainsi, c'en est fait, je suis luthérien. »

Le cardinal de Lorraine, dont l'élément propre et naturel était le mensonge, vint à bout bien plus aisément de se démêler des ministres. Il leur disait hardiment que, dans ses Trois Évêchés, *il ne souffrait plus de messe,* à moins qu'il n'y eût des communiants; qu'il allait bientôt abolir le canon de la messe; qu'il fallait, non adorer, mais *vénérer* Jésus dans l'Eucharistie ; qu'après tout *il suffisait de lui faire la révérence,* etc., etc. Les Allemands étaient stupéfaits.

Mais ce qui était bien doux et consolant pour Christophe, c'était de voir les progrès du néophyte François. Il luttait bien encore un peu, avait quelque scrupule; ses agitations parfois l'empêchaient de dormir la nuit. Mais sa conversion était sûre, et n'en était que plus touchante.

La chose fut menée vivement, comme le siège de Calais. Du 15 au 18 février, tout était fini. Les deux partis étaient d'accord. L'éloquence, l'aplomb, l'audace du cardinal de Lorraine avaient tout simplifié. Le théologien Brentz crut l'embarrasser en lui disant que l'Écriture ne parle pas des cardinaux : « Eh! qu'importe cela? dit-il. Si je n'ai une robe rouge, j'en porterai une noire, et bien volontiers. »

Mais le point où il insista le plus avant de partir, ce fut le reproche d'avoir fait mourir des protestants. Il fut indigné qu'on en eût l'idée; il nia, repoussa la chose avec des serments épouvantables : « Au nom de Dieu, mon Créateur, et sur le salut de mon âme, je n'ai pas fait mourir un seul homme pour cause de religion. Loin de là, quand il s'agissait au Conseil de tels accusés, je m'excusais, je m'en allais, je les laissais au bras séculier. »

Guise fit le même serment. Les Allemands en auraient pleuré de joie : « Je suis ravi, dit Christophe, de vous entendre ainsi parler. Si vous voulez, j'en ferai part à tous mes amis d'Allemagne... Mais, je vous en prie encore, ne persécutez pas ces pauvres chrétiens. »

Les Guises lui donnèrent la main, ils lui jurèrent, foi de princes et sur leur salut, de ne faire le moindre mal aux réformés publiquement ni secrètement. De plus, ils lui proposèrent de ménager une conférence des deux partis en Allemagne, qui, mieux que le Concile de Trente, pourrait assurer la paix. L'Empereur s'y serait prêté pour balancer l'influence de ce concile tout espagnol.

En gagnant du temps ainsi, on était sûr que Christophe, par lui et ses gendres, les landgraves, empêcherait quelque temps tout mouvement militaire et s'opposerait à l'embauchage que nos protestants menacés essayeraient de faire sur le Rhin.

Cette très longue comédie, ce mensonge pendant trois grands jours, ces faux serments prodigués, avaient aigri, fatigué Guise. Il revint fort sombre à Joinville, séjour de sa vieille mère et de sa famille. Et il n'y trouva que de mauvaises nouvelles : Condé maître de Paris, le parlement de Paris ébranlé et presque forcé à subir l'édit de tolérance que tous les autres parlements enregistraient. Peut-être même il trouva l'ordre précis de l'Espagne pour tirer l'épée.

L'excessive pénurie de Philippe II aurait dû le retenir. Mais l'état des Pays-Bas le poussait à la guerre. En attendant qu'il y pût mettre l'inquisition espagnole, il avait entrepris d'y faire dix-sept évêques, gens à lui, qui balanceraient l'influence des grands. Ceux-ci s'appuyaient sur un élément populaire, sur le flot montant du protestantisme. Ils avaient envoyé en France consulter sur la légalité du projet le premier jurisconsulte de l'Europe, Charles Dumoulin, que nous avons vu dans cette grande revue des protestants à Popincourt. En tout sens, la résistance des Pays-Bas s'appuyait sur la France. C'était en France d'abord que Philippe II voulait combattre ses sujets.

Voilà comme politiquement on explique sa conduite. Et lui-même sans doute se croyait un grand politique. En réalité, il était poussé par derrière, instrument fatal du parti qui partout se sentait périr, qui déjà avait donné sa démission de la polémique et ne comptait que sur la force. Un de ses plus dignes soutiens interdit la discussion, « qui, dit-il, nous réussit mal ».

Restaient les souterrains d'Ignace : l'administration habile de l'aumône, des confréries et des écoles, la captation du peuple.

Restaient la violence, la police de l'Inquisition, enfin restait l'épée des Guises.

CHAPITRE XV

Massacre de Vassy. (1562.)

Nous avons indiqué, mais non expliqué l'outrage personnel que Guise croyait avoir reçu des gens de Vassy.

Entre les Guises et Vassy la guerre datait de fort loin. Cette petite ville champenoise était tout près de Joinville, érigée pour leur père en principauté, quand il épousa Antoinette de Bourbon. Vassy, qui était un siège royal, perdit à cette occasion une trentaine de villages qui étaient de son ressort et qui formèrent celui de Joinville. Enfin les Guises tout-puissants obtinrent la ville elle-même en usufruit, comme douaire de leur nièce Marie Stuart, quand elle épousa le Dauphin. D'autre part, Vassy, étant du diocèse de Châlons, relevait ecclésiastiquement de l'archevêque de Reims et du cardinal de Lorraine.

Sous cette double sujétion, temporelle et spirituelle, les habitants n'en restèrent pas moins fort indépendants, étant la plupart des marchands ou des hommes de petits métiers, participant à l'esprit industriel et démocratique de leur voisine, la grande ville de Troyes. Le 12 octobre, après le colloque de Poissy, les ministres de Troyes entreprirent de créer une église à Vassy et y envoyèrent l'un d'eux. Les principaux de Vassy l'avertirent qu'il était sur terre des Guises, qu'il y avait grand péril. Le ministre n'en agit pas moins, commençant sa petite église dans la maison d'un drapier; il s'y trouva cent vingt personnes, et le lendemain six cents (dans une ville de trois mille âmes). Il fallut prêcher en plein air, dans la cour de l'Hôtel-Dieu. Guise, averti par les moines de Vassy, envoya en novembre quelques soldats pour aider le prévôt de la ville à étouffer la petite église, et ne réussit à rien. D'autre part, le cardinal archevêque de Reims envoya (17 décembre) l'évêque de Châlons, avec un moine ergoteur, fort célèbre, armé jusqu'aux dents des armes de la scolastique. L'évêque appela les notables, et leur dit d'inviter le peuple à venir le lendemain entendre son moine. A quoi ils répondirent doucement, mais fermement, « que pour rien au monde ils ne voudraient entendre prêcher un faux prophète ». Ils le décidèrent à venir plutôt écouter leur ministre.

Tout le peuple catholique y vint le lendemain avec l'évêque, le prévôt, le procureur du roi, le prieur du couvent. Là, le ministre étant en chaire, l'évêque voulut parler le premier. Le ministre, rappelant son droit qu'il tenait de l'édit royal, dit qu'on pouvait écouter le prélat comme homme, non comme évêque, et qu'il ne l'était pas : « Pourquoi ? — Vous ne prêchez pas ; vous ne nourrissez pas votre troupeau de la parole de Dieu. Votre élection n'a pas été confirmée par le peuple. » Le prélat répondant par des risées, le ministre ajouta : « J'ai souvent exposé ma vie pour le nom du Seigneur Jésus, et je me sens encore prêt de la quitter à toute heure. Je scellerai de mon sang la doctrine que je donne à ce pauvre peuple dont vous n'êtes point pasteur. » L'évêque voulait dresser procès-verbal ; mais le prévôt était déjà parti, dans la crainte qu'il avait du peuple. L'évêque aussi partit, au milieu des cris populaires : « Au loup ! au renard ! » — et d'autres : « A l'âne ! à l'école ! hors d'ici ! »

Cette scène, révolutionnaire plus qu'évangélique, aigrit les choses. L'évêque alla à Joinville, mortifié de sa déconvenue, et il y fut accueilli par les brocards du duc d'Aumale. La vieille mère des Guises, Antoinette, fut exaspérée ; Guise dit qu'il saccagerait tout. On fit un procès-verbal qu'on envoya à la cour sans en tirer autre réponse sinon que toute voie de fait était défendue par le roi. Le 25 décembre, malgré les avis qui venaient à Vassy, trois mille âmes de la ville et des environs y confessèrent leur foi ; neuf cents prirent part à la Cène.

Tout enragés qu'ils fussent, les Guises prirent patience, jusqu'à ce qu'ils fussent rassurés du côté du Rhin. Mais, au retour, ils se lâchèrent ; ils n'attendirent pas même qu'ils arrivassent chez eux. Dès Saint-Nicolas (en Lorraine), ils firent étrangler en passant, à un poteau de la halle, un épinglier qui avait fait baptiser son enfant à la mode de Genève. Soixante fermiers des terres du cardinal fuirent, comme devant un ouragan. Guise, arrivé à Joinville, instruit des affaires de Vassy, « commença à marmonner et à se mordre la barbe ». Il envoya ses archers, avec soixante hommes d'armes, l'attendre à Vassy.

Cet homme si calculé eût pourtant ajourné le coup si la situation générale ne l'eût elle-même poussé à donner cours à sa vengeance. Il fallait relever Paris, qui, depuis près de cinq mois, n'entendait plus parler des Guises, les accusait, les croyait morts. Il voulait se montrer en vie, fort et terrible, s'éveiller par un furieux coup de tonnerre qui troublât ses ennemis.

Toutefois, dans l'audace même, il gardait un esprit de ruse. Il emmenait un équipage à la fois de guerre et de paix : d'une part, ses domestiques armés et deux cents arquebusiers pour joindre à ceux qui déjà étaient à Vassy ; d'autre part, un prêtre, son frère, le cardinal de Guise, sa femme enceinte, et son fils Henri, un enfant. De cette façon, il pouvait dire : « La chose a été fortuite ; autrement, y aurais-je mené ma femme ? » En réalité, il ne la mena point ; elle n'eut point le spectacle de l'exécution, ayant attendu son mari dans la campagne, hors des murs de la ville.

Peut-être aussi supposa-t-il que, devant cette force, les gens de Vassy craindraient de s'assembler, et que le prévôt prendrait et lui livrerait quelques hommes à étrangler, comme on avait fait à Saint-Nicolas. Mais la petite communauté, le 1er mars, jour de dimanche, se serait fait scrupule de ne point aller au prêche. Guise prit cette heure pour arriver. Sur la route, entendant la cloche, il feignit de ne savoir ce que c'était, et le demanda. On lui dit que les huguenots sonnaient pour leur assemblée : « Marchons, dit-il, allons les voir. » Ses gens se réjouirent fort, disant : « Ils vont être bien huguenotés. » Les laquais ne se tenaient d'aise, comptant bien sur le pillage; la petite ville marchande n'était pas à dédaigner.

Il y avait un nouveau ministre, récemment envoyé de Genève. L'assemblée était de douze cents personnes; à juger par les noms qui restent, la plupart étaient gens de commerce; il y avait cinq ou six drapiers, un boucher, un crieur de vin, un huissier, un maître d'école; le plus notable était le procureur syndic des habitants de Vassy.

A l'entrée, la troupe vit un jeune cordonnier, qui sortait de chez lui, proprement vêtu de noir. On l'entoure : « Es-tu ministre? où as-tu étudié? — Nulle part; je ne suis pas ministre. » Alors on le laissa aller.

Le duc descendit chez les moines, y dîna, se promena sous la halle, avec leur prieur et le prévôt. On le regardait de loin; il semblait fort agité. Enfin, il fit dire aux catholiques qui étaient à la messe du couvent de ne pas sortir de l'église. Il ordonna aux siens de marcher vers une grange où le prêche se faisait. Et lui-même les suivit.

A vingt-cinq pas, on tira aux fenêtres de la grange deux coups d'arquebuse. Ceux qui étaient près de la porte la voulurent fermer, ne purent. Tous entrèrent, l'épée tirée, en criant : « Tue ! tue !... A mort ! »

Trois hommes furent tués tout d'abord, avant l'arrivée de Guise.

Les catholiques soutiennent que les protestants jetèrent des pierres. Guise présent, la tuerie continua à coups d'épée, de coutelas, de poignard. On tira, à coups d'arquebuse, ceux qui étaient de côté sur les échafauds. Quelques-uns percèrent le toit, échappèrent et sautèrent même dans les fossés de la ville. Plusieurs restèrent sur le toit; le duc criait : « A bas, canailles ! » Un seul de ses domestiques se vantait d'avoir à lui seul abattu six de ces pigeons.

La duchesse, qui attendait hors des portes, entendit pourtant ces horribles cris; elle fit dire à son mari : « Sauvez du moins les femmes grosses. » Et dès ce moment, en effet, les femmes ne furent plus tuées.

Le ministre Morel, qui d'abord était resté dans sa chaire, échappait dans le tumulte, et il était près de la porte, quand il heurta un cadavre, tomba, fut pris, reconnu, fort blessé et mené à Guise. Le duc lui demandant comment il avait séduit ce peuple, il eut la force encore de dire : « Monsieur, je ne suis pas séditieux, mais j'ai prêché l'Évangile. » Guise lui tourna le dos, et le laissa aux laquais, qui s'en firent un horrible jeu. Les dévotes de la ville vinrent par-dessus pour le tuer, disant : « Il est cause de tout. » Ce ne fut pas sans peine qu'on l'arracha de leurs ongles, pour pouvoir lui faire son procès.

Le jeune cardinal de Guise était resté appuyé contre le mur du cimetière, et regardait le massacre. Le duc lui donna le livre qu'on avait trouvé dans la chaire. Le cardinal regarda et dit : « C'est la Sainte-Écriture. »

Cinquante à soixante cadavres furent ramassés, enterrés. Les blessés étaient innombrables.

L'événement se répandit avec une rapidité inouïe, et saisit tout le monde d'horreur. Partout on en fit des gravures, infiniment populaires, d'un caractère fort et terrible qui, sur-le-champ, furent calquées, imitées par les Allemands. Un genre nouveau commença, l'*illustration* des légendes historiques, pamphlets en dessin, plus puissants que tous les pamphlets écrits.

Guise, dès l'heure même, se sentit solitaire. Sa femme même et son frère ne l'approuvaient pas. Il regarda autour de lui, et rien dans sa situation ne lui parut plus utile que d'aller d'abord chez lui à Nanteuil, d'y inviter le vieux connétable, d'opposer son nom respecté à l'explosion de la haine publique, et d'écrire et faire écrire le cardinal de Lorraine à son ami redouté, le duc de Wurtemberg, qui pourrait plaider sa cause auprès des Allemands, et peut-être parviendrait à les empêcher de venir secourir leurs frères en danger.

Mais Montmorency viendrait-il dans cette maison, dès ce jour à jamais sanglante ? Il vint. Guise était sauvé. A la reine qui le priait de venir à Saint-Germain, il répondit cyniquement qu'il *faisait une fête* à Nanteuil pour traiter quelques amis.

Le connétable, avec un monde immense de gentilshommes armés, conduisit Guise à Paris. Condé y tenait encore, mais fort peu accompagné. Le frère du prince de Condé, le cardinal de Bourbon, un idiot qui avait le titre de lieutenant général du roi, tira parole de l'un et de l'autre qu'ils sortiraient de Paris. Condé partit, mais non Guise. Son avocat, le connétable, le mena au Parlement, et dit que ce n'était leur faute, mais que le bon peuple de la ville les obligeait de rester.

Guise avait la tête très basse. En arrivant dans la ville, il avait trouvé un froid glacial. Au coin de certaines rues, des hommes hors d'eux-mêmes, sans s'inquiéter de cette armée qu'il menait avec lui, disaient *qu'ils voudraient être morts et leur dague dans son ventre.* Au parlement, deux magistrats, Harlay et Séguier, avaient laissé leur place vide, fui l'aspect de l'homme de sang.

Il dit assez piteusement « qu'il n'avait rien fait à Vassy que pour sauver son honneur, ses enfants et sa femme grosse, qu'il voyait bien qu'on le tuerait, qu'on avait envoyé à Paris contre lui trente assassins, qu'il priait qu'on en informât. Il n'avait jamais abusé de la force qu'il avait. Et maintenant il n'en a plus; il l'a toute remise au roi, dans les mains de son connétable. Il ne demande qu'à passer par la justice; il se constituera prisonnier, si on l'ordonne. S'il a failli, qu'il soit puni, ainsi qu'il l'aura mérité. »

Humbles paroles d'hypocrisie choquante, quand on voyait les forces dont il tenait la ville et entourait le parlement, quand on voyait près de lui le connétable et le roi de Navarre, enfin le roi d'Espagne. Je veux dire Chantonnay, le frère du cardinal Granvelle, l'ambassadeur de Philippe II, qui, jetant tous les masques et tout respect de convenance, planta seul à Monceaux le petit Charles IX pour suivre dans Paris ce roi du meurtre et de la guerre civile.

Dès ce jour, en revanche, les protestants, prenant la couleur blanche, alors nationale, Guise et les siens, sans pudeur, adoptèrent celle de Philippe II, le rouge, la couleur de l'Espagne et du massacre de Vassy.

CHAPITRE XVI

Première guerre de religion. (1562-1563.)

Je n'ai pas le courage de parler des lois, de la réformation des lois, vaines et risibles feuilles de papier, au milieu de la scène épouvantable de violences qui s'ouvre ici. Non que je méconnaisse l'utilité future de cet idéal d'ordre que L'Hospital s'amusait à tracer. En lisant sa grande ordonnance d'Orléans, on se croit aux jours de 89. Amère dérision! Ni les hommes ni les circonstances n'étaient prêts de longtemps. Une longue série de fureurs, de carnages, de réactions, allait tenir la France à l'état barbare jusqu'à Richelieu et Louis XIV. Les donjons et les cachots souterrains, abolis en 1561, subsistent en 1661. Les Mémoires de Fléchier nous parlent d'hommes enterrés vifs par tel seigneur pendant qu'on brûlait vif Morin au parvis Notre-Dame (1664). Dans l'ordre spirituel et temporel, tout restera barbare, presque toute réforme inutile. L'histoire doit, pour être fidèle, marcher dans le mépris des lois.

Cette ordonnance d'Orléans accorde tout ce qu'avaient demandé les États, c'est-à-dire surtout les notables bourgeois. La royauté abdique au profit des influences locales. Elle leur remet les élections, l'administration des deniers des villes, etc.

Quelles sont maintenant ces influences locales ? De quel esprit, de quel parti ? On ne le sait, la royauté ne le sait elle-même. Ici, la chose doit tourner à l'avantage des protestants ; là et presque partout, elle fortifie les catholiques, déjà infiniment plus forts. De sorte que le législateur fait juste le contraire de ce qu'il veut ; il favorise l'inconnu, le hasard, disons plutôt la guerre civile. Le gouvernement était faible, désarmé (ayant réduit les pensions, licencié la garde écossaise, etc.), mais il se fait plus faible encore, en consacrant partout l'autorité locale, urbaine. Aux flots de la mer soulevée, aux éléments furieux, au chaos, il dit : « Soyez rois ! »

Loin d'aider aux rapprochements, l'ordonnance transcrit comme lois tels vœux insensés que chaque ordre avait exprimés aux États pour tenir séparés les rangs, les conditions : Défense aux nobles de descendre aux bourgeois en dérogeant par le commerce, défense aux bourgeois de monter, par l'orgueil des habits, dorures et autres luxes, etc.

Vainqueurs avant la guerre, et du droit du massacre, les Guises prennent l'autorité en s'emparant du roi. Leur mannequin, le roi de Navarre, va prendre à

Fontainebleau l'enfant Charles et sa mère, Catherine, qui venait d'autoriser les protestants à prendre les armes. Cette reine, aux petites habiletés, tant exagérée par l'histoire, fut alors et sera le jouet des événements. Le 6 avril le roi est à Paris, et le 12 les catholiques font un nouveau massacre à Sens, ville archiépiscopale du jeune cardinal de Guise. Cent morts à Sens; il n'y en avait eu que soixante à Vassy.

Pendant ce temps les protestants sondaient leur conscience et cherchaient dans la Bible des versets pour la résistance.

Ils étaient fanatiques, mais point assez pour résister. Ils n'avaient point encore la furieuse folie des Cévennes, ni l'illuminisme écossais. Ils n'avaient pas tout prêts des prophètes et des prophétesses, des Élic Marion, des Débora, qui n'eussent qu'à branler la tête pour voir l'épée de flamme, entendre les trompettes des anges et sonner les combats de Dieu. Les protestants d'alors étaient d'ardents chrétiens, convaincus, mais raisonnant encore; chose fâcheuse pour la guerre civile.

On assure que Condé attendit Coligny, et que Coligny attendit sa conscience, que ce grand citoyen, entrant en considération des maux épouvantables qui allaient arriver, eut quelques jours d'une profonde mort morale.

Il savait parfaitement que les protestants étaient une petite minorité, une élite, non toute à l'épreuve, qu'au bout de quelques mois de guerre la plupart (ce qui arriva) ne se trouveraient plus protestants.

Il savait que Condé, un mois avant, ayant demandé aux protestants de Paris dix mille écus, n'en avait eu que seize cents. Condé était si faible à Paris, dit Lanoue, « qu'il eût suffi des chambrières des prêtres pour l'en chasser avec des bâtons ».

Le pis, c'est que ce parti faible n'était point homogène, mais composé de deux moitiés, en désaccord profond, le pur élément protestant, âpre d'esprit, inflexible de foi et de principes, et d'excessive austérité, et les protestants de hasard, de circonstance, de mécontentement (comme étaient la plupart des nobles). Coligny les savait, dit un contemporain, « brouillons, remuants, frétillants », de plus variables, crédules, prêts à tourner au vent de la passion.

Voilà le parti qu'il fallait mener, commander, sauver malgré lui, et cela, quand il avait en tête les trois quarts de la France et la monarchie espagnole, l'étranger appelé par les prêtres depuis un an, et mis au cœur de la patrie !

Les femmes ont, dans les guerres civiles, de grandes initiatives. Elles croient volontiers l'impossible ; elles le font parfois, par la grandeur du cœur, ou elles l'inspirent et le font faire. La reine Jeanne d'Albret, la princesse de Condé, Jeanne de Laval, femme de Coligny, furent vraiment l'avant-garde de la croisade protestante.

L'amiral, dit-on, plein de doute et de pressentiments, était au lit taciturne et faisait semblant de dormir, quand il entendit des sanglots. Jeanne pleurait sur l'Église abandonnée par son mari, sur tant de frères délaissés sans défense. « Être tant sage pour les hommes, dit-elle, ce n'est pas être sage à Dieu. »

Je crois que l'amiral, qui ne disait sa pensée à personne, ne tardait à armer que pour armer d'ensemble. Qu'on songe ce que c'était que de mettre en mouvement ce monde immense de volontaires d'un bout de la France à l'autre, chacun se cherchant de l'argent, préparant son cheval, ses armes, retenu bien souvent par le défaut de ressources, par les adieux de la famille.

Le sage capitaine, heureux de voir cette âme sainte et dans une si haute voie, lui dit avec bonté : « Mettez la main sur votre sein, madame, sondez votre conscience... Est-elle bien en état de digérer les déroutes, les hontes, les reproches du peuple, qui juge par le succès, les trahisons, les fuites, la nudité, la faim, la faim de vos enfants, la mort par un bourreau, votre mari traîné... Je vous donne trois semaines encore. » — Mais elle dit impétueusement : « Ne mets pas sur ta tête les morts de trois semaines ! »

Il suffit d'avoir vu le vrai portrait de Coligny pour voir que, sous le roc, il y eut un cœur en cet homme. Ce mot de femme lui entra ; il le crut de la part de Dieu, et, sans plus s'informer du nombre ni savoir si l'on était prêt, le matin, il monta à cheval avec ses frères et sa maison.

Le premier malheur du protestantisme, république spirituelle, avait été de prendre un roi pour chef, le triste roi de Navarre ; le second, qui perdit l'entreprise d'Amboise, fut d'avoir un prince pour chef, l'étourdi prince de Condé. Ce fut sous un sinistre auspice que ces deux hommes en qui étaient deux mondes, Coligny et Condé, reçurent ensemble la sainte Cène (29 mars). Le lendemain, ils étaient en parfait désaccord; Condé, tous les chefs nobles, voulaient le secours étranger; Coligny et les ministres disaient que c'était tenter Dieu, qu'il fallait laisser cette honte au parti ennemi.

Datons bien cette chose. Et que l'histoire sorte donc de la fausse et injuste impartialité où elle s'est tenue jusqu'ici.

Les Guises, dès la fin de 1559, firent écrire Catherine au roi d'Espagne, et sollicitèrent son appui pour leur gouvernement.

En février 1560, ils tirèrent de Philippe la foudroyante lettre qui achevait leur victoire d'Amboise et mettait à leurs pieds le roi de Navarre.

En mai 1561, le clergé, à qui on demandait de déclarer ses biens, sollicita l'appui du roi d'Espagne.

En mars 1562, après Vassy, Guise apparut au Parlement, couvert de la protection de l'ambassadeur espagnol, et prit bientôt l'écharpe rouge.

Il la porte devant l'histoire, et son parti, comme en 1815, *est le parti de l'étranger*.

On va voir, au contraire, combien tardivement, et sous quelle pression épouvantable de la nécessité, le parti protestant accepta cette honte et ce malheur.

Condé et sa noblesse prirent Orléans, à force de vitesse, au grand galop, au milieu des cris de joie et des risées; on eût dit *tous les fous de France*. Contraste saisissant avec Coligny et la troupe noire des ministres qui y vinrent après.

Il semblait qu'une immense traînée de poudre éclatât sur tout le royaume. Comment s'en étonner? On apprenait massacre sur massacre. Celui de Vassy ébranla, et celui de Sens décida. Tout homme connu pour protestant crut prudent, pour sa vie et pour la vie de sa famille, de s'armer et d'affronter tout. La Loire d'abord éclate, Tours, Blois, Angers; puis la Normandie et les côtes, Rouen, Dieppe, Caen, Poitiers, la Saintonge. La moitié du Languedoc, nombre de villes de Guyenne et Gascogne, dès l'hiver, étaient protestantes. La Provence resta catholique; mais le Dauphiné éclata et pendit le lieutenant de Guise. La grande Lyon (30 avril) se trouva elle-même entraînée, avec Châlons, Mâcon, Autun.

Écharpe immense, qui contournait la France par l'ouest et par le midi, plongeant même au dedans par les villes de Loire, par Bourges et par Sancerre au centre.

Sur cette vaste zone, une armée sortant de la terre d'hommes terribles, au moins par la peur, réveillés en sursaut par le tocsin de Sens et de Vassy.

Tout cela en six semaines! Il était évident que les Espagnols n'arriveraient pas à temps. L'explosion eut lieu en avril; ils n'arrivèrent qu'en août.

Guise s'adressa en hâte aux Suisses catholiques, qui ne vinrent que lentement. Il était en péril, si deux choses ne l'avaient sauvé :

1° L'argent. Il tenait les prêtres à la gorge, par la

nécessité. Leur peur fut son trésor. Leur argent alla droit au Rhin, et trouva prêts les marchands d'hommes, les colonels et capitaines, le rhingrave, très bons protestants, qui firent d'abord les scrupuleux; on leva leurs scrupules en leur offrant le bénéfice énorme *de ne fournir que moitié des soldats, et d'être payés double;* moitié étaient des soldats de papier. A ce prix, ils n'hésitèrent plus (aveu de Castelnau, catholique et agent des Guises).

L'autre moyen, ce fut l'intrigue, le nom du roi, la fantasmagorie royale, la lâcheté de la reine mère. Guise avait en celle-ci une excellente actrice, grosse femme imposante, fort déliée pourtant, qui avait attrapé Navarre, et pouvait attraper Condé. On la savait fausse et perfide; mais Guise la refit dans l'opinion, en lui permettant, pour parure, le chancelier de L'Hospital : bon homme qui, pour faire quelque bien de détail, couvrit de sa vertu l'intrigue qui noya la France de sang.

Nos historiens ont été si honnêtes, tranchons le mot, si innocents, que tous ont pris au sérieux Catherine de Médicis. Pas un n'a sondé ce néant. Ravalée et domptée, avilie dès l'enfance, brisée du mépris d'Henri II, servante de Diane, naguère encore gardée, terrorisée par la petite reine d'Écosse, elle eut enfin l'entr'acte de la première année de Charles IX, où elle posa comme régente. Avec son chancelier, elle goûtait assez le protestantisme, qui eût vendu les biens de l'Église. Mais, au coup de Vassy, au coup de Fontainebleau d'où les Guises l'enlevèrent avec son fils, et où elle sentit la main pesante sur son cou, elle fit le plongeon, baissa la tête, le cœur lui retomba à sa bassesse naturelle. Guise fut très poli, lui laissa l'extérieur, l'appareil de la royauté ; *paraître*, pour elle, était plus qu'*être*, dans le vide absolu qu'une si grande pourriture avait faite en dedans. Elle prit patiemment le rôle de théâtre qu'on lui faisait, de reine pacificatrice qui, aux entrevues solennelles, trônait avec sa jolie cour, entre les amours et les grâces. Ce qui, en bonne langue du temps, veut dire dame d'un mauvais lieu, et maquerelle au profit de Guise.

Cet Ulysse (sous la peau d'Achille) savait parfaitement, d'après l'affaire d'Amboise, l'endroit où la grande chaîne de résistance armée était faussée d'avance et manquerait. Elle devait manquer par Condé.

Ce *petit galant*, comme Guise l'appelle pour sa taille exiguë, ce prince en miniature, adoré de ceux qu'il perdait pour *sa galanterie française*, sa bravoure étourdie est, de la tête aux pieds, dans les bouts rimés détestables qu'ils firent à sa louange :

> Ce petit homme tant joli,
> Qui toujours chante, toujours rit,
> Et toujours baise sa mignonne,
> Dieu gard' de mal le petit homme !

Condé, qui ne pesait pas plus qu'une plume au vent, volait de sa nature vers cette cour de filles, vers cette bonne dame de reine qui professait de les tenir en toute modestie, mais qui était toujours *trompée*. La demoiselle de Rouhet *trompe* Catherine pour le roi de Navarre, qui y sacrifia la régence ; et la Limeuil pour Condé, qui y sacrifia le protestantisme. Elle fut grosse de lui, l'année suivante, et la Réforme était perdue.

Il ne faut pas grande tromperie pour qui veut se tromper. Le 12 juin, Guise, par son petit roi et Catherine, offre une amnistie. La reine mère arrange une trêve, puis négocie une entrevue. Faute insigne déjà, qui allait jeter la glace sur ce grand feu de paille de l'insurrection protestante.

La plaine de Beauce, rase comme la main, n'en est pas moins commode à l'oiseleur. La vieille y tendit son filet, où l'étourneau ne manqua de se prendre.

L'escorte, de chaque côté, était de cent gentilshommes, qui, se reconnaissant et la plupart amis, s'attendrirent, s'embrassèrent. Autre malheur qui refroidit encore. Beaucoup disaient : « Quels sont ces gens qui ne savent s'ils sont amis ou ennemis?... Bien fou qui se risque pour eux ! »

Ce que sans doute Condé avait fait valoir près des siens pour accepter cette entrevue, c'est que la reine mère, jusque-là prisonnière des Guises, s'affranchirait probablement, se mettrait avec lui, reviendrait avec lui. Dans cette idée, il s'avança imprudemment, jasa et bavarda, dit que si Guise partait de France, lui Condé partirait, que tout serait pacifié. « Quand partez-vous ? » dit-elle, et elle offrit pour ceux qui partiraient l'autorisation de vendre leurs biens.

Donc la reine était libre, et vraiment pour les Guises. Il était prouvé à la France que les protestants la trompaient en disant que le roi et sa mère étaient captifs. Toute la force morale de la royauté, flottante jusque-là dans l'opinion, apparut ferme et vraie du côté catholique. Cette vieille religion politique de la France étranglait le protestantisme.

La reine mère n'était pas prisonnière ; elle n'était liée que de sa bassesse native qui la fit amie du plus fort et sincère pour la première fois : liée de l'effroi qu'inspirait l'Espagne ; liée de l'argent du clergé qu'elle avait cru d'abord tirer par les mains protestantes, mais que le clergé effrayé remettait de lui-même ; liée enfin des subsides de Rome, des aumônes que le pape et tous les catholiques firent dès lors à cette cour mendiante. Les preuves en sont au Vatican (Voy. les notes).

Cela eut lieu le 24 juin. Le 25, Guise écrit au cardinal de Lorraine une lettre incroyable, d'élan, de joie, de fureur triomphante ; tout est fini ; sa passion anticipe : « La religion réformée va à vau-l'eau, les amiraux aussi... Nos forces demeurent ; les leurs rompues ; leurs villes rendues sans condition... » Et, dernier trait d'orgueil : « Notre mère et son frère ne veulent plus jurer que par nous. » Donc, la vieille furie Antoinette avait quitté son donjon, était venue près de son fils, espérant boire du sang ; la ruse d'un tel fils lui en promettait une mer.

Guise, pour enfoncer sa dupe, confirmer par toute la France le bruit de la paix, quitte l'armée le 27 juin, avec Montmorency et Saint-André. Ils s'en vont à deux pas. Cependant les chefs protestants, sur l'assurance de Condé, vont à leur tour trouver la reine mère, et de sa bouche apprennent qu'il n'y a rien, que rien ne s'est fait, qu'on ne tolérera pas les réformés.

La farce était jouée. Ils revinrent le cœur mort, désespérant de vaincre. Ils commencent à s'apercevoir qu'il y a trois mois qu'ils sont aux champs, à regretter leur femme et leur famille.

Cette armée jusque-là était comme un couvent. Ni jeu, ni jurement, ni filles. Ce jour, la corde casse. Pendant que Coligny, pour détruire le fatal effet de l'entrevue, mène ses gens à l'ennemi, un gentilhomme protestant entre dans une ferme, trouve une fille et s'assouvit sur elle. Voilà le commencement.

Une pluie horrible tombe, mouille la poudre; on ne peut plus rien faire. On va à Beaugency, qu'on force : sac, pillage et viols.

Cependant, par toute la France, les protestants, un moment hésitants par la nouvelle de la paix, se trouvent énervés, détrempés; ils commencent à se compter, à voir qu'ils sont très peu.

Ils sont mûrs pour la mort. Tout se réveille contre eux. La justice lance le massacre; le Parlement pousse Paris; soixante hommes tués pour débuter. Peu de chose; la *grande lévrière* (les catholiques appelaient ainsi la populace) est lâchée maintenant; on va la voir à l'œuvre.

Pourquoi parle-t-on toujours de la Saint-Barthélemy de 1572, et non de celle de 1562? C'est que celle de 72 se passa surtout à Paris; mais celle de 62 fut bien plus meurtrière en France. Suivez-la de ville en ville; vous êtes effrayé de voir trois choses qu'on n'a revues jamais : 1° massacre dans l'intérieur des murs; 2° poursuite acharnée des fuyards par les paysans; 3°... Est-ce tout? Non, tant de sang versé ne suffit pas; les juges n'ont pas encore leur part; les supplices commencent alors sur une échelle immense : ici trois cents pendus, et là deux cents roués.

Reportons-nous un moment en avril, au jour où coururent les nouvelles du sang versé à Vassy et à Sens. La réaction protestante avait été violente, surtout dans le Midi, où la fureur est dans la race et le tempérament. Quel prétexte de meurtre manqua jamais au Rhône, aux violents pays albigeois? Il y eut des prêtres tués. Cependant, il faut le dire, presque partout la vengeance tomba de préférence sur les pierres, les images. Le petit peuple protestant, mené par les enfants d'abord, décapita les saints des cathédrales. Les reliques fameuses qui avaient fait tant de miracles furent sommées d'en faire un nouveau pour se défendre elles-mêmes. Les guérisseurs universels qu'on venait chercher de si loin furent constatés sans force pour se guérir, traînés comme menteurs, imposteurs, charlatans. Dans ces dévastations confuses périrent, avec les saints, plusieurs tombes de rois et de princes. Foule idiote, qui brisait les mortes idoles, adorait les vivantes! Guerre absurde de la liberté *au nom d'un prince du sang! au nom du roi*, captif des Guises!

Quant aux monuments d'art, que je pleure autant que personne, je m'étonne pourtant que plusieurs écrivains, brefs et légers sur les massacres, s'attendrissent longuement sur les pierres. « Irréparable malheur ! » disent-ils. Bien plus irréparables ceux qui furent massacrés. Le mot du grand Condé sur un champ de bataille : « Bah ! ce n'est qu'une nuit de Paris », ce mot cynique est faux. Les morts, qu'on le sache bien, ne se refont jamais les mêmes, ni le génie, ni les vertus des morts. La génération protestante qu'on égorgea, et qui purifiait la France, lui aurait épargné l'incroyable aplatissement qui suivit, la pourriture des temps d'indifférence et le scepticisme hypocrite, d'où si difficilement ressuscita la liberté.

Le sens des hommes de nos jours s'est trouvé tellement perverti, nos amis ont si légèrement avalé les bourdes grossières que leur jetaient nos ennemis, qu'ils croient et répètent que les protestants tendaient à démembrer la France, que tous les protestants étaient des gentilshommes, etc., etc. Dès lors, voyez la beauté du système : Paris et la Saint-Barthélemy ont sauvé l'unité. Charles IX et les Guises représentent la Convention.

Manie bizarre du paradoxe, impartialité sans cœur, amie de l'ennemi, sans pitié pour les précurseurs de la liberté massacrés ! Comparaison bizarre de l'Assemblée qui défendit la France avec l'intrigue fanatique qui la livra à l'étranger.

Sans doute, lorsque les protestants des villes (les vingt-cinq mille de Toulouse par exemple) fuirent la nuit éperdus, emportant leurs petits enfants, lorsque le tocsin sonnait sur eux dans les campagnes, et que les paysans, armés par les curés, les traquaient dans les bois, alors, sans doute, il n'y eut plus guère de protestants dans les villes. Pour l'être, il fallut bien posséder un donjon. — Qui fit des protestants une aristocratie? Vous, parti massacreur, qui les appelez aristocrates.

Et cependant, cette année même 1562, les seuls noms que je trouve des infortunés qui périrent à la première représentation de la Saint-Barthélemy qui se fit à Paris, lorsque le Parlement autorisa le tocsin catholique, ces noms, dis-je, ces professions, n'indiquent que des industriels : cordonnier, libraire, imprimeur, colporteur, orfèvre, brodeur. Et pas un nom de gentilhomme.

On se tromperait fort si l'on croyait que cette Terreur épouvantable fut la vengeance des excès des protestants. Qu'avaient-ils fait en Picardie? qu'avaient-ils fait en Champagne? Presque partout on les frappa pour le mal qu'on leur avait fait. La vieille mère des Guises, revenue à Joinville, accomplit la vengeance de sa maison sur la pauvre petite ville de Vassy — la vengeance de quoi? du massacre déjà souffert; un premier sang altère, il en faut d'autre. Elle obtint d'abord que le Parlement désarmât la ville et rasât ses murs; puis chez l'habitant désarmé on logea des soldats pour faire à leur plaisir, voler, tuer. Premier essai des futures dragonnades qui dura près d'un an. Cette scène de fureur s'ouvrit par le tocsin des paysans vassaux des Guises, qu'ils lançaient sur la ville. Les noms des morts attestent que c'était une guerre des serfs contre l'ouvrier libre et le petit marchand.

On dit que ces paysans ivres qui tuaient au hasard mordaient dans la chair crue, et mangèrent le cœur des enfants.

Les Espagnols, entrés en France, étonnèrent par leur barbarie nos plus féroces soldats. Le dur Gascon Montluc, homme de sang, qui se vante d'avoir garni de morts tous les arbres des routes, raconte que ces noirs Espagnols, à qui il livra une fois deux cents fommes pour les houspiller, aimèrent mieux les éventrer toutes, même les grosses, pour tuer *les petits luthériens.*

Je ne m'étonne pas si, recevant ces horribles nouvelles, les protestants armés voulaient rentrer chez eux, défendre leurs familles. Il fallut les y renvoyer. Il fallut renoncer au beau songe où s'était obstiné Coligny, de faire par la seule France les affaires de la France. Ce que les catholiques faisaient depuis deux ans, les protestants le firent dans cette nécessité suprême et sur leurs maisons ruinées, leurs familles égorgées; ils implorèrent leurs frères de l'étranger. Dandelot fut envoyé en Allemagne, un autre en Angleterre (juillet). La difficulté était d'ouvrir les yeux aux Allemands, d'écarter la montagne de calomnies et de mensonges qu'on avait entassée. Les espions des Guises étaient là chez les princes allemands pour voler sur leurs tables les lettres des protestants de France. Tel Allemand partait payé des princes pour secourir nos protestants, que l'on gagnait en route et qui venait combattre dans les rangs catholiques.

Cependant Coligny tenait ferme Orléans et son petit noyau d'armée. Partout ailleurs, des bandes. La bande de Montbrun, de Mouvans, celle de Des Adrets, couraient tout le Sud-Est, avec des cruautés atroces. Le dernier, tout autant qu'il saisissait de catholiques, les égorgeait, ou les jetait des tours. Représailles barbares, mais qui n'étonnaient point, quand on voyait des juges, ceux du parlement d'Aix, enrichis des massacres de Mérindol et Cabrières, envoyer à la mort avec près de mille hommes *quatre cent soixante femmes*, et même encore *vingt-quatre enfants!*

La reine d'Angleterre se laissa prier, de juillet jusqu'à la fin de septembre, pour donner cent mille écus et six mille hommes. Dandelot ne put amener ses Allemands qu'en octobre et novembre. Il lui fallut passer par la Lorraine et la Bourgogne, pays ennemis. Cette lenteur fit la chute de Rouen, longuement assiégée par le roi de Navarre, qui y fut tué, et par Guise, qui la prit d'assaut. Le pillage y dura huit jours, et les grands seigneurs s'y vautrèrent à l'égal du soldat.

Rouen fut pris le 26 octobre. Condé n'eut ses Allemands que le 6 novembre. Fort alors et terrible, il marcha sur Paris. Grand effroi. Un président en meurt de peur. On attendait trois mille Espagnols qui n'arrivaient pas. Qui croirait que Condé pût encore, en un tel moment, la France nageant dans le sang, s'amuser aux paroles? La reine mère, souriante et charmante, parlemente avec lui près d'un moulin à vent. Force embrassades catholiques et galantes œillades. Le prince perd trois jours. Les Espagnols arrivent. On lui tourne le dos.

Sa propre armée le menait; les soldats allemands ne savaient qu'un mot : « *Geld.* » Et, pour être payés plus tôt, ils marchaient vers la mer, au-devant de l'argent anglais. La grosse armée des catholiques marchait parallèlement. Leur intérêt était de combattre avant que les protestants eussent joint les troupes anglaises.

Ceux-ci, qui avaient l'Eure entre eux et Guise, devaient l'empêcher de passer. Mais un prince du sang n'a garde de paraître craindre la bataille. Condé lui permet le passage, et il l'a devant lui près Dreux (19 décembre 1562).

Les catholiques, faibles en cavaliers (deux mille contre cinq mille), étaient en revanche énormément plus forts en fantassins, ayant quinze mille contre sept seulement qu'avaient les protestants. Au total, Guise avait *dix-sept mille hommes* et Condé *douze mille.*

Ce qui caractérise le premier, ce héros de la ruse, c'est que, par une prudence singulière, excessive, il ne voulait se battre que sur ordre du roi et de la reine mère, ses mannequins. Il agissait toujours sur pièces régulières et préparées pour répondre en justice si on lui faisait son procès. A la demande de cet ordre, la reine mère se moqua, et dit, comme la nourrice du roi entrait (elle était protestante) : « Nourrice, que vous semble? — Mais, madame, puisque les huguenots ne veulent se contenter jamais; il faut les mettre à la raison. »

Qui l'emporterait des lansquenets protestants ou des Suisses catholiques? C'était douteux. Ce qui ne l'était pas, c'est que l'élément sûr, qui ne bougerait point, qui, quoi qu'il arrivât, resterait ferme pour frapper le grand coup, c'était la masse noire des trois mille Espagnols. Ajoutez quelque peu de nos vieilles bandes françaises. Guise se mit avec ces Espagnols, dit qu'il ne commanderait pas et serait là en simple capitaine. Il les laissa, selon leur usage (on l'a vu à Ravenne), se faire un rempart de charrettes pour briser la cavalerie et derrière regarder à leur aise les évolutions du combat. Ajoutez que, devant, ils avaient un petit ravin.

La tactique était fort surannée. Les armes des vieux siècles. Quand on voit dans les exactes gravures de Pérussin ces bataillons antiques ou féodaux, l'infanterie semble du temps des Romains et la cavalerie du temps des croisades. De lourdes charges semblaient décider tout. Le connétable au centre, avec sa gendarmerie, fonça, puis, brusquement abandonné, blessé, se trouva prisonnier. Condé chargea et rechargea les Suisses, leur passa sur le corps; mais telle était cette infanterie que ce qui ne fut pas écrasé par les chevaux se releva, combattit de plus belle. La cavalerie, menée par Condé et par Coligny, s'épuisa en efforts, fit fuir l'infanterie française des catholiques, mais vit également en déroute sa propre infanterie allemande.

Ils n'avaient pas deux cents chevaux ensemble, lorsque Guise, qui depuis cinq heures prenait en patience la destruction de ses amis, s'ébranla avec sa masse espagnole et ses arquebusiers des vieilles bandes. Condé fut pris. Tout parut balayé.

Cependant les frères indomptables, Coligny et Dandelot (celui-ci malade, tremblant de la fièvre, et en robe fourrée), réunissent douze cents cavaliers et, d'une furie désespérée, arrêtent court les vainqueurs. Parmi ceux-ci, le fameux Saint-André, si riche, le voleur des voleurs, est pris, disputé, et un de ses vieux serviteurs, malgré ses prières et ses offres, lui casse la tête d'un coup de pistolet.

Guise n'en pleura pas, ni de la prise du connétable. En place, il avait pris Condé. Il le caressa fort, jusqu'à le faire coucher avec lui. Excellent moyen de le perdre, d'exciter la défiance contre lui, comme disaient déjà les Allemands : « Ces girouettes françaises, pour qui on se tue aujourd'hui, sont prêtes à s'embrasser demain. »

Voilà Guise non seulement vainqueur, mais seul. Plus de princes, plus de Navarre, plus de Condé, plus de connétable. Ce simple capitaine, qui n'avait voulu à la bataille que mener sa compagnie, se trouve lieutenant général du royaume.

La nuit, qui avait séparé les combattants, permit à Coligny de reformer ses reîtres à deux pas. Il lui en restait quelques mille. Il leur dit froidement qu'il n'y avait rien de fait, qu'il fallait recommencer, fondre sur ces gens qui mangeaient. Les Allemands lui montrèrent leurs armes brisées, eux-mêmes en pièces. Il était resté huit mille hommes sur le carreau. Seulement on sut dès ce jour qu'on ne vainquait point Coligny.

La difficulté était pour lui de garder ces Allemands, qui, n'étant pas payés et n'ayant reçu que des coups, trouvaient le métier dur, regardaient du côté du Rhin. Le ferme capitaine leur dit qu'ils avaient raison de vouloir de l'argent, mais qu'il fallait l'aller chercher au Havre et prendre la Normandie sur le chemin. La difficulté était d'empêcher ces soldats nomades, qui traînaient tout avec eux, d'emmener la masse encombrante de leurs chariots où ils serraient leur petite fortune, leurs pillages d'anciennes campagnes. Ils y tenaient plus qu'à la vie. Coligny mit ces chariots dans le chœur même de Sainte-Croix d'Orléans. A ce prix, il les emmena, laissant pour défendre la ville contre Guise qui arrivait, Dandelot malade et des fuyards allemands.

Il part en plein janvier. Terrible hiver. L'épidémie, se joignant aux misères de la guerre, avait enlevé dix mille hommes dans Orléans. Quatre-vingt mille, dit-on, étaient morts à l'Hôtel-Dieu de Paris. Nombre d'hommes, de femmes, d'enfants, chassés, n'osaient rentrer, couraient les bois. Pour obtenir l'argent des Anglais, il avait fallu leur offrir le Havre, et cet argent n'arrivait pas. Les reîtres murmuraient. Coligny leur montrait la mer et les tempêtes. Mais plus d'un commençait à se payer par le pillage. Dans cette extrémité terrible, plus grand encore qu'au fort de la bataille, apparut l'amiral. Le premier qui pilla, il le fit serrer haut et court, lui faisant pendre aux pieds, pour l'embellissement du trophée, tout ce qu'il avait volé aux paysans : robes de femmes, volailles, etc.

A la prise du château de Caen, un soldat mit la main sur un de ceux qui sortaient d'après la capitulation, lui fouilla dans la poche. L'amiral l'envoie au gibet. Il était sur l'échelle, quand les Anglais, qui venaient d'arriver, intercédèrent pour lui.

Cette discipline vigoureuse porta ses fruits, les succès furent rapides; mais très probablement les Allemands peu encouragés à venir chercher en France un service si dur.

Il en était de même dans Orléans. Le parti protestant s'exterminait par la vertu. Deux notables furent surpris en adultère. Les ministres leur firent leur procès et les firent pendre. Il aurait fallu pendre la noblesse et la bourgeoisie. Les mœurs de la vieille France étaient positivement au-dessous de la Réforme. Celle-ci se faisait le désert.

Désertion, découragement, épidémie. Il n'y avait presque plus personne dans Orléans. Dandelot, avec la fièvre, courait partout et faisait tout. Chaque matin, les ministres, à six heures, rassemblant soldats, habitants, chantaient leurs psaumes et s'en allaient en tête travailler aux fortifications. Cela ne pouvait guère durer. Guise était furieux de n'avoir pas encore sa proie : « J'en mords mes doigts », dit-il dans une lettre. Il avait écrit à la reine qu'elle trouvât bon qu'il n'y eût plus d'Orléans, qu'il allait la raser, et qu'il tuerait tout, jusqu'aux chats.

C'est lui qui fut tué (18 février 1563).

L'homme qui fit le coup, Poltrot, sieur de Méray, était un jeune gentilhomme de l'Angoumois, fort bon soldat à Saint-Quentin, où il fut pris et mené en Espagne. Protestant, il y vit l'idéal catholique, Philippe II et l'Inquisition. Il put assister aux splendides et royaux auto-da-fé qui ouvrirent dignement ce règne.

Poltrot revint d'Espagne, comme on peut croire, plein de vengeance et de meurtre. Il ne parlait plus d'autre chose. Il montrait son bras à ses camarades, disant : « Ce bras tuera M. de Guise. » Il en parla à son seigneur, chez qui il avait été nourri, M. de Soubise; il en parla à l'amiral, à qui bien d'autres gens parlaient légèrement de la même chose et qui n'y fit grande attention. Cependant Poltrot s'offrait pour espion. Coligny lui donna de l'argent pour acheter un bon cheval d'Espagne.

Poltrot, fort brun, sachant bien l'espagnol, était appelé dans l'armée l'*Espagnolet*. Il passa, se fit présenter, s'offrit au duc de Guise, qui lui dit : « Cinquante mille livres pour toi si tu peux rentrer dans la ville et faire sauter les poudres. »

Le 18 février, Poltrot, ayant prié Dieu de lui dire si vraiment il fallait frapper, crut se sentir au cœur la voix divine, avec un mouvement étonnant d'allégresse et d'audace. Il attendit Guise, vers le soir, au coin d'un bois; prudemment, froidement, il calcula qu'il devait être armé en dessous et qu'il fallait le tirer à l'aisselle, juste au défaut de la cuirasse. Il tira à six pas, d'une main ferme, très juste, et l'abattit.

Guise n'était pas mort, et vécut encore six jours. Il mourut comme un saint (si l'on croit la légende qu'en fit l'évêque de Riez), citant cent fois l'Écriture Sainte, qu'il n'avait jamais lue, s'excusant à sa femme de maintes peccadilles, et lui pardonnant à elle-même tout ce qu'elle avait pu faire.

Ceux qui ont vu au visage le duc de Guise (comme moi, dans le dessin Foulon), qui ont présente cette face sinistre et de désespéré, jugeront que cet homme perdu, qui n'avait vécu que du succès, dut mourir furieux quand un tel coup lui arrachait la proie des dents, et que la main d'en haut, l'ayant amené là, vainqueur, maître de tout et seul, les autres étant morts, à son tour lui tordait le cou.

Poltrot fut mené à Paris devant la reine et le Conseil, puis devant les gens de justice qui lui prodiguèrent toutes les formes de la question. Que dit-il? que déposa-t-il? On ne le sait que par les fort douteux procès-verbaux qu'en firent ces gens valets des Guises. On ne manqua pas de lui faire dire qu'il avait été poussé par l'amiral. A quoi celui-ci répondit peu après franchement, sincèrement, qu'il n'aurait pas pris pour cette affaire un grand parleur, si léger en propos; que, du reste, depuis qu'il savait que Guise cherchait à se défaire du prince de Condé et de lui, il n'avait nullement détourné ceux qui parlaient de tuer Guise.

Le Parlement de Paris, qui, dans ces occasions, déploya plusieurs fois un zèle ignoblement féroce, une exécrable courtisanerie de supplices, jugea Poltrot (comme plus tard Ravaillac et Damiens), tâchant d'accumuler sur cette misérable chair mortelle tout ce qu'on peut souffrir sans mourir.

Le jour même où le saint héros, rapporté à Paris, exposé aux Chartreux, fut glorifié à Notre-Dame, on fit la boucherie de Poltrot derrière la Grève.

Le procès-verbal avoue qu'il dit deux fières paroles : « Avec tout cela, il est bien mort, et ne ressuscitera pas. » Et encore : « La persécution des fidèles... » La populace hurla, l'arrêta un moment, mais il reprit : « Si la persécution ne cesse, il y aura vengeance sur cette ville, et déjà les vengeurs y sont. »

Quand il fut lié au poteau, le bourreau, avec ses tenailles, lui arracha la chair de chaque cuisse, et ensuite décharna ses bras.

Les quatre membres, ou les quatre os, devaient être tirés à quatre chevaux. Quatre hommes qui montaient ces chevaux les piquèrent et tendirent horriblement les cordes qui emportaient ces pauvres membres. Mais les muscles tenaient. Il fallut que le bourreau se fît apporter un gros hachoir, et à grands coups détaillât la viande d'en haut et d'en bas. Les chevaux alors en vinrent à bout; les muscles crièrent, craquèrent, rompirent d'un violent coup de fouet. Le tronc vivant tomba à terre. Mais, comme il n'y a rien qui ne doive finir à la longue, il fallut bien alors que le bourreau coupât la tête.

Un juge et les greffiers, pendant toute la cérémonie, étaient là, écrivant les cris de cette tête dans les entr'actes, ses prétendues dépositions, dont on fit le prétexte de la Saint-Barthélemy.

CHAPITRE XVII

La Paix, et point de Paix. (1563-1564.)

« On pourra mieux châtier ces gens-là, quand ils seront dispersés et désarmés. » Conseil du nonce au pape.

Et, peu après, le duc d'Albe à Philippe II, parlant des grands des Pays-Bas : « Dissimuler, puis leur couper la tête. » (Gr., VII, 233.)

Ces deux mots contiennent les dix ans d'histoire qu'on va lire.

On a douté, tant qu'on ne connaissait ce plan que par les Italiens Adriani, Davila, Capilupi et autres panégyristes de Catherine. Comment douter maintenant devant les lettres originales?

Reste à savoir comment le parti catholique tint si ferme la reine mère jusque-là très flottante, et la fit marcher droit. Le duc d'Albe nous le dit encore (*Ibid.*, 280) : « Votre ambassadeur doit faire entendre à la reine qu'à l'âge où arrive le roi Charles, *Votre*

Majesté peut lui faire connaître l'état réel de ses affaires. » C'était toute la peur de Catherine qu'on ne mît son fils contre elle ; le petit roi, né violent, défiant, faisait peur à sa mère ; la nature féline et la griffe pouvaient s'éveiller un matin. Le chat pouvait devenir tigre. Cette peur alla au point qu'on va la voir bientôt chercher dans un plus jeune une arme contre Charles IX, préparer un roi de rechange.

L'autre côté par où on la tenait, c'était la faim. Elle était à l'aumône, vivait d'expédients fortuits. *La dépense était de dix-sept millions, la recette de deux et demi.* Sans le pape on n'eût pas dîné. On en tirait des dons, quelques ventes des biens du clergé. Guise lui-même n'eût pu faire la guerre sans l'argent du duc de Savoie. En retour, peu avant sa mort, il lui avait rendu ce qui nous restait de tant de conquêtes au delà des Alpes, livré Turin, quitté l'Italie pour toujours.

Voilà la vraie situation, comme elle apparaît dans les basses et serviles lettres du jeune roi et de sa mère, où ils tendent sans cesse la main au pape (Archives du Vatican), au roi d'Espagne et à tous.

Cette pauvreté royale faisait un grand contraste avec la richesse des Guises. Leur maison (ou leur dynastie?) était restée entière à la mort de son chef. Elle gardait ses quinze évêchés, aux mains des cardinaux de Guise et de Lorraine. Elle gardait le palais, la charge de grand maître de la maison du roi, par le fils aîné Joinville ; Mayenne était grand chambellan ;

Aumale grand veneur, Elbeuf, général des galères. Toute charge d'épée était donnée par eux. Ils avaient les finances par un homme sûr. Les gouvernements de Champagne et de Bourgogne étaient dans leurs mains, c'est-à-dire nos frontières de l'Est, les passages vers la Lorraine et vers l'Allemagne, la grande route militaire.

Puissance énorme. Mais le chef était un enfant, Henri de Guise, qui n'avait que treize ans. Du père, il eut, non le génie, mais l'audace, l'intrigue ; de sa mère, un charme italien, et non pas peu du sang des Borgia. Anne d'Este, en longs habits de deuil (quoique dès le lendemain consolée par Nemours), allait montrant partout sa douleur et son fils. C'était toujours la scène de Valentine de Milan, embrassant le petit Dunois, disant : « Tu vengeras ton père. » L'enfant, fort bien dressé, trouvait des mots hardis, ou on lui en faisait. Les bonnes femmes en pleuraient de joie ; les prêtres bénissaient le bon petit seigneur. Tout était arrangé pour faire un favori du peuple, un prince de carrefour, un héros de l'assassinat.

Le chef des protestants, élu le lendemain de la bataille de Dreux qui les délivrait de Condé, était désormais l'amiral, et il avait bien gagné ce titre par cette conquête subite de la Normandie en plein hiver. Seul, ayant fait la guerre, il pouvait faire la paix. Le prisonnier Condé, contre le chef d'élection, était mal posé pour négocier. Coligny revient de Normandie en hâte ; quand il arrive, la paix, depuis cinq jours, était signée (Amboise, 12 mars 1563).

Condé l'avait signée pour lui et les seigneurs. Pour lui, la lieutenance générale du royaume, qu'a eue son frère. Pour les seigneurs, le culte libre des châteaux. Et pour le peuple, quoi? Une ville par bailliage, de sorte qu'en ce temps de trouble, où l'on n'osait pas voyager, on ne pouvait prier ensemble qu'en faisant un voyage souvent de vingt ou vingt-cinq lieues.

Pour la forme, Condé avait consulté les ministres, mais signé malgré eux. L'amiral en conseil lui dit cette parole : « Monseigneur, vous vous êtes chargé de faire la part à Dieu; d'un trait de plume vous avez ruiné plus d'églises qu'on n'en eût détruit en dix ans. Et, quant à la noblesse que vous avez garantie seule, elle doit avouer que les villes lui donnèrent l'exemple. Les pauvres avaient marché devant les riches, et leur avaient montré le chemin. »

Il était facile à prévoir que tout irait à la dérive; que les seigneurs même, désormais isolés des villes, ne se défendraient pas; que l'influence papale, espagnole, emporterait tout; que non seulement cette cour misérable s'assujettirait à l'Espagne, mais que les Guises eux-mêmes allaient devenir tout Espagnols.

C'est le moment de bien mettre en lumière une chose qui, méconnue, égara tous les politiques, puis les historiens, et maintenant les égare encore :

La balance était impossible, dans la violence de ces temps, l'équilibre était impossible; un milieu politique, *un parti politique,* était un mythe, une fiction. Ce parti deviendra possible, mais après la Saint-Barthélemy.

Tous cherchèrent ce milieu et le manquèrent.

Philippe II même imaginait garder son libre arbitre entre les modérés et les violents. Il écoutait Granvelle, il écoutait Gomès, mais inclinait au duc d'Albe.

Chez nous, le connétable eût voulu l'équilibre ; peu à peu il pencha aux Guises.

Et le rêve des Guises eux-mêmes aurait été un certain équilibre, une certaine indépendance entre l'Espagne et l'Allemagne. Le cardinal de Lorraine, au moment même où le secours espagnol donnait à son frère la victoire de Dreux, intriguait contre l'Espagne. D'une part détournant Marie Stuart d'épouser le fils de Philippe II, d'autre part créant au Concile de Trente un parti anti-espagnol. Il s'y joignit aux Allemands pour obtenir quelques réformes (surtout le mariage des prêtres). Tout cela inutile. Par la mort de son frère, le cardinal retomba au néant. Il lui fallut laisser son rêve d'indépendance et suivre l'impulsion espagnole.

Où donc fut l'équilibre? Dans Catherine de Médicis ? Il ne tient pas aux historiens italiens que nous ne voyions en elle le pivot de l'action et le meneur universel. Mais les actes disent le contraire. Ils la montrent toujours servante du succès, habile seulement à faire croire qu'elle mène, lorsqu'elle suit et qu'elle obéit. En 1563, sur la menace de l'Espagne, elle tourne, elle cède, elle change non seulement sa politique, mais l'ordre de sa cour et l'éducation de ses enfants.

Où donc est l'idée politique, le parti politique ? dans le chancelier L'Hospital ? dans son effort pour réformer les lois ? Le dirai-je ? je ne trouve rien de plus triste que de voir cet homme de bien traîner sa barbe blanche derrière Catherine de Médicis. On ne s'explique pas comment il restait là, ni quelle figure il pouvait faire au milieu de cette cour équivoque, parmi les femmes et les intrigues. Ne comprenait-il pas que sa présence seule, en tel lieu, était un mensonge ? que sa réforme du droit, réforme écrite et de papier, faisait prendre le change sur la réalité politique ? Quelques bonnes choses en sont restées, comme les tribunaux de commerce. Mais, hélas ! si l'on veut savoir combien les lois sont le contraire des mœurs, il faut lire les lois de ce temps. Elles proclament la suppression des confréries au moment où celles-ci s'organisaient militairement et de la manière la plus meurtrière, au moment où elles se liaient, se groupaient, créaient les ligues provinciales qui finirent par former la Ligue.

Dans chaque province, en Gascogne d'abord, en Guyenne, bientôt sous les Guises en Champagne, un gouvernement se fait à côté du gouvernement. Qu'opposait à cela la profonde politique Catherine ? Elle pensait décomposer tout. Dans un perpétuel voyage, elle croyait neutraliser par l'influence de cour ces influences fanatiques. Elle voulait travailler la noblesse, l'amuser, la séduire. Son principal moyen, s'il faut le dire, c'étaient les *filles de la reine*, cent cinquante nobles demoiselles, ce galant monastère qu'elle menait et étalait partout. Toutes maintenant fort catholiques, très exactement confessées. Point de scandales, peu de grossesses. On chassait qui devenait grosse.

Tout cela apparut d'abord dans l'expédition que l'on fit pour reprendre le Havre aux Anglais. La reine y mena en laisse Condé et force protestants. Le *petit homme tant joli* suivait mademoiselle de Limeuil, qui en revint enceinte. Il réussit à chasser ses amis, à irriter Élisabeth, à diviser le parti protestant. Il se croyait au retour lieutenant général du royaume, quasi-tuteur du roi enfant. Mais celui-ci se déclara majeur. L'Hospital couvrit cette farce d'un discours grave. Pour que les protestants n'osassent réclamer, on leur lança les Guises, qui portèrent contre Coligny une solennelle accusation de meurtre. Dupés, moqués, les protestants, loin d'oser accuser, furent assez occupés à se défendre eux-mêmes. Comme parti, ils semblaient dissous. Leur chef, Condé, servait de secrétaire à la reine mère. Elle lui faisait écrire en Allemagne que tout allait au mieux. Elle se chargeait de le remarier, l'amusait de l'idée d'épouser Marie Stuart, d'autres princesses encore. La riche veuve de Saint-André, qui croyait l'épouser, lui donna le château de Saint-Valery; il épousa une autre femme, et ne rendit pas le présent.

L'Église protestante avait cessé de lui payer sa contribution secrète, et l'envoyait à Coligny. Mais l'amiral savait que, si l'on reprenait les armes, la noblesse voudrait Condé pour chef, et, pour le retenir, lui faisait part sur cet argent.

Les protestants s'étant isolés de l'Angleterre, on osait tout contre eux. La paix leur était meurtrière ; c'était la paix aux assassins, la guerre aux désarmés. Impunité complète des violences. Ici un ministre pendu par un gouvernement de province. Là des noyades populaires, des morts violemment déterrés, des femmes accouchées de deux jours qu'on arrache du lit ; je ne sais combien d'excès bizarres et de fantaisies de fureur.

Les impatients, Montluc, par exemple, voulaient qu'on en finît. D'une part, ils s'entendaient avec l'Espagne pour enlever Jeanne d'Albret et livrer le Béarn. D'autre part, Montluc envoyait à la reine un homme d'exécution, le Gascon Charry. Charry devait prendre le commandement de la nouvelle garde que le parti donnait au roi, encourager Paris à un grand coup de main. Les deux frères, Coligny et Dandelot, étaient à la cour, et peu accompagnés. Mais Charry était incapable de bien mener la chose. Il se mit follement à insulter Dandelot. Non seulement il dit qu'il se moquait de son titre de colonel général de l'infanterie, mais il lui marcha presque sur les pieds dans l'escalier du Louvre.

Les deux frères avaient avec eux, entre autres hommes violents, un fameux chef de bande, le Provençal Mouvans, celui qui avec quarante hommes avait combattu des armées. Mouvans n'endura pas la chose. Il frappa un coup imprévu, qui stupéfia la grande ville. Avec un Poitevin dont Charry avait tué le frère, Mouvans va s'établir à attendre Charry chez un armurier du pont Saint-Michel. Le Gascon montant fièrement le pont avec les siens, ils lui barrent le passage. « Souviens-toi », dit le Poitevin ; et il lui passe l'épée au travers du corps. Charry dégaina-t-il? on ne le sait, mais il fut tué, et un autre. Mouvans alors et son Poitevin s'en allèrent lentement devant la foule par le long quai des Augustins, et personne n'osa les poursuivre.

L'amiral et son frère étaient près de la reine quand on lui dit la chose. Leur gravité n'en fut pas dérangée. Dandelot dit ne rien savoir et ne fit nulle attention aux criailleries de la garde, « en ayant vu bien d'autres ».

Le catholique Brantôme admire le coup, et dit « que l'affaire fut très bien menée ». Paris ne bougea pas. L'audace intimida la force. La reine mère seule en fit grand bruit, et elle en prit prétexte pour expliquer son brusque changement et sa haine nouvelle du protestantisme.

Les protestants, assassinés partout, ayant partout contre eux et l'autorité et les foules, recouraient ainsi à l'audace, à l'épée, à des coups violents qui envenimaient encore les haines.

Celle des Guises fut fort irritée par une romanesque aventure du frère de Coligny. Une grande dame de Lorraine, née princesse de Salm, et veuve du seigneur d'Assenleville, jura qu'elle n'aurait d'époux que Dandelot. Tous les siens, fervents catholiques, s'y opposèrent en vain. En vain on lui montra que, ses terres étant sous les murs de Nancy, c'est-à-dire dans les mains du duc de Lorraine et des Guises, elle ne pouvait même faire la noce qu'au hasard d'une bataille. Rien ne la détourna.

Dandelot, sommé de venir pour cette agréable aventure en pays ennemi, prit avec lui cent hommes déterminés, et, quoiqu'il sût que tous les Guises fussent justement alors chez le duc, il arrive à Nancy. On lui refuse l'entrée par trois fois. Il ne s'arrête pas moins dans le faubourg, y rafraîchit ses cavaliers. Puis, en plein jour et à grand bruit, la cavalcade s'en va au château de la dame. Au pont-levis, tous tirent leurs arquebuses. De quoi tremblèrent les vitres des Guises, qui étaient en face, à peine séparés par une rivière. Et leurs cœurs en frémirent. Le cardinal gémit. Le petit Guise (il avait quatorze ans) dit : « Si j'avais une arquebuse, pour tirer ces vilains !... »

Cependant trois jours et trois nuits on fit la fête, bruyante et gaie, plus que le temps ne le voulait, pour faire rage aux voisins. Puis madame Dandelot, montant en croupe derrière son héros, et disant adieu à ses biens, le suivit, fière et pauvre, aux hasards de la guerre civile.

CHAPITRE XVIII

Le duc d'Albe. — La seconde guerre civile. (1564-1567.)

A la fin de décembre 1563, le duc d'Albe, sur l'ordre de son maître, lui écrit les deux lettres dont nous avons parlé. Consultation en règle sur la politique espagnole (*Dissimuler, puis.leur couper la tête*).

Dès janvier 1564, l'effet en est sensible. Philippe II donne congé aux modérés, autorise le cardinal Granvelle « à aller voir sa mère ».

Le duc d'Albe emportera tout. Il suffit de le voir dans les portraits et dans les documents pour comprendre son ascendant. C'est un vrai Espagnol, non un métis bâtard comme son maître. C'est un médiocre génie, mais fort par la netteté du parti pris, par la simplicité des vues et par la passion. Il se caractérise en disant, au sujet des demandes des grands des Pays-Bas : « Je contiens mes pensées; car telle est ma fureur, qu'on pourrait l'appeler *frénésie*. »

Le duc d'Albe est adoré des moines. D'en haut, d'en

bas, ils l'aident. Au grand inquisiteur Pie IV succède le grand inquisiteur Pie V, le pape de la Saint-Barthélemy, qui, toute sa vie, la prépara, quoiqu'il n'ait pu la voir. Les lettres de Pie V aux souverains se résument en un mot (le mot qu'il dit aussi aux soldats qu'il envoie en France) : « *Tuez tout.* » C'est lui qui tout à l'heure négociera l'assassinat d'Élisabeth.

Mais ce qui n'aide pas moins le duc d'Albe, ce sont les rapports de police qui viennent des Pays-Bas, les furieuses délations des inquisiteurs de bas étage qu'on envoie à Philippe II. Ce profond politique reçoit, lit tout cela. Espions et contre-espions, police contre police, c'est toute sa science. Il n'a foi qu'aux derniers des hommes. Lisez (coll. Gachard) la longue liste de ces coquins. Le premier à qui il remet l'Inquisition des Pays-Bas, un Van der Hulst, plus tard est condamné comme faussaire. Chez sa sœur Marguerite, si fidèle et si dépendante, un ministre lui sert d'espion. Un grand seigneur espionne les chevaliers de la Toison d'or, etc.

Le mieux venu de ces espions, c'est naturellement le plus menteur, le plus atroce et le plus fou, un frère Lorenzo, Andalous, d'une verve furieuse, affreux Figaro de massacre, qui se joue de cette imagination malade par cent contes insensés.

J'ai sous les yeux un excellent dessin qui donne le vrai Philippe II (Panthéon). Figure péniblement grimée d'un commis soupçonneux, prisonnier volontaire, qui, dans sa vie de cul-de-jatte, ne voyant le monde qu'à travers sa paperasserie, sera constamment dupe à force de défiance. Figure pleine de mauvais rêves, cruellement imaginative ! Il ira loin ! On lui fera tout croire.

Le contre-coup de l'Espagne se sent en France. Dès février 1564, Philippe II y agit comme aux Pays-Bas. Une ambassade impérieuse enjoint à Charles IX d'accepter les décrets du concile de Trente et de révoquer les grâces octroyées aux rebelles.

Réponse vague. Mais on obéit. La mère et le fils se mettent en route pour la frontière d'Espagne, voyageant lentement, constatant sur la route leur bonne volonté catholique. Le jeune roi trace des citadelles pour contenir les villes et maîtriser les protestants. En deux édits (de Lyon et Roussillon), on interdit aux gentilshommes de recevoir personne à leurs prêches de châteaux. Défense aux protestants de faire des collectes, d'assembler des synodes. On les annule comme parti, et comme résistance. C'était les livrer désarmés aux catholiques qui armaient.

La reine mère, qui parlait à merveille, expliquait sur la route aux envoyés du pape et des princes italiens la beauté de son plan pour amortir le calvinisme et l'exterminer tout doucement. L'Espagne était plus impatiente. Pendant que Philippe II envoie le duc d'Albe à Bayonne avec sa jeune femme Élisabeth pour animer Catherine, il reçoit à Madrid le crédule comte d'Egmont, par lequel il espère tromper les Flamands. Les faveurs pécuniaires que demande ce grand seigneur lui sont toutes accordées. Il part ravi de cet accueil, si charmé de l'Espagne qu'il trouve gaies, riantes, les bâtisses de l'Escurial. Pauvre tête, ébranlée déjà, et qui ne tient guère aux épaules (avril 1565).

Son bourreau, le duc d'Albe, est à Bayonne (juin) pour endoctriner Catherine. On sait son mot brutal : « Un bon saumon vaut cent grenouilles. » C'est la traduction du mot que j'ai cité : « Couper la tête aux grands. »

La nouveauté du jour, les bergeries espagnoles qui succédaient aux Amadis, les idylles de Boscan et de Montemayor, imitées par Ronsard, charmèrent l'entrevue de Bayonne. Les chants des nymphes et des bergères couvrirent l'entretien à voix basse de Catherine et du duc d'Albe, discutant la Saint-Barthélemy.

La seule objection de Catherine, c'est que les choses n'étaient pas assez mûres. Condé semblait perdu. Il fallait perdre Coligny, le montrer faible et versatile ; c'est ce qu'on essaye à Moulins. Le roi ordonne une réconciliation. L'amiral, sommé au nom de la paix, au nom de l'Évangile, ne peut reculer. Il lui faut embrasser les Lorrains. Mais le jeune Henri de Guise n'embrasse pas. Deux choses à la fois sont atteintes. Coligny est affaibli dans l'opinion, et la vengeance est réservée.

La France suivait l'Espagne pas à pas. Philippe II, si impatient, est obligé encore cette année (1566) de ruser, de mentir. Sa lettre du 12 août à Rome explique parfaitement sa pensée. C'est l'exemple le plus illustre que donne l'histoire du *distinguo* casuistique et de la *restriction mentale*. Il promet le pardon aux Pays-Bas, c'est vrai, mais le pardon du roi d'Espagne, et non pas le pardon de Dieu. Le roi rassure, apaise, tranquillise. Mais cela n'empêche pas que Dieu, par le duc d'Albe, ne ramasse une grosse armée de toute nation, et ne la mène au sac des Pays-Bas. C'est Dieu encore, et non le roi, qui tout à l'heure surprend ces Flamands pardonnés, et coupe le cou à vingt mille hommes sur les places d'Anvers et Bruxelles. Le pape Pie V en pleure de joie.

Quand cette armée du duc d'Albe, cette horrible Babel de bourreaux espagnols et de sodomites italiens, passa les Alpes, rasa Genève et côtoya la France, il y eut partout une grande terreur. Les protestants couvrirent Genève, et trouvèrent bon que Catherine levât des Suisses pour se garder du duc d'Albe. Mais ces Suisses n'allèrent pas au nord; ils restèrent au centre, et l'on vit qu'ils allaient au contraire servir contre les protestants (août 1567).

Quatre années de cette funeste paix avaient bien empiré la situation de ceux-ci. Les villes n'avaient plus de prêches, et, sous la terreur des confréries, elles n'osaient aller aux prêches des châteaux. Les châteaux solitaires n'étaient plus une protection. On allait donc, dans la guerre qui s'ouvrait, avoir à traîner des familles, des dames délicates, des nourrissons au sein. Guerroyer avec ce cortège dans ces rudes campagnes d'hiver, où le ciel même faisait la guerre, pluie, neige et glaces, âpres frimas, où la jeune famille n'aurait plus de foyer, de toit, que le manteau des mères!

Tous aussi portaient tête basse aux réunions qu'on fit chez l'amiral. Celui-ci avait jusque-là retenu et calmé les autres. Et, cette fois encore, il établit que le plan de la première guerre ne ferait rien et perdrait tout. Que faire donc ? Le plus prudent devint le plus audacieux. Il proposa... *de s'emparer du roi.*

On a brûlé le livre (inestimable, regrettable à jamais) où Coligny racontait cette histoire. Mais nous avons son testament. Il y jure devant Dieu qu'il n'a jamais agi par haine ni ambition, jamais agi contre le roi.

Je crois qu'il fut très éloigné des vues secrètes de ceux qui eussent voulu donner la couronne à Condé, et qui lui frappaient des médailles, avec ce mot : *Roi des fidèles.*

Je crois qu'à son insu ce grand homme, de plus en plus, profitait des leçons de Knox et des exemples de l'Écosse; que, dans son cœur, le droit et la justice, la pitié de tant de malheurs, introduisaient, fondaient les doctrines de la résistance; que la royauté, représentée par la vieille Florentine, avec son troupeau de filles, les Gondi, les Birague, les empoisonneurs italiens, que la royauté, dis-je, lui semblait moins sacrée; qu'enfin, en lui, comme en bien d'autres, croissait la pensée du *Contr'un.*

Bible ou Antiquité, Brutus contre César, ou Élie contre Achab, peu importait la route. Mais, par l'une ou par l'autre, les hommes les plus graves y marchaient.

L'héroïque petit livre du jeune La Boétie, Bible

républicaine du temps, le *Contr'un*, tant loué, admiré de Montaigne, avait été écrit vers 1549 et ne fut imprimé qu'en 1576. Mais son esprit courait partout.

La seule difficulté pour prendre le roi, qui n'avait pas encore ses Suisses, c'était de garder le secret. Il fallait pourtant mander d'avance la noblesse éloignée et lui donner le temps. La cour fut avertie. Un des Montmorency fut envoyé chez Coligny à Châtillon, et le trouva *en bon ménager*, qui faisait ses vendanges. On se rassura; le connétable se moquait des donneurs d'avis; et si obstinément, que l'on fut presque pris. Les Suisses arriveraient-ils à temps? il fallait gagner quelques heures. Les Montmorency y servirent. Le connétable avait deux fois jadis sauvé Guise et perdu la France. Son fils aîné rendit le même service. Lié naguère avec les protestants, mais alors refroidi et brouillé même avec Condé, il l'amusa, lui fit perdre le temps. Les Suisses arrivent. Le roi se met au milieu de leurs lances.

Que pouvait la cavalerie contre ce bataillon massif? Escarmoucher, tirer des coups de pistolet. Grand étonnement du jeune roi, et fureur incroyable, qu'on tirât là où il était! Il s'élança plusieurs fois, le poing fermé, au premier rang. De moment en moment, les protestants pouvaient être joints par des renforts et écraser les Suisses. Le connétable escamota le roi, le déroba du bataillon, par un sentier le mit droit à Paris. Il arriva affamé, harassé, furieux de cette idée : *qu'il avait fui!*

Les protestants avaient deux mille hommes. Le

connétable, dix mille déjà, et il attendait un secours espagnol. Il avait cette énorme ville, fort dévouée, qui lui fit une armée de plus. Les deux mille eurent la témérité de l'assiéger, brûlant tous les moulins, coupant les arrivages.

Tel était le mépris des deux mille pour les cinq cent mille que, recevant le renfort des protestants normands, ils ne daignèrent les garder avec eux; ils les envoyèrent loin de Saint-Denis, où ils étaient, pour affamer la ville de l'autre côté.

Malgré les Parisiens, le connétable s'obstinait à attendre les Espagnols et à parlementer. Cette fois, Coligny ne demandait plus les conditions d'Amboise, mais l'universelle liberté de culte sans distinction de lieux ni de personnes, l'admission égale aux emplois, la réduction des impôts, enfin ce qui contenait tout, les États généraux.

Vigueur indestructible de la révolution. Tellement diminuée de nombre, elle croissait d'exigences, elle devenait politique, faisait appel au peuple.

Le connétable recula de surprise. Mais la plupart des protestants ne soutenaient pas Coligny; ils se seraient contentés de la liberté de culte, ne voyant pas qu'on ne l'a guère sans la liberté politique. Ils s'y réduisirent et n'eurent rien. Paris leur offrit la bataille (10 novembre 1567).

Un envoyé des Turcs, qui se mit sur Montmartre pour bien voir l'action, fut stupéfait de l'audace des protestants. Quinze cents cavaliers, douze cents fantassins, c'était tout contre vingt mille hommes. Notez, dans les vingt mille, six mille excellents soldats suisses et force artillerie, une grosse cavalerie des meilleures compagnies de gens d'armes. Les protestants, au contraire, étaient généralement une cavalerie légère; la moitié n'avait pas d'armures, « suivant les drapeaux pour leur sûreté, remplissant les rangs avec la casaque blanche et le pistolet ».

Le connétable, fort en colère contre les Parisiens qui le forçaient de combattre, les mit au premier rang. C'était un gros corps de bourgeois galonnés d'or, couverts d'armes étincelantes. Troupe superbe, mais peu sûre, et qui, reculant en désordre, devait troubler les Suisses, qu'il mit derrière.

Les protestants étaient en blanc. Le Turc, qui les voyait si peu nombreux charger ces profonds bataillons, dit : « Si Sa Hautesse avait ces blancs, elle ferait le tour du monde, et rien ne tiendrait devant elle. »

Leurs charges, préparées par le feu de quelques excellents arquebusiers, furent menées avec une vaillance désespérée par Condé et par Coligny. L'Écossais Robert Stuart, cruellement torturé jadis, chercha le connétable, fondit sur le vieillard, qui se défendit bien et lui brisa trois dents. Mais Stuart lui cassa les reins. Anne de Montmorency meurt à soixante-quinze ans. Depuis cinquante, il encombrait l'histoire d'une fausse importance, toujours fatale à son pays.

Ses fils rétablirent la bataille. La nuit venait. Les protestants se retirèrent, mais n'allèrent pas bien loin. Coligny les ramena le lendemain à la même place et brûla La Chapelle.

Les âmes pieuses avaient espéré un miracle. Il y en eut un. Ce fut l'audace des protestants et l'immobilité de Paris.

La royauté avait étonnamment pâli, et par la fuite de Meaux, et par le siège. « Une mouche assiégeait l'éléphant. »

C'est alors, je crois, que se place la conversation que Capilupi rapporte à 1568, entre Catherine et le nonce : « Qu'elle et Sa Majesté n'avaient rien plus à cœur que d'attraper un jour l'amiral et ses adhérents et d'en faire une boucherie mémorable à jamais. »

Autre conversation de la reine avec l'ambassadeur de Venise : « Que, revenant de Bayonne, elle avait lu à Carcassonne une chronique manuscrite de Blanche de Castille et des grands de ce temps, qui, réunis aux Albigeois, appelèrent contre la régente le secours de Pierre d'Aragon, que cette bonne reine fit la paix et sut les désarmer, puis les châtia selon leurs mérites. »

CHAPITRE XIX

Suite. — Conquête de la liberté religieuse. (1568-1570.)

Pie V et Philippe II, l'inflexible grandeur du parti catholique, l'idéal du pape et du roi, au point de vue de l'Inquisition, voilà ce que présente ce moment mémorable (1568).

La place de Bruxelles et d'Anvers montre les échafauds du duc d'Albe et l'Escurial achevé, de ses grises murailles, dérobe à l'Europe effrayée le supplice inconnu de don Carlos.

Cruelles, implacables justices! Mais Philippe II les avait annoncées dès son avènement. En livrant à l'Inquisition son bras droit, son maître et son guide, l'archevêque de Tolède (1559), il avait dit : « Si j'ai du sang hérétique, moi-même je donnerai mon sang. »

Cela est neuf, grand et terrible. Le ciel catholique sur la terre. Dieu a donné son fils, et Philippe II en fait autant.

Le 24 janvier 1568, il écrit au pape : « En reconnaissance des bienfaits de Dieu, j'ai préféré le salut de la religion à mon propre sang et sacrifié ma chair et mon unique fils. » Que devint don Carlos? Les historiens espagnols assurent qu'il mourut *naturellement*.

Toute la vie de Philippe II paraît un sacrifice. Renfermé nuit et jour, ne voyant rien que ses papiers, ne présidant pas même son conseil, ne communiquant jamais que par écrit, vit-il réellement? On en douterait sans les notes de sa grosse écriture qu'on trouve sur les dépêches. Cependant ce fantôme a une femme, une jeune Française, qui se meurt de mélancolie.

Madrid, sur sa plate plaine grise, était trop gaie encore. Dans un paysage sinistre, propre aux gibets ou à l'assassinat, parmi des rochers désolés, s'est élevée en dix ans la maison de plaisance du roi d'Espagne, l'Escurial, palais, monastère et sépulcre, où il doit s'enterrer vivant. Ses hauts murs de granit, surplombant des cloîtres étroits, des fontaines sans eau et des jardins sans arbres, ont déjà étonné, en 1565, le comte d'Egmont. C'est de là que Philippe II, en 1566, écrit lettre sur lettre pour hâter le supplice du comte. Le duc d'Albe répond (13 avril) qu'il ne peut pas aller plus vite, qu'il faut bien, pour l'honneur du roi, quelque forme de justice. Mais le soir du même jour, craignant en bon courtisan d'avoir mécontenté le roi, il écrit que la semaine sainte fait un peu tarder les exécutions; on n'y perdra rien; il coupera, après Pâques, huit cents têtes pour commencer (Gach. *Phil. II*, t. II, p. 23).

Dans cette sévérité terrible, une chose me frappe. Ce roi, ce père, cet inflexible juge, à qui remet-il la garde de l'agonisant don Carlos? à son ami. Quoi! il a un ami? Je veux dire un ministre immuable dans la faveur. D'autres s'élèvent et tombent. L'heureux Ruy Gomez subsiste et surnage toujours. Dans un monde mystérieux où tout est ténèbres et silence, ce seul mystère m'étonne. Dix ans encore, j'en serai éclairé.

La femme de Gomez, intrépide et cynique, avec son audace espagnole, nous dira hardiment la longue patience de son discret époux. Entre Gomez et Philippe II, elle prend, dans son mortel ennui, le jeune Antonio Perez, c'est-à-dire l'indiscrétion même, la publicité et le bruit. Étouffons vite ce Perez; brisé, étranglé, torturé, qu'il disparaisse. Mais non, il fuit, il crie, éclate; des peuples entiers sont pour lui... Spectacle épouvantable! Le voilà un moment presque roi d'Aragon!... Et ce maître du monde n'en peut venir à bout; loin de là, c'est lui qui est pris dans ses assassins maladroits, qui poursuivent Perez jusqu'aux pieds d'Henri IV.

Tout cela est loin encore. Mais la débâcle morale du parti des saints commence dès 1568, la grande année du duc d'Albe, par la chute de la bien-aimée des papes, de la nièce des Guises, de Marie Stuart. C'est le premier procès des rois avant Charles Ier et Louis XVI.

Une double enquête la dévoile. Et ses défenseurs même constatent l'épouvantable chute.

La poétique héroïne des plus beaux vers qu'ait faits Ronsard, l'intrépide amazone qui vient de vaincre ses sujets, perd tout à coup ses masques. Et cette fille publique, que vous voyez traînée à pied par les soldats dans les rues d'Édimbourg, c'est elle... Convaincue en Écosse et convaincue en Angleterre, elle est connue et vue de part en part.

Vraie scène du Jugement dernier. Une vie entière apparaît, précipitée en quatre ans à l'abîme; de l'amour à la galanterie, au libertinage, à l'assassinat! Un agent catholique, un valet italien qu'elle fait ministre, la marie au jeune Darnley, puis la prend pour lui-même.

Elle tombe plus bas. Stimulée d'un démon femelle, d'une sorcière obscène et lubrique, elle est prise, domptée par le galant de la sorcière, un assassin, le borgne Bothwell, qui la réduit jusqu'à la faire son compère dans l'assassinat. Le borgne, pour attirer le mari à son abattoir, lui dépêche la reine. Dans son infâme obéissance, celle-ci, deux fois prostituée, caresse ce mari crédule, et se livre à lui le matin pour qu'il soit étranglé le soir.

Holyrood est connu. L'Escurial, le Louvre, le seront en leur temps.

Ce dernier nous offre déjà une première lueur du jour qui va se faire.

Un conseil italien s'est formé autour de la reine mère : l'aimable Florentin Gondi, que la Saint-Barthélemy fit duc de Retz, le sage président Birago, qui sera chancelier de France, le violent Gonzague, fils du duc de Mantoue, et, par son mariage, duc de Nevers.

Catherine est bonne mère, mais d'un seul fils.

Non pas de Charles IX, mais du second, Henri d'Anjou, le seul qui lui ressemble.

Elle n'aimait pas Charles IX. Il l'inquiétait et lui faisait peur. Né furieux, il avait des moments de sincérité. Mais elle se reconnaissait, se mirait dans le duc d'Anjou, pur Italien, né femme, avec beaucoup d'esprit, une absence étonnante de cœur. Tout d'abord, il fut au niveau de sa mère en corruption. Les parures féminines lui plaisaient seules, bagues, pendants d'oreille et bracelets. Il passait sa journée à taquiner les filles de la reine, leur faire des niches, leur tirer les oreilles. Charles IX s'usait à la chasse dans les plus violents exercices: Et Henri s'usait de mollesse; il fut fini à vingt-cinq ans. Après deux minutes d'amour, il se mettait trois jours au lit.

A seize ans, cependant, il avait une fleur d'esprit, de grâce, d'audace et de malice. J'entends de noire malice et du plus perfide chat. Son début fut l'assassinat du chef des protestants. Sa fin, l'assassinat du chef des catholiques. Il est le principal auteur de la Saint-Barthélemy. Elle sortit surtout de la fatale concurrence de Henri d'Anjou et Henri de Guise. Tous les deux finirent mal et le trône passa à Henri de Navarre.

La question revenait dans cette misérable France idolâtrique à savoir qui des trois petits garçons deviendrait le *héros*. De trois côtés on travaillait.

Le *héros*, François de Guise, était mort à Orléans.
Et l'homme officiel d'un demi-siècle, le connétable,
était mort à Saint-Denis. Qui leur succéderait?

Nous avons dit comment la maison de Lorraine
bâtissait dans l'opinion, échafaudait Henri de Guise.
On lui avait fait faire une campagne contre les Turcs,
une solennelle entrée à Paris. Laquelle entrée fut fort
troublée, le gouverneur ayant soutenu qu'on ne pouvait entrer en armes, ayant même tiré sur les Guises.
Le petit héros n'en montait pas moins par les soins
habiles du clergé, par la publicité du temps, le
sermon et les bavardages de confessionnal, de couvent et de sacristie.

La reine mère à ce héros se hâtait d'opposer le sien.
A seize ans, elle lui fait remplacer le vieux connétable comme lieutenant du roi. Elle le montre et le
présente comme chef du parti catholique. Elle lui
donne, pour conduire les armées, deux mentors,
Tavannes et Strozzi, hommes d'énergie, d'exécution,
qui, avec les secours d'Espagne, vont lui arranger des
victoires.

Plan redoutable. A qui surtout? aux Guises, mais
encore plus à Charles IX. Il objecte, il résiste. Mais
on l'entoure habilement. La majesté du trône le contraint de se réserver.

C'est le commencement d'une sorte de conspiration
de la mère contre le fils, qui fit croire à la fin qu'elle
avait pu l'empoisonner. Selon nous, elle a fait bien
plus!

L'héroïque petite armée des protestants, en novembre et décembre 1567, suivie du duc d'Anjou, deux fois plus fort, marchait à la rencontre d'un secours d'Allemagne. Dans les profondes boues, sans toit, sans repos, sans argent, vivant des rançons des villages et de contributions forcées. Les luthériens allemands étaient pour Catherine. Le seul Électeur palatin secourt nos calvinistes. Les reîtres joints (4 janvier), autre difficulté. Ils n'ont suivi le palatin que sur promesse de toucher, dès l'entrée, trois cent mille écus d'or. Nos protestants se dépouillent, donnent le dernier fond de leur poche; chers bijoux de famille, anneaux de mariage, tout y passe; les valets même furent admirables de générosité.

Mais, même avec les Allemands, ils étaient faibles encore devant l'armée catholique, grossie de Suisses et d'Italiens du pape. Ils vont pourtant à travers le royaume, traversent tout le centre, et tout à coup tombent sur Chartres. La Rochelle se déclare pour eux, et avec elle un monde de marins, de corsaires, qui font la course sur l'Espagne. La république protestante hypothèque son budget sur les galions de Philippe II.

Placés audacieusement entre Chartres qu'ils assiègent et la masse catholique, n'étant que trente mille contre quarante-cinq mille, les protestants demandent la bataille. On leur donne la paix. Coup fatal. C'était les dissoudre. Ce mot de paix fait fondre comme une neige l'armée protestante. Ces pauvres gens, à l'idée seule de la maison, du toit et du foyer, vaincus de cœur, aveuglés de leurs larmes, lisent à peine le traité. Toute promesse, et nulle garantie. La liberté sans force ni défense, sans place de sûreté. Le roi promet de solder leurs Allemands et de les renvoyer chez eux (25 mars 1568, Longjumeau).

Pie V et Philippe II furent indignés. A tort. Le conseil italien et Catherine suivaient le mot du nonce : « Les prendre désarmés. »

Un fait suffit pour dire quelle paix ce fut. Le gentilhomme qui l'apporte à Toulouse, au nom du roi, est pris, et le Parlement trouve moyen de lui couper la tête. Cent huguenots sont massacrés à Amiens, cent cinquante à Auxerre, trente à Fréjus avec René de Savoie, etc. Les confréries déclarent que, si le roi empêchait le massacre, on le tondrait, on en ferait un moine, et l'on ferait un autre roi.

Un autre ? Henri d'Anjou, ou bien Henri de Guise ?

Condé et Coligny étaient à Noyers en Bourgogne pour conférer de leurs dangers. Tavannes, gouverneur de Bourgogne, reçoit ordre de les saisir. Ordre verbal, qu'apporte un quidam italien envoyé de Birague. On voulait que Tavannes se lançât et prît tout sur lui. Il se garda bien de le faire. Condé et Coligny sont avertis et partent à la pointe du jour (24 août 1568).

Coligny venait de perdre son admirable femme, tendre et pieuse, un cœur plein de pitié. En deuil, il traînait quatre enfants. Condé en avait aussi quatre, et la princesse était enceinte. Madame Dandelot portait un enfant dans les bras. Point d'escorte que leur maison, une centaine de cavaliers. Le refuge était La Rochelle, à cent cinquante lieues.

Fuir de Bourgogne à l'Océan, passer les fleuves, éviter les troupes et les villes, c'était un voyage improbable. Il se fit par miracle. La Loire baissa pour les laisser passer, grossit pour arrêter ceux qui les poursuivaient.

Les preneurs y furent pris. Ils comptaient sur le guet-apens, n'avaient rien préparé. L'Ouest se déclare protestant, et bientôt le Midi, la Provence et le Dauphiné, les bandes de Mouvans et Montbrun. Coligny signe à La Rochelle un traité avec les Nassau. Il tire d'Élisabeth de l'argent, des canons ; il établit le droit des *prises;* les corsaires donneront le dixième *à la cause.* Il entreprend la vente des biens ecclésiastiques. Il crée des commissaires des vivres. C'est par là, dit La Noue, qu'il commençait toujours l'armée, disant cette parole originale : « Formons ce monstre par le ventre. »

Il projetait un mouvement hardi qui, le reportant vers la haute Loire, l'eût rapproché en même temps et des Allemands qui lui venaient de l'Est et de ses renforts du Midi. Les catholiques le prévinrent à Jarnac (13 mars 1569). Les protestants, fort mal disciplinés, venant au combat un à un, y perdirent quatre cents hommes. On eût parlé à peine de cette rencontre si Condé n'y avait péri.

Le matin, le duc d'Anjou, ayant communié, recommanda l'assassinat.

On a vu Saint-André, Montmorency, cherchés et tués par leurs ennemis personnels. L'assassin de Condé fut Montesquiou, capitaine des gardes du duc d'Anjou. Condé, blessé la veille d'une chute, et le jour même ayant la jambe brisée d'un coup de pied de cheval (l'os lui perçait la botte), sans tenir compte de cette vive douleur, avait chargé intrépidement, avec la belle parole que portait son drapeau : « Doux le péril pour Christ et le pays ! » Enveloppé dans les masses profondes de la cavalerie ennemie, il tomba sous son cheval tué, et Montesquiou vint par derrière qui lui cassa la tête.

On vit alors ce que c'était que le duc d'Anjou. Ce vainqueur de dix-sept ans, que l'habileté de Tavannes avait pu masquer d'héroïsme, parut déjà ce qu'il était, la boue, la lie du temps. Il montra cette joie furieuse, insultante, qu'on ne voit qu'aux lâches. Il fit porter le corps par une ânesse, tête et jambes pendantes. Tout le jour, sur une pierre, devant l'église de Jarnac, resta exposé aux risées le corps du pauvre *petit homme*, si brave, mais léger, toujours fatal aux siens... Et pourtant ce fut un Français.

Sa mort eût fortifié le parti protestant, dès lors conduit par Coligny, s'il n'eût fallu encore un prince. Si fortes étaient les habitudes monarchiques. Jeanne d'Albret amena à point son petit Henri de Navarre. La sainteté enthousiaste, l'émotion héroïque de la mère enleva tous les cœurs et les donna au fils.

L'interrègne n'a pas été long. La république protestante épouse le petit Béarnais, enfant douteux, aussi flottant que sa mère était fixe, qui abjurera de temps à autre, selon ses intérêts, et fera de la foi des saints son moyen et son marchepied.

La guerre parut arrêtée brusquement par les discordes intérieures qui travaillaient les deux partis.

La petite cour du duc d'Anjou, ivre de la mort de Condé, pour laquelle Rome, Paris, Madrid avaient chanté des *Te Deum*, voulait être payée comptant de sa victoire. Elle exigeait que Charles IX donnât à son frère un apanage, une principauté quasi indépendante. C'était la pensée de Catherine.

Les Lorrains, inquiets, voyant Henri d'Anjou primer décidément et faire oublier leur Henri de Guise, dénonçaient la mère et le fils et à Charles IX et au roi d'Espagne. Ils prétendaient qu'Anjou s'entendait avec Coligny. Il en résulta, d'une part, que l'Espagne ne mit nul obstacle au passage des Allemands que le prince d'Orange menait à Coligny, et qui traversèrent tout le royaume. D'autre part, Charles IX, faisant contre sa mère un premier acte d'indépendance, refusa les canons de siège que demandait son frère. Il s'avança même de sa personne jusqu'à Orléans. Il allait prendre le commandement de l'armée. Mais, là, il trouva tout le monde contre lui, les Lorrains aussi bien que sa mère. Spectacle ridicule, un prêtre et une femme, le cardinal de Lorraine et Catherine, dans des intérêts opposés, lui pour Henri de Guise, elle pour Henri d'Anjou, se chargent d'accélérer la guerre.

La guerre s'arrête et rien ne se fait plus. Henri de Guise essaye d'agir, compromet l'armée, se fait battre. Catherine ne veut pas qu'on agisse et divise les troupes, jusqu'à ce que son duc d'Anjou ait reçu les secours immenses d'Allemands, de Suisses et d'Italiens qu'on lui faisait venir avec l'argent du pape et des puissances catholiques.

Coligny, d'autre part, fut condamné tout l'été par la noblesse poitevine à assiéger Poitiers, où Guise, poursuivi, s'était réfugié. Fatigués et usés par ce siège inutile, les protestants se trouvent, en octobre, en face de la grosse armée du duc d'Anjou (Montcontour, 3 octobre 1569). Cette fois, ce fut une vraie bataille, horriblement sanglante. Les Allemands de Coligny l'arrêtèrent court en demandant leur solde au moment de l'attaque. Ils perdirent le moment d'occuper les positions fortes qu'avait désignées Coligny. Ils en furent bien punis. Les Suisses du duc d'Anjou, par vieille jalousie de métier, s'acharnèrent à les massacrer, et les tuèrent jusqu'au dernier. La cavalerie protestante dut porter le faix du combat, cavalerie légère, qui n'avait que le pistolet et de petits chevaux, contre les chevaux de bataille de la grosse gendarmerie, cuirassée, fortement armée. Louis de Nassau y chargea avec l'élan aveugle de Condé. L'amiral même, malgré son âge, dans cette nécessité, agit de sa personne, tua de sa main l'un des rhingraves, protestant mercenaire qui combattait les protestants. Mais l'homme de louage, avant que l'amiral lui brûlât la cervelle, avait eu le temps de le blesser. Une balle perça la joue de Coligny, lui brisa quatre dents; le sang, qui emplissait sa bouche et l'étouffait, l'arracha du champ de bataille.

Le malheur était grand; la perte pour les protestants

était de cinq ou six mille morts, toute leur-infanterie allemande. Mais un malheur plus grand, c'était l'apothéose du faux héros, Henri d'Anjou. Une charge excentrique, improbable, de la cavalerie protestante ayant percé au fond de l'armée catholique, le prince, sans blessure, eut son cheval tué sous lui. L'Europe en retentit. Les femmes en raffolèrent. La reine Élisabeth disait en être amoureuse et voulait l'avoir pour mari.

Ce héros menait avec lui l'assassin Maurevert, qui promettait de tirer Coligny. Ne l'ayant pu, Maurevert tua en trahison le gouverneur de Niort et fut accueilli, caressé, comblé par le duc d'Anjou.

« L'amiral, dit d'Aubigné, se voyant sur la tête, comme il advient aux capitaines des peuples, le blâme des accidents, le silence de ses mérites, un reste d'armée qui même avant le désastre désespérait déjà... ce vieillard, pressé de la fièvre, enduroit ces pointures qui lui venoient au rouge, plus cuisantes que sa fâcheuse plaie. Comme on le portoit en une litière, Lestrange, vieux gentilhomme, cheminant en même équipage et blessé, fit avancer sa litière au front de l'autre, et puis, passant la tête à la portière, regarde fixement son chef et se sépare la larme à l'œil avec ces paroles : *Si est-ce que Dieu est très doux*. Là-dessus, ils se disent adieu, bien unis de pensée, sans pouvoir dire davantage. »

Rien ne put briser Coligny. De sa litière, il mène la retraite en bon ordre. Si bien que Tavannes lui-même, le mentor du duc d'Anjou, voyant cette retraite lente, imposante, qui montrait les dents, dit : « Il faut faire la paix. »

Cette situation révéla en effet dans le malheureux capitaine, battu par les fautes des siens, le coup d'œil, l'audace indomptable, l'invention et l'esprit de ressource d'un grand chef de parti.

Il changea le théâtre de la guerre, s'enfonça dans le Midi, s'y promena en long et en large, s'y refit, ramassa une autre armée, d'arquebusiers surtout. Tout au contraire, les catholiques languissent et se consument au siège de Saint-Jean-d'Angely. Le roi y est venu; son frère Anjou s'est retiré. Dès lors, tous les amis de celui-ci, et Catherine elle-même, ont entravé et ralenti les choses, fait désirer la paix. Les propositions royales viennent trouver Coligny à Nîmes. Il les refuse, et déclare à ses troupes que, par le Rhône et la Loire, il entend marcher sur Paris.

Temps singulier, de romanesque audace! Ce prodigieux voyage n'étonne personne. Il se fût accompli, si Coligny n'eût succombé à l'excès des fatigues. Le voilà alité, porté, mal suppléé par Louis de Nassau. Ce torrent d'armes et de guerre qui, du Midi, roulait au Nord, commence à tarir peu à peu. Par une résolution sage et hardie, pour n'être quitté, Coligny les quitte; il déclare qu'il ne garde que sa cavalerie, laisse l'infanterie et les canons. Il va rapidement vers la Loire protestante, qui lui donnera une autre armée. On essaya en vain de lui couper la route.

Deux fois plus forts, les catholiques ne peuvent

l'arrêter ni même le combattre dans les positions qu'il choisit.

Le Poitou, pendant ce temps, avait de nouveau échappé aux catholiques. Coligny, sur la Loire, grossi des protestants du Centre et de l'Ouest, pouvait tenir parole et marcher sur Paris.

La reine mère désirait fort la paix. On en comprend les causes. Non seulement les ressources manquaient, mais, en s'arrêtant là, elle avait juste ce qu'elle désirait : son fils chéri restait glorieux, Charles IX effacé. Sa présence à l'armée, son séjour de trois mois au siège de Saint-Jean-d'Angely, semblaient avoir tué le parti catholique. Henri de Guise n'avait paru que pour recevoir un échec. Le bien-aimé Henri d'Anjou gardait tous les lauriers, demeurait le héros de Jarnac et de Montcontour.

Mais Catherine n'obtint cette paix qu'à des conditions très sévères. Non seulement Coligny exigea la liberté de conscience pour tous, la liberté de culte pour les villes déjà protestantes, pour les châteaux des protestants, non seulement l'admission aux emplois, mais une reconnaissance du roi que ceux qui venaient de lui faire la guerre étaient ses très loyaux sujets. Les parlements et tribunaux avaient la honte de rayer leurs arrêts.

Le roi, pour garantie de sa parole, laissait pour deux ans *quatre places de sûreté*, *La Rochelle* et la mer, *La Charité*, la clef du centre, *Cognac* et *Montauban*, la porte du Midi (paix de Saint-Germain, 8 août 1570).

Paix glorieuse s'il en fut jamais, qui semblait fonder la liberté religieuse.

Philippe II et Pie V pouvaient crier. Mais les secours d'Espagne, faibles en 1568, furent nuls en 1570. La cour de France avait à dire, en se soumettant à la paix, qu'elle y était contrainte, l'Espagne l'ayant abandonnée.

CHAPITRE XX

Charles IX contre Philippe II. (1570-1572.)

L'écrivain distingué auquel nous devons la publication des *Négociations de la France dans le Levant*, dit que les lettres de Catherine de Médicis donnent l'idée d'une femme «*simple, bonne et presque naïve, qui eut surtout le génie de l'amour maternel et lui dut ses hautes qualités politiques* ».

Pour porter sur Catherine un jugement si favorable, il faudrait s'en remettre uniquement à ce qu'elle écrit elle-même. La naïveté apparente de ses lettres, leur grâce incontestable, sont du reste le charme propre à la langue de cour, vers la fin du seizième siècle. Tandis que les provinciaux, même hommes de génie, un Montaigne, un d'Aubigné, fatiguent par un travail constant, les grandes dames de l'époque, Catherine, Marie Stuart, Marguerite de Valois, écrivent au courant de la plume une langue déjà moderne, agréable et facile, où le peu qu'on trouve de formes antiques semble une aimable naïveté gauloise et donne un faux air de vieille franchise.

Mais le même écrivain se met en contradiction directe avec les actes, quand il ajoute : « On admire la pensée infatigable *qui dirige* tout le mouvement de cette époque, que les ambassadeurs interrogent comme l'âme de cette politique, devant laquelle *s'incline le conseil de Philippe II* », etc. Tout au contraire, on voit que le conseil de Philippe II (le modéré Granvelle comme le violent duc d'Albe) est unanime dans son opinion sur la reine mère, et, loin de s'incliner devant elle, ne la nomme jamais qu'avec mépris.

Ce n'est pas que ces politiques soient tombés dans l'erreur des écrivains protestants, qui ont accumulé sur elle tous les crimes de l'époque. Ils la connaissaient mieux, sachant parfaitement qu'elle avait très peu d'initiative, nulle audace, même pour le mal. Elle suivait les événements au jour le jour, accommodant son indifférence morale, sa parole menteuse et sa dextérité à toute cause qui semblait prévaloir. Ainsi, quoiqu'à la suite, elle influa infiniment. Seule elle était laborieuse, seule avait une plume facile, toujours prête et toujours taillée. A la tête des Laubespin, des Pinart et des Villeroy, et autres secrétaires français, à la tête des Gondi, des Birague et autres secrétaires italiens, il faut placer cet intarissable scribe femelle, Catherine de Médicis. Elle écrivaille toujours. S'il n'y a pas de dépêche à faire, elle se dédommage en écrivant des lettres de politesse, de compliment, de condoléance, même aux simples particuliers ; elle sollicite des procès ; elle écrit pour ses bâtiments, pour les petites villas, les casines qu'elle fait ou veut faire. La plus connue est la gentille casine de ses Tuileries, petit palais élégant qu'on ne peut plus retrouver sous les monstrueuses gibbosités et perruques architecturales dont l'a affublé le grand siècle.

Catherine aimait les arts, mais dans le petit. Elle était restée juste à la mesure des petites principautés italiennes.

Elle représentait fort bien, avec une certaine noblesse dans le costume, les fêtes et les bâtiments, une belle tenue de reine mère, que démentaient, d'une part, sa cour équivoque de filles faciles, d'autre part certaines échappées de paroles qui lui arrivaient à elle-même, des saillies bouffonnes et cyniques qui rappelaient la vulgarité des Médicis, la fausse bonhomie qui n'aida pas peu à l'élévation de ces princes marchands.

Elle n'était jamais plus gaie que quand on lui apportait quelque bonne satire contre elle, amère, outrageante et sale. Elle riait, se tenait les côtes. « Le roi de Navarre et la royne mère étant à la fenestre dans une chambre assez basse, écoutoient deux goujats qui, faisant rostir une oye, chantoient des villenies contre la royne..... Et ils maugréoyent de la chienne, tant elle leur faisoit de maux. Le roi de Navarre prenoit congé de la royne pour aller les faire pendre. Mais elle dit par la fenestre : « Hé ! que

« vous a-t-elle fait? Elle est cause que vous rôtissez
« l'oye. » Puis, se tourne vers le roi de Navarre en
riant, et lui dit : « Mon cousin, il ne faut que nos
« colères descendent là... Ce n'est pas nostre gibier. »

Voilà la véritable Catherine de Médicis, bonne
femme, si l'on veut, en ce sens qu'à toute chose elle
fut insensible.

Du reste, prête à admettre tout crime utile. Son
admirateur Tavannes, qui la justifie assez bien de
quelques empoisonnements, lui attribue le meurtre
d'un favori de son fils, et même la grande initiative
de la mort de Coligny. Il la surfait, je pense, et
l'exagère, en lui attribuant l'idée d'une chose si
hardie. Elle y consentit, y céda. Mais jamais, sans
une pression étrangère et une grande peur, elle
n'aurait osé un tel acte.

Elle n'avait pas plus de cœur que de sens, de
tempérament. Comme mère, elle appartenait pourtant à la nature, elle était femelle, aimait ses petits.
Un seul du moins; elle appelle sincèrement et hardiment Henri d'Anjou : « La personne de ce monde qui
m'est la plus chère » (Lettre du 1er décembre 1571).
Elle était dure pour sa fille Marguerite et pour le duc
d'Alençon, fort hypocrite pour l'aîné, le roi Charles.

Il ne tient pas à sa fille Marguerite que nous ne
croyions que cette digne reine n'ait eu des révélations
prophétiques, « ces avertissements particuliers que
Dieu donne aux personnes illustres et rares... Elle
ne perdit jamais un de ses enfants qu'elle n'ait vu
une fort grande flamme. Et la nouvelle arrivait. »

Malade à l'extrémité, elle s'écrie, comme si elle eût vu donner la bataille de Jarnac : « Voyez comme ils « fuient! mon fils a la victoire!... Eh! mon Dieu! « relevez mon fils, il est par terre!... Voyez-vous « dans cette haye le prince de Condé mort! » Ce qui fait tort à ce récit, c'est un mélange maladroit de deux faits et de deux époques, de Jarnac et de Montcontour.

Si elle aimait Henri d'Anjou, nous l'avons dit, c'est qu'il était Italien. Elle restait toute Italienne. Elle fit la fortune de son parent, le Florentin Gondi, à qui elle confia Charles IX, la fortune de son cousin, le Florentin Strozzi, qui devint colonel général de l'infanterie. Quand le duc d'Anjou quittait par moments le commandement de l'armée, elle y mettait un Italien, Gonzague, duc de Nevers. Elle correspondait régulièrement avec son cousin Côme de Médicis, duc de Toscane, et ce qui l'indisposait le plus contre Philippe II, c'est qu'il contestait à Côme le titre de grand-duc que lui avait accordé le pape, et qui eût donné le pas aux Médicis sur tous les princes d'Italie.

Nous avons parlé de son confident, le président Birague. De même, quand le Corse Ornano se réfugia en France, elle fit créer la garde corse, remettant aux épées italiennes le corps et la personne du roi, confiés jadis aux Écossais.

Ses lettres montrent partout une Italienne plus que prudente, fort craintive pour ses enfants, qui ménage tout et a peur de tout. Nulle trace de cette profonde dissimulation qui lui eût fait préparer la Saint-

Barthélemy pendant tant d'années. On voit, et par ses dépêches confidentielles, et par les plus secrètes instructions données à nos ambassadeurs, que, si elle avait eu cette idée en 1568, elle ne songeait plus alors à rien de pareil. Elle sentait le poids de l'épée protestante et n'espérait plus rien. Jamais elle n'eut l'idée ni le courage d'une révolte contre les faits. Enlevée par les Guises en 1561, elle se résigna, fut quasi catholique. Dominée et vaincue par Coligny en 1570, elle se résigna, fut quasi protestante. Cela dura deux ans.

Toute sa préoccupation, c'était l'intérieur, sa famille, son fils Henri d'Anjou. La guerre semblait l'avoir débarrassée du concurrent Henri de Guise, qui, par deux fois, s'était ridiculement avancé, compromis. A La Roche-l'Abeille, il entraîne l'armée, malgré les généraux, se sauve; on fut au moment de tout perdre. Devant Poitiers, il s'obstine à combattre, se sauve, se trouve trop heureux de se réfugier dans la ville. Brave de sa personne, il parut un franc étourdi, parfaitement indigne de son père, indigne du grand rôle de chef des catholiques que saisissait Henri d'Anjou.

La seule inquiétude de Catherine, c'était la jalousie de Charles IX. Elle avait gagné sur lui de lui faire garder, en pleine paix, dans un frère du même âge, un lieutenant général du royaume, un commandant de l'armée, une espèce de maire du palais. Le roi entrevoyait qu'il avait fait un autre roi, et qu'il ne pouvait le défaire, les généraux catholiques étant à lui. Mais, s'il ne pouvait le destituer, il pouvait le tuer. Il en eut l'idée, un peu tard. Déjà son frère l'avait perdu.

Charles IX n'avait personne à lui. Sa mère le tenait isolé. Au contraire Henri d'Anjou. La cour galante, parfumée, de ce mignon toujours au lit, et déjà médeciné pour l'épuisement, était pleine d'hommes d'exécution. Tavannes, si sanguinaire à la Saint-Barthélemy; le noir Strozzi, qui, en un jour, noya de sang-froid huit cents femmes; Montesquiou, qui avait assassiné Condé, et enfin des assassins de profession, comme Maurevert. Ce prince femme aimait les mâles, et, comme tels, tous ceux qui frappaient.

La vie de Charles IX ne leur eût guère pesé, s'ils n'avaient cru régner sous lui et bientôt hériter. On était sûr qu'il mourrait de bonne heure de quelque accident, blessure, excès ou maladie. Il fut blessé d'un cerf en 1571; son frère un moment se crut roi.

Ce malheureux Charles IX (disons aussi : ce misérable) fut une énigme pour tous et pour lui-même. Son âme trouble était l'image de sa naissance absurde, du moment où son père l'engendra malgré lui d'une femme haïe et méprisée. Il fut un divorce vivant.

Pendant que sa facilité, son éloquence naturelle, son amour des vers et de la musique, eût semblé un reflet de François Ier ou de Marguerite, sa furie d'armes, de chasse et ses tueries de bêtes (même à coups de bâton) étonnaient, faisaient peur. Il était né baroque, aimait les masques hideux, burlesques, les divertissements périlleux, les tours de force qu'on laisse aux baladins. On a de lui une gageure contre un seigneur, portant qu'en deux ans d'exercice le *roi parviendra à baiser son pied.* Quoique ses mœurs fussent bonnes (relativement à son frère), il était cynique de paroles, et ce qu'on peut dire, polisson. Parfois, dans ses gaietés étranges, il se levait la nuit, faisait lever tout le monde, courait masqué, avec des torches, éveiller en sursaut, prendre au lit quelque jeune seigneur, qu'il faisait sangler ou fouettait lui-même.

Mais plus souvent encore, d'humeur noire et mélancolique. Il s'enfermait, forgeait des armes, battait le fer jusqu'à n'en pouvoir plus. Ou bien, il s'enfonçait dans les grandes forêts, s'épuisait et ne s'arrêtait que quand la fièvre le prenait.

On lui attribue de beaux vers à Ronsard. Moi qui ne crois guère aux vers des rois, je ne suis pas trop éloigné d'accepter ceux de Charles IX. Dans son portrait (fait à seize ans), où son œil furieux est quelque peu loustic, par l'obliquité du regard, il y a pourtant une lueur. Cette âme violente, hautaine, put, par quelque beau jour d'orage, rencontrer et forcer la Muse; la capricieuse, qui fuit les sages, se laisse parfois surprendre aux fous.

> Ta lyre, qui ravit par de si doux accords,
> T'asservit les esprits dont je n'ai que les corps.
> Elle t'en rend le maître et te sait introduire
> Où le plus fier tyran ne peut avoir d'empire.
> Tous deux également nous portons des couronnes :
> Mais roi, je les reçois; poète, tu les donnes.

Ce qui est sûr, du reste, c'est qu'il n'eut rien de la bassesse de sa mère, rien des sales amours des Valois, des égouts de son frère Henri. Il aima, et la même. Il l'a aimée jusqu'à la mort.

L'objet de cet unique amour était une demoiselle un peu plus âgée que lui, Marie Touchet, Flamande d'origine, petite-fille par sa mère d'un médecin du roi, et fille d'un juge d'Orléans.

Deux choses avaient force sur lui, la musique et cette calme Flamande. C'est en elle qu'il se réfugia aux deux moments les plus terribles. Le seul enfant qu'il laissa d'elle fut conçu dans le désespoir, au jour où on lui fit dire qu'il avait voulu le massacre. Et peu après, quand il mourut, parmi les ombres et les visions de la Saint-Barthélemy, il la fit venir encore, chercha en elle le suicide, et s'extermina par l'amour.

Revenons. Dans le danger visible où le mettait son frère, Charles IX, quoique demi-fou, fit deux choses qui n'étaient pas folles. Il se maria, et il négocia pour marier son frère et le mettre hors du royaume.

En novembre 1570, Charles IX épousa (malgré la secrète opposition de Philippe II) la fille cadette de l'Empereur, dont Philippe épousait l'aînée.

En janvier, il apprit que la reine d'Angleterre parlait d'épouser le duc d'Anjou.

Cela dérangeait fort les plans de Catherine. Elle écrivit en hâte (2 février) à notre ambassadeur à Londres que son fils Anjou *n'en voulait à aucun prix*, *à cause des mauvaises mœurs* d'Élisabeth, qu'elle prît plutôt le plus jeune, Alençon. Mais, le 18, tout change. Catherine récrit qu'Anjou *désire infiniment* ce mariage. Évidemment elle eut peur du roi Charles. Anjou, s'il refusait, était en grand danger.

Élisabeth envoyait son portrait. Anjou, amoureux malgré lui, fut forcé d'envoyer le sien. Catherine laissait aller les choses, feignait de les hâter; mais elle arrêtait tout par ce mot à l'ambassadeur :

« Faites connaître aux catholiques anglais *le bien que ce sera pour eux.* » Sûr moyen d'exciter l'inquiétude des protestants et de susciter au mariage des obstacles insurmontables.

Élisabeth était bien haut. Elle tenait sous sa clef la reine d'Écosse, et dominait l'Écosse réellement. Elle avait profité de la ruine des Pays-Bas. Cent mille hommes, et des plus actifs, ouvriers ou marins, avaient fui devant le duc d'Albe. Ceux-ci se firent corsaires, n'eurent plus de patrie que la mer, insaisissables désormais entre La Rochelle et Portsmouth. La course commença contre l'Espagne, par vaisseaux d'abord, puis par flottes (dépêches de Fénelon). Les mines du Mexique se trouvèrent travailler pour Londres. Les galions, attendus à Cadix, entraient à La Rochelle. Contre Anvers ébranlée, contre Rotterdam saccagée, Élisabeth ouvrit à grand bruit la Bourse de Londres (1571), parmi les fanfares prophétiques qui d'avance sonnaient le naufrage de l'*Armada*.

Philippe II, au contraire, déjà embarrassé, se trouva tout à coup dans une complication nouvelle. Ce fut encore cette fois l'odieux, l'impie, le détesté mahométisme, qui fut le salut de l'Europe.

Le prince d'Orange l'avoue dans ses lettres. C'est la révolte des Maures contre Philippe II qui changea la face des choses. Poussés au désespoir, ils s'armèrent, fuirent aux montagnes, se firent un roi de leur race. Et, en même temps, les Vénitiens venaient dire au roi d'Espagne que le sultan attaquait Chypre, que les Turcs reprenaient leur immuable plan de conquérir la Méditerranée. De l'Occident, Philippe fut reporté vers l'Orient. Toute sa pensée fut la formation de la *Ligue sainte* où entrèrent le pape, Venise, les princes italiens par leurs contributions. Il eût voulu aussi y faire entrer la France, qui, dans cette croisade, lui eût été subordonnée.

Charles IX haïssait Philippe II, et pour sa sœur Élisabeth, morte, disait-on, de poison, et surtout pour la préséance que l'Espagne avait prise récemment sur lui et chez le pape et dans l'Empire. Le mépris que les Espagnols faisaient de nous paraissait et en Italie, où ils saisirent Final qui était sous notre protection, et en Amérique, où ils massacrèrent la faible colonie que nous avions à la Floride.

On fut fort étonné quand on vit, en décembre 1570, la cordialité avec laquelle Charles IX reçut une grande ambassade de l'Empereur et des princes d'Empire, réclamant pour les protestants. Ceux-ci se rassurèrent et vinrent trouver le roi. L'un des envoyés était le jeune Téligny, et l'autre La Noue *bras de fer*. Choix habile; il n'y a jamais eu d'hommes plus aimables, plus estimés. La Noue fut le Bayard du temps, non moins irréprochable, net entre tous. Dans ces horribles guerres, il garde un cœur de paix, l'immuable cœur du vrai brave. La gaieté innocente de ce bonhomme (dans ses Mémoires) étonne et attendrit ; elle dit que la nature, l'humanité, ne sont pas mortes encore.

Le jeune roi fut tout d'abord gagné. Ils lui dirent qu'il avait les Indes à sa portée ; que, dans l'embarras de l'Espagne, il n'avait qu'à étendre la main pour prendre les Pays-Bas, qui désiraient d'être pris. Que, pendant que Philippe II était aux mains avec les Turcs, les Rochellois dresseraient le pavillon français en Amérique. Louis de Nassau, déguisé, vint lui dire les mêmes choses, s'offrir et se donner à lui.

Une chose arrêtait Charles IX, c'est que cette belle guerre eût été conduite encore par le duc d'Anjou. La première chose était de le mettre hors de France.

Contre la Ligue du Midi qu'organisait Philippe II, Élisabeth méditait une alliance avec la France. Elle venait de faire sa déclaration au duc d'Anjou. Je ne crois pas qu'elle mentît alors. Elle était femme, et on ne parlait que du prince et de ses deux batailles, de sa grâce et de son esprit, surtout « de sa belle main ». Les semi-catholiques poussaient fort à la chose. Le grand ministre, Burleigh, n'y contredisait pas. Il laissait faire Élisabeth, sachant bien qu'après tout elle était fort prudente et qu'elle se raviserait. Le Français, moins âgé qu'elle de vingt ans, n'eût épousé la *vieille* que pour servir de centre au parti catholique, pour se faire veuf peut-être, pour épouser Marie Stuart. »

Les catholiques déjà écrivaient au duc d'Anjou : « Passez la mer, et ne disputez pas ; acceptez toute condition ; vous vous trouverez ici bien plus fort que vous ne pensez. »

Tout au contraire, en France et en Espagne, les catholiques avaient peur de ce mariage. Le clergé de France, tellement que, pour l'empêcher, il offrait au roi de lui donner par an quatre cent mille écus. Charles IX en rit : « Nous sommes ravi, dit-il, d'apprendre que notre clergé est si riche. »

L'Espagne crut n'avoir pas de temps à perdre. Tout en négociant avec Élisabeth, elle agit pour la détrôner, appuyant en dessous l'intrigue de Marie Stuart avec le plus grand seigneur d'Angleterre, le duc de Norfolk. Du fond de sa prison, cette Hélène, poursuivie de tant d'amants ambitieux, et qui fut la perte de tous, tourna la faible tête de Norfolk, et en fit un traître. Il le paya sur l'échafaud.

En tout cela, la France était contre l'Espagne, mais timidement, sournoisement. Elle aurait voulu décider Venise à s'arranger à tout prix avec les Turcs plutôt que de s'engager dans une guerre qui allait la faire vassale de Philippe II. Les Vénitiens n'écoutèrent rien ; ils firent la sottise de gagner, pour la glorification des Espagnols, la grande bataille de Lépante. (7 octobre 1571.)

Mais la France, du moins, accéléra la paix. Les Turcs, reconnaissants, firent un triomphe à notre ambassadeur, et poussèrent vivement les Français à profiter des embarras de l'Espagne pour s'emparer des Pays-Bas. (Charrière, III, 232.)

Voilà ce que révèlent les pièces les plus secrètes, aujourd'hui publiées. La cour de France travaillait réellement contre l'Espagne.

Que voulait Catherine? La grandeur de ses enfants, rien de plus. Dans sa parfaite indifférence à tout le reste, elle eût vu volontiers le duc d'Anjou époux de Marie Stuart et chef des catholiques, roi d'Écosse (et bientôt de France?). D'autre part, le duc d'Alençon époux d'Élisabeth et chef des protestants.

Chose curieuse! Autant les catholiques de France craignaient le mariage du duc d'Anjou avec Élisabeth, autant le craignait Coligny, pour une raison, il est vrai, opposée. Il pensait qu'un tel mariage mettrait la guerre civile en Angleterre, que les catholiques anglais en tireraient une audace extrême pour Marie contre Élisabeth. Il ramena à son opinion son frère, l'ex-cardinal Odet, qui avait d'abord donné aveuglément dans cette idée.

Ce qu'aurait voulu Coligny, c'eût été de faire épouser à Élisabeth le petit Henri de Navarre, de marier le protestantisme français au protestantisme anglican. La difficulté était l'âge, tellement disproportionné. Elle âgée déjà, lui enfant.

La cour de France, inquiète cependant, renouvela une idée d'Henri II, celle de marier Henri de Navarre à Marguerite, sœur du roi. Charles IX était très ardent pour ce mariage. Sachant que l'obstacle était Henri de Guise, aimé de sa sœur, il dit froidement : « Nous le tuerons. » Et il en donna l'ordre. Guise eut peur, et épousa une autre femme le lendemain.

La sincérité de Charles IX parut encore à une chose. Les moines ayant lancé la populace de Rouen contre les protestants, dont plusieurs furent tués, le roi y envoya Montmorency, qui pendit quelques catholiques. C'était la première répression sérieuse.

Elle paraît avoir décidé Coligny. Il ne disputa plus. Il en crut Téligny, son gendre, et la plupart des protestants. Il crut le roi sincère (et le roi l'était sans nul doute). Il crut surtout l'intérêt visible de la couronne de France.

Une lettre de Catherine apprend à Londres l'étonnante nouvelle : « Nous avons ici l'amiral à Blois. » (27 septembre 1571.)

Pas grave et vraiment hasardeux. Dans ce même mois de septembre, cette cour s'était signalée par un assassinat cynique, exécuté en plein jour. Un Lignerolles, homme du duc d'Anjou, essaya de servir le roi et de l'éclairer sur son frère. La mère et le fils parvinrent à faire croire à Charles IX qu'il trahissait des deux côtés, et il le leur abandonna. Ils le firent tuer devant tout le monde, de façon à constater qu'il ne fallait pas se jouer à se mettre entre eux et le roi.

Ce fait sinistre disait le fond que l'on pouvait faire sur un homme comme Charles IX et prophétisait l'avenir.

CHAPITRE XXI

Coligny à Paris. — Occasion de la Saint-Barthélemy. (1572.)

Théodore de Bèze écrivait peu après la Saint-Barthélemy : « Que de fois je l'avais prédite ! que de fois j'en donnai avertissement ! »

Il était facile de prédire ce que les catholiques criaient dans toutes les chaires dès le temps d'Henri II, ce que le nonce et le duc d'Albe conseillaient depuis dix ans, ce que Pie V recommandait dans toutes ses lettres, ce que Catherine, en 1568 (et sans doute plus tôt), confiait en riant aux ambassadeurs italiens. Nul doute que cette cour indigente n'eût cent fois amusé le pape de cet espoir pour en tirer de l'argent. Catherine, du matin au soir, brocantait la Saint-Barthélemy.

Comment donc ce vieux capitaine, prudent et expérimenté, blanchi dans les affaires, alla-t-il se rendre à ses ennemis et se livrer lui-même ? Était-ce donc un enfant tout à coup, une petite fille niaise que cet amiral Coligny? Ou bien voudra-t-on dire que son second mariage (dont nous allons parler) lui avait amolli le cœur, et fait désirer la paix à tout prix? que ce trop bon mari fut toujours poussé par ses femmes, par l'une (on l'a vu) à la guerre, et par la seconde à la paix?

De telles explications ne viennent guère à l'esprit, quand on a vu seulement (aux excellents dessins Foulon) le visage de l'homme, son ferme et douloureux regard, cette tête de juge d'Israël, cette face étonnamment austère.

Des données plus certaines sont d'ailleurs maintenant dans nos mains; elles mettent en pleine lumière la chose essentielle :

La situation était changée entièrement, et Charles IX avait tellement intérêt à s'appuyer de Coligny, que celui-ci devait se hasarder, livrer sa personne à la chance.

L'occasion était la plus belle que la France eût eue depuis deux cents ans. Les Pays-Bas s'ouvraient. Le duc d'Albe était dans une situation épouvantable; il avait rencontré l'unanime, l'invincible résistance, non plus des protestants, mais des catholiques. Lâchement trahi de son maître, qui maintenant devant les Flamands faisait le bon, le doux, il n'avait pas même la force de cacher son désespoir. Il en perdait l'esprit, consultait les devins. « Il semblait près de rendre l'âme. »

Maintenant un homme grave, le maréchal de Cossé, venait montrer à Coligny que Charles IX lui tombait dans les mains, se remettait à lui (par la haine surtout qu'il avait du duc d'Anjou). C'était par Coligny, non par son frère, qu'il voulait faire l'expédition.

Tout cela très personnel à l'amiral, et très peu au roi de Navarre dont les historiens ultérieurs s'occupent fort, mais dont Charles IX ne s'occupait pas du tout. Si bien qu'en invitant Coligny, il avait oublié d'inviter Jeanne d'Albret et son fils, quoiqu'on parlât du mariage. Catherine engage le roi Charles à être plus poli pour eux. (Lettre d'avril 1571.)

L'essentiel pour Charles IX était d'exclure son frère du commandement de l'armée. Un seul homme pouvait cela, celui qui apportait lui-même une armée en dot, et qui, de sa personne, avait montré dans la dernière guerre un véritable génie militaire, un esprit inventif et inépuisable en ressources, celui que l'Europe admirait, qu'on célébrait même en Turquie.

Charles IX donnait des gages réels, incontestables. Il négociait partout contre l'Espagne, et en Angleterre, et à Venise, et en Allemagne où il envoya Schomberg, et avec les Nassau.

La reine mère elle-même, nullement favorable au projet de son fils, si elle y était entraînée, y trouvait pourtant elle-même un avantage, la fortune de Strozzi, son parent, qui eût coopéré à l'expédition de Coligny avec une petite armée qu'on eût embarquée à Bordeaux.

C'étaient là certainement des motifs sérieux pour s'avancer; non pas des garanties certaines, mais d'assez fortes vraisemblances pour qu'un chef de parti eût le devoir étroit et strict d'y hasarder sa vie, de se jouer sur cette carte.

J'ajouterai une chose triste, qu'il faut dire; je la dirai crûment.

Il arrive qu'en révolution, où l'on s'éprouve et se connaît plus vite, il y a un moment où l'on se connaît trop dans l'intérieur de son parti, et où l'on est plus las des amis que des ennemis.

Coligny connaissait parfaitement trois secrets qu'on va voir :

1° La lassitude du protestantisme, et l'éloignement de la France qui ne voulait pas de réforme morale;

2° La duplicité d'Élisabeth et la malveillance de l'Angleterre. On verra qu'au moment où Coligny allait hasarder tout contre Philippe II et se jeter aux Pays-Bas, la jalousie anglaise travaillait déjà contre lui;

3° Même le prince d'Orange, celui qu'on lui associait dans l'admiration, dans la gloire, ce très grand personnage si bien nommé *le Taciturne* et dont on cherche encore le mot, quels que fussent ses desseins profonds, eut des hésitations inexplicables, non seulement en 1566, où il resta du côté espagnol, non seulement en avril 72, où il désapprouva la prise de Briel en Hollande (faite en partie par des Français); mais encore en août il se montra assez froid aux avances de Coligny, qui espérait se joindre à lui. Coligny était sûr de Louis de Nassau, mais nullement de son aîné, Guillaume d'Orange.

Tout fondait dans ses mains.

Pour ne reprendre ici que le premier article, le protestantisme tarissait. Les sages et les prudents s'en étaient retirés. Restaient les fous et les héros.

Les grandes provinces si sages, la raisonnable Normandie, le Dauphiné si avisé, n'en voulaient plus. L'affaire était décidément mauvaise.

Le prince de Condé, qui n'était pas un traître, n'en avait pas moins cruellement trahi, livré le protestantisme à son fatal traité d'Amboise. En délaissant les villes, et ne réservant que les châteaux, il avait tout perdu, les châteaux même. Le parti, ce jour-là, fut coupé cruellement, et la tête isolée de la racine; la sève n'y monta plus. Il lui fallut sécher.

Et il se trouvait que cette tête qui restait pour faire le corps à elle seule était justement la partie la moins propre à figurer le protestantisme. Imaginez des saints comme Montbrun, le partisan féroce, comme Mouvans, dont on a vu la *vendetta* risquée dans Paris en plein jour. Du moins de braves et dignes gentilshommes, comme La Noue, évidemment soldat, rien autre chose. Tout s'était transformé. Coligny, qui avait employé sa vie à établir la discipline et mettre la justice dans la guerre, se consumait à contenir les siens. Rien n'y faisait. Voyant un de ses meilleurs capitaines qui pillait, il fondit sur lui à coups de bâton. L'autre, fier gentilhomme, ne s'émeut (car c'est Coligny), mais, sous le bâton même, il persiste à piller. Comment faire autrement d'ailleurs? La réponse est prête : *il faut vivre.* Il faut nourrir l'armée.

Tant de crimes pour punir le crime! tant d'excès pour établir l'ordre!... Et si c'était ainsi sur terre et sous ses yeux, qu'était-ce donc sur mer ? La Rochelle, l'abri des martyrs, abritait tout ce qui venait. Tout pirate du Nord se disait protestant, et, pour voler en mer, jugeait tout navire espagnol.

Aux Pays-Bas surtout, les nôtres, qui étaient là sans chef, se livraient à la vie sauvage, où nous mène si aisément l'emportement national. Ils prenaient sur les prêtres, les moines, les religieuses, d'étranges représailles. Bien entendu, c'étaient Orange et Coligny qui ordonnaient tout cela.

« Désespère, et meurs! » Il ne pouvait même pas se dire ce mot, ni s'affranchir comme Caton. Il était chrétien, condamné à vivre.

Grand citoyen aussi, profondément Français. On le sut à sa mort; quand on ouvrit son secret et son cœur, on trouva la patrie sanglante.

Ce grand esprit, présent à tout, et sur qui toutes les misères d'un peuple venaient retentir et frapper, sut trop pour son malheur. Les calamités privées, qui étaient infinies, lui tombaient, goutte à goutte, sur son front misérable qui ne pouvait plus les porter.

Je me garderai bien de conter tout cela. Car le cœur du lecteur, absorbé et perdu dans ce cruel détail, n'entendrait plus et ne comprendrait plus, laisserait échapper le fil central et la pensée du temps que j'ai peine à lui faire tenir. Qu'on lise seulement la fuite de Toulouse. Qu'on lise l'expulsion des pauvres familles d'Orléans, chassées et poussées à la Loire sous l'épée catholique, leur terreur, quand, arrêtées au fleuve, elles virent un noir nuage de cavaliers, qui venaient à toute bride. Par bonheur, dans les cavaliers, ils démêlèrent des dames et devinèrent que c'étaient leurs amis, d'autres protestants fugitifs, des frères, des protecteurs. Tous réunis se jetèrent à genoux, au bord du fleuve, et chantèrent le psaume de la sortie d'Égypte. Mais les sanglots, les pleurs, ne permettaient pas de chanter.

Lui aussi avait eu sa fuite, quand, en 1568, avec Condé, ils traînaient leurs petits enfants d'un bout à l'autre du royaume. Vraie image de la France, la famille de Coligny fut cruellement émondée, coup sur coup. Il avait perdu, en 1568, sa sainte femme. En 1569, l'honnête et digne Dandelot, premier soldat de France, dont quelques nobles lettres montrent qu'il eût été éminent, même sans un tel frère, Dandelot meurt, empoisonné, dit-on. Chose peu invraisemblable, puisque les Guises montraient partout un homme pensionné exprès pour l'expédier; pour Coligny, autre assassin spécial. En 1571, à Londres, meurt le bon Odet, l'ex-cardinal, le protecteur des lettres, aimé de tous, en qui fut moins l'âpreté de la Réforme que le doux esprit de la Renaissance. Empoisonné aussi, personne n'en douta. Ainsi, cette belle trinité d'hommes si différents, si unis, la voilà rompue et détruite. Il reste sur son foyer brisé, avec quatre orphelins en deuil.

Restait-il? vivait-il? On a vu qu'à la dernière campagne il avait succombé aux fatigues. C'est en litière qu'il revint du fond du Midi vers le Nord, et jusqu'à trente lieues de Paris. Ombre redoutable, mais ombre déjà. Il avait un pied dans la mort.

Cela se voit au beau portrait. Il est marqué aux joues d'un triste rouge qui dit son mal profond, un mal d'entrailles qui prend l'homme à la base, à ce creuset vital où nos émotions versent l'eau-forte que ne contient nul vase, qui mangerait le fer et le diamant. Un pli au front, aux tempes dégarnies des veines bleues, saillantes, accusent un amaigrissement, disons plus, une diminution de la personne. C'est un homme réduit, très frappé et qui se survit. Mais, tout luxe vital ayant fondu, l'homme intérieur se révèle mieux, il apparaît lui-même. *Eripitur persona, manet res.*

Oui, plus claire que ne fut jamais le Coligny entier, est cette ombre de Coligny.

L'œil gris, pensif, contient toutes les souffrances du temps. Ce qu'il a vu, cet œil, de douloureux, d'horrible, qui le dira?... Et il l'a vu comment? non pas en général, de haut, mais dans l'affreux détail, avec le positif d'un esprit à qui rien n'échappe, qui a sondé à mort les misères et les hontes de son propre parti.

Ce dessin ne donnant que le masque, ni cou, ni cheveux, ni coiffure, la tête semble d'un décapité, comme elle fut quand on la trancha pour la porter à Rome. Elle a l'air de vous regarder du fond de l'autre monde, dans la force définitive de celui sur qui on ne peut plus rien.

Mort ou vivant, *il est*, et on ne l'abolira pas; car

il est un principe. Une chose éternelle est en lui.

C'est pour cela qu'on voudra le tuer; car on voit bien, à ce fixe regard, on voit à ce menton si arrêté, à cette bouche serrée d'une résolution indomptable, que cet homme se sent assis sur le *rocher des siècles*. On essayera le fer, et on l'y brisera.

Ce portrait final donne les âges et les révolutions par lesquels il en est venu là. Gentilhomme d'abord, on le voit à la peau ; puis tanné et hâlé par places ; colonel général de l'infanterie, il a marché à pied avec le peuple, combattu avec lui; son capitaine, mais non son complaisant; juge inflexible du soldat; l'œil et la bouche restent tristes et amères de tant d'arrêts de mort qu'il lui a fallu prononcer.

Car il ne faut pas s'y tromper, cette tête infiniment austère d'un Christ des guerres civiles n'est pas douloureuse seulement; elle est extrêmement redoutable. C'est le Christ de la Loi, sans cruauté, mais résigné à la justice, et qui en acceptera toutes les conséquences, résigné à la punition des ennemis du droit et de Dieu.

Représentez-vous maintenant cet homme de justice à La Rochelle, en plein nid de corsaires, dans le pêle-mêle et le chaos sanglant de la révolution maritime, d'une guerre atroce sans loi et sans merci, par un peuple mêlé, sans nom.

Représentez-vous cet homme politique, chrétien, mais citoyen, affranchi par la guerre et la longue expérience de ses dépendances genevoises qui, en 1560, l'avaient tant entravé. Voyez-le parmi les ministres fort divisés entre eux, les uns lui commandant la paix, les autres conseillant la défiance.

Une question profonde agitait aussi la Réforme. Le peuple, admis primitivement aux consistoires qui gouvernaient l'Église, pouvait-il y rester, siéger près des ministres, et avec eux se gouverner lui-même? Bèze et Genève disaient non, et croyaient la chose mauvaise dans le nouvel état des mœurs. Le fameux professeur Ramus (qui avait suivi et servi puissamment Coligny dans sa dernière campagne) voulait que l'on maintînt la démocratie de l'Église.

Qu'en pensait Coligny? Nous l'ignorons. Mais sur un autre point il avait délaissé Genève. Une lettre de Ramus à Bullinger (3 mars 1572) nous apprend que l'amiral en était venu à préférer la foi des Suisses, foi qui (sous forme théologique encore) n'était pas moins la pure philosophie et l'anti-mysticisme, supprimant dans l'hostie la *substance* divine, ne voyant dans la Cène qu'un simple souvenir.

Grand changement! On ne peut imaginer aujourd'hui par quels déchirements les hommes d'alors s'affranchissaient de cette poésie antique. Si Coligny en vint là, son cœur en dut saigner. Il lui fallait, avec ce dogme, arracher ses amitiés mêmes, laisser là les docteurs, les martyrs qui l'avaient soutenu, qui avaient combattu, souffert avec lui. Isolé dans la grande crise qui le menait à la mort, il n'eut plus d'appui que son propre cœur.

Les femmes ont une seconde vue. Une femme sembla avoir deviné tout cela. Du fond de la Savoie, d'un vieux manoir des Alpes, madame d'Antremont déclare à l'amiral qu'elle veut épouser un saint et un héros, et ce héros, c'est lui. Le duc de Savoie s'y oppose. Elle s'en moque, laisse ses biens, arrive à La Rochelle. Comment repousser un tel dévouement?

C'était tard, oh! bien tard! C'était épouser le tombeau. Mais tous, d'un avis unanime, l'Église et les amis, voulurent qu'il se remariât. Madame d'Antremont avait des châteaux en Savoie, une place forte en Dauphiné, au passage des montagnes. Elle apportait en dot des positions redoutables qui pouvaient servir le parti.

Coligny était trop honnête homme pour n'épouser que ses fiefs. Il aima fortement celle qui adoptait ses enfants.

Il lui en laissa un. Elle devint enceinte en mars 1572.

Elle emporte dans l'avenir, pour sa couronne historique, avec les persécutions terribles qu'elle eut plus tard, la lettre touchante qu'il lui écrit la veille de la Saint-Barthélemy. Saint souvenir! qui montre que les grands sont les plus tendres, et tout ce qu'il y a d'amour dans le cœur sacré des héros.

C'est au milieu de cette situation étrange, de cette sombre lueur d'un bonheur tellement tardif, que la pressante invitation du roi vint le trouver à La Rochelle. Charles IX le reçut comme il aurait fait de son sauveur, lui jeta toutes les grâces, pour lui, pour le parti. Et, en effet, si la chose eût tenu, Coligny l'aurait sauvé de sa mère et de son frère; il ne serait pas devant l'histoire *le roi de la Saint-Barthélemy.*

Coligny à la cour, c'était un phénomène, déjà presque un scandale. Mais qu'était-ce donc de le mettre à Paris ? Cependant il le fallait pour la victoire des protestants. Il fallait montrer à la grande ville celui qui, avec deux mille hommes, l'avait bravée, défiée, réduite à s'enfermer, pendant qu'il brûlait La Chapelle. La grosse bourgeoisie, depuis sa fuite ridicule de la plaine Saint-Denis, ne lui pardonnait pas. Le commerce ne l'aimait point parce qu'il hait toute guerre. Pour le peuple ecclésiastique, le clergé si nombreux, les moines et tonsurés de toute sorte, les vieilles et les bons pauvres, l'entrée de Coligny était l'abomination de la désolation, la fin du monde. Le ciel allait crouler, et la foudre écraser la ville.

Il n'entra pas moins à Paris, à la droite de Charles IX. Et son premier acte indiqua qu'il ne composerait jamais.

En arrivant rue Saint-Denis, non loin des Innocents, il vit un monument exécrable de fanatisme, une pyramide infamante élevée à la place où avait été la maison de Gastine, un malheureux marchand brûlé pour une assemblée de protestants tenue chez lui. Sur une plaque de bronze on y lisait l'arrêt du Parlement. Coligny attesta le traité récent par lequel de tels arrêts devaient être effacés. Grand embarras. Cette pyramide portait au sommet une croix. On n'allait pas manquer de dire, si elle était détruite, que la croix, la croix parisienne était-frappée par les impies vainqueurs. On respecta la croix, mais on la transporta avec la pyramide sous les charniers des Innocents (décembre 1571).

Le prévôt des marchands, qu'on chargea de faire la chose de nuit, discrètement, était justement un Marcel qui, plus tard, déchaîna la Saint-Barthélemy. Il avertit son monde. Et le matin, il y eut, sur la place, quelques centaines de coquins pour figurer le peuple, soutenir l'*honneur de Paris*. Ils soutinrent cet honneur en volant et pillant quelques maisons du voisinage. Absorbés dans ce pieux travail, ils ne virent pas le gouverneur de la ville, Montmorency, qui fondait sur leur dos avec sa cavalerie. Quoique armés jusqu'aux dents, ils ne résistèrent pas. Plusieurs restèrent sur le carreau ; un seul fut pris, pendu aux grilles d'une fenêtre, et resta là, pour salutaire exemple.

Les Audin, Capefigue, etc., ont tant dit, répété que c'est le peuple qui a fait la Saint-Barthélemy, qu'on finit par le croire. Une chose montre pourtant que ce peuple était divisé. Il y avait le peuple libre, et le peuple des confréries. Une émeute éclata contre les Italiens, dont certains hôtels furent pillés. Le bruit courait qu'ils volaient des enfants pour les tuer et en fournir le sang à la reine mère et au duc d'Anjou, à qui les médecins ordonnaient, pour l'épuisement, des bains de sang humain. Telle était, chez les Parisiens, la popularité du vainqueur de Jarnac, du héros catholique.

Donc Paris était divisé. Et, si on laissait aller les

choses, la grande masse peu à peu inclinerait au parti vainqueur. Coligny arrivait avec la force du succès et de la révolution. Le roi d'Espagne, avec son grand bruit de Lépante, n'en était pas moins écrasé partout.

En Espagne d'abord, où il ne comprima les Maures qu'en leur faisant des concessions.

Dans le Levant ensuite. Les Turcs gardèrent Chypre et refirent leur flotte. Le grand vizir disait plaisamment : « Nous vous avons coupé un membre, qui est Chypre ; vous n'avez fait, en détruisant des vaisseaux si vite refaits, que nous couper la barbe ; elle a poussé le lendemain. »

Mais Philippe II était bien plus malade aux Pays-Bas. Nous l'avons dit, le duc d'Albe devenait fou de désespoir. Élisabeth arrête son argent au passage. Les corsaires lui saisissent en une fois cinq cent mille écus. Sommée de faire réparation en chassant les corsaires, Élisabeth, pour réparation, lui lance de ses ports les *gueux de mer*, qui, n'ayant plus d'asile, débarquent en Zélande même et prennent Briel (1er avril). Le 11 avril, malgré la reine mère, Charles IX signe le mariage de sa sœur Marguerite et du roi de Navarre, le 29 l'alliance anglaise.

L'Espagne était bafouée de deux côtés. En Angleterre, on procédait contre son duc de Norfolk, prétendu de Marie Stuart. En France, Charles IX souriait des menaces de l'ambassadeur espagnol, et disait : « Je suis prêt à tout. » (Languet, I, 177.)

Cependant l'Espagne, ayant si longtemps régné en

France, y gardait des racines. Elle avait d'un côté les Guises, de l'autre le parti d'Anjou. Tavannes, l'homme de Montcontour, qui se croyait vainqueur de Coligny, ne digérait pas la paix que son vaincu avait victorieusement imposée. Ils se rencontraient sur le quai, devant le Louvre, à la tête de leurs gentilshommes. Un jour Coligny, franchement, dit à Tavannes : « Qui ne veut pas la guerre avec l'Espagne, a dans le ventre la croix rouge » (c'est-à-dire la croix espagnole). Tavannes, qui était un peu sourd, se dispensa d'entendre. Mais il alla disant que Coligny lui cherchait querelle pour le tuer.

Par un tel mot, sévère et mérité, de l'amiral aux hommes du duc d'Anjou, la guerre était constituée sur le pavé de Paris entre eux et les protestants. Cette petite cour jalouse ne manquera pas de justifier l'accusation de Coligny en révélant ses projets jour par jour au duc d'Albe et s'associant intimement aux Guises pour le meurtre de l'amiral.

Celui-ci tenait Charles IX pour le moment. Il le gagna d'emblée par deux choses qui ne pouvaient manquer d'entraîner un jeune homme. *Il se remit à lui entièrement.*

1° Dans un mémoire commencé à La Rochelle et toujours continué depuis, Coligny déclarait au roi que, non seulement l'Espagne, *mais l'Angleterre*, était l'ennemie de la France, dont il fallait toujours se défier.

Ce mémoire n'était pas entièrement achevé à sa mort. Mais Coligny certainement, dans ses longues conversations avec le roi, lui en avait dit la substance.

Charles IX avait pu comprendre que l'amiral n'était nullement un aveugle sectaire, mais avant tout un bon Français, un protestant sans doute, mais encore plus un grand et excellent citoyen. Pendant que la plupart des protestants mettaient tout leur espoir dans l'alliance anglaise, disant, la larme à l'œil (à Walsingham), que sans elle ils étaient perdus, Coligny déclarait qu'il ne se confiait qu'à la France et au roi.

2° Et cela, il le prouvait en rendant, malgré les répugnances et les défiances de son parti, les places de sûreté qu'il avait dans les mains.

Était-ce une imprudence? Non. Trois petites places qu'il rendit n'étaient pas une garantie sérieuse. On rendait peu de chose pour acquérir beaucoup, la volonté royale et la direction de la monarchie.

Lorsqu'au 1ᵉʳ avril les *gueux de mer*, Hollandais et Français, renvoyés des ports d'Angleterre sur les réclamations du duc d'Albe, s'emparèrent de Briel et prirent pied en Zélande, ce succès du protestantisme encouragea tellement Charles IX, l'entraîna tellement sous l'ascendant de Coligny, qu'il fit la démarche la plus décisive. L'agent français déclara de sa part *qu'il protestait* contre la tyrannie du duc aux Pays-Bas, *et que, s'il ne supprimait son impôt du dixième, la France rompait avec l'Espagne* (Morillon à Granvelle, 15 avril 1572). Intervention hardie, violemment révolutionnaire, qui équivalait à un appel aux armes, à une promesse de soutenir les insurgés. Le 17 juin encore, l'ambassadeur de France à Madrid menaçait Philippe II (*Ibidem*).

L'affaire de Briel, quoique désapprouvée du prince d'Orange, qui n'était pas préparé à la soutenir, n'en commença pas moins le soulèvement de la Hollande et de la Zélande. Nos huguenots, sous La Noue, surprirent Valenciennes le 15 mai, et Louis de Nassau, le bouillant frère du prince d'Orange, moins en rapport avec lui qu'avec nous, par un coup hardi s'empara de Mons (25 mai).

Charles IX semblait protestant. Le pape refusant la dispense pour le mariage de Navarre, il dit qu'on s'en passerait. Malgré la haute opposition du pape, malgré la sourde résistance de Catherine et d'Henri d'Anjou, il poursuivait l'affaire. La reine mère ne réussit pas à la faire avorter. La mort même de Jeanne d'Albret, empoisonnée, dit-on, et qui le fut au moins d'ennui et de dégoût, ne put rien arrêter (9 juin). Le roi avait signé le mariage le 6 avril et le fit le 18 août.

Il ne voulait pas moins sincèrement le mariage de son frère Alençon avec la reine Élisabeth. Ce qui ne permet pas d'en douter, ce sont les présents magnifiques qu'il fit aux envoyés anglais. Dans cette cour nécessiteuse, l'argent, jeté ainsi, prouve mieux qu'aucune chose qu'il y avait bonne foi et une volonté sérieuse.

Ainsi, d'avril en juin, Charles IX suivait réellement le flot montant de la révolution, fortement entraîné et remorqué par Coligny.

La reine mère et son duc d'Anjou faisaient semblant de suivre.

Plusieurs lettres de Catherine montrent qu'elle était fausse ; d'autres, qu'elle était hésitante, embrouillée dans ses propres ruses.

Elle poussait le mariage de son fils d'Alençon, qui n'avait nullement pour le protestantisme et pour Élisabeth la répugnance avouée par Anjou. Mais, en même temps qu'elle le recommandait en Angleterre, elle écrivait aux Guises qu'elle le gardait à vue à Amboise, « que la place était bonne et forte, que le petit *mauricaud* n'en sortirait pas ».

Elle était double et fausse avec tous, avec elle-même. Savait-elle ce qu'elle voulait ? Qu'on lise sa lettre du 5 juin à Élisabeth. Au moment où, par des dépêches innombrables et par une ambassade solennelle, elle présente pour époux à la reine son fils Alençon, elle lui écrit une lettre où elle ne parle que d'Henri d'Anjou, de la romanesque hypothèse où Henri épouserait Marie Stuart, qui serait adoptée comme héritière par Élisabeth, de sorte qu'Henri, qui n'a pu être époux d'Élisabeth, se trouverait son fils adoptif !

Inexplicable lettre, d'une mère si aveugle qu'elle perd de vue également la politique et le bon sens. A quel point faut-il croire qu'elle ignore la nature humaine, pour supposer qu'Élisabeth, dont tous les mots et tous les actes sont brûlants de haine pour Marie Stuart, change au point d'en faire sa fille ? — et cela en la mariant à ce Henri d'Anjou qui vient de donner à Élisabeth la mortification d'un refus?

Cette lettre inepte, qui met bien bas cette fameuse Catherine, nous révèle que l'ambassade devait proposer à la reine d'Angleterre d'épouser Alençon, — pour avoir des enfants, des héritiers? non pas; mais en prenant pour héritier sa rivale abhorrée, qu'eût épousée Anjou.

Combinaison très digne de Bedlam et de Charenton! Admirable, à coup sûr, pour irriter Élisabeth, qu'on suppose trop vieille pour qu'Alençon en ait des enfants.

Voilà les mains dans lesquelles était la France, ineptes, vacillantes et perfides. Rien n'avançait et rien ne se faisait. Henri d'Anjou, toujours lieutenant général du royaume, chef de l'armée, n'était que trop à même d'éluder, de tromper les résolutions de Charles IX. La reine mère alléguait à son fils la nécessité de voir d'abord ce qu'allait faire une armée espagnole que Philippe II préparait *contre les Turcs*, mais qui ne partait pas.

On permit seulement à des volontaires protestants d'aller secourir Mons, menacé par le duc d'Albe. Genlis, qui devait les conduire, vint déguisé prendre à Paris les ordres du roi. Le lendemain, on le savait à Bruxelles, la chose était publique. Tant le conseil privé du roi était soigneux d'avertir le duc d'Albe. Nos protestants, livrés ainsi d'avance, furent battus devant Mons; une partie seulement parvint à entrer dans la ville (9 juillet).

Jamais petit événement n'eut de si vastes résultats.

Charles IX, qui venait d'écrire à son ambassadeur à Londres de régler avec Élisabeth *le partage des Pays-Bas* (Fénelon, VII, 301), écrit bien vite : « La guerre se fera en Flandre, mais *pas de mon côté*. Du reste, si la reine a des vues sur les Pays-Bas, je n'y mets nul obstacle. »

De son côté, Élisabeth (22 juillet) ne sait plus si elle veut se marier; elle s'aperçoit de la disproportion d'âge.

Ainsi tout est glacé. On avait jeté à Flessingue quatre cents Anglais et cinq cents Français. La France et l'Angleterre veulent les rappeler.

Catherine, enhardie par le découragement de son fils, croit l'occasion favorable pour faire éclater la querelle domestique. Elle pleure, gémit des apartés du roi, de ses conseils secrets avec Coligny. Elle voit bien que son fils la quitte, qu'il n'a plus besoin d'elle. Eh bien, qu'on la laisse donc retourner à Florence et y mourir! Elle part en effet, et s'arrête à deux pas. Le roi, qui n'avait jamais rien fait, jamais écrit ni travaillé, qui était habitué à la voir tout écrire, se crut perdu; il ne pouvait se passer d'une telle mère, d'un tel scribe. Il court après, l'apaise et la ramène.

CHAPITRE XXII

Les Noces vermeilles. (Août 1572.)

Le génie indomptable que Coligny avait déployé après Montcontour, où il partit d'une défaite pour courir la France en vainqueur, le dévouement tout personnel qu'il montra jeune à Saint-Quentin, où il couvrit la France de son corps, il les montra encore en juillet et en août 1572. De son corps et de sa personne, il couvrit son parti.

S'il eut seulement bougé de Paris, tout le Nord, qui avait les yeux sur lui, eût lâché pied. Élisabeth d'abord eût reculé; elle parlait d'abandonner Flessingue, d'en rappeler ses Anglais. Le prince d'Orange eût reculé. S'il s'aventura dans les Pays-Bas, et fit sa pointe hardie en Brabant, en Hainaut, c'est qu'il gardait l'espoir des douze mille arquebusiers que lui promettait Coligny. Toutes ces villes de Hollande et de Zélande qui venaient de se déclarer avaient la confiance que les Français allaient serrer le duc d'Albe et le retenir au Midi.

Le seul séjour de Coligny à Paris et l'attente qui en résultait donnait une force énorme au parti protestant. Il avait perdu un millier d'hommes, il est vrai, devant Mons. Mais il triomphait en Hollande et dans les pays maritimes.

Il ne faut pas s'y tromper, ces succès, cette ardeur volcanique qui saisit la calme Hollande tinrent en grande partie au débordement du grand parti protestant français qui se répandit dans le Nord. Les nôtres sont alors partout. Et le premier secours que le prince d'Orange envoya à Flessingue fut un corps de cinq cents Français.

Situation étrange! Le parti s'extravase au Nord; le chef reste à Paris, à peu près seul.

Le prince d'Orange, si parfaitement informé, dit que l'amiral n'avait gardé à Paris *que six cents gentilshommes*. Plusieurs avaient des domestiques; quelques-uns, qui étaient des grands seigneurs, avaient leur maison. Ce n'était guère plus de deux mille épées qui restaient près de Coligny.

L'agent intelligent que Granvelle, alors éloigné, conservait à Bruxelles pour lui rendre compte de tout, le prêtre Morillon, lui écrit qu'on doute que Coligny envoie les siens contre le duc d'Albe, *qu'il ne ferait finement de se tant désarmer*. Finement? Non, sans doute. L'amiral ne fit pas finement. Le prêtre Morillon et le prêtre Granvelle auraient été plus fins. Ils eussent gardé une armée autour d'eux.

On voit que ces deux politiques, Granvelle et Morillon, ne regardent que la Belgique. Granvelle écrit (11 juin) : « Tout l'espoir que nous avons est que *ceux des Pays-Bas ne voudront pas être Français.* » Prévision très juste. A la déroute de Genlis, on vit les paysans du Hainaut tomber sur les vaincus, égorger leurs libérateurs ; les prêtres faisaient accroire à ces idiots que nos protestants français venaient faire un massacre général des catholiques.

Mais si les nôtres échouèrent en Belgique, ils réussirent à merveille en Hollande. Partout, dans ces villes du Nord, nos Français se jettent intrépidement, et ils ne contribuent pas peu à ces résistances désespérées dont la Hollande étonna le monde. Elle commence dès lors cette France hollandaise si glorieuse pendant cent cinquante ans.

Là échoua toute prévision ; le calcul de Granvelle, très bon pour la Belgique, est faux pour la Hollande. De plus en plus, ces éléments s'associeront ; il se fera un admirable mariage de cet ardent ferment français, de la vive étincelle d'héroïsme méridional, avec la force hollandaise, l'héroïque persévérance du Nord.

Et c'est pourquoi la Hollande fut la pierre de la résistance, l'asile universel et le salut du genre humain.

Le sacrifice de Coligny porta ses fruits. Son sang n'a pas été perdu. Son obstination courageuse à rester à Paris en juin, en juillet et en août 1572, avec un tel péril que tout le monde voyait, fit l'espérance même, l'audace et l'élan du parti.

Par les lettres du prince d'Orange, par la correspondance (inédite encore) de Granvelle, par les dépêches anglaises, etc., toute la situation est dévoilée. Il y avait des raisons contraires et très équilibrées pour espérer et craindre. L'amiral eût été ridicule à jamais s'il eût quitté Paris. En restant, il pourvut à son honneur, il servit grandement son parti, il agit, comme on doit dans les circonstances douteuses, avec une prudence héroïque.

En août, on se remettait du petit échec de juillet. L'affaire de Mons paraissait ce qu'elle était, minime. Malgré l'échec, la ville n'en avait pas moins été secourue.

Charles IX, un peu remonté, était déterminé à tenir sa parole, à faire le mariage de Navarre et à envoyer des troupes en Belgique. Il y avait un commencement d'exécution. Morillon l'écrit à Granvelle (11 août) : « On fait de grands apprêts en Champagne. Il y a vingt-quatre pièces d'artillerie de fonte pour venir sur Luxembourg, où il n'y a personne. »

Si les choses n'allaient pas plus vite, c'est que l'argent manquait; c'est qu'on craignait que Don Juan d'Autriche, au lieu d'embarquer ses Espagnols contre le Turc, ne les amenât par le chemin qu'avait suivi le duc d'Albe, par la Savoie et la Franche-Comté (Morillon). En tenant des forces en Champagne, Coligny répondait aux deux éventualités : ou il arrêtait Don Juan, ou il attaquait Luxembourg et secondait le prince d'Orange.

Les Anglais, rassurés aussi vite qu'ils avaient été effrayés, retombaient dans leur péché éternel de nature, la sournoise et haineuse jalousie de la France :

« Il est impossible, humainement parlant, que les Français ne réussissent pas, dit Walsingham. Mais les princes allemands y auront l'œil. Ils forceront bien la France de se contenter de la Flandre et de l'Artois. L'Angleterre aura la Hollande. Pour le Brabant et tout ce qui dépendait de l'Empire, on le donnera à quelque prince d'Allemagne, qui ne peut être que le prince d'Orange. »

Burleigh (la pensée même d'Élisabeth) avait déjà écrit à Walsingham : « Il faut que les Pays-Bas s'affranchissent eux-mêmes et non par d'autres. » Enfin un agent anglais avait dit sèchement à l'amiral lui-même : « Vous ne commanderez pas en Flandre, nous ne le souffrirons pas. »

Ce qui est bien plus fort, c'est que Guillaume d'Orange, à qui Coligny faisait envoyer de l'argent français, et que toute l'Europe croyait l'*alter ego* de l'amiral, paraît très froid pour lui. Il nous apprend dans une de ses lettres que Coligny le prie de ne pas combattre avant leur jonction, et ajoute : « En cela, j'agirai selon que je verrai les commodités et occasions. »

Telle était la situation de l'amiral pendant qu'il couvrait de son corps la cause protestante. L'Angleterre lui était déjà hostile, l'Allemagne jalouse et ses amis très froids. En revanche, ses ennemis d'une ardeur furieuse. A Paris, à Bruxelles, on se sentait perdu sans un assassinat.

Il n'y a pas à en douter. Les lettres de Morillon le disent assez clairement. « Le duc d'Albe est désespéré.

On a mandé son fils. Son secrétaire n'ose pas rester seul avec lui; à chaque nouvelle, on dirait qu'il va rendre l'âme. Ce qui me déplaît, c'est qu'il écoute les devins, la nécromancie. Ils disent qu'on va regagner tout par enchantement. On se vante *qu'avant quinze jours* on verra merveille. »

Ceci est écrit le 10 août. Ajoutez *moins de quinze jours*, vous avez le 24. C'est le jour précis du massacre qui fut cette *merveille*.

On a bonne grâce à prédire quand on fait l'événement!

Dès le commencement d'août, sous le prétexte des noces prochaines, l'armée des Guises est entrée dans Paris, je veux dire les bandes nombreuses que cette riche maison, du revenu de ses quinze évêchés, et dans ses terres, ses fiefs, ses innombrables seigneuries, nourrissait et gardait en armes. Quelques-uns étaient des *bravi* comme Maurevert et Attin, pensionnés pour tuer Coligny et son frère. La grande masse étaient de pauvres gentilshommes, gueux nobles et mendiants bien nés que les cardinaux de Lorraine et de Guise, les princes de la famille, Henri de Guise, Aumale, Elbeuf, etc., tenaient en meutes, avec leurs dogues, pour les lâcher au jour utile. Ajoutez une grande clientèle de serviteurs volontaires et désintéressés de la famille, de gros corps de noblesse picarde et autre, qui venaient d'amitié *accompagner* MM. de Guise et les garder. Un seul gentilhomme, Fervaques, un furieux Picard catholique, leur amenait de son pays un renfort de vingt ou trente épées.

Tout cela logé autour des Guises, ou chez le clergé de Paris, les uns chez les chanoines, aux cloîtres Notre-Dame, Saint-Germain-l'Auxerrois; les autres chez les moines, dans les grands bâtiments des abbés princes, chez les curés enfin, où ils se trouvaient en rapport avec les gros bourgeois et les meneurs des confréries.

Ils se trouvaient ainsi groupés d'avance, ayant appui dans la population.

Au contraire, les protestants, gens du Midi et de l'Ouest, logeaient où ils trouvaient logis, étaient fort dispersés, comme perdus dans la grande ville. Quelques-uns cependant s'obstinèrent à rester dehors, au faubourg Saint-Germain.

Dans une situation si menaçante, Coligny oserait-il exiger de son jeune roi la chose redoutée des catholiques, la chose épouvantable qui marquait la victoire du protestantisme, les noces de Navarre, le *premier mariage mixte* entre les deux religions, la solennelle reconnaissance qu'un protestant est homme, et non un monstre, l'introduction hardie du petit prince de montagne, semi-paysan béarnais, dans l'alcôve du Louvre, dans le lit de la Marguerite, qui affichait très haut son mépris, son dégoût?

Rien n'arrêta l'homme de bronze. Il somma le roi de sa parole, et la lui fit tenir.

Les simples fiançailles (17 août) produisirent déjà une explosion dans Paris. Avec des hurlements terribles, l'armée des aboyeurs, déchaînée dans toutes les chaires, cria que Dieu ne souffrirait pas cet exécrable accouplement, que la colère du ciel allait tomber, qu'on verrait des torrents de sang.

Quels étaient ces prédicateurs de la Saint-Barthélemy? La première place entre eux est due certainement à l'évêque Sorbin, à l'évêque Vigor, qui la prêchait depuis douze ans. La seconde aux jésuites, le vrai poignard de Rome; Auger, l'un. d'eux, fit à lui seul la Saint-Barthélemy de Bordeaux.

Mais le plus véhément de tous, un prêcheur de grande éloquence, plein de feu, plein d'esprit, puissant acteur, brûlant parleur, fut le cordelier Panigarola, dont nous avons les œuvres. C'était un jeune Milanais, un mondain effréné, connu par un duel douteux et fort sinistre d'où il sortit peu net, en ceignant le cordon de Saint-François. Pie V, le plus violent des papes, le plus fixé au massacre et qui en suit l'idée dans toutes ses lettres, ayant entendu Panigarola, crut que ce comédien terrible était l'homme même de la chose. Il fit pour lui ce que jadis on avait fait pour Loyola. Il l'envoya, *comme étudiant*, à Paris. L'étudiant ne fit qu'enseigner; sa chaire tonnante enseigna le massacre et professa l'œuvre de sang.

Les voix bruyantes de ces enfants perdus ne donnent pas le dessous des choses. Quels étaient ceux qui travaillaient Paris, qui informaient Bruxelles, qui donnèrent à l'Espagne la première nouvelle du massacre? Sans nul doute, ceux qui, dès 1560, sollicitaient l'assistance de Philippe II (Voy. p. 221). Parti riche, à lui seul énormément plus riche que le roi, la cour et le gouvernement, et qui les emportait légers comme une paille, qui entraînait tout par l'argent, par la force d'un patronage immense. Parti qui précipitait Guise et l'animait par la concurrence d'Henri d'Anjou ; parti qui rassurait le duc d'Albe et lui promettait le massacre au plus tard pour le 24 août. (Morillon, Lettre du 10.)

Le roi même était menacé. Sorbin disait en chaire que, s'il faisait les noces, il en serait de lui comme d'Ésaü, que Dieu dépouilla de son droit d'aînesse pour le transférer à Jacob.

D'autre part, Coligny le tenait, ne lâchait pas prise. Il agissait sur lui par l'honneur, par la confiance excessive et illimitée. Ayant rendu les places de sûreté, il avait tiré sur le roi (si le roi était gentilhomme) une lettre de change qu'il fallait payer ou mourir.

On disait de tous les côtés à Coligny qu'il se perdait en exigeant cela. Il répondait froidement : « Je suis assez *accompagné* si je n'ai affaire qu'à MM. de Guise. »

Charles IX, alarmé, fit venir au Louvre le chef de la famille, Henri de Guise, et, Coligny présent, pria et somma le jeune homme de se réconcilier sincèrement avec cet illustre vieillard, ce grand homme en cheveux blancs, qui toujours avait protesté qu'il n'avait pas fait tuer son père. Henri, sans hésiter, donna la main à Coligny, et prouva ce jour-là sa descendance maternelle, la parenté des Borgia.

On disait dans le peuple « que les noces seraient *vermeilles* », qu'elles n'auraient pas lieu, ou seraient marquées d'un combat. Elles se firent paisiblement à Notre-Dame.

Charles IX affirma que le pape donnait la dispense, qu'elle allait arriver, et le cardinal de Bourbon n'osa plus résister. La cérémonie se fit sous le ciel, sur un échafaud magnifique qu'on avait dressé au Parvis. Marguerite, qui appartenait de cœur aux Guises et à son frère Anjou, s'obstina (dit-on) à ne pas dire : Oui, et ce fut Charles IX qui, d'un mouvement brusque, lui fit baisser la tête et consentir en apparence. Pendant la messe, Coligny et le roi de Navarre restèrent à l'Évêché. Après, ils entrèrent dans l'église. De Thou, alors enfant, vit et entendit Coligny, qui, voyant aux murailles les drapeaux de Jarnac et de Montcontour, disait : « Nous en mettrons d'autres à la place, plus agréables à voir », parlant des drapeaux espagnols.

Le miracle infaisable s'était fait cependant, et l'on s'était passé du pape. Le parti papal, espagnol, était poussé à bout. Dans son exaltation furieuse, la coterie des futurs Ligueurs dit, le jour même à Notre-Dame, aux protestants restés hors de l'église : « Vous y entrerez bientôt malgré vous. »

Le massacre était arrêté certainement, que la cour le voulût ou non. Du reste, la reine mère ne refusait nul acte préalable. Le soir des noces, on fit signer au roi une lettre aux gouverneurs, pour arrêter *tout courrier ou tout autre* qui passerait les monts *avant six jours*. Capilupi affirme que cette lettre fut envoyée à tous les gouverneurs, dans toutes les directions. On dut faire croire à Charles IX, à l'amiral peut-être, qu'il était important que Don Juan d'Autriche, l'Espagne, l'armée espagnole, qui d'Italie nous menaçait, ignorassent le départ de nos troupes pour les Pays-Bas.

Le massacre pouvait-il se faire sans le roi, malgré lui, par l'audace des Guises, appuyés d'un si fort parti? Je dis hardiment *oui*, on pouvait soulever Paris et tenir le roi dans son Louvre. Coligny avait peu de monde, six cents épées, le reste des valets.

Mais les Guises n'avaient de chef que ce jeune homme de vingt ans qui avait si peu brillé à la guerre. Le très prudent cardinal de Lorraine avait pris le chemin de Rome. La vraie tête des Guises était une femme italienne, Anne d'Este, la mère d'Henri de Guise, hésitante certainement par instinct maternel.

Parti de feu, tête de glace. Pour suivre son parti et hasarder l'exécution, le jeune Guise voulut un ordre de l'autorité, sinon du roi, au moins du lieutenant du roi, qui était le duc d'Anjou.

Jamais Anjou, jamais sa mère n'auraient pris ce courage. Ce fut Coligny qui le leur donna, en les poussant au désespoir.

Nos envoyés dans le Levant et autres avaient écrit de longue date que le trône de Pologne allait vaquer. Ouverture vivement saisie de Charles IX pour éloigner Anjou. Catherine aussi, pour gagner du temps, fit semblant de le désirer. Mais, en juillet, voici la vacance de Pologne, voici une ambassade polonaise, voici l'insistance de Coligny qui veut chasser Anjou ou le faire expliquer. La chose est poussée à l'extrême par un mot fort et décisif de l'amiral : « Si Monsieur, qui n'a pas voulu de l'Angleterre par mariage, ne veut pas non plus de la Pologne par élection, décidément qu'il déclare donc *qu'il ne veut pas sortir de France.* »

Henri d'Anjou était mis en demeure de résister en face à Charles IX, de dire franchement qu'il aimait mieux sa situation d'*héritier* qu'aucun trône du monde ; *héritier* d'un frère de son âge ; *héritier* futur, improbable, d'autant plus menaçant, pouvant être tenté de faire du futur un présent, de se garnir les mains, d'abréger ce frère éternel et de le mettre à Saint-Denis.

Charles IX sentait tout cela. Il pénétrait fort bien ce mignon de Catherine, avec ses airs de femme, bracelets, boucles d'oreilles et senteurs italiennes. Un trop juste instinct lui disait qu'en ce cadet, docile, doux et respectueux, il avait son danger, sa perte. Et c'était trop vrai en effet.

Dans un récit très vraisemblable, attribué au duc d'Anjou, il dit : « Comme j'entrai un jour dans la chambre du roi, sans me rien dire il se promena furieusement à grands pas, me regardant souvent de travers et mettant la main à sa dague, de façon si animeuse que je m'attendois à être poignardé. Je fis si dextrement que, lui se promenant et me tournant le dos, je me retirai vers la porte que j'ouvris, et, avec une courte révérence, je fis ma sortie, qui ne fut quasi aperçue que quand je fus dehors, et toutefois pas assez vite qu'il ne me lançât encore deux ou trois fâcheuses œillades. Je crus l'avoir échappé belle. »

Cette frayeur du fils passa augmentée à la mère. Dans le récit que j'ai cité, le progrès de leur peur est marqué admirablement. Elle alla jusqu'à leur faire faire la démarche qui autrement leur eût été la plus antipathique, une alliance avec les Guises.

Ceux-ci avaient besoin extrêmement de l'assassinat. Pourquoi? Parce que, Henri de Guise, leur *héros*, ayant tellement échoué à la guerre, il leur fallait un coup pour se relever.

Le crime fut débattu entre deux femmes. Catherine fit venir la veuve de François de Guise (alors duchesse de Nemours), la mère de Henri de Guise. Il n'y eut, avec le duc d'Anjou, que deux témoins, probablement Gondi (Retz) et Birague. On demanda à la veuve de Guise si elle ne voulait pas, ayant si belle occasion, exécuter enfin cette vengeance dont elle faisait bruit, qu'elle affichait depuis dix ans.

Mais maintenant que la question était vue de si près, la mère de Henri de Guise eût bien voulu que l'affaire se fît par les hommes du roi, ou de Henri d'Anjou. Elle proposa un Gascon, épée connue et sûre. On le fit venir et causer. Mais le duc d'Anjou n'eut garde de le prendre. Il insista pour que cette vengeance de famille se fît par la famille, par l'homme qu'elle nourrissait exprès, l'assassin patenté, Maurevert. En d'autres termes, sa prudence laissait tout sur le dos des Guises.

Ceux-ci réfléchirent qu'après tout, ayant à commandement, outre leurs bandes personnelles, cette grosse ville, sa milice de cinquante à soixante mille hommes contre les six cents gentilhommes de Coligny; ayant, par le duc d'Anjou, lieutenant général du roi, les Suisses royaux, tous catholiques, et la garde royale, ils étaient plus de cent contre un; que d'ailleurs, très probablement, il n'y aurait point de bataille; que, Coligny tué, tout se disperserait.

Donc ils prirent tout sur eux; ils fournirent l'assassin; ils fournirent le logis d'où l'on devait tirer; ils fournirent le cheval qui devait sauver l'assassin. L'intendant de Guise, Chailly, alla chercher Maurevert et le logea chez le chanoine Villemur, ex-précepteur de Guise, au cloître Saint-Germain-l'Auxerrois. Ce fut des écuries des Guises qu'on tira un cheval d'Espagne, qui, sellé, bridé, attendit dans l'arrière-cour, près de la porte de derrière. Trois jours durant, derrière un treillis de fenêtre masqué de vieux drapeaux, se tint patiemment l'assassin, l'arquebuse chargée de balles de cuivre, appuyée et couchant en joue.

Cependant les noces de Navarre et de Condé, qu'on maria aussi, continuaient. Des bals, des farces plus ou moins indécentes, remplissaient toutes les nuits, et le jour on dormait; toute affaire ajournée, le roi perdu dans les amusements avec sa furie ordinaire; protestants, catholiques, tout mêlé et dansant ensemble. Cependant, dans ces fêtes folles, on distingue fort bien la malice du duc d'Anjou et sa griffe de chat. C'est lui, sa mère, les Italiens, qui, sans nul doute, se donnèrent le plaisir de ridiculiser le jeune paysan béarnais, d'en faire un sot devant sa femme, de faire jouer aux dupes mêmes une comédie du futur crime, de rire avant d'assassiner.

Ce fut, en mascarade, le *Mystère des trois mondes*, comme on le fit jadis à Florence au pont de l'Arno. Au paradis, rempli de nymphes, voulaient entrer des chevaliers (Condé, Navarre); mais il était gardé par d'autres chevaliers, par le roi et ses frères, qui rompaient la pique avec eux et finissaient par les traîner du côté de l'enfer, où les diables les enfermaient. Cependant les vainqueurs allèrent chercher des nymphes et dansèrent avec elles toute une grande heure, longueur impertinente, ennuyeuse pour les vaincus. Navarre dut rester en enfer pendant qu'on fit danser sa femme. Le combat reprit ensuite, et des traînées de poudre qui éclatèrent de tous côtés, remplissant le palais de fumée, d'odeur sulfureuse, mirent en fuite toute l'assistance.

Damnés, vaincus et ridicules, ce fut le sort des deux maris. Le jour suivant, on les fit Turcs, c'est-à-dire vaincus encore; les Turcs venaient de l'être à la bataille de Lépante. Dans un tournoi en mascarade, le roi de Navarre avec les siens parurent vêtus en Turcs, avec des turbans verts. Ces Turcs de carnaval furent battus par deux femmes, deux amazones, qui n'étaient autres que le roi et son frère.

La majesté royale en jupe courte! Spectacle honteux, baroque! Mais plus choquant encore était Anjou, impudique figure qui se complaisait dans ce rôle et dans sa grâce infâme, couvrant de honteuses folies les apprêts de l'assassinat (jeudi 21 août 1572).

CHAPITRE XXIII

Blessure de Coligny. — Charles IX consent à sa mort. (22-23 août 1572.)

Coligny, quoique malade, croyait partir la semaine qui suivrait le mariage. Il l'écrit ainsi à sa femme, dans une lettre infiniment tendre, fort touchante, qui ferait croire qu'il sentait sa situation et pensait bien que c'étaient les dernières paroles qu'il dût échanger en ce monde.

Dans un sombre petit hôtel, voisin du Louvre, tout près du cloître Saint-Germain-l'Auxerrois, il recevait coup sur coup de mauvaises nouvelles. L'édit de pacification devenait une risée; un enfant qu'on portait au prêche pour le baptiser fut tué dans les bras de sa mère. D'autre part, le duc d'Albe avait fait étrangler Genlis et d'autres amis de Coligny, des centaines de prisonniers. Les Guises grossissaient dans Paris, et Montmorency en sortait.

Ce chef futur des politiques, en abandonnant ainsi Coligny, fut une des causes du massacre. S'il fût resté avec les siens, avec la nombreuse noblesse attachée à sa famille, on eût regardé à deux fois avant de tirer l'épée.

Il crut acquitter sa conscience en avertissant Coligny de pourvoir à sa sûreté.

Le devoir clouait celui-ci au fatal séjour de Paris; s'il eût bougé, il perdait tout. La seule chance qu'il eût qu'on fît droit aux plaintes des protestants, et qu'on aidât d'un secours l'invasion du prince d'Orange, était dans sa persévérance, dans l'ascendant qu'il avait pris sur l'esprit du jeune roi. Partir, c'était rompre avec lui, c'était tout abandonner, recommencer la guerre civile. Dût-il mourir à Paris, cela valait encore mieux.

Sentinelle infortunée du grand parti protestant qui ne lui donnait nul appui, ni d'Angleterre, ni d'Allemagne, il périssait abandonné. On le voit parfaitement par une lettre de Catherine (21 août). Au moment où l'assassin attendait déjà Coligny, la reine mère est si convaincue de l'indifférence d'Élisabeth à cet événement, qu'elle suit avec confiance l'affaire du mariage, et propose une entrevue entre son fils Alençon et la reine d'Angleterre « sur mer, par un beau jour calme, entre Douvres, Boulogne et Calais ».

On savait parfaitement qu'Élisabeth, alarmée des grands projets de Coligny, ne vengerait nullement sa mort et prendrait fort en patience un événement qui allait fermer aux armes françaises la conquête des Pays-Bas.

Lui seul était la pierre d'achoppement. Il inquiétait l'Europe, surtout ses prétendus amis.

Le vendredi 22 août, comme il rentrait lentement chez lui, revenant du conseil et lisant une requête, il passe devant la fenêtre fatale, il est tiré... Une balle lui emporte l'index de la main droite, une autre traverse le bras gauche.

Maurevert avait tiré, comme Poltrot, de manière à blesser son homme, lors même qu'il serait cuirassé. Son arme était appuyée et pouvait tirer bien mieux. Mais la main du fanatique était restée ferme, et la main du coquin trembla.

Sans s'émouvoir, Coligny montre la fenêtre d'où l'on a tiré, et dit : « Avertissez le roi. »

Le roi jouait à la paume avec Guise et Téligny. Il jeta sa raquette, parut tout bouleversé et rentra brusquement, puis fit trois choses qui prouvaient sa bonne foi. Il ordonna l'enquête, il défendit aux bourgeois de s'armer (Registres de la ville), et il fit dire à tous les catholiques logés autour de l'amiral d'aller ailleurs, afin qu'on pût y concentrer des protestants.

On a dit qu'il voulait faire massacrer ceux-ci, qu'il les réunissait pour les envelopper. Cependant, quand on songe à la vaillance connue de cette noblesse, à sa fermeté éprouvée, on sentira que la réunir ainsi, c'était la fortifier, c'était rendre le meurtre infiniment plus difficile, préparer un combat à mort.

Je ne vois pas que Coligny ait profité de l'autorisation. Il voulut lier Charles IX, comme il avait fait en lui rendant les places de sûreté. Pourquoi eût-il voulu plus de garantie pour lui-même qu'il n'en gardait pour son parti? Beaucoup de protestants venaient.

Mais il n'eut, à poste fixe, que des gardes du roi. Anjou eut soin d'y mettre un capitaine ennemi de l'amiral.

L'illustre chirurgien Ambroise Paré coupa le doigt blessé et fit à l'autre bras de profondes incisions. Ses amis pleuraient. Lui, merveilleusement patient : « Ce sont là des bienfaits de Dieu. » — Quelqu'un dit : « Oui, monsieur, remercions-le. Il a épargné la tête et l'entendement. »

Il y avait là un saint homme, le ministre Merlin, le même, je crois, qui sauva le coupable père de Rubens et obtint sa grâce du prince d'Orange. Merlin dit à l'amiral : « Vous faites bien, monsieur, de ne penser qu'à Dieu et d'oublier les assassins. »

Le calme et l'extraordinaire force d'âme de l'amiral parut à deux choses :

Dans l'opération très douloureuse, et qu'Ambroise Paré ne fit qu'en trois fois, ayant un mauvais instrument, le patient ne sourcilla point, et dit seulement à l'oreille d'un de ceux qui le soutenaient que Merlin donnât cent écus d'or aux pauvres de l'Église de Paris.

D'autre part, malgré tant de vraisemblances, de preuves même et d'aveux des gens de la maison fatale, comme on parlait des coupables, il dit : « Je n'ai d'ennemis que MM. de Guise. Toutefois je n'affirme point qu'ils aient fait le coup. »

Quelques hommes déterminés offrirent à l'amiral d'aller poignarder les Guises à la tête de leurs bandes. Mais il le leur défendit.

Les maréchaux Damville, Villars et Cossé vinrent

le voir. Ils le trouvèrent gai et calme. Il dit à Cossé :
« Vous souvenez-vous de l'avis que je vous donnais il y a quelques heures ?... Il faut prendre vos sûretés. »

Damville, avec Téligny, alla de sa part prier le roi de venir. Il vint à deux heures et demie; mais sa mère, son frère Anjou, Gondi, son ex-gouverneur, ne le laissèrent pas aller seul; ils le suivirent, inquiets de ce que dirait le blessé. Ils trouvèrent la petite rue, le petit hôtel, combles de protestants armés qui les regardaient de travers et se parlaient à l'oreille, témoignaient peu de respect, croyant voir dans la reine mère et son fils Anjou les vrais assassins.

Charles IX dit ces propres paroles : « Mon père, la blessure est pour vous, la douleur pour moi, et pour moi l'outrage... Mais j'en ferai telle vengeance qu'on s'en souviendra à jamais. » Et il en fit avec fureur le plus terrible serment.

Coligny parla comme un homme qui se sent près de la mort. Parmi les plaintes des églises, il articula deux accusations :

« Pourquoi ne peut-on dire un mot dans votre conseil privé que le duc d'Albe n'en soit averti au moment même ? »

Puis il lui dit à l'oreille (ce que De Thou a supprimé par respect pour Catherine et pour Henri III) : « Souvenez-vous des avertissements que je vous ai donnés sur ceux qui trament contre vous. Si Votre Majesté tient à la vie, elle doit être sur ses gardes. »

« Vous vous échauffez trop, dit la reine. Il n'y a

pas d'apparence de faire parler si longtemps un malade. » Et elle emmena le roi. Le seul Henri d'Anjou, dont la maligne nature jouissait dans le mensonge, resta un moment de plus pour dire un mot d'amitié à celui qu'il assassinait.

Cette hypocrisie pouvait-elle donner le change à Charles IX ? On peut en douter; il rentra profondément triste et rêveur. Sa mère cependant l'obsédait pour tirer de lui ce que l'amiral avait dit si bas. Il refusa quelque temps, puis éclata tout à coup : « Ce qu'il me disoit, madame ? Si vous voulez le savoir, il disoit que tout le pouvoir s'est écoulé dans vos mains, et qu'il m'en adviendra mal. » Il sortit et s'enferma. « Nous vimes bien dès lors, dit lui-même Henri d'Anjou, qu'il n'y avoit pas de temps à perdre pour dépêcher l'amiral. »

Cependant le roi de Navarre et le prince de Condé, qui avaient demandé en vain permission de se retirer, délibéraient chez Coligny avec quelques protestants sur ce qu'il convenait de faire. L'un d'eux dit : « Partir à l'instant. » Mais le blessé eût été difficile à transporter, et Téligny répondait de la sincérité du roi. »

Marguerite nous apprend ici un fait essentiel. On voit que les protestants ne se fiaient pas beaucoup à son mari, le roi de Navarre; qu'ils le voyaient apprivoisé par les caresses catholiques, qu'un pressentiment leur révélait dans le petit Béarnais ce leste sauteur qui dit : « Je vais faire le saut périlleux. » Et : « Paris vaut bien une messe. » Ils lui firent signer, à lui, au prince de Condé et sans doute aux courtisans protestants de Charles IX une obligation écrite de venger l'attentat fait sur Coligny.

Le bruit s'en répandit sans doute. On sema par tout Paris la nouvelle lamentable que ces furieux protestants avaient juré d'égorger le pauvre jeune Henri de Guise. Malgré les défenses du roi, les capitaines de quartier, les meneurs des confréries, avaient fait prendre les armes. L'immensité du mouvement dépassait tout ce qu'avaient attendu Catherine et le duc d'Anjou, mouvement donné par le clergé et tout au profit de Guise (samedi 23 août).

Henri d'Anjou, qui s'était retiré si habilement derrière Guise pour lui faire frapper le premier coup sur l'amiral, perdait toute son importance, toute faveur des catholiques, tout son renom de Jarnac et de Montcontour, s'il restait toujours derrière. Il se hasarda dans Paris, non à cheval, mais à demi caché dans un coche, menant avec lui son frère bâtard, Henri d'Angoulême, à qui il promettait la place d'amiral de France s'il achevait Coligny. Sur leur route par la ville, trouvant tout le peuple armé, ému, mais trop lent encore, ils semèrent habilement une panique (le même moyen qui fit faire en 93 les massacres de septembre) : ils dirent, ce que disaient les protestants, que Montmorency avait été chercher un grand corps de cavalerie pour tomber sur Paris. L'effet désiré fut atteint. On trouva dans la peur des forces inouïes de courage ; d'officieux avertisseurs dirent qu'il fallait se hâter d'égorger les protestants.

Un petit conseil secret de la reine et des Italiens

avait eu lieu à l'écart, non au Louvre, mais aux Tuileries, par-devant le roi. Leur avis, original et singulier, était qu'il fallait profiter du mouvement, laisser les Guises égorger les chefs protestants ; le roi surviendrait alors, tomberait sur les Guises affaiblis, se trouverait débarrassé des uns et des autres, de tous les grands, et vraiment roi.

Conseil italien et classique, d'après les modèles célèbres que les petits princes italiens avaient laissés en ce genre, mais ici inapplicable. Le roi était loin de pouvoir se débarrasser des Guises, étant en réalité plutôt dans leurs mains.

Il paraît du reste avoir goûté très peu ces conseils. Un domestique des Guises ayant été arrêté, ils vinrent hypocritement dire à Charles IX qu'accablés par la calomnie et dans la disgrâce du roi, ils demandaient la permission de se retirer. Le roi dit : « Vous pouvez partir. Je saurai bien vous retrouver, s'il faut faire justice. » Ils se mirent seulement en route et s'arrêtèrent dans les faubourgs.

C'était le samedi soir (23 août). La reine mère fit un effort décisif près de son fils. Elle lui montra qu'il était seul, avec son petit régiment des gardes ; que les protestants allaient appeler à eux des renforts, soulever toutes les villes ; que les catholiques eux-mêmes, s'il n'agissait pas, agiraient sans lui, nommeraient un *capitaine général*. C'était lui dire précisément ce qui se fit dans la Ligue.

Elle lui dit : « Vous n'aurez pas une seule ville en France où vous retirer. »

Ce qui me prouve que le récit attribué au duc d'Anjou est vraiment de lui ou d'un homme à lui, c'est qu'à ce moment il dissimule la situation honteuse où se trouvèrent les coupables (lui, sa mère et Retz), et suppose que Catherine réussit auprès du roi. Tavannes (homme du duc d'Anjou) suit la même tradition, la moins humiliante pour le fils et la mère.

Mais voici le grand, le véritable, le naïf historien de la Saint-Barthélemy, Marguerite de Valois, qui nous apprend que le fils et la mère, repoussés apparemment de Charles IX, dans leur peur et dans leur danger, lui envoyèrent un homme qui pleurât pour eux et le décidât au massacre qui seul pouvait les sauver. Cet homme était Retz (Gondi), ex-gouverneur de Charles IX.

Marguerite nous apprend que, le lendemain dimanche, *les huguenots en corps devaient venir accuser Guise* solennellement devant le roi. Guise, contre qui tant de preuves se réunissaient, n'eût pu ni voulu nier un coup qui le mettait si haut dans la faveur des catholiques; mais il eût dit qu'il n'avait rien fait que sur l'ordre de l'autorité légitime, l'ordre de monseigneur le duc d'Anjou, lieutenant général du royaume.

Ainsi, tout se fût dévoilé à la face du monde.

Anjou et Catherine allaient être convaincus d'avoir voulu tuer Coligny, parce que Coligny poussait le roi à mettre hors de France son dangereux héritier. Cela était trop évident. Avec un homme soudain et violent comme Charles IX, Anjou eût fort bien pu périr, et

Catherine, menacée tant de fois d'être renvoyée en Italie, eût probablement, à ce coup, repris le chemin de Florence.

Donc, le samedi 23 août à dix heures du soir, les deux coupables, la mère et le fils, firent avouer leur cas honteux, en tâchant de donner le change sur leurs vrais motifs. Retz dit au roi, dit Marguerite : « Que le coup n'avoit été par M. de Guise, mais que mon frère le roi de Pologne et la reine ma mère avoient été de la partie. »

Pourquoi? « Parce que la reine mère avait voulu se venger de la mort de Charry. » Bourde grossière, qu'on dut faire difficilement avaler à Charles IX. Il connaissait trop sa mère, qui n'avait ni cœur ni âme, ni amour ni haine, nulle *vendetta*, à coup sûr.

A l'appui de cette sottise qui ne prenait pas, Retz ajoutait tout doucement que : « Si le roi continuoit en la résolution qu'il avoit de faire justice de M. de Guise, *il étoit en danger lui-même*, puisque sa famille étoit accusée. »

Mais, Charles IX faisant apparemment la sourde oreille, Retz ajoutait : « Que les huguenots étoient en tel désespoir, qu'ils s'en prenoient non seulement à M. de Guise, à la reine, à M. d'Anjou, mais *qu'ils croyoient aussi que le roi en fût consentant* et avoient résolu de recourir aux armes *la nuit même*. De sorte qu'il voyoit Sa Majesté dans un très grand danger, soit du côté des huguenots, *soit des catholiques* par M. de Guise. »

C'était le samedi 23 à dix heures du soir, on voulait

agir à minuit. Pour être en mesure, il fallait tirer un ordre immédiat. Ainsi, pas un moment de délibération; il lui fallut se décider sur l'heure et sans remise, trancher en un moment sur la résolution suprême qui allait, à partir de cette minute, retenir à jamais, emporter sa mémoire dans l'exécration éternelle!

La peur est contagieuse. Il est probable que la peur visible de ce lâche Italien, sa pâleur, sa mine basse, courbée, son frissonnement, gagnèrent Charles IX. Sur son attitude hautaine, et sur sa colère au retour de Meaux, on l'avait cru brave. Mais il était, tous les récits l'attestent, d'un tempérament nerveux, d'une imagination infiniment impressionnable. La nuit, la situation imprévue, la pensée surtout d'avoir dans le Louvre même trente ou quarante protestants des plus redoutés, un Pardaillan, un De Piles, les premières épées de France, tout concourut à la terreur.

Ajoutons une circonstance, la première que je vais emprunter aux récits protestants (jusqu'ici je n'ai rien tiré que des sources catholiques). On apprit à Charles IX *que le peuple était armé!* — « Et comment cela? dit-il étonné. — Votre Majesté elle-même avait ordonné que chacun fût à son quartier. — Oui, mais *j'avais défendu que personne prît les armes.* »

Cet *étonnement* du roi ne se trouve que dans la *Relation* protestante. Fait grave déjà prouvé par les Registres de la ville. D'autant plus grave et naïf ici, qu'il a échappé à l'auteur de la *Relation* contre son propre système, et dément la longue préméditation qu'il attribue à Charles IX.

Retz n'a point écrit de mémoires malheureusement.

Nous ne savons pas par quel moyen décisif il gagna sa cause. Seulement il faut se rappeler qu'on parlait à un homme de tête bien peu solide, poète et fort imaginatif. L'Italien dut l'emporter, non en atténuant la chose, mais plutôt en la grandissant, en rappelant les massacres illustres de l'histoire, comme les *Vêpres siciliennes*, mystérieuse et soudaine extermination d'un grand peuple en une nuit, saignée immense, vastes ruisseaux de sang... Charles IX, dans sa visite à Coligny, avait demandé et vu la manche de son habit encore trempée de sang et rouge. Une très mauvaise vue pour un fou. Il s'était fort exalté, regardant toujours cette manche : « Quoi! c'est là, répétait-il, le véritable sang de ce fameux amiral! »

Il paraît qu'au beau milieu de l'animation il lui revint une terreur. Mais si les protestants se vengent, s'ils se soulèvent par toute la France, s'ils ont des armées étrangères, etc. A cela, le doux Italien eut une réponse facile : c'est que MM. de Guise prenaient tout sur eux, qu'ils en faisaient une affaire de *vendetta*, de famille, une querelle personnelle, et nullement une affaire générale de religion. La chose resterait ainsi comme ces vieilles querelles de villes italiennes, comme les meurtres des La Scala, comme les vengeances mutuelles des Montaigus, des Capulets. Le roi pouvait dormir sur les deux oreilles. Le dimanche soir, tout serait fini, Guise partirait de Paris. Et en même temps une lettre du roi pour toute la France : « Les Guises et les Châtillon se sont battus; on n'a pas pu les en empêcher; le roi le déplore, mais il s'en lave les mains. »

Lâche et bas conseil d'un cruel poltron, mais qui trouva le roi à son niveau.

Ce ne fut guère qu'entre onze heures et minuit que Charles IX, après ces deux longues conversations, entamé par sa mère d'abord, achevé par Retz, fasciné et magnétisé par la peur de ce misérable, défaillit et consentit...

On était si peu sûr de ses résolutions, qu'en envoyant l'ordre à Guise et à Marcel, ex-prévôt des marchands, la reine mère décida que le signal sonnerait, non pas d'abord à l'horloge du palais, assez éloignée, mais à l'église même du Louvre, à Saint-Germain-l'Auxerrois.

Chose bizarre, mais très naturelle, l'ayant enfin emporté, elle commença à avoir peur de sa propre résolution. Tavannes et le duc d'Anjou l'avouent unanimement. « Elle se serait désistée, dit Tavannes, si elle avait pu. »

« Nous allasmes, dit le duc d'Anjou, au portail du Louvre joignant le jeu de paulme, en une chambre qui regarde sur la place de la basse-cour, pour voir le commencement de l'exécution. Où nous ne fusmes pas longtemps, ainsi que nous considérions les événemens et la conséquence d'une si grande entreprise (à laquelle, pour dire vray, nous n'avions jusques alors guères bien pensé), nous entendismes à l'instant tirer un coup de pistolet. Et ne sçaurois dire en quel endroict, ni s'il offensa quelqu'un : bien sçay-je que le son seulement nous blessa si avant en l'esprit, qu'il offensa nos sens et notre jugement, espris de terreur et d'appréhension des grands désordres qui s'alloient alors commettre. Et pour y obvier, envoyasmes soudainement et en toute diligence un gentilhomme vers M. de Guise pour lui dire et espressément commander qu'il se retirast en son logis, et qu'il se gardât bien de rien entreprendre sur l'admiral, ce seul commandement faisant cesser tout le reste. Mais tôt après, le gentilhomme retournant nous dit que M. de Guise lui avoit respondu que le commandement étoit venu trop tard et que l'admiral étoit mort. »

CHAPITRE XXIV

Mort de Coligny et massacre du Louvre. (22-26 août 1572.)

Si le coup de pistolet fit tressaillir la reine mère et son fils, on peut bien croire que le blessé, dans sa triste insomnie, ne fut pas sans l'entendre. Il n'avait pas grand monde autour de lui. Beaucoup étaient au Louvre, chez le roi de Navarre, pour qui on craignait encore plus. Mais il avait, dans deux maisons voisines de son hôtel, deux postes de gardes du roi. Il se sentait gardé par la parole royale, par les promesses et les traités faits avec les princes étrangers, par tout ce qu'il y a de respecté parmi les hommes. Il venait de recevoir une visite aimable, la plus rassurante de toutes. La nouvelle mariée, Marguerite de Navarre, dans ces moments sacrés où, femme et fille encore, oscillant d'un état à l'autre, la jeune épouse est si touchante, était venue le voir, et comme chercher la bénédiction du vieillard.

Fallait-il croire qu'elle fût un espion? Une envoyée

d'Anjou? Et ce frère, trop aimé, usa-t-il de *sa petite Margot* (ils appelaient ainsi leur sœur) pour cette commission scélérate? On en croira ce qu'on voudra.

Le blessé sur son lit était dans ses pensées. Quelles? La famille peut-être qu'il ne devait jamais revoir, cette femme admirable qu'il avait laissée enceinte et qui le rappelait en vain? Ou bien plutôt encore cette grande famille de l'Église, si divisée, si hasardée, orpheline de Dieu, dont la crise suprême était venue par toute la terre.

Mais ces sombres pensées ne le reportaient-elles pas plus haut, plus loin encore, à la grande question des déchirements du dogme, à l'écroulement de l'arbre qui couvrit l'humanité de son ombre? Ramenée à la foi des Suisses qu'adoptait Coligny, rentrée dans la simple raison, l'eucharistie emporte le christianisme lui-même.

Tout cela pour lui seul. Il avait cependant près de lui dans cette chambre deux hommes admirables. L'homme de la douleur, le grand chirurgien du siècle, Ambroise Paré, grand de cœur autant que de génie. L'homme de la conscience, le saint pasteur Merlin, qui, je crois, avait été envoyé par le prince d'Orange. C'est lui qui fit la prière à l'heure dernière de Coligny.

Près de la chambre, veillait aussi un bon et fidèle Allemand qui, à l'armée, lui servait d'interprète. En bas, quelques serviteurs et cinq ou six Suisses du roi de Navarre.

C'était un peu avant le jour, entre trois et quatre heures (dimanche 24 août). La cavalerie de Guise arrive aux portes et remplit la petite rue. A l'instant, les gardes du roi de gardiens se font assassins. Cosseins, leur capitaine, frappe au nom du roi. Le gentilhomme qui avait les clefs ouvre ; il est poignardé.

L'amiral se lève au bruit, et, couvert d'une robe de chambre, dit au ministre « Monsieur Merlin, faites-moi la prière. » Et lui-même ajouta : « Je remets mon âme au Sauveur. »

« Alors celui qui a été témoin et qui a rapporté ces choses entra dans la chambre, et étant interrogé par Ambroise Paré que voulait dire ce tumulte, il dit, en se tournant vers l'amiral : « Monseigneur, c'est Dieu qui nous appelle à luy. » Il répondit : « Il y a longtemps que je me suis disposé à mourir... Mais sauvez-vous, vous autres, s'il est possible. » Les témoins affirment qu'il ne fut pas plus troublé de la mort que s'il n'y eût eu bruit quelconque. Tous montèrent et échappèrent la plupart par le toit; l'Allemand, Nicolas Muss, resta seul avec l'amiral. » (*Relation*.)

Cependant on avait rompu la porte de l'escalier. Cosseins marchait en tête avec les Suisses du duc d'Anjou, sous ses couleurs (blanc, noir et vert). Ces Suisses, voyant sur l'escalier les Suisses du roi de Navarre, ne tiraient pas. Mais Cosseins fit tirer les gardes.

On força alors la porte de la chambre, et deux hommes entrèrent les premiers, deux serviteurs des Guises : l'un, le Picard Attin, qui était au duc d'Aumale, nourri chez lui longtemps pour tuer le frère de l'amiral; l'autre était un Allemand : Behme, attaché à la personne d'Henri de Guise, passait pour aimer beaucoup le jeune prince et le gouvernait entièrement. Il fut récompensé plus tard par un riche mariage avec une bâtarde du cardinal de Lorraine qui avait été élevée en Espagne près de la reine Élisabeth. Behme fut comblé des dons du roi d'Espagne, mais finit misérablement.

Avec ces deux meurtriers, se trouvaient Sarlabous, le gouverneur du Havre, ex-capitaine de Coligny, qui venait tuer son chef pour constater sa foi de renégat.

Attin a raconté plus tard qu'ils avaient été interdits de trouver si extraordinairement tranquille un homme qui avait la mort devant les yeux. L'impression fut telle sur Attin que, revenu chez lui, plusieurs jours après, il restait blême et dans une sorte de frayeur.

L'Allemand Behme, qui s'était animé à lever la porte avec un épieu (et qui sans doute avait pris du cœur dans le vin), fut plus résolu que les autres. Il avança et osa dire un mot : il demanda ce qu'il savait très bien : « N'es-tu pas l'amiral? »

Coligny lui dit posément : « Jeune homme, tu viens contre un blessé et un vieillard... Du reste, tu n'abrégeras rien. » Faisant entendre que, malade, frappé de la nature, il était mort déjà, hors de la main des hommes.

Behme, avec un juron horrible, en reniant Dieu, lui poussa dans le ventre cette bûche pointue, ce gros épieu qu'il avait dans la main. On dit que Coligny, assommé de la sorte par cette lourde bête, n'ayant pas même un coup d'épée, sentit son cœur de gentilhomme, et, tombant, lui lança ce mot : « Si c'était un homme du moins!... C'est un goujat!... »

Alors Behme frappa, refrappa sur la tête. Et les autres, enhardis, vinrent lui donner chacun son coup.

Guise était en bas à cheval dans la cour avec le bâtard d'Angoulême. Il cria : « Behme, as-tu fini ? — C'est fait! — Mais M. d'Angoulême n'en veut rien croire, s'il ne le voit. »

Behme alors, avec Sarlabous, prirent le corps par dessous pour le jeter par la fenêtre. Était-il, n'était-il pas mort? On ne le sait. Il se trouva, par le trouble des meurtriers, ou par je ne sais quel réveil de vie et de résistance, que le corps s'accrocha un moment à la fenêtre; cependant il tomba.

Ces assommeurs savaient si mal leur métier que, frappant à tort, à travers, ils avaient justement gâté ce qu'eût le mieux gardé tout sage bourreau, ce qu'on expose, le visage et la tête. Les deux grands seigneurs, descendus de leurs chevaux, avaient beau regarder. Cependant le bâtard « lui torcha la face », et écartant le sang, dit : « Ma foi, c'est bien lui. » Et il lui donna un coup de pied. Certains disent que Guise en fit autant, et lui donna du pied dans le visage.

Il y avait là aussi un Italien de Sienne, Petrucci, qui appartenait à Gonzague, duc de Nevers. Il coupa proprement la tête, et la porta au roi et à la reine, au duc d'Anjou. On l'embauma avec soin pour l'envoyer à Rome, qui depuis si longtemps et si instamment l'avait demandée.

Au moment où l'assassinat fut su au Louvre, l'affaire étant lancée et toute hésitation désormais impossible, la cloche du signal sonna à la paroisse du Louvre, Saint-Germain-l'Auxerrois. Ce ne fut que longtemps après, lorsqu'il était grand jour, qu'on sonna la cloche du Palais au coin du quai de l'Horloge, pour convier la ville au massacre.

Mais la ville était déjà avertie d'une autre manière. Coligny tué, la tête coupée, et « ce morceau de roi » ayant été porté au Louvre, on avait généreusement donné à la canaille les reliefs du festin. Des enfants et des misérables, qui ne sont ni enfants ni hommes, sans barbe, sans âge et qu'on croirait sans sexe, femmes-hommes et hommes-femmes, les fils naturels du ruisseau, fondirent, à travers les soldats, dans la cour de l'amiral, et trouvant là ce corps, furent ravis de s'en emparer. Si la tête manquait, il y avait encore autre chose, assez pour le régal; les couteaux travaillèrent, on coupa les mains pâles qui avaient tenu si longtemps l'épée de la France, la sainte épée de Dieu; on coupa les parties naturelles, et on les porta dans Paris. Au tronc, les enfants attachèrent une corde, et le tirèrent par les ruisseaux rougis jusqu'aux bords de la Seine, et il y resta quelque temps. Mais d'autres amateurs survinrent, qui s'en emparèrent à leur tour, le suspendirent à Montfaucon. On l'y mit de façon outrageante et bizarre, le dos sur une poutre, le cou, les pieds, chacun de leur côté, flottant, ballant, le ventre en l'air.

D'autres, qui arrivaient tard, n'y surent plus que

faire, sinon d'allumer du feu dessous, pour le noircir du moins, le griller comme un porc. Quelques-uns s'en tenaient les côtes.

Dans cette nuit fatale du samedi 23 au dimanche 24, les heures se marquent ainsi. La reine parle au roi le soir (*sept ou huit heures?*). Retz vient lui faire l'aveu de sa mère et de son frère (*dix heures*). Ordre donné à Guise (*onze heures?*) par la reine et le duc d'Anjou. La ville avertie d'armer à *minuit*. Long intervalle de quatre heures, les Guises attendant que la ville soit armée, avant d'attaquer Coligny. A l'aube, *un peu avant quatre heures*, signal du coup de pistolet; Coligny tué.

Marguerite dit qu'au petit jour son mari se leva, qu'elle dormit une heure, puis fut éveillée par le massacre du Louvre qui dut commencer *entre cinq et six*.

Pourquoi ce dangereux retard après la mort de Coligny, qui, su au Louvre, pouvait faire mettre en défense les protestants du roi de Navarre? Le duc d'Anjou l'explique peut-être en disant qu'il y eut un moment d'hésitation, que sa mère et lui eurent frayeur et eussent voulu tout arrêter, mais que Guise répondit qu'il était trop tard.

Qu'allait-on faire de ces gentilshommes qui étaient dans le Louvre, sous le toit du roi? Grande et cruelle question. Si la reine mère, si Retz avaient eu le soir tant de peine à décider Charles IX sur la question générale, il est peu probable qu'ils l'eussent encore compliquée de cette difficulté terrible. Ce fut, je crois, le matin, et, Coligny tué, ce fut vers cinq heures qu'on apporta à Charles IX ce breuvage amer et qu'on le lui fit avaler.

C'était lui-même qui, le jour de la blessure de l'amiral, avait engagé Navarre et Condé à faire entrer leurs gentilshommes pour se garder des entreprises de Guise, qu'il appelait « un mauvais garçon ». Tous s'étaient offerts, empressés, sur une telle assurance; ils étaient trente ou quarante, outre les gouverneurs, précepteurs, valets de chambre et domestiques des deux jeunes princes. Depuis trois jours, Charles IX vivait avec eux, les avait aux tables royales, mêlés avec sa maison. Exécrable fatalité. Il fallait que ce couteau qui leur coupait le pain du roi, on le leur mît dans le cœur; que, de commensaux et convives qu'ils avaient été le soir, les serviteurs, officiers ou capitaines des gardes se trouvassent au matin bourreaux? *La parole du roi de France*, révérée chez les infidèles et jusqu'au bout de la terre! *la parole de gentilhomme*, de l'hôte féodal, la sécurité complète avec laquelle on quittait ou on déchargeait ses armes en passant le pont-levis! Toutes ces vieilles religions de la France brisées et détruites, et l'honneur même assassiné!... Pour en venir là, il fallut une grande peur, une crainte extrême de ces hommes et l'attente d'un combat sanglant.

Dans ce Louvre si bien fermé, au fond même du filet de mort où personne n'aurait vu, nous trouvons pourtant un témoin, la jeune reine de Navarre :

« Le soir, étant au coucher de la reine ma mère, assise sur un coffre auprès de ma sœur de Lorraine, que je voyois fort triste, la reine m'aperçut et me dit que je m'en allasse coucher. Comme je faisois la révérence, ma sœur, se prenant à pleurer, me dit : « Mon Dieu, ma sœur, n'y allez pas! » Ce qui m'effraya extrêmement. La reine se courrouça fort et lui défendit de me rien dire. Ma sœur lui dit qu'il n'y avoit point d'apparence de m'envoyer sacrifier comme cela, et que, sans doute, s'ils découvroient quelque chose, ils se vengeroient sur moi. La reine mère me commanda encore rudement que je m'en allasse coucher. Ma sœur, fondant en larmes, me dit bonsoir sans m'oser dire autre chose. Et moi je m'en allai toute transie et éperdue.

« Je trouvai le lit du roi, mon mari, entouré de trente ou quarante huguenots que je ne connoissois point encore, et qui parlèrent toute la nuit de l'accident de l'amiral. La nuit se passa sans fermer l'œil. Au point du jour, le roi, mon mari, dit qu'il vouloit aller jouer à la paume, attendant que le roi Charles fût éveillé, se résolvant de lui demander justice. Il sort de ma chambre et tous ses gentilshommes aussi.

« Moi, voyant qu'il étoit jour, estimant le danger passé, vaincue du sommeil, je dis à ma nourrice qu'elle fermât la porte pour pouvoir dormir. Une heure après, comme j'étois le plus endormie, voici un homme frappant des pieds et des mains à la porte, et criant : « Navarre! Navarre! » Ma nourrice ouvre, pensant que ce fût mon mari. C'étoit un gentilhomme nommé M. de Téjan, qui avoit un coup d'épée dans le coude et un coup de hallebarde dans le bras, et étoit encore poursuivi de quatre archers qui entrèrent tous après lui. Il se jeta dessus mon lit. Moi, sentant ces hommes qui me tenoient, je me jette à la ruelle, et lui après moi, me tenant toujours à travers du corps. Je ne connoissois point cet homme, et ne savois s'il venoit là pour m'offenser, ou si les archers en vouloient à lui ou à moi. Nous criions tous deux et étions aussi effrayés l'un que l'autre. Enfin Dieu voulut que M. de Nançay, capitaine des gardes, y vînt, qui, me trouvant en cet état, encore qu'il eût de la compassion, ne se put tenir de rire et se courrouça fort aux archers de cette indiscrétion, les fit sortir et me donna la vie de ce pauvre homme qui me tenoit, lequel je fis coucher et panser dans mon cabinet jusqu'à ce qu'il fût guéri.

« Je changeai de chemise, parce qu'il m'avoit toute couverte de sang. M. de Nançay me conta ce qui se passoit, et m'assura que mon mari étoit dans la chambre du roi et qu'il n'auroit nul mal. Et, me faisant jeter un manteau de nuit sur moi, il m'emmena dans la chambre de ma sœur, où j'arrivai plus morte que vive. Entrant dans l'antichambre, un gentilhomme, se sauvant des archers qui le poursuivoient, fut percé à trois pas de moi. Je tombai de l'autre côté presque évanouie entre les bras de M. de Nançay, et pensai que ce coup nous eût percés tous deux. »

Rien ne manque à ce récit, ni la dureté incroyable de la mère, qui aventure ainsi sa fille et la remet au hasard, à la générosité improbable de ceux qu'on va assassiner; ni, d'autre part, la confiance, l'imprévoyante légèreté des gentilshommes protestants, qui s'en vont jouer à la paume dans ces sombres circonstances, se divisent, comme pour rendre l'exécution plus facile. Car les uns allèrent jouer, les autres restèrent en haut; le capitaine des gardes désarma ceux-ci un à un. Pour les joueurs, on leur ôta le roi de Navarre, que Charles fit appeler, avec le prince de Condé. La mort de ces deux princes avait été mise en discussion, et ils n'avaient été sauvés que par le duc de Nevers, et sans doute aussi par l'idée qu'en les tuant on eût rendu trop forts les Guises. On fit remarquer à Charles IX qu'en réalité ces jeunes princes n'avaient guère de religion que les femmes et l'amusement; non plus que trois ou quatre autres protestants de cour qu'on sauva et qui se donnèrent au roi. Navarre et Condé mandés, Charles IX leur aurait dit, selon quelques-uns : « La messe! ou la mort! » Parole non improbable dans la bouche du royal acteur, qui décidément avait pris son rôle et le joua à faire croire qu'il l'avait toujours médité.

Mais les autres, qui n'étaient pas princes, que devenaient-ils? Les archers, comme on a vu, les piquaient de chambre en chambre pour qu'ils se précipitassent par les escaliers ou par les fenêtres dans la cour, où les massacreurs, en rang, les piques serrées, les recevaient, les achevaient.

Le premier qui fut tué dans la cour fut un gentilhomme qui, voyant toutes ces troupes, s'avisa de demander pourquoi elles étaient là rangées si matin. On avait dit au dehors qu'on les réunissait de nuit pour une fête, un combat simulé. Celui à qui il parlait (c'était un Gascon) pour réponse lui passa l'épée au travers du corps.

Mais la boucherie générale se fit par les Suisses. On vit alors combien ces Allemands étaient utiles; ne sachant pas le français, étant catholiques, des petits cantons qui ont l'exécration du protestantisme, ils frappaient comme des ours ou des assommeurs de bœufs. Ivres d'ailleurs probablement, ils tuaient sans regarder, des gens désarmés, n'importe.

Il paraît cependant qu'on doutait de l'obéissance. Car on décida le roi à se montrer à une fenêtre de la cour. Les amis des Guises sans doute, Anjou et sa mère, voulurent qu'il fût bien constaté qu'il était de la tuerie, qu'il la voulait et l'ordonnait.

Le plus vaillant de ces vaillants, Pardaillan, que la plupart n'auraient pas regardé en face, amené là, sans épée, à l'abattoir, fut saigné comme un mouton. Le propre gouverneur du roi de Navarre, Beauvais, sans la moindre considération de son élève, fut égorgé. Ces malheureux, de la cour, adressaient à cette fenêtre les appels les plus pathétiques, et ne trouvaient dans le roi, dans leur hôte, dans ce magistrat de la justice commune, que l'œil sauvage, égaré, furieux, d'un misérable fou.

Il y avait dans cette foule un homme que Charles IX devait entre tous épargner, c'était celui qui l'avait arrêté trois mois au siège de Saint-Jean-d'Angély, le capitaine De Piles; c'était comme un adversaire, un ennemi personnel. A ce titre, il était sacré. De Piles le sentait, et, dans la cour, devant ce monceau de morts sur lequel il devait tomber, il lança au balcon du roi un cri foudroyant, le sommant de sa parole, à faire trembler la cour du Louvre.

Il entendit et fit le sourd. Alors De Piles, arrachant de ses épaules un manteau de valeur, le tend à un gentilhomme : « Prenez, monsieur, et souvenez-vous ! » Le gentilhomme n'osa prendre ce gage dangereux de vengeance; il eût été tué à deux pas.

Cette surdité de Charles IX a constaté sa bassesse. Elle le met devant l'histoire plus bas que la Saint-Barthélemy.

CHAPITRE XXV

Quelle part Paris eut au massacre. (Août 1572.)

Guise, Montpensier et Gonzague (Nevers), trois princes, furent les principaux exécuteurs. Ajoutez-y Tavannes, l'homme du duc d'Anjou.

Le roux et sauvage Tavannes, dont le portrait fait horreur, regardait les protestants comme des rivaux militaires avec jalousie de métier. Il se vengeait du mot qu'il avait dû avaler (que Tavannes était Espagnol). Il égaya le massacre : « Saignez, saignez, disait-il; la saignée est bonne en août comme en mai. »

Tavannes tua en brutal soldat, Montpensier en dévot furieux, Guise et Gonzague en Italiens calculés et politiques.

D'abord Gonzague (Nevers) voulait se tirer de Paris, agir plutôt au dehors, supposant bien que les choses seraient moins en lumière et resteraient moins dans le souvenir. Il voulait qu'on le chargeât de poursuivre ceux qui fuiraient avec sa cavalerie. On ne le lui permit pas.

Guise montra dans le massacre une froideur extraordinaire pour un jeune homme de son âge. Il dit d'abord cyniquement aux troupes qu'il s'agissait d'une bataille à coup sûr, d'en finir pendant qu'on tenait ces gens, dont on aurait bon marché. Ensuite, il arrangea la chose de manière à se faire des amis, en tuant les ennemis, à rendre le massacre agréable à beaucoup de gens.

Par exemple, il mena chez M. de La Rochefoucauld un homme qui avait promesse de sa compagnie de gens d'armes, qui même n'avait voulu marcher qu'à cette expresse condition. La Rochefoucauld était aimable et plaisant, fort aimé du roi, qui le soir avait essayé de le retenir au Louvre, peut-être pour le sauver. Le matin, six masques frappent à sa porte. Le malheureux ne fait nul doute que ce ne soit une algarade du roi qui vient le faire battre. Il n'hésite pas à ouvrir, en demandant toutefois qu'on le traite doucement. Il riait quand on l'égorgea.

Téligny, gendre de l'amiral, était aussi une sorte de favori du roi; il l'aimait, tout le monde l'aimait. On n'aurait pas pu le tuer. Mais le duc d'Anjou le faisait chercher. On l'avisa sur un toit qui fuyait, et on le tira.

Les protestants du faubourg Saint-Germain avaient tant de confiance qu'avertis, ils s'obstinèrent à tout attribuer aux Guises et envoyèrent demander la protection du roi. Grand fut leur étonnement quand, abordant en bateau près du Louvre, ils virent les gardes du roi qui tiraient sur eux; ils s'enfuirent... Ce fou Charles IX, d'un sauvage instinct de chasseur : « Ils fuient, dit-il, ils fuient... Donnez-moi une carabine... » Et on assure qu'il tira.

Celui qui s'était chargé d'égorger le faubourg Saint-Germain avait manqué son affaire. Guise crut que tout était perdu. Il y avait plusieurs chefs, spécialement Montgommery. Il y court, se trompe de clef; à la porte de Bucy, il ne peut sortir. Tous se sauvent. Il les suivit au grand galop, mais toujours fort distancé, jusqu'à Montfort-l'Amaury.

A son départ, les gens de l'Hôtel-de-Ville, loin d'approuver le massacre, se mirent en réclamation. Hardis de l'absence de Guise, le prévôt des marchands Charron (dont l'ex-prévôt Marcel avait usurpé la nuit les fonctions), mais qui était un magistrat et un modéré, fait prier le roi d'empêcher *sa maison, ses princes et le petit peuple* de tuer et piller.

Il était midi. Le roi, qui lui-même venait de tirer, accueille la demande à merveille et ordonne aux échevins de monter à cheval et d'arrêter tout. Ordre aux bourgeois de désarmer et de rentrer dans leurs maisons.

On voit que la ville était bien loin d'avoir en cette horrible affaire l'unanimité qu'on a supposée. Quelle part réelle prit-elle au massacre, c'est ce qui est et restera fort obscur.

Je ne nie nullement du reste que Paris ne fût de mauvaise humeur contre le protestantisme. Le commerce était ruiné par la guerre, la milice humiliée, l'Université déserte. Paris descendait cette pente de décadence et de ruine dont le siège effroyable de 1594 a marqué le fond.

Les massacreurs d'août 1572, comme ceux de septembre 1793 (je l'ai fait remarquer ailleurs d'après les pièces originales), furent en partie des marchands ruinés, des boutiquiers furieux qui ne faisaient pas leurs affaires. Un seul, l'orfèvre Crucé, se vantait d'avoir égorgé quatre cents hommes. Après le massacre, il se fit ermite, et assassina encore un marchand qu'il reçut dans son ermitage.

Mais la milice bourgeoise n'était pas toute de ce caractère. Un de ses capitaines, Pierre Loup, procureur au Parlement, se trouvait avoir arrêté un grand seigneur protestant et tâchait de le sauver. Les émissaires de la cour lui demandent ce qu'il attend : « J'attends, dit-il, que je parvienne à me mettre bien en colère. » Ils lui dirent alors qu'ils étaient chargés de mener son homme au Louvre, le lui arrachèrent des mains et le tuèrent à deux pas.

Dans *cette bataille à coup sûr* que Guise promettait à ses gens, la palme doit être accordée au capitaine Charpentier, capitaine et professeur, honnête bourgeois de la ville, riche, estimé, considéré, qui, dans ce jour d'énergie, se signala par la mort du plus dangereux révolutionnaire, du mortel ennemi de la scolastique, du novateur insolent Pierre Ramus, ou La Ramée.

Charpentier est suffisamment caractérisé par un

mot : « Les mathématiques sont une science grossière, une boue, *une fange où un porc seul* (comme Ramus) *peut aimer à se vautrer.* »

Charpentier, fortement poussé, protégé des Guises, jusqu'à être fait Recteur à l'âge de vingt-cinq ans, ne dédaigna pas d'acheter une chaire de mathématiques au Collège de France, pour l'explication d'Euclide et autres mathématiciens grecs. A quoi il avait un titre solide, *de ne savoir* (dit-il lui-même) *ni grec, ni mathématiques.*

Ramus et la majorité du Collège de France réclamèrent au Parlement, qui décida qu'un examen préalable était nécessaire. Charpentier était si puissant, qu'il se moqua de la sentence, et enseigna sans examen, et sans dire un mot de mathématiques. Ainsi le but fut atteint, la chaire devint inutile. On commençait à comprendre (d'après Copernik qui se répandait) combien la lumière des mathématiques pouvait être dangereuse aux vieilles ténèbres. Charpentier rendit le service de fermer solidement cette porte des sciences.

Les familles bourgeoises n'envoyèrent plus leurs enfants qu'au collège de Clermont, où fleurissait la grammaire, où les Jésuites, dès lors de plus en plus à la mode, enseignaient *Musa*, la muse.

Ramus méritait la mort, et pour avoir détrôné l'Aristote scolastique, et pour avoir restauré dans l'enseignement l'harmonique unité des sciences, et pour avoir forcé la science à parler français ; mais bien plus la méritait-il pour avoir dit que le capitaine

Charpentier était un âne, pour l'avoir laissé douze ans écrire contre lui, sans y faire attention.

Si Charpentier était un âne en mathématiques, il ne l'était pas dans l'intrigue. Dans le procès des Jésuites qui les établit en France, il se mit pour eux, et par là gagna le cardinal de Lorraine, vieux camarade de classe de Ramus, qui jusque-là le protégeait. Il s'unit intimement à l'évêque Vigor et autres futurs ligueurs qui déjà depuis longtemps demandaient la Saint-Barthélemy. Enfin, quand Ramus, en péril, menacé par eux comme protestant, quitta Paris et suivit l'armée de Coligny, Charpentier se mit à la tête des professeurs bien pensants pour demander que les *fuyards*, les *renégats* de l'Université ne pussent y rentrer jamais. A la paix de 1570, Ramus ne trouva plus sa chaire ; il eut par grâce un abri dans sa propre maison, dans le collège de Presles, qu'il avait recréé, et même rebâti de son argent.

De ce grenier rayonnait une lumière importune. Toute l'Europe y avait les yeux. Les universités d'Italie, d'Allemagne, de Hongrie, de Pologne, offraient des chaires à Ramus. L'Angleterre acceptait ses doctrines ; ses livres, un siècle encore après, y furent commentés par Milton.

Cela était intolérable. Les futurs ligueurs poussaient contre lui des cris de mort. Charpentier mettait la main sur la garde de son épée : « Si j'ai quitté la toge pour l'épée, dit-il, Caton, Cicéron, en firent autant. Le pape aussi. N'a-t-il pas pris son glaive, sonné la charge, combattu avec nous, tout au moins de son argent? La terreur dont vous vous plaignez est un moyen légitime. Les proscriptions! N'en parlez pas, car vous y feriez penser... Prenez garde! prenez garde! Vous ne songez pas assez à l'issue que tout ceci peut avoir... »

Charpentier avait raison. On ne respecte pas assez la redoutable armée des sots, imposants à tant de titres, surtout comme majorité. Elle n'entend pas raillerie. Le spirituel diplomate Jean de Montluc le dit à Ramus, et voulut l'emmener en Pologne, où il allait travailler l'élection du duc d'Anjou. Il eût voulu seulement que Ramus l'y aidât de son éloquence. Ce grand homme, qui était un honnête homme, n'accepta nullement d'entrer dans ce tripotage. Il resta, et il périt.

Ce fut le mardi 26 août, quand la première fureur était calmée, quand les protestants étaient massacrés pour la plupart, mais qu'on glanait ici et là, chacun cherchant ses ennemis. Charpentier ne parut pas. Mais le *peuple* fit l'affaire. Le *peuple*, c'était un tailleur et un sergent, avec une bonne escouade de gens payés. Ils ne cherchèrent pas au hasard, mais allèrent droit à l'adresse, forcèrent la porte du collège, montèrent sans hésitation au cinquième, où Ramus avait son cabinet de travail. Ils le trouvèrent qui priait. L'un tira à bout portant, et pourtant si mal qu'il tira à la muraille. L'autre, plus habile, lui passa une épée au travers du corps. Palpitant, on le jeta du cinquième étage. Il vivait encore. Les enfants (on a toujours des enfants pour ces fêtes-là) le traînèrent à la rivière;

dans la route, un chirurgien coupa, emporta la tête (sans doute pour Charpentier). Quelque temps, le corps surnagea près du pont Saint-Michel. Mais des bourgeois, qui trouvaient qu'il n'en avait pas assez, payèrent des bateliers pour ramener le corps au rivage, où les petits écoliers lui donnèrent le fouet.

Qui pourrait croire qu'on ait pu envier à Charpentier l'honneur qu'il a si bien gagné dans cette grande circonstance? Celui qui le lui conteste fut, dit-on, « *témoin* de toute l'affaire ». Et la preuve qu'on en donne, c'est qu'*il était à Orléans.*

Croyons-en le pauvre Lambin, ami de Ramus. Il ne doutait nullement que Charpentier ne fût l'assassin ; si bien que, sachant qu'il le cherchait aussi, il se crut mort, prit la fièvre, et réellement mourut de peur.

Croyez-en surtout Charpentier lui-même. Lorsque tout le monde regrettait, déplorait la Saint-Barthélemy comme un crime horrible, de plus inutile, lui il lui reste fidèle et la glorifie, écrivant au cardinal de Lorraine en janvier 1573 : « Ce brillant, ce doux soleil qui a éclairé la France au mois d'août. »

Sur le système de Ramus : « Ces fadaises ont bientôt disparu avec leur auteur. Tous les bons en sont pleins de joie. Dieu nous la rende durable, Dieu que tu outrageas (Ramus!) et qui enfin t'a puni. »

Enfin, ce mot touchant d'un vainqueur qui s'attriste presque, sentant qu'il n'a plus rien à faire (*Nunc dimittis servum tuum*) : « Ramus et Lambin vivants, j'avais à lutter ; la vie me fut douce. Quel charme maintenant auront mes études ! Plus d'adversaires, plus de rivaux. »

Charpentier avait des raisons très sérieuses de pleurer Ramus. Il avait imaginé de faire payer les leçons (toujours gratuites) du Collège de France, et percevait un droit à la porte de son cours. Tant que Ramus fut vivant et que dura la dispute, on allait chez Charpentier écouter ses injures. Il gagnait gros. Ramus mort, il se trouva ruiné, la boutique abandonnée ; l'appariteur se morfondit sur son comptoir vide. Charpentier ne vécut guère ; en 1574, le pauvre homme mourut, et probablement de chagrin.

CHAPITRE XXVI

Suite. — (Août, septembre et octobre 1572.)

Le lundi 25 au soir, Guise, harassé de sa longue chevauchée, rentrant dans Paris, y trouva une chose peu rassurante : le massacre continuait, mais malgré le roi, et au nom de Guise. Le roi, malgré l'horrible exécution du Louvre faite sous ses yeux et par lui, se lavait les mains du tout, commandait aux Parisiens le désarmement, et faisait écrire aux provinces que les Guises avaient tout fait, *qu'il avait eu assez à faire pour se garder dans son Louvre*, qu'il n'y avait rien de rompu dans l'édit de pacification.

Dès lors, affaire particulière et querelle de famille. *Vendetta* pour *vendetta*. La question posée ainsi ne pouvait manquer de tourner contre la poitrine de Guise cent mille épées protestantes. Tout retombait d'aplomb sur lui. Le très secret conseil italien de la reine mère paraissait se dévoiler : Tuer les Châtillon par les Guises, puis les Guises par les Châtillon.

Henri de Guise, qui avait promis au roi de quitter Paris le dimanche soir, ne bougea pas. Tout son parti le retint. Les deux mille qu'on avait tués du premier élan étaient sans nul doute les six cents gentilshommes de Coligny et leurs domestiques. Tous ceux qui directement avaient travaillé au massacre, comme les dizeniers de la ville, ou l'avaient favorisé, comme les moines qui l'avaient prêché, les chanoines, curés et riches ecclésiastiques qui logeaient l'armée des Guises, se sentaient fort compromis. Si Montmorency fût entré avec sa cavalerie pour exécuter le désarmement qu'ordonnait le roi, tous ces violents catholiques auraient été accusés par leurs voisins qui les avaient vus opérer, par les protestants parisiens. Ceux-ci étaient gens de commerce et d'industrie, comme on le voit sur une liste nominale des morts (des principaux, des gens connus) que donne la *Relation* : cordonniers, libraires, relieurs, chapeliers, tisserands, épingliers, barbiers, armuriers, fripiers, tonneliers, horlogers, orfèvres, menuisiers, doreurs, boutonniers, quincailliers, etc. Ces libres marchands protestants étaient en concurrence naturelle avec les marchands clients du clergé, affiliés aux confréries, coopérateurs de l'exécution. Mille raisons de peur, de haine, de jalousie de métier, et, tranchons le mot, d'intérêt, devaient leur faire désirer que l'exécution du dimanche continuât sur ces voisins odieux, concurrents de leur commerce, et peut-être demain leurs accusateurs.

Malgré tant de bonnes raisons pour recommencer le massacre, il y avait langueur pourtant, lassitude ;

l'affaire, le lundi, ne reprenait pas. L'Hôtel-de-Ville et le roi venaient de se prononcer contre ; peut-être n'eût-on plus rien fait sans une ingénieuse machine dont s'avisa un cordelier. Le temps était admirable, le soleil très beau, très chaud ; les arbres reverdoyaient de cette végétation tardive qu'on appelle les pousses d'août. Au cimetière des Innocents, il y avait une aubépine ; notre cordelier cria qu'il y voyait une fleur ! Y était-elle ? La chose n'est pas impossible. Mais peut-être aussi fut-elle attachée ; car on ne permit à personne de vérifier de près ; pour garder l'arbre de la foule, on l'environna de soldats qui tinrent le peuple à distance. Mais, s'il ne vit pas le miracle, tout au moins il l'entendit ; car, de toutes les paroisses, de tous les couvents, dans tous les clochers, les cloches se mirent en branle comme elles auraient fait à Pâques ; elles bondirent, mugirent de joie. Cette épouvantable tempête de bruits si inattendus qui plana sur la grande ville y versa comme une ivresse, un vertige de meurtre et de mort. Nous avons vu (tome V), aux grandes émeutes des villes populeuses des Flandres, ces effets terribles des cloches ; il n'y avait pas un tisserand, quand *Rolandt* sonnait à volée, qui ne saisît son couteau.

Cette sonnerie tranchait nettement, violemment la question. Le clergé, en la faisant, reprenait l'affaire pour son compte. Le roi et Guise déclinaient, se renvoyaient le massacre. Eh bien, le ciel l'adoptait ; ce n'était plus le massacre du roi Charles ou d'Henri de Guise, c'était la justice de Dieu.

Les choses recommencèrent avec un caractère nouveau et singulier d'atrocité, cette fois de voisins à voisins, entre gens qui se connaissaient. On tua plus soigneusement, et les femmes, et les enfants, et même les enfants à naître, pour éteindre les familles, couper court aux futures vengeances. Il est singulier de voir combien on tua de femmes enceintes; on leur fendait le ventre et on arrachait l'enfant, de peur qu'il ne survécut. « Le papier pleureroit, si nous y mettions tout ce qui se fit. » Un marchand qu'on traînait à l'eau eut ce malheur que ses enfants, ne voulant pas le quitter, se suspendaient après lui, criant toujours : « Hélas! mon père! hélas! mon père! » Tous ensemble furent massacrés et jetés à la rivière. Dans une maison déserte où tout avait été tué, restaient deux tout petits enfants; les bourreaux les prirent dans une hotte, comme une portée de petits chats, et gaiement, devant tout le monde, les jetèrent par-dessus le pont. Un nourrisson au maillot fut traîné la corde au cou par des gamins de dix ans. Un autre, presque aussi petit, qu'un tueur emportait dans ses bras, se mit jouer avec sa barbe en souriant; le barbare, qui peut-être aurait faibli, maugréa le petit chien, l'embrocha et le jeta.

Tout était hurlements, cris épouvantables de femmes qu'on jetait par les fenêtres, coups de fusil, portes brisées à coups de bûches et de pierres, cadavres traînés dans le ruisseau parmi les huées, les sifflets.

Il y eut des choses inouïes. Un mari remercia

ceux qui venaient de le faire veuf. Une fille mena les meurtriers à la cachette de sa mère. Un pauvre homme, déjà dépouillé, mis tout nu, avait échappé, caché sous l'arche d'un pont; la nuit il court chez sa femme. Mais jamais elle n'ouvrit; elle le laissa dans la rue jusqu'à ce qu'il eût été tué.

Dans la confusion immense, l'occasion était belle pour faire des affaires. Les plaideurs tuaient leurs parties. Les candidats aux charges les rendaient vacantes par la mort des occupants. Les héritiers, avec une balle ou deux pouces d'acier, se mettaient en possession.

Les grands seigneurs ne perdirent pas leur temps. Loménie, secrétaire du roi, avait une belle terre à Versailles, fort enviée de Gondi. Dès qu'il fut emprisonné, Gondi lui offre protection; Loménie lui eût tout donné; Gondi, très délicat, ne veut la terre qu'en l'achetant, l'achète au prix qu'il veut. Ce n'est pas tout : il faut encore que Loménie, par écrit, donne sa charge de secrétaire. Tout fini, il est poignardé.

L'appétit venant en mangeant, on commençait à tuer aussi quelque peu les catholiques. Un Rouillard, chanoine de Notre-Dame, fut tué dans sa maison. Pourquoi? Un historien en donne une raison, plus forte qu'on ne croit dans les guerres civiles : « C'était un homme d'un mauvais caractère, et médiocrement agréable aux officiers de la ville. »

Biron, quoique catholique, ne se fia pas à cela; il s'enferma dans l'Arsenal, dont il était gouverneur, fit lever les ponts-levis et pointer deux couleuvrines sur Paris. Il se garda ainsi, et avec lui quelques personnes, un enfant entre autres, qui avait le malheur d'être un riche héritier. Sa sœur et son beau-frère étaient désespérés de voir l'enfant échapper au massacre. La sœur donna ce spectacle exécrable de venir aux portes de l'Arsenal prier et pleurer pour avoir son petit frère, qu'elle voulait sauver, disait-elle.

Tout le monde sait l'aventure du jeune Caumont de La Force, qui montra tant de prudence. Caché sous les corps poignardés de son père et de ses frères, du fond de son bain de sang, il entendait toutes sortes de gens qui allaient et venaient, regardaient les enfants morts. Quelques-uns disaient : « Tant mieux! Ce n'est rien de tuer les loups, si l'on ne tue les petits. » D'autres disaient : « C'est dommage. » Mais l'enfant ne bougeait pas. Vers le soir enfin, il voit un homme qui levait les mains au ciel, et disait avec des larmes : « Oh! Dieu punira cela! » Il leva alors la tête tout doucement, et tout bas hasarda ce mot : « Je ne suis pas mort... — Mais comment t'appelles-tu? — Menez-moi à l'Arsenal. M. de Biron vous payera bien. »

Que furent dans tout cela les Guises? Moins violents encore qu'avisés. Henri prit pour sa part un homme, le fameux partisan d'Acier, chef renommé des bandes du Midi. Il le sauva, et d'Acier devint son âme damnée. « Pour son corps, il donna son âme. »

Chose populaire pour les Guises, dur contraste à la conduite du roi, qui n'osait sauver personne, et força même Fervaques à tuer son intime ami.

Sauf ce cas toutefois, les Guises, partout ailleurs impitoyables, firent soigneusement tuer leurs ennemis personnels. Le catholique Salcède, par exemple, dix ans auparavant, avait empêché le cardinal de Lorraine, évêque de Metz, de replacer cette ville sous la souveraineté de l'Empire. Ils le firent tuer dans son hôtel; tout le pillage fut réservé et porté à l'hôtel de Guise.

L'aspect du Louvre était bizarre. Charles IX, qui, la veille au soir, avait défendu le massacre, le lundi donnait les dépouilles, autorisait le pillage. Il abandonna *généreusement* aux Suisses, pour salaire du dimanche, le pillage d'un riche lapidaire, qui valait cent mille écus. De moment en moment, des hommes considérables venaient lui demander telle charge : « Elle est remplie. — Non, vacante. Le titulaire est mort. » On la donnait, mais non gratis. Les secrétaires du roi étaient là pour faire prix.

C'est, sans nul doute, ce qui fit tuer le président des Aides, le célèbre Laplace, l'excellent historien. Aimé, estimé et recommandé du roi, de la reine, il n'en fut pas moins égorgé. Deux jours entiers, il resta entre la vie et la mort; on venait toujours lui dire *qu'il était attendu au Louvre*. Il se déroba de chez lui, frappa à trois portes d'amis, mais il n'y avait plus d'amis. Il rentra chez lui pour mourir. Il assembla sa famille, tous ses domestiques et servantes, et leur fit paisiblement une instruction sur les psaumes. On revint, il se décida, dit adieu aux siens. Il n'était pas à quatre pas que sa mort fit vaquer sa place. On put la demander au Louvre.

Ce Louvre étant une boutique, un comptoir, il devenait ridicule de désapprouver des morts dont on profitait. La reine et Anjou aussi, qui craignaient que Montmorency n'arrivât comme au secours du roi, et ne livrât bataille aux Guises, persuadèrent à Charles IX qu'il valait mieux prendre la chose sur lui, déclarer *que c'était lui qui avait fait le massacre*, mais pour se défendre d'un complot qu'aurait tramé Coligny.

Dès lors Montmorency n'avait que faire de venir.

Le mardi 26 août, on vit ce misérable mannequin, ce fou sauvage, avec son poil roux hérissé, le teint sinistrement rouge (troisième portrait, *Sainte-Geneviève*), marcher solennellement avec sa cour, parmi les morts et les mourants, du Louvre au Palais de Justice, dire ce mensonge au Parlement : « Que c'était lui qui faisait tout. »

Le président De Thou, le premier poltron de France, admira la sagesse du roi, et dit le mot de Louis XI : « *Qui nescit dissimulare, nescit regnare.* »

Donc, le roi n'est pas un zéro. Donc, il est obéi, c'est pour lui obéir qu'on a versé tout ce sang. En sortant, il se croyait roi.

Roi de risée, de honte. Comme il sort, quelqu'un crie : « Il y a ici un huguenot. » Un homme est tiré de sa suite, sans autre façon poignardé. Le fou royal, regardant la foule de cet œil oblique et loustic (que donne son portrait de jeunesse), dit, pour flatter les assassins : « Si c'était le dernier huguenot! »

Depuis le jour où l'autre Charles, le pauvre idiot Charles VI, siégeait, bavant, riant, pour l'amusement des Anglais, jamais la France n'avait été plus bas.

Les protestants prétendent que les provinces reçurent des ordres écrits de massacre. C'est méconnaître étrangement la prudence de la reine mère. Dans la peur qu'elle avait d'un soulèvement des grandes villes, elle donna à des *quidam*, à des aventuriers qui sollicitaient ces commissions, des lettres, mais de simple créance, pour les gouverneurs et magistrats, avec ordre verbal d'*emprisonner* les protestants notables. On se disputait ces commissions lucratives, qui, en réalité, constituaient ces drôles chefs de l'exécution et dictateurs du pillage. Partout la chose commença par l'emprisonnement et le massacre des prisons; puis la tuerie de maison en maison, le pillage des boutiques. Les victimes furent partout des marchands et des fabricants. Les listes nominales ne donnent point de gentilshommes. Ils échappèrent apparemment.

Cette grande exécution tomba sur le commerce et l'industrie naissante, et un peu sur la robe. Elle fut extrêmement inégale, très sanglante ici, et là nulle. De Thou dit qu'on évalue les morts à trente mille, mais qu'on exagère.

La chose fut moins aveugle qu'on ne l'a cru. Elle fut dirigée de manière à rendre le plus possible.

Plusieurs en restèrent riches. Ils tirèrent parti de leurs morts jusqu'à vendre la graisse aux apothicaires.

La cour dirigeait si peu qu'à Meaux, dont la reine mère était comtesse, et où l'explosion eut lieu dès le dimanche, une des premières victimes fut un receveur de la reine qui percevait pour elle la taxe fort dure qu'elle avait mise sur le drap et le vin.

Dans plusieurs lieux, à Meaux, à Lyon, le procureur du roi se mit à la tête de l'exécution. Mais généralement les autorités locales s'en chargèrent, et la justice se tint coi, s'effaça, s'absenta, ignora.

A Troyes, le conseil du massacre se tint chez l'évêque Bauffremont. A Orléans, il se fit sur une lettre de l'évêque Sorbin, prédicateur du roi. A Toulouse, l'emprisonnement se fit par le Parlement même; les membres catholiques firent arrêter leurs confrères protestants. Les étudiants, maîtres d'armes, spadassins des écoles, se chargèrent du massacre. Cinq conseillers furent pendus en costume.

En Dauphiné, en Provence, en Auvergne, il n'y eut rien ou presque rien. Les gouverneurs, MM. de Gordes, de Tende, exigeaient des ordres écrits. Le dernier, allié des Montmorency, dit que, même avec ordre, il ne ferait rien. Les protestants, bien avertis, étaient partout armés, leurs anciens chefs tout prêts. Aux gens de la cour qui venaient, Gordes dit : « Montbrun vit encore. »

Rien en Bourgogne, peu ou rien en Picardie et dans le Nord, excepté à Rouen, où on versa beaucoup de sang.

Le 30 août, lettre du roi, envoyée partout pour arrêter le massacre. On y fit si peu d'attention qu'à Troyes celui qui l'apportait la garda deux jours dans sa poche, pendant qu'on fit l'exécution.

Du reste, il ne faut pas s'y tromper : la Saint-Barthélemy n'est pas une journée; c'est une saison. On tua par-ci, par-là, dans les mois de septembre et d'octobre.

A la Saint-Michel, le jésuite Auger, envoyé du collège de Paris, annonça à Bordeaux que l'archange Michel avait fait le grand massacre, et déplora la mollesse du gouverneur et des magistrats bordelais. Un homme de la cour gourmanda aussi leur lenteur. Le 3 octobre, les jurats, avec des bandes en chapeau rouge, forcèrent le gouverneur à laisser faire l'exécution. On tua deux cent soixante-quatre personnes, et on ne se fût pas arrêté; mais le reste des protestants avait trouvé un asile au Château-Trompette.

Une industrie existait à Paris. On avait fait des magasins de protestants, où les chefs de l'exécution les tenaient en réserve, sans doute pour les faire financer. Quand ils étaient ruinés, on les tuait.

Le 5 septembre, le roi envoya chercher le capitaine Pézon, qui était un boucher, et lui demanda s'il en restait encore, de ces huguenots : « J'en ai jeté vingt hier à la Seine, dit-il froidement; et j'en ai autant pour demain. » Le roi se mit à rire de voir son amnistie si bien respectée.

Il faudrait désespérer de la nature humaine, si cette férocité avait été universelle. Heureusement, un nombre immense de catholiques détestèrent la Saint-Barthélemy.

Une classe fut admirable, celle des bourreaux. Ils refusèrent d'agir, disant qu'ils ne tuaient qu'en justice.

A Lyon et ailleurs, les soldats refusèrent de tirer, disant qu'ils ne savaient tuer qu'en guerre.

Le long du Rhône, les catholiques, voyant flotter les victimes de Lyon, en poussaient des cris de douleur, invoquaient Dieu contre les assassins.

Si des protestants abjurèrent, en revanche des catholiques, par l'horreur d'un tel événement, furent détachés de leurs croyances. « Cet acte, dit l'un d'eux, me fit dès lors aimer les personnes et la cause de ceux de la religion. »

Les gens du Parlement sentaient très bien le coup profond, terrible, que s'était porté le catholicisme. Ils se désespéraient de voir l'antique religion de la France, la royauté, mise plus bas par un fou furieux qu'elle ne fut jadis par un idiot. Ils entreprirent de replâtrer l'idole, insistèrent pour justifier la cour, qui ne le demandait point. Pour laver quelque peu le roi, il fallait réussir à salir les victimes, tirer de quelques protestants des aveux contre l'amiral, un semblant de conspiration. On s'en procura deux, qu'on attrapa dans l'hôtel même de l'ambassadeur d'Angleterre, qui grogna quelque peu et s'apaisa bien vite : l'un, Briquemaut, vénérable vieillard qui avait servi le roi toute sa vie; l'autre, Cavagne, intrépide, énergique. On n'en tira rien que l'honneur, la gloire de Coligny.

On avait apporté ses papiers au Louvre. Les misérables, découvrant sa grande âme, furent surpris et embarrassés. De 1570 à 1572, il avait, tous les soirs, écrit l'histoire des guerres civiles. De plus, longuement élaboré un mémoire sur l'état du royaume ; là, son ferme conseil au roi de ne point apanager ses frères. Enfin, un petit mémoire sur la guerre des Pays-Bas ; le sens était : « Si vous ne les prenez, l'Angleterre va les prendre. »

En le voyant si Français, si fidèle, tellement citoyen (contre l'Angleterre protestante), les meurtriers baissaient les yeux. Quelqu'un dit : « Cela est très beau, digne d'être imprimé. » Gondi en détourna le roi, prit ces papiers et les mit dans le feu.

Catherine seule ne sentit rien de cela. Avant qu'on brûlât, elle fit trophée de ces papiers si glorieux pour Coligny, si accablants pour elle, pour ceux qui l'avaient tué. Elle les montra triomphante à l'ambassadeur Walsingham : « Le voilà, votre ami ! voyez s'il aimait l'Angleterre ! — Madame, il a aimé la France. »

Depuis le 24 août, ce n'était plus que fêtes ; le temps les favorisait fort. Le clergé fit la sienne, dès le jeudi 28 ; il publia un jubilé où allèrent le roi et la cour, faisant leurs stations et rendant grâce à Dieu.

Le Parlement ne fut pas en reste ; il fonda une fête, une procession annuelle pour le beau jour de la Saint-Barthélemy.

Il était parvenu, grâce à Dieu, à trouver Coligny coupable, s'appuyant des *aveux* des deux hommes qui n'avaient rien dit. On le condamna à être traîné sur la claie et pendu, « si toutefois on retrouvoit son corps », sinon en effigie. On fit son mannequin fort ressemblant de mise et d'attitude, sans oublier le cure-dent que le taciturne amiral avait si souvent à la bouche. On le brûla en Grève, en même temps qu'on pendait Cavagne et Briquemaut. Le roi alla à l'Hôtel-de-Ville voir cette fête avec sa mère et le petit roi de Navarre. Seulement Charles IX regardait derrière un rideau.

Pendant plusieurs jours, disent le catholique Brantôme et l'auteur protestant de l'*Estat de la France*, il y avait eu pèlerinage à l'épine des Innocents et pèlerinage à Montfaucon pour voir un je ne sais quoi sans forme, quelque chose de noir, demi-grillé, qu'on disait être le corps de Coligny. Le roi y avait été des premiers avec la cour et la foule des bonnes gens de Paris.

On avait grand soin, dans ces temps, de mener les enfants aux supplices des brigands, aux expositions de voleurs, pour les moraliser et leur imprimer le souvenir de ces exemples salutaires. On conduisit à Montfaucon les petits huguenots, tout nouveaux catholiques, les propres fils de l'amiral. L'aîné, âgé de quinze ans, sanglotait à crever. Le plus jeune, de sept, appelé Dandelot et digne de ce nom, regarda d'un œil ferme, voyant son père transfiguré comme il le sera dans l'avenir.

CHAPITRE XXVII

Le lendemain de la Saint-Barthélemy. — Triomphe de Charles IX.
(1572-1574.)

Quoique la nouvelle sanglante produisît partout un effet d'horreur, on put croire que le sang s'écoulerait bien rapidement de la terre. Un mois après l'événement, M. de Montmorency, le chef des modérés, qui n'avait dû qu'à son absence de ne pas périr au massacre, écrivit à la reine d'Angleterre pour excuser le roi (27 septembre 1572).

Deux mois à peine étaient passés, que la reine Élisabeth accepta d'être marraine d'une fille de Charles IX, et envoya un prince du sang au baptême avec une riche cuve d'or (9 novembre).

Huit mois (presque jour pour jour) après la Saint-Barthélemy, le plus grand homme du temps, Guillaume-le-Taciturne, dans sa défense désespérée contre le duc d'Albe, traita avec Charles IX, le reconnut pour *protecteur* de Hollande et roi de ce qu'il pourrait conquérir aux Pays-Bas. (Archives de la maison d'Orange, IV, 117, mai 1573.)

Ce n'est pas tout. Louis de Nassau, l'héroïque frère de Guillaume, travaille pour que l'Empire élise un Roi des Romains, et qu'après Maximilien Charles IX devienne empereur!

Il appuie le duc d'Anjou pour l'élection de Pologne, et le duc d'Alençon pour le mariage d'Angleterre.

Ainsi la maison de France, couverte du sang protestant, se présente à toute l'Europe appuyée des protestants.

Je n'avais pas compris pourquoi, sur son tombeau et dans tels de ses portraits, Guillaume-le-Taciturne a le visage d'un spectre. Je crois maintenant le savoir. C'est pour avoir subi cette fatalité exécrable de boire le sang de Coligny.

Ces étranges phénomènes s'expliquent par la terreur que l'Europe eut de l'Espagne. On crut que le coup venait de Madrid, que celui qui avait fait la Saint-Barthélemy des Flandres avait fait la nôtre; que la France, emportée si loin, allait être tout espagnole, devenir comme un poignard dans la main de Philippe II.

Hypothèse vraisemblable, très logique, et pourtant fausse. Sans doute, une seule chose était sage au point de vue catholique, au point de vue du pape et des Guises, de la future Ligue, dont le comité existait déjà dans le clergé de Paris : c'était d'achever la Saint-Barthélemy avec l'aide de l'Espagne, qui offrait toutes ses forces, puis de faire à frais communs l'invasion d'Angleterre. Cela aurait tranché tout. La Hollande eût tombé d'effroi. L'Allemagne était à genoux, et sans doute le protestantisme exterminé de la terre.

Mais, au fond, la cour de France n'était point du tout fanatique. Elle était toute dominée par l'intérêt de famille, et partout trouvait devant elle, en Angleterre, en Pologne, en Allemagne, l'opposition de Philippe II. L'Europe favorisa la France dans ses vues les plus chimériques, et l'on eut ce spectacle étrange que, le lendemain d'un massacre dont chacun avait horreur, le roi, qui s'en disait coupable, eut tout le monde pour lui. Il devint le centre de tout; on semblait de toutes parts vouloir entasser les couronnes sur la tête folle et furieuse du roi de la Saint-Barthélemy.

Nous entrons dans un pays étrange et nouveau, la *terra incognita*, comme disent les anciens géographes. Dans cette terre inconnue, ne nous étonnons pas si nous voyons surgir des monstres.

Le fait le plus imprévu, c'est que sur ce sol rouge et détrempé d'une des plus larges saignées qu'ait faites le fanatisme religieux, la religion baisse tout à coup et n'est plus qu'en seconde ligne. Un dieu blafard, à masque blême, trône à sa place : *Politique*.

Les huguenots, sauf quelques villes, quelques fortes positions où ils essayent de résister, vont fuir ou se convertir. Les catholiques sont malades; ils tâchent de rester furieux, mais leur cœur n'en est pas moins troublé, comme au lendemain d'un grand crime. Tout à l'heure, par un art habile, un mélange artificieux de grands seigneurs et de canaille qu'on parvient à griser ensemble, on fera l'orgie de la Ligue. Ce qui n'empêchera pas qu'après avoir cuvé son vin ce parti ne doive rester tout aussi énervé que l'autre.

La France, bien observée, est *politique* ou *tiers-parti*.

Ce n'en est pas un léger signe que le roi, dès le lendemain de ce fameux coup de force, soit obligé de se faire protéger près de la reine Élisabeth par le premier des *politiques*, M. de Montmorency.

L'Europe entière est *politique*. Dans l'élection de Pologne, où l'on va donner la couronne au premier conseiller de la Saint-Barthélemy, trois sortes de personnes travaillent pour lui : le pape, le Turc et les protestants d'Allemagne.

Les astrologues assurent à Catherine de Médicis que ses fils seront tous rois. Et la chose en effet devient vraisemblable. Pendant que le duc d'Anjou va être élu en Pologne, la reine mère reprend en Angleterre l'affaire du mariage d'Alençon, et continue en Allemagne la négociation pour faire Charles IX empereur ; tout cela, après le massacre, sans même imaginer qu'un si petit événement puisse changer les choses. Cette bonne mère ne s'occupe que de la galante entrevue entre Alençon et Élisabeth. Elle voudrait que les amants se vissent entre les deux pays, « en pleine mer, par un beau jour ».

Le dialogue entre les reines est piquant et curieux. « Je me soucie peu de l'amiral et des siens, dit Élisabeth. Je m'étonne seulement que le roi de France veuille changer le Décalogue et que l'homicide ne soit plus péché. » A ces paroles aigres-douces, la reine mère répond placidement que, si Élisabeth n'est pas contente de ce qu'on a tué quelques protestants, elle lui permet en revanche d'égorger tous les catholiques (7 septembre 1572).

Donc tout s'arrange à merveille pour la grandeur de la maison de France. Dieu la bénit visiblement. Par élection, mariage, appel des peuples libres, elle va régner sur l'Europe, de l'Irlande jusqu'à la Vistule.

Notre ambassadeur à Madrid écrit plein d'enthousiasme (17 juillet 1573) : « Mon maître, par force ou raisons, vous vous ferez maître du monde. »

Voilà les succès du dehors. Voyons maintenant ceux du dedans.

La Rochelle, Nîmes, Montauban, Sancerre, se mirent en défense avec quelques pays de montagnes. Mais généralement le coup sembla, pour un moment du moins, assommer les protestants. Une trentaine de mille hommes qu'ils avaient perdus n'auraient pas dû abattre un parti qui faisait alors le cinquième de la France. Il y eut panique et vertige. Ils s'enfuirent par toutes les routes. Ceux qui restèrent dans les villes à la discrétion de leurs ennemis se laissèrent mener par troupeaux aux églises catholiques. Chose notable, qui marquait l'affaissement du parti, ils ne résistèrent guère que là où ils pouvaient combattre. On ne vit plus, comme jadis, des hommes désarmés, intrépides, demander et braver la mort. Il y eut toujours des héros, et nombreux, mais peu de martyrs.

Du reste, il ne s'agit pas des protestants seuls. Ce cruel événement eut une influence générale. La mort avait frappé la France. Elle avait fauché la tête et la fleur, atteint les entrailles.

On lui coupa la tête, je veux dire le génie. On tua la philosophie, Ramus. On tua l'art, Jean Goujon, et le grand musicien Goudimel jeté au Rhône. La jurisprudence avait péri en Dumoulin, mort d'angoisse et de persécution, peu avant le massacre. Et la loi elle-même décède peu après en L'Hospital, qui mourut de douleur.

C'est l'opération par en haut. Mais, en bas, dans les profondeurs, la France ne fut pas moins atteinte, et à l'endroit vital; la morale de la nation, sa franchise, sa sincérité.

C'est, je crois, de ce temps qu'en français *sans doute* a voulu dire *peut-être*.

Un parti immense se trouva tout à coup formé, le parti de la peur, industrieusement hypocrite. On commença à s'apercevoir qu'en effet la Réforme avait tel principe insoutenable. On fouilla, on creusa sa théorie de la Grâce, inconciliable, disait-on, avec la liberté catholique. Au nom de la liberté, on subit les Jésuites et Rome, on appela l'Inquisition. L'Espagne vint bientôt pour défendre la liberté.

Les femmes épouvantées se précipitent aux églises, usent les pieds des saints de baisers, les arrosent de larmes, étreignent la Vierge protectrice. Elles maudissent ces temples vides qui ne protègent pas leurs croyants.

Donc, la France se convertissait au grand galop, et tout souriait à la cour. Et Catherine écrivait peu après : « Maintenant que nous sommes délivrés... »

Elle avait cru sage d'écrire partout que le massacre était un accident, que le roi avait été obligé de se défendre contre les protestants et de « se préserver de la cruauté de Coligny ».

Mais en même temps on assurait verbalement, surtout en Espagne, que la chose était tramée et préméditée de longtemps.

Laquelle des deux versions soutiendrait-on ? Charles IX, enivré d'éloges et des félicitations de Rome, était tenté de réclamer la gloire de cette longue préméditation. Il disait follement que non seulement il avait fait tuer Coligny, mais qu'il aurait voulu le poignarder de sa main. « Un jour, dit-il, je l'avais fait venir au Louvre tout exprès... Je le menais de salle en salle. Et, mordieu! c'était fait, n'était que je m'avisai de me retourner et de le regarder. Et j'aperçus ses cheveux blancs. »

Tout cela applaudi. Si véritablement ce sage roi, deux ans durant, avec tant de patience, avait dissimulé, trompant les protestants, trompant les catholiques, Rome et l'Espagne, trompant même sa mère, ses secrétaires d'État, tous ses agents diplomatiques, et leur faisant écrire et dire tout le contraire de sa pensée... Oh! si vraiment il avait fait cela, il fallait avouer que l'étonnant jeune homme avait dépassé tous les vieux, mis dans l'ombre les plus ingénieux coups d'État que l'histoire ait contés jamais!

Quelle avait donc été l'injustice des catholiques à son égard! Et combien durent-ils regretter d'avoir dit que ce bon roi perdrait son droit d'aînesse au profit de son frère! Pendant qu'on l'injuriait, immuable, dans son cœur profond, il tissait sans se déranger ce filet sans pareil qui prit les ennemis de la foi!

Aussi, point d'hymne, point d'ode qui égale l'effusion de Panigarola au lendemain de l'événement. Son cœur s'épanche à flots devant le peuple; nul mot n'y suffit. Les cris viennent et l'abondance des larmes.

Une pièce tellement soutenue, un rôle si bien joué! les Italiens juraient qu'un Français n'y eût jamais réussi, qu'on voyait bien là l'origine maternelle de Charles IX. Bon sang ne peut mentir. Et on devait même dire que les meilleures pièces italiennes en ce genre, comme les Vêpres siciliennes, les Noces rouges de Piccinino, le banquet fraternel où César Borgia traita ses capitaines, étaient fort au-dessous de la Saint-Barthélemy. La seule ombre qu'on y trouvât, c'est que Charles IX n'avait tué que les protestants, au lieu qu'il eût fallu aussi tuer les catholiques, y faire passer les Guises. C'est ce qui fait que Gabriel Naudé, dans son livre au cardinal Bagni, note la Saint-Barthélemy comme un coup d'État « *incomplet* ».

Les Guises furent très perfides pour Charles IX et très inconsistants. Le jeune Henri de Guise, qui, désavoué par lui le dimanche, l'avait forcé le lundi à se dire auteur du massacre, dès qu'il l'eut dit, en fut jaloux ; et il voulait lui ôter l'honneur de la chose, écrivait « que ce n'était qu'une colère *soudaine* que le roi avait eue de la conspiration ».

L'oncle d'Henri de Guise, le cardinal de Lorraine, disait tout le contraire à Rome. Il allait criant que c'était *le roi, le roi seul qui dès longtemps* avait tout préparé. Et il faisait écrire, en ce sens, à la gloire de Charles IX, l'ingénieux ouvrage de Capilupi.

En réalité, la Saint-Barthélemy, voulue tant de fois et par tant de gens, avait surpris tout le monde, surtout le cardinal. Il était épouvanté de son propre succès. Ce pauvre homme, aussi brave que le Panurge de Rabelais, remua ciel et terre pour bien établir que toute la responsabilité revenait à Charles IX. Il n'y eut sorte d'honneur qu'il ne lui en fît, usurpant les fonctions de l'ambassadeur de France qui ne disait mot, haranguant le pape au nom du roi, glorifiant son maître dans une belle inscription en lettres d'or, s'arrangeant pour que la cour de Rome, ivre de cet événement, le rapportât uniquement à la gloire du roi Très-Chrétien.

Il y eut des fêtes à Rome et une franche gaieté. Le pape chanta le *Te Deum* et envoya à son fils Charles IX la rose d'or. Le légat, arrivé à Lyon, trouva au pont du Rhône une bande à genoux. On lui dit que c'étaient les braves qui avaient fait la grande besogne. Il sourit et, de bon cœur, bénit ces pauvres assassins.

Le duc d'Albe, au contraire, loin de louer la Saint-

Barthélemy, se montra insolemment ingrat pour l'événement qui le sauvait. Son maître, Philippe II, resta sombre, sournois, visiblement jaloux.

Ni l'un ni l'autre ne voulaient croire à la sagesse de Charles IX, ni lui laisser l'honneur du coup. Le duc d'Albe dit avec mépris : « Chose furieuse, légère et non pensée. » Puis l'éloge de l'amiral. Enfin il s'emporta à dire : « J'aimerais mieux avoir les deux mains coupées que de l'avoir fait. »

Notre ambassadeur à Madrid, ne pouvant vaincre l'incrédulité de Philippe II, trouva moyen de le mettre à la raison. Il lui fit venir un moine, le général des Cordeliers, qui avait été en France, et qui dit en furie au roi d'Espagne : « En vérité, je ne sais pas comment la colère de Dieu ne tombe pas sur ceux qui veulent obscurcir l'honneur que viennent de mériter Leurs Majestés Très-Chrétiennes. »

Philippe II, à mesure qu'il vit que la voix du sang s'élevait partout, se rangea à l'avis du moine, changea brusquement de langage, et soutint qu'en effet Charles IX avait prémédité l'épouvantable trahison. Ce qui, par un *chassé-croisé* fort ridicule, amena la cour de France à nier en Espagne la préméditation

Dans des dépêches furieuses, Charles IX accuse amèrement le roi catholique, « ingrat et peu soigneux de Dieu, qui ne veut que faire ses affaires, se tirer d'embarras et le laisser en cette danse... » (Saint-Goard, 17 mars 1573, dans Groen, IV, *app.*, p. 31-33.)

On voit bien qu'au premier moment les rois, et spécialement Philippe II, avaient été surpris, éblouis, humiliés de l'audace du jeune roi de France, de la vigueur du coup, qui contrastait tellement avec leurs tergiversations.

Lorsque le pape Pie V excommunia Élisabeth, le banquier Ridolfi, de Londres, proposait à Philippe d'exécuter la sentence par l'invasion ou l'assassinat. Marie Stuart y consentait. Mais Madrid hésita; on bavarda un an et davantage; on consulta le duc d'Albe, qui trouva la chose difficile. Philippe n'osa point.

Élisabeth n'osa pas davantage. Voyant que Marie tramait sa mort, elle eût voulu la faire périr. Aux Anglais, qui demandaient l'exécution de la reine d'Écosse, elle répondait non. Cependant, le 7 septembre, douze jours après la Saint-Barthélemy, elle parut décidée. Elle ordonna aux Écossais ses partisans de demander qu'on la leur livrât « pour la tuer quatre heures après ». Accepté, pourvu toutefois qu'on la tue « en présence des ambassadeurs d'Angleterre ». Le ministre d'Élisabeth, Cécil, disait qu'avec ces Écossais on n'en finirait pas, qu'il fallait la tuer en Angleterre même. Bref, il en fut comme en Espagne; on jasa, et rien ne se fit.

Ni à Élisabeth ni à Philippe II la volonté ne manquait, mais l'audace. Et, pour dire bassement la chose par un mot de Shakespeare, ils regardaient le meurtre comme le chat regarde un bon morceau, clignant les yeux sans y risquer la patte.

Charles IX, au contraire, avait l'attitude d'un homme qui a osé ce qu'il voulait, la tête haute et dédaigneuse. Et, comme on ne savait pas qu'il avait osé malgré lui, on le prenait sur sa parole. L'horreur n'empêchait pas qu'on ne sentit le respect craintif que donne une grande audace.

On avait pris une telle opinion du fils et de la mère que celle-ci, insistant près d'Élisabeth pour le mariage et l'entrevue, la reine d'Angleterre laissa voir quelque peur qu'elle ne vînt à Douvres. Elle dit qu'une telle dame, après une telle chose, pour peu qu'elle amenât du monde, ferait craindre que le mariage ne fût une invasion.

Ce qui est curieux, c'est que, tant folle que fût la chose, Noailles, évêque d'Acqs, l'un des sages du temps, et très intime confident de Catherine, l'avait conseillée dès le commencement, en 1571. Il écrivait à la reine mère qu'il était à désirer que le prince français, au débarqué en Angleterre, *se saisît d'une place*, se constituant chef des catholiques, qui se fussent ralliés à lui. Auquel cas, au lieu d'épouser Élisabeth, il l'eût tuée pour épouser Marie Stuart.

CHAPITRE XXVIII

Fin de Charles IX. (1573-1574.)

« Huit jours après le massacre, il vint grande multitude de corbeaux s'appuyer sur le pavillon du Louvre. Leur bruit fit sortir pour les voir, et les dames firent part au roi de leur épouvantement.

« La même nuit, le roi, deux heures après être couché, saute en place, fait lever ceux de sa chambre et envoie querir son beau-frère, entre autres, pour ouïr dans l'air un bruit de grand éclat et un concert de voix criantes, gémissantes et hurlantes tout semblable à celui qu'on entendait les nuits des massacres. Ces sons furent si distincts, que le roi, croyant un désordre nouveau, fit appeler des gardes pour courir en la ville et empêcher le meurtre. Mais, ayant rapporté que la ville était en paix et l'air seul en trouble, lui aussi demeura troublé, principalement parce que le bruit dura sept jours, toujours à la même heure. »

Ce fait était souvent conté par Henri IV, le soir,

quand les portes étaient fermées, à ses plus privés serviteurs. Une sorte de frissonnement lui restait de Charles IX. Quand il en faisait ces récits, il disait : « Voyez vous-mêmes si mes cheveux n'en dressent pas ! » Et ils dressaient en effet, si nous en croyons d'Aubigné.

Pendant un an, le Béarnais était resté dans la nécessité terrible de vivre avec Charles IX et de *s'amuser* avec lui. Il lui avait fallu le suivre dans ses folles courses de nuit, dans ses parties de plaisir à la Grève, à Montfaucon. Ce tragique camarade, qui n'aimait guère qu'à frapper, forcer, briser portes et meubles, jeter tout par les fenêtres, pouvait se retourner sur lui. Il ne parlait que de tuer. On a vu qu'un jour il pensait à tuer Guise, une fois Henri d'Anjou. Une autre fois, averti qu'un La Mole dirigeait son frère Alençon dans les intrigues, il le chercha pour l'étrangler. Il finit, avec tout cela, par ne tuer que lui-même.

Le jour où on le mena au Parlement pour lui faire avouer et signer la Saint-Barthélemy, son visage, dit Petrucci, était tellement altéré qu'il parut horrible. Il était long, maigre, voûté, pâle, les yeux jaunâtres, bilieux et menaçants, le cou un peu de travers (Castelnau). Ajoutez par moments un petit sourire convulsif où l'œil, en parfait désaccord avec une bouche crispée, prenait dans son obliquité un demi-clignement loustic. Trait cruel que le dessin du Panthéon et le beau buste du Louvre ont osé à peine indiquer.

Le soir de ce jour maudit, il fit venir Marie Touchet,

et elle conçut un enfant. Digne fruit d'un tel moment, intrigant, brouillon et pervers.

L'Europe savait parfaitement que le roi était fou. Mais elle ignorait à quel point l'était le conseil de France. Nous le savons maintenant par les lettres de Catherine et les dépêches officielles. Ils avaient si peu de conscience de l'horreur qu'ils inspiraient, qu'ils prenaient au sérieux tout ce qu'on leur proposait pour les isoler de l'Espagne. La reine mère, qui a été tellement exagérée par la manie du paradoxe, et dont la facilité, la finesse, la grâce italiennes, pouvaient imposer en effet, apparaît dans ses lettres follement chimérique. Elle croit qu'Élisabeth, au milieu d'un peuple qui ne parle plus de nous qu'avec exécration, peut ou veut épouser son fils. Elle croit que les princes allemands veulent vraiment pour empereur le roi de la Saint-Barthélemy. Elle suppute ridiculement que la royauté de Pologne, « que son fils va avoir pour trois millions, en rapportera vingt par an à la France », etc. (Lettre ms., 30 mai 1573).

Il est évident que Catherine, Gondi, Birague, l'évêque Morvilliers, enfin tout ce beau conseil, ayant anéanti en eux tout sens de moralité, jusqu'à ne pouvoir plus même la deviner chez les autres, avaient perdu entièrement la boussole de l'opinion. Ils négocient toujours, comme s'il n'y eût pas eu de Saint-Barthélemy. Ils voguent avec confiance sur la mer des affaires humaines, où leur vaisseau tout à l'heure va faire honteusement le plongeon.

Croira-t-on que le premier envoyé qu'on dépêche

à l'Allemagne frémissante, c'est justement ce Gondi, ce vénéneux Italien, qui surprit au fou qui régnait son consentement au massacre?

Une seule chose, nous l'avons dit, était sage au point de vue catholique : *adhérer franchement à l'Espagne*, s'unir à elle, accabler partout le protestantisme.

Hors de là, pure vanité, pure folie, pure impuissance.

Le naufrage de la royauté était infaillible. Nous allons la voir en vain s'aheurter à La Rochelle, qu'elle ne pourra pas prendre. Nous allons la voir dans deux ans brisée par le tiers parti. Quatre ans après le massacre, entre ce parti et le catholique se fera une espèce de démembrement de la France (1576).

Mesurons donc la profondeur où celle-ci a reçu le coup de la Saint-Barthélemy. L'événement l'a placée entre deux alternatives :

Unie et subordonnée à l'Espagne, *suicidée*.

Ou bien,

Flottant à part, divisée, impuissante, *suicidée*.

Seulement, au premier cas, le catholicisme vivait par la mort de la France.

Je l'avoue, entre ces fous graves qui nous mènent sagement au naufrage, je regarde plus volontiers le tragique fou Charles IX. Celui-ci, au moins, par son trouble, annonce un pressentiment de la catastrophe imminente.

Il était profondément seul. Quelle que fût l'adresse de sa mère à le tromper là-dessus, il voyait bien que ses gens n'étaient pas à lui. Dans sa santé déclinante, il alternait de séjour entre une tombe et un désert, entre le Louvre et Fontainebleau. Fontainebleau commençait à être fort négligé; on ne le réparait plus. Les jardins étaient en désordre; le lac même et la belle source furent bientôt à demi comblés. Le Louvre, plus triste encore. Les salles, cours, fossés, jardinets, et même encore les Tuileries, racontaient la lugubre histoire. Les cadavres enlevés s'y voyaient toujours; les marbres, toujours lavés, s'obstinaient à rester rouges.

Que disaient ces noirs corbeaux dans leur bruyant concile du Louvre? On ne l'entendait que trop. Ils disaient que la Saint-Barthélemy n'était qu'un commencement, qu'ils avaient pris appétit sur les princes et sur les rois, que dis-je? sur les royaumes. Ils flairaient de près les Valois, ils odoraient de loin les carnages de la Ligue et le siège de Paris, saluaient la joyeuse époque du triomphe de la mort.

Le siège de La Rochelle montra combien profondément les deux partis étaient malades; il révéla à la fois la discorde des protestants, la dissolution des catholiques.

La pauvre petite France réformée, échappée au couteau, ne pouvant se fier à nulle promesse, nulle parole royale après l'événement de Paris, entrait les yeux fermés dans une lutte sans espoir. Elle voyait en face la royauté des massacreurs qui lui lançait tout le royaume, entraînant et Charles IX et la grande masse catholique, même les réformés convertis. Navarre, Condé eux-mêmes furent menés contre La Rochelle, avec leurs régiments des gardes, leurs cinq cents gentilshommes, et firent les braves à la tranchée.

Nul secours du dehors. Les luthériens d'Allemagne ne firent rien pour nos calvinistes. Élisabeth ne les secourut pas, pas plus qu'elle n'aidait le prince d'Orange. C'est ce qu'affirme expressément l'homme le plus instruit des affaires du temps, Du Plessis-Mornay. Le savant M. Groen établit la même chose pour les Pays-Bas.

Pourquoi ? Pour trois raisons : *Élisabeth était reine* bien plus que protestante, et haïssait toute révolte. Puis *Élisabeth était pape*, et n'aimait point du tout l'Église démocratique ; elle avait peur, horreur des puritains, qu'elle voyait maîtres en Écosse et qu'elle pressentait en Angleterre. Troisièmement, elle *suivait l'impulsion du commerce anglais,* qui détestait les Espagnols, mais trouvait bon de gagner avec eux. Elle avait hâte de renouer avec Philippe II, avec qui en effet elle s'allia le 1er mai 1573.

Elle négociait partout, mais elle restait close dans son île, attentive à l'Écosse, à la ruine du parti de Marie Stuart. Elle abandonna La Rochelle, fermant seulement les yeux sur une tentative de nos réfugiés qui, sous Montgommery, avec des navires loués aux Anglais, entreprirent d'y jeter des secours. Mais, à la première vue de la flotte du roi, leurs équipages anglais les emmenèrent au large. Montgommery s'obstina, approcha et faillit périr.

Tellement divisés en Europe, les protestants l'étaient même en France, et jusque dans les murs de La Rochelle. Dans les intervalles des attaques, ils disputaient entre eux. On avait fait la faute insigne de laisser entrer dans la ville le bonhomme La Noue, fort crédule, et qui ne prêchait que la paix. Un parti se forma pour lui donner le commandement militaire, qu'il accepta avec la permission du roi. Heureusement la ville avait pour maire un homme du peuple de grande énergie, un Jacques Henri, formé par l'Amiral, et qui adhéra fermement au parti *fanatique*, décidé à combattre et résister jusqu'à la mort. Les *fanatiques* sauvèrent la ville, la maintinrent libre et république ; une ville vainquit la royauté.

Cette prodigieuse résistance, avec celle de la petite Sancerre, est un des plus grands faits de notre histoire. Un peuple se battit comme un seul homme. On voyait, à la marée basse, les femmes et les ministres, jusqu'aux enfants, les pieds dans l'eau, qui marchaient sous le feu, incendiant les vaisseaux qu'on coulait pour fermer le port, attaquant intrépidement les redoutes des catholiques.

Ceux-ci avaient eu tout l'hiver pour préparer le siège. Ils avaient à loisir bâti des forts et des redoutes autour du port et de la ville. Dès lors, quoi de plus simple que d'affamer une ville sans secours, de démolir toutes ses défenses avec l'énorme artillerie qu'on avait amenée ? C'était l'avis de Biron, de tous les militaires. Deux choses s'y opposaient. Le siège était conduit par le duc d'Anjou ; c'était un siège de prince qu'il fallait emporter par de brillants faits d'armes. Tout ce qu'il y avait de princes et de seigneurs en

France, Montpensier et Nevers, surtout les Guises, étaient là, et chacun voulait se signaler. On donna coup sur coup des assauts furieux. On essaya des mines si mal conduites qu'on s'écrasait soi-même.

On s'accusa alors. On prétendit que Navarre et Condé, Alençon, avertissaient les assiégés, s'entendaient avec eux. On n'était pas bien loin de tirer l'épée les uns contre les autres. Alençon devait, on l'assure, pendant une sortie et de concert avec les assiégés, attaquer le quartier de son frère le duc d'Anjou. Le principal obstacle fut le scrupule des ministres de La Rochelle, qui refusaient d'entrer dans ce guet-apens fratricide.

Les assiégés perdirent treize cents hommes, et les assiégeants vingt-deux mille, des princes et nombre de seigneurs, l'argent du parti catholique, bien plus, l'élan de la Saint-Barthélemy. Tout vint s'amortir, s'enterrer dans les fossés de La Rochelle.

Les assiégeants avaient la fièvre, et ils étaient tellement baissés de cœur, qu'à toute attaque ils s'enfuyaient. Les Rochelais s'amusèrent à leur lancer des goujats en chemise, armés de ferrailles rouillées.

Le duc d'Anjou fut trop heureux de voir arriver la députation polonaise qui lui apprenait son élection et devait l'emmener. On traita à la hâte. La Rochelle, Nîmes et Montauban restèrent trois républiques, se gardant et se gouvernant. Le prêche y subsistait, ainsi que chez tous les seigneurs qui n'avaient point abjuré. Partout ailleurs, liberté de conscience (6 juillet 1573).

Nous avons dit comment la cour de France avait acheté son succès de Pologne. L'ambassadeur Montluc jura que le duc d'Anjou et Charles IX n'étaient pour rien dans la Saint-Barthélemy, et promit expressément la liberté religieuse non seulement pour la Pologne, mais *pour la France* même. La crainte universelle qu'on avait de voir la maison d'Autriche faire arriver un archiduc à cette couronne réunit tout le monde pour le duc d'Anjou. Le Turc le recommanda ; le pape et les luthériens d'Allemagne agirent pour lui également. Montluc, prenant vingt masques, se montrait protestant pour gagner les riches Palatins, et il captait la petite noblesse par des discours démocratiques, des appels à la liberté. Il n'y eut jamais pareille effronterie. Le tout démenti, et l'ambassadeur désavoué, quand les Polonais eurent élu et furent arrivés à Paris.

Curieuse dérision de la fortune. Voilà cette cour, après ce long siège inutile, cet échec de cinq mois, ses forces épuisées et son impuissance constatée, la voilà qui grandit devant l'Europe, accrue d'une couronne, de ce choix glorieux, de cette lointaine royauté d'Orient.

L'imberbe duc d'Anjou trône royalement à côté de son frère entre les longues moustaches, les fourrures de ses Palatins. Les Guises séchaient de jalousie. Ils avaient fait tout ce qu'ils avaient pu pour empêcher la paix de La Rochelle ; le bon cardinal de Lorraine disait paternement qu'il connaissait bien le duc d'Anjou, « *s'étant meslé de sa conscience,* et que le duc avoit juré d'exterminer tous ceux qui avoient été huguenots ». (Lettre ms. de Catherine, 20 mai 1573.)

Ces lettres de la reine mère sont bien étranges. La plus vaine, la plus folle ambition y paraît. On y voit d'une part la pauvreté extrême où l'on est et la peine qu'on a d'emprunter de l'argent ; d'autre part, elle commence tout, elle a envie de tout ; il lui faut tous les trônes.

En Lorraine, où elle fait la conduite au jeune roi de Pologne, nous la voyons mener de front je ne sais combien d'autres affaires plus ou moins chimériques.

Elle intrigue, chemin faisant, pour le mariage d'Alençon avec Élisabeth, fait par écrit sa cour au banquier Ridolfi, très influent à Londres, lui fait faire des présents, et aussi à un Vellutelli, autre intrigant qui s'occupe du mariage. Elle travaille l'Empire pour Charles IX. Elle abouche son fils Anjou avec le frère du prince d'Orange.

Qui mettra-t-elle aux Pays-Bas, Anjou ou Alençon ? Elle aimerait bien mieux le premier. Anjou dit, en passant le Rhin, à Louis de Nassau qu'il ne fait qu'un tour en Pologne, mais qu'il va revenir et lui mener toute la noblesse de France pour éreinter le duc d'Albe.

Quoi de plus fou dans les romans ? Cependant il fallait savoir si, de cette folie, on ne tirerait pas avantage. Depuis deux ans, Guillaume d'Orange était prié, poussé par son frère, le bouillant Louis, pour se lier à Charles IX. Ce grand homme, esprit net et ferme, mais cruellement traîné par la fortune, n'avançait qu'avec répugnance, convaincu qu'il ne gagnerait que honte et malheur à toucher cette main sanglante. Cependant il avançait. L'épouvantable siège d'Harlem, l'effort désespéré et inutile qu'il fit pour la secourir, le brisa; il céda en disant qu'il ne céderait pas : « Non, écrit-il, nous ne vendrons pas le pays pour cent mille écus. » Cependant il le fit, nommant Charles IX *protecteur* de Hollande et maître de tout ce qu'il prendrait aux Pays-Bas (mai 1573).

Et, cette honte bue, l'argent ne vient pas. Harlem succombe (12 juillet), horrible catastrophe; deux mille Français, entre autres, passés au fil de l'épée. L'histoire n'a rien gardé de plus amer que le dernier cri de Louis de Nassau à Charles IX avant cette catastrophe. Il y confesse la honte d'avoir voulu le faire Empereur, mais il lui révèle durement la situation de la France. Cette pièce terrible de franchise biffe tous les sots mémoires du temps : « Maintenant, dit-il à Charles IX, vous touchez la ruine, votre État baye de tous côtés, lézardé comme une vieille masure qu'on racommode tous les jours de quelque pilotis et qu'on n'empêche pas de tomber... Où sont vos noblesses? où sont vos soldats?... Ce trône est à qui veut le prendre. »

Maintenant, comment en novembre trouva-t-on enfin les cent mille écus? C'est que Catherine, qui faisait alors la conduite à son bien-aimé roi de Pologne, imagina de le substituer à Alençon, qu'elle n'aimait pas, dans cette future royauté des Pays-Bas. Si la France était pauvre, la reine mère avait une fortune personnelle, et ce fut elle peut-être qui paya.

L'affaire tourna fort mal. Cet odieux argent ne servit en rien les Nassau. Avec ces trois cent mille francs et cent mille encore qu'on donna en mai, Louis se fit tuer, battre, détruire (13 avril 1574).

Guillaume-le-Taciturne eut cruellement à regretter d'avoir cherché appui en Charles IX, d'avoir eu foi dans ce néant.

Charles survécut un mois à Louis de Nassau. Mais, avant de mourir, il avait eu le temps de voir combien ses avertissements étaient véridiques.

La levée du siège de La Rochelle n'était qu'un commencement de la grande expiation. Charles IX, malade à Villers-Cotterets, y vit arriver une redoutable procession des protestants du Midi ; le Languedoc d'abord arriva, puis le Dauphiné, la Provence. Ces grandes provinces n'entraient pas dans l'arrangement qu'une ville avait fait sans les consulter. Elles demandaient des garanties, deux places de sûreté par province, avec des juges protestants, et le culte libre par tout le royaume. Elles demandaient surtout la punition du massacre, la réhabilitation des morts de la Saint-Barthélemy.

La reine mère trouva la demande insolente.

« Vous n'en demanderiez pas tant, dit-elle, si Condé était encore dans Paris avec cinquante mille hommes. » Ceux-ci avaient avec eux bien autre chose que Condé. Ils avaient l'opinion, n'étant plus la voix d'un parti, mais celle de la justice même et des catholiques modérés, qui, dès lors, étaient avec eux.

« On examinera », dit-elle. Et cependant elle envoie Biron pour surprendre La Rochelle. Le maire (c'était encore Jacques Henri, l'homme de l'Amiral) surprit les traîtres lui-même, les fit pendre, et la cour en resta couverte de confusion.

Il était constaté que nulle paix n'était sûre. Maintenant que fallait-il faire ? J'adresse cette question non à M. Capefigue, mais aux nôtres qui, trop docilement, ont suivi cette impulsion.

Dans l'ouvrage d'un savant jeune homme que j'aimais et estimais (*Démocratie de la Ligue*, par Labitte, 1841), je lis ces cruelles paroles : « On a maintenant le secret de la *démocratie hypocrite du protestantisme* : c'était tout simplement une arme contre la royauté, une cuirasse pour la noblesse », etc.

Sauf Sismondi, tous nos historiens ont traité le protestantisme avec une grande sévérité.

M. de Bonald, au contraire, très bien éclairé par sa haine, a vu que, quelques formes qu'ait pu prendre le protestantisme dans les phases diverses que lui imposait la persécution, son essence est *la liberté, la démocratie, le principe anti-monarchique*.

Faut-il répéter ce que nous avons dit : que, quarante ans durant, parmi les martyrs du protestantisme, on ne découvre que trois nobles ?

Les nobles y entrèrent en foule, mais sous Henri II seulement. Et même encore en 1572, où tant de nobles périrent, les listes nominales des morts témoignent qu'il périt infiniment plus de marchands, de gens de robe, d'artisans et de bourgeois.

Le besoin que nous avons de rapprochements et de comparaisons, a conduit souvent à vouloir retrouver le *fédéralisme* de 93 dans les tentatives que firent en 1573 les malheureux échappés aux poignards des assassins.

Judicieuse assimilation. Les deux faits sont exactement contraires :

La résistance protestante, *bien loin de couvrir le retour à la royauté*, qui fut la pensée secrète d'une grande partie des Girondins, fut dirigée contre le roi, en haine de la royauté, devenue le synonyme du massacre et du guet-apens.

La résistance protestante n'est pas, comme la girondine, exclusivement urbaine et la ligue des grandes villes. Elle réserve expressément les droits des électeurs du *plat pays*.

Pardonnons à ceux qui cherchèrent quelque moyen de résister. N'accablons pas des vieilles injures de la Ligue une minorité héroïque dont la lutte fut un miracle.

Toute son histoire est en ce mot : Le protestantisme, *né peuple, essentiellement industriel pendant quarante ans*, ne se montre dans les temps qui suivent que par ses hommes d'épée (les seuls qui puissent résister); mais, *au siècle de Louis XIV, son immense majorité est peuple encore, industrielle*, et la Révocation de l'édit de Nantes fut précisément l'exil de l'industrie française.

Que vois-je au seizième siècle? *Que le protestantisme seul nous donne la République*, dont la Ligue tout à l'heure fera la contrefaçon, la grotesque caricature.

Je dis qu'il donne la République, l'idée et la chose et le mot.

Le mot c'est sous son influence que *république*, chose publique, mot appliqué jusque-là à tous les gouvernants, va devenir le nom propre du gouvernement collectif.

La chose. Le 16 décembre 1573, le génie du Languedoc, exercé depuis deux cents ans dans les États de ce pays, trace d'une main ferme et habile le plan d'une constitution républicaine, *non pour s'isoler de la France*, mais, au contraire, pour la gagner et l'envelopper tout entière. États provinciaux tous les trois mois, États généraux tous les six mois. Garantie pour les catholiques, qui payeront sans résistance la contribution générale de guerre.

Aux termes du premier règlement fait à Nîmes par une assemblée mixte de protestants et de catholiques, le conseil de chaque province *comptera deux bourgeois pour un noble* (Popelinière, janvier 1575). La double représentation du Tiers-état, tant discutée plus tard, en 1788, est ici accordée d'emblée. Voilà la Révolution anticipée, en fait, de trois cents ans.

Mais, à côté du fait, il faut la théorie, l'idée. C'est par leur action mutuelle que se fait la force; il y faut et l'âme et le corps.

Cette âme éclate en 1573, par un livre de génie.

Petit livre, d'érudition immense, improvisé cependant le lendemain du massacre, échappé d'un cœur ému et grandi sous les poignards, qui, dans son danger personnel, a reçu la lumière de Dieu.

Gaule et France, *Franco-Gallia*, c'est le titre de ce livre, qui, de Genève, envahit toute l'Europe, est traduit en toutes langues. Nul succès n'a été si grand jusqu'au *Contrat social*.

L'auteur, Hotman, était devenu protestant à la Grève en voyant mourir Dubourg. Protestantisme d'humanité, de raison et d'examen, qu'il appliqua d'abord contre le droit romain, cette machine de tyrannie, puis contre la tyrannie même.

Ce n'est pas que ce grand homme méconnaisse le droit romain. Loin de là, il dit lui-même qu'on peut en tirer des trésors. Mais il doute fort sagement qu'à deux mille ans de distance la loi de l'Empire convienne à un monde tellement changé.

Hotman, comme Jean-Jacques Rousseau, arrivant tard et le dernier des grands hommes de son siècle, vint merveilleusement préparé.

Pour lui, l'illustre Cujas, illuminant le droit romain, lui donnant sa valeur historique, avait fait sentir qu'il fut le droit de tel âge, de telles mœurs, et non le droit du genre humain.

Pour Hotman, le grand Dumoulin a préparé l'unité des coutumes nationales, attaqué les deux vieilles forteresses qui stérilisaient la terre de leur ombre, droit papal et droit féodal, revendiqué l'immortelle légitimité de la propriété libre contre l'usurpation du fief.

Hotman connut-il le petit livre brûlant de La Boétie,

Le Contr'un, écrit dès longtemps en 1549, mais imprimé seulement en 1578? Nul doute qu'il n'en courût des copies.

Le livre de La Boétie fut intitulé *Le Contr'un*. Celui d'Hotman aurait pu s'intituler *Le Pour tous*.

Il déclare que le droit appartient à la majorité des citoyens.

Il suit la France gauloise, germaine, carlovingienne, capétienne, et montre qu'à toute époque elle a eu (plus ou moins, mais enfin a toujours eu) un *gouvernement collectif*.

Qu'il se trompe sur tels détails, comme le dit M. Augustin Thierry, qu'il s'exagère la part de l'élection, de la délibération publique, dans ces époques obscures, il n'en a pas moins raison au total. Les chefs gaulois, mérovingiens, ont consulté leurs guerriers; les empereurs carlovingiens ont consulté leurs grands, et spécialement leurs évêques; les capétiens leurs pairs, etc.

Il se moque avec juste raison et du petit conseil privé, et des parlements de juges, qui voudraient donner le change, et se faire prendre pour héritiers des grands parlements nationaux.

Livre profond, vrai, lumineux, qui donna l'identité de la liberté barbare avec la liberté moderne, relia les races et les temps, restitua l'unité et l'âme, la conscience historique de la France et du monde.

Du reste, comme démolition de la royauté, toutes

les théories de république ne valaient pas Charles IX. Spectacle étrange, prodigieux scandale pour le ciel et la terre. L'âme furieuse du fou, comme un misérable clavier frémissant au hasard, était à la première main audacieuse qui jouait dessus. Son frère Anjou l'entraîna à vouloir étrangler La Mole, le favori d'Alençon. Il l'entraîna à tout briser chez un gentilhomme qui refusait d'épouser une fille salie par Anjou. Trois rois (France, Pologne et Navarre), avec leur valetaille, firent le sac et le pillage nocturne de cette maison.

Le jour, c'étaient des chasses folles. Charles IX s'y blessa encore en janvier. S'il ne chassait, il sonnait tout le jour du cor de chasse, jusqu'à déchirer ses poumons et vomir le sang. Alors il fallait s'aliter. Tout le monde s'arrangeait en vue de sa mort prochaine.

A en croire la vie de Catherine, compilée récemment sur les dépêches des ambassadeurs de Florence et les papiers des Médicis, la France adorait la reine mère. Si les documents français n'établissaient le contraire, le bon sens y suffirait. Sa réputation de mensonge, et l'impossibilité de traiter avec elle, sa fortune personnelle dans une telle pauvreté publique, son maquignonnage de femmes (elle en envoie une à La Noue pour le mettre en son filet), tout l'avilissait, la rendait odieuse. Son fils Alençon, haï d'elle, le lui rendait à merveille. On dit qu'il avait voulu s'entendre avec Henri de Navarre pour l'étrangler de leurs mains. (Voy. aussi Nevers, I, 177.)

On avait horreur de voir que, par la mort de Charles IX, elle serait régente encore. Les Bourbons, les Montmorency, suivis des maréchaux et de tous les grands seigneurs, vinrent dire qu'il fallait un lieutenant général, Alençon, avec les États généraux.

Cette immonde Jézabel avait opéré un miracle, l'unanimité. Le plus austère des protestants, Mornay, jusque-là contraire aux alliances politiques, se dément et se résigne à celle des catholiques. Les plus violents catholiques, un Coconas, qui avait racheté des protestants pour les torturer, se démentent, et, pour alliés, acceptent des protestants.

Au moment de l'exécution, Alençon eut peur, hésita, et son confident La Mole alla tout dire à Catherine.

Il faut la voir là dans son lustre. Elle avait en main la bête sauvage; elle la met en furie en lui faisant croire que c'est à sa vie qu'on en veut. Il était alors alité; elle le tire de son lit, et le fait partir la nuit de Saint-Germain pour se sauver à Paris. Enveloppé par sa mère, ne sachant rien que par elle, Charles IX disait furieux : « Ne pouvaient-ils attendre au moins quelques jours ma mort si prochaine? »

Catherine, qui, toute sa vie, avait paru comme de glace, et qui peut-être, avant la Saint-Barthélemy, n'avait pas fait d'acte féroce (sauf le meurtre de Lignerolles), étala dans cette circonstance une cruauté inattendue. Elle fit une grande tragédie de ses craintes pour son fils. On avait trouvé chez La Mole je ne sais quelle poupée de cire, destinée à une opération de nécromancie. Elle prétendit que cette image était celle du roi, qu'on devait la percer d'aiguilles pour que son cœur, sentant les coups, languît et se desséchât. Elle fit infliger à La Mole une effroyable torture, qui le fit parler dans ce sens. La torture n'était guère moindre pour le malade lui-même, qui, déjà tellement troublé, se sentait comme mourir sous d'invisibles piqûres.

Elle avait mis à la Bastille l'aîné des Montmorency. Elle n'osait le faire mourir tant que vivait son frère Damville, gouverneur du Languedoc. Pour y pourvoir, elle envoya à Damville un Sarra Martinengo, un de ses *bravi* italiens, assassins de profession. En Poitou, La Noue résistant aux femmes qu'elle avait essayées d'abord, elle lui dépêcha un homme, homme, il est vrai, trop connu, Maurevert, *le tueur du roi*.

Ces misérables tentatives, dont elle n'eut que la honte, ne l'auraient pas tirée d'affaire sans deux circonstances. Damville, qui régnait paisiblement en Languedoc, se soucia peu de compromettre cette royauté, ne bougea pas. D'autre part, le nord de la France ne s'émut pas davantage. Le *pays de sapience*, la politique Normandie, montra peu de disposition à rentrer dans la carrière aventureuse des guerres de religion. Plusieurs villes reçurent aisément les protestants, mais plus aisément encore les abandonnèrent. La seule forte résistance fut celle de Montgommery, qui tint dans Domfront. Catherine le prit par ruse, lui faisant dire par un de ses parents que, s'il capitulait, il ne serait remis qu'au roi, qui le laisserait aller quelques jours après. Quand elle l'eut, elle jura qu'elle n'avait rien promis, qu'elle ne pouvait se dessaisir de l'homme qui avait tué Henri II ; elle joua l'inconsolable veuve, comme dans l'épitaphe hypocrite qu'on voit sous son urne (au Louvre). Ce mari qu'elle n'aimait point, et mort depuis tant d'années, lui redevint cher tout à coup. Elle fit montre de sa *vendetta;* le sensible cœur de cette Artémise n'eut point de soulagement qu'elle n'eût vu elle-même en Grève le supplice de Montgommery.

Catherine trouva encore secours dans la faiblesse du duc d'Alençon et du roi de Navarre, qui désavouèrent leurs partisans, et signèrent un acte craintif d'obéissance et de fidélité. Ils auraient voulu échapper, et Marguerite de Valois se chargeait d'en sauver un ; mais ils se connaissaient trop bien ; chacun d'eux était sûr que le premier qui serait libre ne se soucierait plus de l'autre et le laisserait au filet. La reine mère, qui les avait avilis par leur déclaration, pour les mettre plus bas encore, les fit interroger par le président De Thou. Humiliation singulière pour la couronne de Navarre. Mais le jeune Henri, qui, après tout, sentait qu'il ne risquait guère, répondit assez fermement. Le décapiter, ou l'empoisonner, c'eût été faire plaisir aux Guises, les grandir. D'ailleurs, tout tremblait, la reine mère n'était sûre de rien ; son fils bien aimé était en Pologne, et Charles IX était mourant.

On s'en tint à couper la tête à La Mole et à Coconas, plus tard à Montgommery.

Le 1er mai, Catherine écrivait que son fils était guéri. Le 20 mai il était mort.

L'historien De Thou, qui était jeune alors, mais qui a été informé de plusieurs circonstances secrètes par son père, le très servile instrument de Catherine, le président Christophe De Thou, affirme trois choses :

Premièrement, *que Charles IX voulait envoyer la reine mère en Pologne* rejoindre le duc d'Anjou. Il comprenait qu'elle avait tout fait pour ce fils bien-aimé, surtout la Saint-Barthélemy. Il voyait très bien que le conseiller de cet acte, Retz, son ancien gouverneur, n'était nullement sûr pour lui, et n'agissait désormais que pour son frère, le futur roi. La reine mère lui demandant une grâce nouvelle pour Retz, il répondit sèchement : « Qu'il n'était déjà que trop récompensé. » Cette défaveur fut peut-être la raison réelle qui fit partir Retz pour l'Allemagne. Quand Catherine conduisit Anjou et laissa le roi à Villers-Cotterets, elle témoigne par ses lettres qu'il était irrité contre elle, et elle travaille à l'apaiser. (Cath., Lettres mss. de nov. 73.)

Deuxièmement, De Thou affirme *que tout le monde croyait Charles IX empoisonné.* Par qui? par les Italiens, par sa mère et Retz? ou bien par les Guises? Récemment encore, il avait failli tuer Henri de Guise, qui avait tiré l'épée dans le Louvre pour une querelle, et Henri n'avait échappé qu'en demandant grâce à genoux. Plusieurs pensaient que le roi pouvait être tenté de fermer sur les Guises les portes du Louvre, et d'en faire, avec ses gardes, une seconde Saint-Barthélemy.

De Thou, en dernier lieu, assure *que les taches livides qu'on lui trouva dans le corps* firent croire à l'empoisonnement. Bien entendu que Catherine, dans une lettre ostensible, maternelle et trempée de larmes, dément expressément ce bruit.

Je crois, en réalité, que les Italiens étaient fort impatients de sa mort, qu'au milieu de tant de négociations avec la maison d'Orange et les protestants d'Allemagne, Charles IX eût pu, un matin, par un revirement subit, leur échapper, s'en aller droit à la Bastille s'entendre avec Montmorency.

Mais je crois en même temps que Charles IX, qui prenait lui-même tout moyen possible de s'exterminer, leur épargna cette peine.

Alité souvent dans les derniers mois, les exercices violents lui manquant, il se jeta dans une autre voie de mort, dans les jouissances de femmes, les uns disent avec Marie Touchet, les autres avec la jeune reine, qui lui avait donné une fille et pouvait lui donner un fils.

Tout près de la mort, il dit cependant qu'il était charmé, pour lui, pour la France, de ne pas laisser de postérité.

Et une autre parole de sens : Qu'on ne connaissait pas son frère Anjou, qu'il ne répondrait nullement à l'attente publique, qu'on saurait, dès qu'il serait roi, quel homme c'était.

Il ne se fiait point à sa mère. Et ce ne fut pas à elle qu'il fit sa dernière prière. Il se souvint alors de la seule personne qui lui eût donné un sentiment élevé et tendre, et dit à un de ses officiers : de le recommander à mademoiselle Touchet.

Les catholiques assurèrent qu'il avait fait une très belle fin catholique. (*Lettre ms. de Morillon à Granvelle.*) Les protestants, les politiques (L'Estoile, entre autres, qui recueille les bruits de Paris), disent au contraire qu'il eut une fin très repentante, qu'il adressa à sa nourrice protestante les regrets les plus pathétiques sur la Saint-Barthélemy.

Qui put le savoir au juste? la reine mère tenait le Louvre, et l'on n'en sut rien que par elle.

De Thou dit qu'en lui témoignant une confiance absolue, le mourant dissimula ses véritables sentiments, qu'il l'eût éloignée des affaires, mais que, dans cette fin hâtive, il n'avait qu'elle à qui il pût laisser le gouvernement et le maintien de l'ordre public.

Quelque soin qu'on prît de l'entourer, de le tromper, il avait senti sans nul doute la grande et universelle malédiction qui devait le poursuivre à jamais. Il avait, par le massacre, dispersé par toute la terre des missionnaires de haine éternelle. Sa folle vanterie de préméditation avait été prise au sérieux et des protestants et des catholiques. Rome dans ses éloges exaltés, Genève dans ses furieuses satires, étaient d'accord là-dessus. Un cri unanime, lui vivant, commençait déjà contre sa mémoire, cri horriblement strident, aigre, aigu à son oreille.

Cri de haine, mais cri de risée. Il avait servi Philippe II. Pour lui le profit, pour Charles la honte. Le duc d'Albe en parlait avec le dernier mépris. Le duc de l'Infantado avait dit naïvement : « Mais pourriez-vous bien me dire si ces gens-là qu'on a tués n'étaient pourtant pas des chrétiens ? »

Les redoutables paroles de Louis de Nassau, d'un mourant à un mourant, qui lui furent portées à Paris par le martyr Chastelier, et qui lui furent certainement articulées mot pour mot par ce héros fanatique, durent lui traverser le cœur d'une lame fine et pénétrante, plus qu'aucun stylet d'Italie.

Il lui dénonçait la ruine de la royauté, du royaume : « *La France est à qui veut la prendre.* »

Seulement, il était sensible que la vieille qui succédait (sous l'homme-femme Henri III) épuiserait tous les degrés de l'opprobre, que par eux la France boirait la honte comme l'eau.

Nous voyons dans ses lettres cette grande reine politique tout occupée d'acheter pour son fils un collier de femme, par accommodement toutefois, devant prendre les perles une à une à mesure qu'il viendra de l'argent.

Cet argent vient si peu, qu'en mai elle implore Rouen pour en tirer un petit don de quarante mille francs. En juin, elle implore Venise pour obtenir un emprunt des marchands ; mais, comme ils ne veulent prêter, elle prie le duc de Ferrare de l'appuyer de son crédit, celui de la France ne suffisant pas.

A l'arrivée d'Henri III, quand elle alla le recevoir,

toute la cour était si pauvre, que les seigneurs, en plein hiver, mirent leurs manteaux en gage à Lyon, et, sans un prêt de cinq mille francs que lui fit un domestique, la reine mère et ses filles y auraient engagé leurs jupes.

CHAPITRE XXIX

Des sciences avant la Saint-Barthélemy.

Que l'histoire est pesante! Et comment le grand souffle du seizième siècle, qui naguère me donna mon élan de la Renaissance, m'a-t-il brusquement délaissé? Comment, chaque matin, en me rasseyant à ma table, me trouvé-je si peu d'haleine, si peu d'envie de poursuivre cette œuvre?

C'est justement parce que j'ai suivi fidèlement le grand courant de ce siècle terrible. J'ai déjà trop agi, trop combattu dans ces derniers volumes; la lutte atroce m'a fait tout oublier; je me suis enfoncé trop loin dans ce carnage. J'y étais établi et ne vivais plus que de sang.

Mais, une fois tombé dans la fosse de la Saint-Barthélemy, ce n'est plus l'horreur seulement qui envahit l'histoire. C'est la bassesse en toutes choses, la misère et la platitude. Tout pâlit, tout se rapetisse. Et il ne faut pas s'étonner si le cœur manque à l'historien.

Que ferai-je ? Je retournerai un moment en arrière, et je reprendrai force aux grandes sources de vie généreuse que j'avais laissées derrière moi.

Car, pendant qu'à l'aveugle je m'acharnais à l'histoire du combat, enfermé dans la mort et ne voyant plus qu'elle, la vie sous terre a coulé par torrents.

Même en ce moment exécrable de la Saint-Barthélemy, j'ai parlé de Paris, du Louvre, des Tuileries, du palais de la reine mère, où la veille se tint le conseil du massacre. Mais, dans le jardin même de ce palais tragique, un inventeur, un simple, un saint, Palissy, a inauguré les sciences de la nature.

Je viendrai à lui tout à l'heure. Auparavant, un mot sur l'histoire des génies sauveurs qui, à travers les destructions, ont réparé, consolé et guéri.

Spectacle touchant, mais bizarre. En dessus, la politique et la théologie roulent leur char d'airain, admirées et bénies de l'humanité qu'elles écrasent. En dessous, la science suit leur course, le baume à la main, ramasse les victimes et rapproche les lambeaux sanglants.

C'est une histoire immense et difficile que je n'ai nullement la prétention de raconter. Je veux me donner le bonheur de l'indiquer seulement, non pour servir aux autres qui la liront bien mieux ailleurs, mais pour me servir à moi-même. Entrant dans les temps de bassesse, de mensonge qu'il me faut passer, je m'arrêterai ici, je m'y assoirai un moment ; j'y boirai un long trait d'humanité, de vérité.

Qu'on sache donc qu'au seuil de ce siècle sanglant

commencèrent deux grandes écoles des ennemis du sang, des réparateurs de la pauvre vie humaine, si barbarement prodiguée.

Au moment où Copernik donne au monde la révélation de la terre, ceux-ci semblent lui dire : « Vous n'avez trouvé que le monde ; nous trouverons davantage : nous découvrirons l'homme. »

L'homme et son organisme intérieur, dont Vésale est le Christophe Colomb, — l'homme et la circulation de la vie, dont le Copernik fut Servet.

Son mariage enfin avec la Nature, leurs profondes amours et leur identité. C'est la révélation de Paracelse.

Parlons de celui-ci d'abord.

Pour entrer dans cette voie neuve, il était nécessaire d'en arracher d'abord l'épouvantable amas de ronces qu'on y avait mis depuis deux mille ans. Il fallait que cet amant impatient de la Nature, avant d'aller à elle, la délivrât par un grand coup.

Paracelse était homme de langue allemande et né, dit-on, dans les montagnes de Suisse. On ne sait guère quelle avait été sa vie. Il fit son coup d'État à trente-quatre ans. Ce fut à Bâle, en 1527, au point solennel de l'Europe où le Rhin tourne entre trois nations, que ce Luther de la science mit sur un même bûcher tous les papes de la médecine, les Grecs et les Arabes, les Galien et les Avicenne. Il jura qu'il ne lirait plus, et se donna à la Nature.

Chercheur sauvage des mines et des forêts, ce gnome ou cet esprit fouille la terre, interroge les sources, converse avec les plantes, intime ami des Alpes, confident des Karpathes, amant des vallées du Tyrol. L'humanité malade le suit ; il peuple les déserts.

Il eut cela de commun avec Copernik, qu'observateur pénétrant entre tous, il domina l'observation, lui donna la raison pour guide et pour maîtresse.

Ayant brisé l'autorité des livres, il en brisa une autre dont on se défait difficilement, celle des sens et de l'apparence. Il hasarda, d'un instinct prophétique, le mot de la chimie moderne, le mot de Lavoisier : L'homme est une vapeur condensée qui retourne en vapeur.

Dès ce moment, quelle facilité d'amalgame ! La barrière est rompue entre l'homme et la nature. L'un et l'autre est chimie. La médecine est chimie, comme la vie elle-même dont elle est la réparation.

Adieu tous les miracles et les interventions surnaturelles. L'homme peut tout, mais par la nature. Nul miracle que de Dieu-le-Père. Un malade disant qu'il s'est muni du corps du Christ, Paracelse prend son chapeau : « Puisque vous avez déjà un autre médecin, je n'ai rien à vous dire. »

Il disait, non sans cause, que sa réforme était bien autre chose que celle de Luther. La Grâce qu'enseigne Paracelse, c'est celle de la Nature, son hymen avec l'homme. Il les croit tous deux d'une pièce, assimile leurs lois, y voit l'identité de génération et d'amour. Vues fécondes qui menèrent bientôt Gessner à classer les plantes par la génération, Césalpin à assimiler les semences végétales à l'œuf des animaux, à professer le rapport des deux règnes.

M. Cuvier et d'autres ont enfin avoué, proclamé le génie, tant contesté, de Paracelse. Eh! qui en douterait, en ouvrant au hasard son livre surprenant, mais touchant et sacré, sur les maladies de la femme? Personne encore (ô temps barbares!) n'avait compris nos mères, nos femmes, chère moitié de l'espèce humaine. Ce grand homme dit le premier : « La femme est tout autre que l'homme; elle est un être à part; ses maladies sont spéciales. Elle est sous l'influence souveraine d'un seul organe. Elle est un monde pour contenir un monde. » Haute révélation physique, première explication profonde et sérieuse du *Fons viventium* (la source des vivants, la fontaine sacrée d'où court le torrent de la vie).

L'Allemagne s'est prise à la nature, qu'elle pénètre par la chimie. La France à l'homme, qu'elle révèle, explique par l'anatomie. Pourquoi, de toutes parts, les grands anatomistes viennent-ils étudier à Paris? On l'a vu de nos jours encore. L'anatomie, la chirurgie, les arts hardis du fer sont ici, non ailleurs : ici un scalpel acéré d'analyse, et dans la main et dans l'esprit.

Quel spectacle plus grand que cette école de Paris, de 1531 à 1534, quand, devant la chaire de Gunther, deux héros furent en face, le Belge et l'Espagnol, le grand Vésale, le pénétrant Servet?

Je dis *héros*. Il fallait l'être pour triompher de tant d'obstacles. Jusqu'en 1555, ce fut un hasard ou un crime de disséquer. Heureusement, un homme de vingt ans, que rien n'épouvantait, Vésale, dès 1534, est à lui seul le pourvoyeur de l'école de Paris.

Rien n'était plus hardi. Où prendre des cadavres ? Aux Innocents, dans la population serrée du quartier marchand de Paris ? C'étaient des corps malades et dangereux dans les épidémies fréquentes de l'époque. Sur cette terre pestiférée du grand cimetière des Innocents, la nuit erraient des filles, logeant près des charniers et faisant l'amour sur les tombes.

Montfaucon valait mieux. Mais quoi ? c'était la justice du roi et les pendus du roi. Les descendre d'un gibet de trente pieds, souvent observé des archers, c'était chose hasardeuse. Les parents y veillaient souvent, le peuple aussi, avec sa haine et ses terreurs, ses contes d'enfants tués par les Juifs, de corps ouverts vivants par les médecins. Le hardi disséqueur eût pu périr disséqué sous les ongles.

Mais plus le péril était grand, plus grand fut l'amour de la science.

Ce cadavre pour lequel il venait de hasarder sa vie, de quel œil perçant il le regardait ! de quelle ardeur d'étude, avide, insatiable ! Le fer, la plume, le crayon à la main, il disséquait, dessinait, décrivait.

Il ne quitta Paris que pour un autre laboratoire, meilleur encore, l'armée de Charles-Quint. Il y fut justement à la terrible époque où cette armée fut décimée, détruite, où les vieilles bandes de Pavie furent exterminées par leur maître (1538-1539). Les corps ne manquèrent pas. Vésale, d'une expérience infinie à vingt-huit ans, avait vu l'homme le premier. Il enseigna à Padoue, il imprima à Bâle (1543). Cette ville, libre entre toutes, permit et divulgua la grande impiété. Le corps humain, ce mystérieux chef-d'œuvre que, pendant tant de siècles, on enterrait sans le comprendre, éclata dans la science par la description de Vésale et les planches attribuées au Titien.

Au moment même, un Français, Charles Estienne, fils et successeur du grand imprimeur, avait fait imprimer une complète description de l'homme, mais elle ne parut que plus tard. Celles d'Estienne et de Vésale furent très probablement l'œuvre collective, le résumé des travaux communs de l'École de Paris.

Une pensée possédait cette école, une recherche qui remplit tout le siècle, recherche parallèle à celle du mouvement des cieux; c'est celle du mouvement intérieur de l'homme, la gravitation de la vie et la circulation du sang.

Le sang solide, c'est la chair; la chair fluide, c'est le sang. Ce n'eût été rien de savoir les formes arrêtées de l'organisme, si on ne l'avait poursuivi dans sa fluidité qui fait son renouvellement.

Dès le commencement du siècle, l'inquiétude commence sur cette question. On dispute sur la saignée. Où vaut-il mieux saigner? Au mal, ou loin du mal, pour en distraire le sang et l'attirer ailleurs? Cela mène à chercher comment circule le sang. Cent ans durant, on poursuit ce mystère.

A Paris Sylvius, à Padoue Acquapendente décriront les valvules qui, baissées, relevées tour à tour, admettent et ferment le courant. Les maîtres de la science, même Vésale et Fallope, niaient l'existence de ces portes et méconnaissaient le mystère quand déjà il était trouvé, décrit et imprimé.

L'Aragonais Servet, élève de Toulouse et de Paris, dans son orageuse carrière où il ne sembla occupé que de ramener le christianisme à la prose et à la raison, aperçut sur sa route ce secret capital de la circulation du sang. Il l'a longuement, nettement, doctement expliqué dans un livre de théologie où on ne serait guère tenté de le chercher. Ce livre, hélas! brûlé avec l'auteur sur un bûcher de Genève où on mit toute l'édition, ce livre survécut par miracle en deux exemplaires seulement, qui tombèrent du bûcher, jaunis par le feu et roussis. Il en existe un heureusement à notre grande bibliothèque. Le secrétaire de l'Académie des sciences vient de réimprimer les pages de la découverte.

La fonction première fut connue, celle qui ne peut comme les autres se suspendre ni s'ajourner, celle qui inexorablement, minute par minute, doit s'exercer sous peine de mort. Condition suprême de la vie, qui semble la vie même.

Servet n'avait pas dit la route par où il arriva. Il fallut pour la retrouver un demi-siècle encore et le génie d'Harvey. Mais le fait fut connu. L'humanité put voir avec admiration le charmant phénomène de délicatesse inouïe, le croisement de cet arbre de vie « où la masse du sang, dit Servet, traverse les poumons, reçoit dans ce passage le bienfait de l'épuration, et, libre des humeurs grossières, est rappelée par l'attraction du cœur. »

Une larme du genre humain est tombée sur cette page. Un transport de reconnaissance, un ravissement religieux, une horreur sacrée saisit l'homme en surprenant Dieu sur le fait dans sa création incessante du miracle intérieur qui dépasse l'harmonie des cieux.

Qu'est-ce que le seizième siècle en son fait dominant? La découverte de l'arbre de vie, du grand mystère humain. Il ouvre par Servet, qui trouve la circulation pulmonaire, et il ferme par Harvey, qui démontrera la circulation générale. Il enferme Vésale, Fallope, etc., fondateurs de l'anatomie descriptive; Ambroise Paré, créateur de la chirurgie.

Ainsi monte sur ses trois assises la tour colossale de la Renaissance, — astronomique, chimique, anatomique, — par Copernik, Paracelse et Servet.

Comment s'étonner de la joie immense de celui qui vit le premier la grandeur du mouvement? Un vrai cri de Titan, devant cette audace de l'homme, échappe à Rabelais dans son *Pantagruel :* « Les dieux ont peur ! »

Mais, si prodigieuse que fût cette tour, il y manquait le dôme, la lanterne ou la flèche hardie, qui fermerait les voûtes. On se rappelle ce moment décisif où sur l'effrayant exhaussement de Santa-Maria-del-Fiore, sur cette menace architecturale qu'on ne regarde qu'en tremblant, Brunelleschi, le fort calculateur, ose, avec un sourire, jeter le poids de la lanterne énorme, et dit : « La voûte en tiendra mieux ! »

Telle fut l'impression du monde, quand par-dessus ces constructions colossales, quand par-dessus Colomb et Copernik, par-dessus Vésale et Servet, Luther et Paracelse, un homme, armé du rire des dieux, de ce rire créateur qui fait les mondes, posa le couronnement, *l'éducation humaine de la Science et de la Nature.*

Le bon et grand Rabelais, à ces génies tragiques, aux foudroyants théologiens, aux chimistes fougueux, aux furieux anatomistes (Fallope obtint des corps vivants), à ces effrayants médecins de l'âme et du corps, Rabelais ne dit qu'un mot, en souriant : « Grâce pour l'homme ! »

Nourri dans la campagne, avec les plantes, à Montpellier ensuite, la ville des parfums et des fleurs, il avait pris leur âme et le sourire de la nature, la haine de l'anti-physis (anti-nature), la peur que la science nouvelle ne refît une scolastique.

Ces côtés de Rabelais n'ont été, je l'ai dit, mis en pleine lumière que par un paysan, un solitaire, ami des plantes, comme fut le bon docteur de Montpellier, le compatissant médecin de l'hôpital de Lyon. Tous s'étaient arrêtés au seuil du livre, rebutés et découragés, ne voyant pas qu'à l'homme malade, nourri, comme la bête, de l'herbe du vieux monde, il fallait d'abord donner la *Fête de l'âne*, pour pouvoir dire ensuite avec la belle *prose :*

> Assez mangé d'herbe et de foin !
> Laisse les vieilles choses... Et va !

Le procédé de Rabelais est justement celui de Paracelse. Pour guérir le peuple, il s'adresse au peuple, lui demande ses recettes; pas un remède de berger, de juif, de sorcier, de nourrice, que Paracelse ait dédaigné. Rabelais a même recueilli la sagessse au courant populaire des vieux patois, des dictons, des proverbes, des farces d'étudiants, dans la bouche des simples et des fous.

Et, à travers ces folies, apparaissent dans leur grandeur et le génie du siècle et sa force prophétique. Où il ne trouve encore, il entrevoit, il promet, il dirige. Dans la forêt des songes, on voit sous chaque feuille des fruits que cueillera l'avenir. Tout ce livre est le rameau d'or.

Le prophète joyeux qui semble aller flottant comme un homme ivre, marche très droit; qu'on y regarde bien. Dans sa course fortuite, en apparence, il touche justement et saisit les traits essentiels qui dominent tout :

L'*exaltation de la vie*, l'impatience de l'homme pour se donner l'ivresse d'un moment et l'infini des rêves, est signalée par le bizarre éloge du Pantagruélion. Dans l'amortissement des temps énervés qui vont suivre, un grand et sombre phénomène doit commencer bientôt l'invasion des spiritueux.

Dans la science, le fait supérieur qui les résume tous relie les découvertes, et constitue l'ensemble comme tout harmonieux, la *circulation de la vie*, la solidarité de l'être, l'infatigable échange qu'il fait de ses formes diverses, les emprunts mutuels dont s'alimentent les forces vivantes, tout cela est dit au passage capital du *Pantagruel*, dans une magnifique ironie. Mes dettes! dit Panurge, on me reproche mes dettes! Mais la Nature ne fait rien autre chose; elle s'emprunte sans cesse, se paye pour s'emprunter encore, etc.

L'ouvrage, comme on sait, est un pèlerinage vers l'oracle de la Lumière. Deux énigmes poursuivent les pèlerins sur tout le chemin; elles reviennent partout en vives satires : l'une, c'est la *justice*, la mauvaise justice du temps, stigmatisée de cent façons; l'autre, c'est le mariage, la *femme*, ce nœud essentiel des mœurs et de la vie.

La Loi, la Grâce, la justice et l'amour, c'est bien là en effet la double énigme qui contient tout le reste, le problème profond de ce monde. Le grand rieur le pose. Nul génie ne l'eût résolu. Le temps seul, de ce livre obscur, permet à chaque siècle d'épeler une ligne.

Le seizième siècle est admirable ici. Il sent que tout tient à la femme. *Non pars, sed totum.* L'éducation de la femme occupe le grand Luther, et ses maladies Paracelse. Sa satire, son éloge remplissent la littérature, les livres d'Agrippa, de Vivès. Elle domine ce temps, le civilise, le mûrit, le corrompt.

Rabelais voit en elle le sphinx de l'époque qui seul, en bien, en mal, en sait le mot. En face des Catherine et des Marie Stuart, de divines figures apparaissent pour venger leur sexe. Nommons-en deux : l'admirable Louise, la femme du grand Dumoulin, qui le délivra de captivité, qui vécut et mourut pour lui. Nommons celle qui continua le martyre de Coligny dans les cachots, Madame l'Amirale, « la perle des dames du monde ».

CHAPITRE XXX

La décadence du siècle. — Le triomphe de la mort.

Au temps sauvage de la Saint-Barthélemy, nous avons vu cette vive étincelle, la *Gaule et France* d'Hotman. L'idée marche, quoi qu'il advienne ; elle avance toujours, ou par la mort, ou par la vie. Ici, seulement, sur quoi va-t-elle projeter sa lumière ? Sur un monde détruit, ce semble, où a passé la mer de sang.

Hotman dédie son livre à l'Allemagne, mais il n'y a plus d'Allemagne. Luther est au tombeau. Hotman écrit à Genève. Mais Genève est malade, malade de la mort de Calvin, malade du bûcher de Servet.

Rome, nous l'avons dit, dès Charles-Quint, est un désert. Et elle vit maintenant sous l'ombre mortelle de Philippe II. Le galvanisme des Jésuites, l'ingénieuse fabrication des grandes machines de meurtre (la Ligue et la Guerre de Trente-Ans), ces miracles du diable, sont féconds, mais pour la mort seule.

De sorte que toute vie semble ajournée pour quelque temps. Et le pouls ne bat plus. Les grands hommes sont morts, moins un, le prince d'Orange; tous sont ensevelis, et c'en est fait de la forte génération qui commença le siècle. On n'entend plus de bruit; il semble qu'il n'y ait plus personne. Des hommes tout petits remplissent la scène, vont et viennent, l'occupent de leur ridicule importance. Les Mémoires, secs et pauvres dans l'âge si riche que nous avons passé, abondent maintenant et surabondent. L'histoire ne sait à qui entendre. Assez, assez, bonnes gens, vous vous gonflez en vain, et vous croyez crier! Toutes vos voix ensemble ne font pas la voix d'un vivant : c'est l'aigu petit cri des vaines ombres : « *Resonabant triste et acutum.* »

J'aperçois bien là-bas quelqu'un qui vit encore, ce malade égoïste clos dans son château de Montaigne. Je vois ici, caché dans les fossés des Tuileries, ce bon potier de terre, Palissy, qui enseigne avec si peu de bruit, quoi? Les arts de la terre, la science qui dans son sein cherche le filet des eaux vives. Mais tout cela si humble, tellement à voix basse, que l'on entend à peine. A toute voix vivante, il semble qu'on ait mis la sourdine.

Non seulement la nature a baissé, la taille humaine est plus petite, mais l'homme se déforme. Un pauvre art, triste et laid, commencera tout à l'heure. Je ne sais comment cela se fait; mais du jour où ce bon Ignace accoucha de son ordre bâtard, mêlé du monde et du collège, du Janus à double grimace, l'art et les lettres ont grimacé. Une époque grotesque et coquettement vieille s'ouvre pour nous ; une invincible pente nous y porte ; c'est fait, nous glissons.

Les forts en seront indignés, mais ils glisseront comme les autres. On ne résiste pas aisément à son temps. Hélas! faut-il le dire? l'architecture de Michel-Ange, dans son Capitole et ailleurs, est déjà pauvre, impuissante et sénile.

Il nous revient bien tard, cet indestructible Titan. Il vit encore en 1564, si près de la Saint-Barthélemy, en plein âge de décadence. Il y entre, il le sent, et il en est plein de fureur. Il laisse pour adieu un dessin choquant et barbare, une espèce d'arc de triomphe qu'il élève, ce semble, au dieu nouveau, la Mort. Représentez-vous un ossuaire immense, au haut duquel des génies acharnés, avec une joie sauvage, éteignent, foulent, écrasent la torche fumante de la vie. Le reste n'est qu'os et squelettes. Ils paradent avec un *rictus* d'une hilarité diabolique, et vous croyez les entendre qui font sonner en castagnettes leurs mâchoires vides, leurs dents ébréchées.

Voici bien pis, la Mort galante. L'ardent, le coquet, l'acharné ciseau de Germain Pilon, qui fouille si âprement la vie, à force de la dégrossir, aboutit au cadavre. Regardons bien au Louvre le romanesque et passionné monument de sa Valentine. En voici l'histoire en deux mots.

Le Milanais Birague, homme de sang et de meurtre sous sa robe de président, voulait, pour récompense du conseil de la Saint-Barthélemy, se coiffer du chapeau rouge, devenir cardinal et chancelier de France. Mais il était marié ; sa femme, Valentina Balbiani, ne l'arrêta pas longtemps : elle mourut après le massacre, et sa tombe en porte la funèbre date.

Pour faire taire les mauvaises langues, et constater sa profonde douleur, le bon mari demanda à Germain Pilon un somptueux tombeau. Il lui recommanda d'y bien montrer ses larmes et son inconsolable amour. C'est la partie grotesque. L'artiste a traduit ce mensonge par ces deux Amours hypocrites qui font mine de vouloir pleurer, et feraient plutôt rire s'ils n'étaient l'ouverture de l'art désolant, grimacier, qui viendra.

Tout autre est le sépulcre, admirable, vraiment pathétique. Ce fiévreux génie y mit six années de sa vie, un travail terrible et son âme. Sculpture de volonté immense, sombre roman de marbre, où l'on sent que l'auteur a vécu et vieilli, plein des soucis du temps, sans consolation idéale; pas un trait d'immortalité.

La dame, au long nez milanais, aux longues mains à doigts effilés, d'une grande élégance italienne, porte une riche robe de brocart, d'un fort tissu qui se soutient, pas assez pourtant pour cacher que ses bras amaigris ne la remplissent pas ; les manches flottent vides et tristement dégingandées. Quelque chose, on le sent, a creusé lentement ; elle a dû souffrir longtemps, se plaindre peu. En main, elle a un petit livre. Non la Bible, à coup sûr, gardez-vous de l'en soupçonner. La Bible serait un aliment. Ce volume imperceptible doit être un petit livret de prières qui, sans cesse répétées, ne disent plus rien à l'esprit, qu'on mâche et remâche à vide.

La grande dame a devant elle un objet à la mode, un de ces petits chiens de manchon dont on raffolait alors. Échantillon des vanités galantes et des futilités du temps. Le pauvre petit animal a pourtant l'air de comprendre; il voit bien qu'elle n'y est plus et que ses yeux nagent; il lève inquiètement la patte pour la réveiller... En vain; elle tient le livre ouvert, mais ne tournera plus le feuillet de toute l'éternité.

Il semble que l'artiste ne pouvait quitter cette pierre. Après avoir sculpté la femme, il s'est acharné à la robe, y a comme usé son ciseau. Mais, cette robe achevée, surachevée dans l'infini détail, après qu'il y eut mis de plus les fatales fleurs de lis de chancelier, tout cela fait, Pilon ne put pas la lâcher encore.

Il se remit à sculpter jusqu'à ce qu'elle fût en quelque sorte exterminée par le ciseau. Et il fallut pour cela qu'elle ne fût plus une femme. Il fit en bas-relief le corps comme il pouvait être un mois peut-être après la mort, cadavre demi-masculin, tristement austère et sans sexe, quoique le sein rappelle désagréablement ce que fut cet objet lugubre.

Ce n'était pas assez encore. Sous la femme, le corps mort, les vers... Dessous, quoi? le néant. — Un petit vase, urne mesquine (qu'on a eu tort de supprimer au Louvre), offrait la traduction dernière de la vie, et disait que de la belle dame, de la grande dame, de la pauvre Italienne, il ne restait qu'un peu de cendre.

Œuvre savante, ardente, mais choquante, pénible, de laideur volontaire, d'outrage calculé à la nature... Assez, cruel artiste! assez, épargne-la! grâce pour la femme et la beauté!... Non, il est implacable... La femme, reine fatale du seizième siècle, qui l'a tant mûri, tant gâté, endurera cette expiation. Règne la Mort, et qu'elle soit perçue par tous les sens! Femme ou cadavre, il la poursuit dans l'humiliation dernière, la livre à la nausée, — ayant mis dans l'odieuse pierre l'odeur fade de la tombe humide et le dégoût anticipé du temps pourri qui va venir.

CHAPITRE XXXI

Henri III. (1574-1576.)

Henri III n'eut pas plutôt appris qu'il était roi de France, qu'il s'enfuit de Cracovie. Il emportait aux Polonais les diamants de la couronne. En revanche, il leur laissait un autre trésor, les Jésuites, que le nonce avait fait venir, et qui devaient faire la ruine du pays. Organisant la persécution chez ce peuple, jusque-là si tolérant, ils amèneront à la longue la défection des Cosaques au profit de la Russie. C'est le premier démembrement.

En vain quelques serviteurs avaient dit au roi que, dans le danger du pays, alors menacé de la guerre, son départ avait l'effet d'une fuite devant l'ennemi, que ses lauriers de Jarnac, son prestige de roi élu par cette chevalerie d'Orient qui gardait la chrétienté, tout cela allait disparaître, et qu'il arriverait en France abaissé, découronné. Il partit. Tous les Polonais, dans leur simplicité héroïque, courent après et se précipitent. Le grand chambellan l'atteint, prie, supplie; pour prouver sa fidélité, à leur vieille mode, il tire son poignard, s'ouvre la veine, boit son sang. Mais tout cela inutile. Henri proteste que la France est envahie, et qu'il lui faut se hâter.

Cependant il prend le plus long, par l'Autriche et par l'Italie. Au grand étonnement de l'Europe, il reste deux mois en Italie. Il avait toujours, disait-il, désiré de voir Venise. On l'y reçut avec des honneurs, des fêtes, un triomphe inimaginable, sous les arcs de Palladio, comme si le roi fuyard eût rapporté les dépouilles des Sélim et des Soliman. Venise voulait l'acquérir, le gagner, se l'assurer contre Philippe II. On prodigua pour lui les miracles ingénieux de la plus charmante hospitalité. En lui montrant l'Arsenal, on lui fit cette surprise de construire une galère pendant sa visite. Au conseil, le doge le fit asseoir au-dessus de lui, lui donna une boule dorée et le fit voter, comme citoyen de Venise. Le conseil, d'un coup de baguette, décoré et changé en bal, est tendu de tapis turcs. A la place des vieux sénateurs, deux cents jeunes dames de Venise, ravissante apparition, s'emparent de la salle et dansent, toutes vêtues de taffetas blanc, avec un doux éclat de perles.

Bref, le roi fut trop bien reçu et comme étouffé dans les roses. Il traîna en Italie, si bien et tant qu'il y resta. Je veux dire qu'il y laissa le peu qu'il avait de viril; ce qu'il rapporta en France ne valait guère qu'on en parlât.

On put en juger dès Turin, où le duc de Savoie tira de lui sans difficulté l'abandon de Pignerol. S'il eût, comme on l'en avait prié à Venise, voulu la paix en France pour se fortifier contre Philippe II, il eût gardé soigneusement Pignerol, cette porte de l'Italie, cette prise sur le Piémont, sur le duc de Savoie, qui était l'homme de l'Espagne.

Mais déjà ce triste roi, énervé, fini, était dans la main de sa mère; elle le suivait dans le voyage par un homme à elle, Cheverny. Toute l'affaire de Catherine, c'était de garder l'influence; or, comme la petite cour française qui revenait de Pologne avec Henri III lui conseillait d'assoupir la guerre religieuse en France, Catherine n'espérait supplanter ces favoris qu'en se déclarant pour la guerre. Elle était donc très belliqueuse, mais quoi? sans armes ni force, sans argent. Cette attitude menaçante ne pouvait manquer de décider l'alliance des *politiques* et des protestants, c'est-à-dire de brusquer la crise, qui montrerait la radicale impuissance de la royauté.

Les *politiques* hésitaient encore, Montmorency, leur chef, étant à la Bastille, Navarre, Alençon prisonniers. Damville, échappé, sentit qu'il n'y avait de sûreté que dans les armes et l'alliance de Condé, *protecteur* des églises protestantes, qui ne demandait que liberté pour tous, avec les États généraux.

Voilà Henri III en France sous sa mère, qui lui fait prendre cette folle initiative de recommencer la guerre. Le spectacle fut curieux. Le vieux Montluc, qui était la guerre incarnée, balafré, borgne, débris de soixante ans de combats, vint leur dire qu'ils se perdaient, qu'il fallait la paix à tout prix. Mais la reine mère fut plus guerrière que Montluc; elle opposa son *veto* aux négociations. Et cela, au moment où toutes ressources étaient épuisées, où la cour savait à peine si elle aurait à dîner, où la reine fut trop heureuse d'emprunter cinq mille francs à un de ses domestiques.

Le caractère original de ce gouvernement de femme, c'était de prodiguer l'encre et le papier. On écrivait lettre sur lettre, ordre sur ordre de poser les armes. On y gagnait des réponses sèches, durement ironiques. Tout le monde riait du roi, et les Guises qui le voyaient agir pour eux, et les protestants qui n'avaient rien à gagner aux ménagements. Un seigneur catholique écrivait : « Si vous ne vous arrangez, vous serez bientôt aussi petits compagnons que moi. » Et Montbrun, en Dauphiné, chef des bandes calvinistes : « Comment! le roi m'écrit comme roi!... Cela est bon en temps de paix. Mais en guerre, le bras armé, le cul sur la selle, tout le monde est compagnon. »

De sa personne, le roi tuait tout respect de la royauté. Il avait produit, au retour, l'effet le plus inattendu. Il vivait enfermé, comme une jeune dame d'Italie, craignait l'air et le soleil. Sa toilette, plus que féminine, laissait douter s'il était homme, malgré un peu de barbe rare qui pointait à son menton. Il n'allait ni à pied ni à cheval, à peine en carrosse; on l'avait porté en litière vitrée à travers la Savoie.

Pour voiture, il préférait un joli petit bateau peint, réminiscence des chères gondoles vénitiennes, dont il regrettait le mystère. Couché tout le jour chez lui, il se levait pour se coucher sur cette barque, bien enveloppé de rideaux et mollement porté sur la Saône.

La seule chose qui l'intéressât, c'étaient les farces italiennes en tout genre, farces de bouffons, ou processions tragi-comiques. A ces processions, on le vit tout couvert des pieds à la tête, et jusqu'aux rubans des souliers, de petites têtes de mort : souvenir galant et lugubre de la jeune princesse de Condé, dont il s'était dit chevalier, et dont il avait par toute l'Europe porté le portrait au cou. C'était la facile guerre qu'il faisait au mari, pendant que celui-ci en Allemagne levait une armée protestante et ramassait contre lui une épouvantable tempête.

Lyon, trop sérieux, l'ennuyait. Il se fit, au cours du Rhône, reporter vers le Midi, en terre papale, à Avignon. Terre classique des processions, où il fut régalé à grand spectacle des courses de flagellants. Ces comédies indécentes, propres à stimuler la chair bien plus qu'à la réprimer, étaient, pour la belle jeunesse qui suivait partout Henri III, une luxurieuse exhibition de sensualités réelles et de fausses pénitences. La France y gagna du moins la mort du cardinal de Lorraine. Ce dignitaire de l'Église, qui, à cinquante ans, gardait la peau délicate de sa nièce Marie Stuart (comme on le voit dans les portraits), voulut faire aussi le jeune homme, prit froid, et n'en releva point. On en rit fort; une tempête qui éclata à sa mort fit dire à tous que les diables fêtaient l'âme du cardinal.

Ces bons pénitents, qui faisaient risée de leurs flagellations, furent sérieusement étrillés. Damville vint, sous le nez du roi, lui prendre Saint-Gilles, et consomma à Nîmes l'alliance des catholiques modérés avec les protestants, se déclarant, lui catholique, lieutenant du prince de Condé. Ceci le 12 janvier (1575). Le 10, Henri III avait reçu devant la petite ville de Livron une humiliation sanglante, reçu en propre personne. Passant près de cette ville, il saisit l'occasion de faire briller ses favoris, et les envoya à l'assaut. Mais les rustres qui gardaient leurs murs, sans considérer que c'était la plus belle jeunesse de France, leur firent un cruel accueil. Les femmes même s'en mêlèrent avec une animosité fort originale, accueillant les bruits faux ou vrais qu'on commençait à faire courir sur les amitiés d'Henri III.

Il reçut l'affront, le garda. Il licencia l'armée, ne sachant comment la payer; il laissa tout le Midi devenir ce qu'il pourrait.

Il s'en allait vers le Nord, peu accompagné. Les seigneurs, las de ne le voir qu'à grand'peine à travers ses favoris, avaient tous pris leur parti, et rentré chez eux. Sa cour était un désert. Table vide et pauvre. Le peu d'argent qui venait était lestement ramassé par les jeunes amis du roi. Henri III était si bon, qu'il ne pouvait rien refuser. Ordre aux secrétaires d'*acquitter* les dons du roi sans faire les observations qu'ils se permettaient jusque-là; ordre de signer sans lire. Voilà le commencement de ces fameux *acquits au comptant* qui, dès lors, ont signalé la générosité royale d'Henri III à Louis XV, des Mignons au Parc-aux-Cerfs.

Puisque ce mot de mignons est arrivé sous ma plume, je dois dire pourtant que je ne crois ni certain ni vraisemblable le sens que tous les partis, acharnés contre Henri III, s'accordèrent à lui donner. Le pauvre homme, à qui l'on suppose des goûts d'empereur romain, était revenu d'Italie dans une grande misère physique, ce semble, usé jusqu'à la corde et tari jusqu'à la lie. Les poules en vieillissant deviennent coqs et prennent le chant, et les femmes prennent la barbe. Lui, déjà vieux à vingt-trois ans, il avait subi la métamorphose contraire; il était devenu femme jusqu'au bout des ongles. Il aimait les parures de femme, les parfums, les petits chiens; il prit les pendants d'oreilles. Il en avait les manières, les grâces, et, comme elles, il aimait les jeunes gens hardis et duellistes, les bonnes lames, qu'il supposait plus capables de le protéger.

Plusieurs des prétendus mignons furent les premières épées de France; tels étaient d'Épernon, Joyeuse. Le frère du roi, Alençon, avait pris aussi pour mignon Bussy d'Amboise, homme d'une force, d'une adresse extraordinaires, connu par des duels innombrables et toujours heureux.

Entre les mignons et sa mère, il oscilla toujours. Il est facile de juger la vaine politique de celle-ci.

Davila, son panégyriste, et les documents de famille qu'a extraits M. Alberi, sont bien obligés de se taire en présence des propres lettres de Catherine, qui démontrent son imprudence, son étourderie et sa pitoyable attitude quand elle se trouva au fond du filet qu'elle avait ourdi elle-même.

Nous l'avons dit, au retour d'Henri III, pour se maintenir au pouvoir et ruiner les pacifiques qui entouraient le nouveau roi, elle se déclara pour la guerre, contre l'avis des Vénitiens, contre celui de Montluc et de tous les militaires.

Il est vrai qu'elle couvrait sa responsabilité en recommandant à son fils « de se faire fort », d'arriver armé et terrible. Conseil difficile à suivre dans un tel épuisement, quand la guerre de La Rochelle avait pris neuf cent mille écus d'or rien qu'en gratifications, et la paix sept cent mille écus (De Thou). Elle couvrait cette folie d'une assurance extraordinaire, d'une hardiesse qu'on admirait, d'un grand mépris de la haine publique. « Je ne m'en soucie, disait-elle, qui le trouve bon ou mauvais. » (Fontanieu, 338, *Revue rétrospective*, XIV, 256; Giov. Michel, éd. Tomaseo, 244.)

Sage conduite qui serra le nœud des protestants et des politiques. Les premiers, vainqueurs d'avance, crurent pouvoir dicter leur traité.

En avril 1575, ils pétrifièrent Henri III de leurs demandes, plus fortes que n'en fit jamais Coligny.

Comment se tirer de là? Catherine, fort embarrassée, fit encore bonne mine en disant que l'on pouvait d'un seul coup abattre les politiques. Montmorency-Damville, le roi du Languedoc, était malade, allait mourir; on pouvait sans hésiter empoisonner son aîné, qui était à la Bastille. Eux morts, c'était fait du parti. L'ordre fut donné, dit De Thou, et déjà on avait ôté au prisonnier ses serviteurs, lorsqu'on apprit que son frère, loin de mourir, était rétabli, en état de le venger.

Des gens qui n'avaient de salut qu'en de tels expédients n'étaient pas bien forts. Henri III savait lui-même que, si son frère lui échappait et rejoignait Damville, c'était fait de la royauté. Malade après son sacre, du même mal d'oreille qui tua François II, il se croyait empoisonné par Alençon. Il fit venir le roi de Navarre (qui depuis a conté le fait); il lui dit : « Ce méchant va donc hériter du royaume ! » Et il le pria instamment de le tuer, lui assurant qu'il y serait aidé par le duc de Guise. Le roi de Navarre refusa, et Alençon s'enfuit six mois après (15 septembre 1575 ; Nevers, I, 80).

Ce fut un coup de foudre pour la mère et le fils. Catherine, dans le dernier effroi, écrit au duc de Nevers de rassembler des troupes en hâte; *son fils Alençon s'est sauvé* (Lettre ms. du 18); toute la cour court après lui, et demain toute la France. Voilà l'héritier du trône à la tête des *politiques*.

Avec sa goutte et sa colique, Catherine se met en route pour tâcher d'apaiser son fils, de le tromper, de diviser, s'il se peut, la nouvelle ligue, de faire la paix à tout prix. Mais elle laisse près d'Henri III des conseillers qui soutiennent que, s'il traite, il n'est plus roi. Dans une lettre très vive et très forte (28 septembre 1575), elle lui dit : « Il faut céder... Sans la paix, je vous tiens perdu, vous et le royaume. » Elle craint surtout qu'Henri III, dans son désespoir, n'aille au-devant de la mort.

En quoi elle le juge bien mal. Ses velléités guerrières tenaient uniquement aux incitations de son favori Du Guast. Du Guast jetait feu et flamme ; il embarrassait son maître, devenu le meilleur homme du monde. Henri III, pour ne pas l'entendre, s'en allait avec sa femme aux reposoirs (ou *petits paradis*) qu'on avait faits dans la ville et où l'on priait pour la paix ; il y chantait des litanies. Si même on en croyait l'Estoile, dans cette grande crise publique il s'était avisé de rapprendre la grammaire et s'amusait à décliner.

Cette lettre du 28 septembre paraît avoir été écrite le soir du jour où elle vit son fils Alençon à Chambord. Il ne l'écouta même pas, disant qu'avant toute parole il lui fallait la délivrance de l'aîné des Montmorency. Ce qu'elle fit à l'instant, espérant trouver dans son prisonnier délivré un médiateur.

Le médiateur réel était l'hiver imminent. La grande armée allemande qu'amenait Condé hésitait à se mettre en route. Un détachement de deux mille hommes entra, conduit par Thoré, l'un des Montmorency. C'était offrir aux catholiques une trop facile victoire. Ces deux mille furent enveloppés par dix mille, par Guise et Strozzi. Deux armées, fort superflues, l'une du fond du Languedoc, l'autre du Poitou, vinrent encore accabler Thoré. Immense effort, non du roi, mais du parti catholique qui voulait et décourager les Allemands, et grandir son duc de Guise, en lui arrangeant ainsi une victoire à coup sûr (Dormans, 10 octobre 1575). Guise y fut blessé au visage, bonne chance pour sa fortune, qui enivra ses partisans et lui valut le surnom populaire de *Balafré*.

Catherine regrettait ce succès, qui fortifiait près d'Henri III les partisans de la guerre, surtout le favori Du Guast; revenu de la bataille, il relevait le cœur du roi, le refaisait brave et homme un peu malgré lui. Du Guast mourut fort à point.

De Thou rapporte sa mort uniquement à la vengeance de la petite reine Margot, qui le détestait. Mais cette mort, dans un tel moment, importait à Catherine autant et plus qu'à sa fille.

Marguerite, dans ses jolis Mémoires, confits en dévotion, en modestie, en sagesse, n'en confirme pas moins partout par ses aveux indiscrets ce qui se disait alors de ses amants innombrables, et très spécialement de ses frères Henri III et Alençon. Henri III, qui se survivait, n'en était pas moins jaloux, plus mari que le mari, le spirituel et patient roi de Navarre. Celui-ci avait fort à faire pour couvrir les faiblesses de son aventureuse moitié. Henri III s'emporta une fois jusqu'à vouloir jeter à l'eau une demoiselle de sa sœur, trop serviable et trop complaisante.

L'amant de Marguerite était alors le fameux duelliste Bussy d'Amboise; son délateur et son railleur était le favori Du Guast. Marguerite, le 30 octobre, prit un parti violent, et se montra la vraie sœur du roi de la Saint-Barthélemy. Elle chercha un assassin. Dans le couvent des Augustins, se tenait à moitié caché un certain baron de Vitteaux qui avait tué, entre autres personnes, un serviteur d'Henri III. Sans Du Guast, qui s'y opposait, le roi, qui oubliait vite, eût fort aisément pardonné. Vitteaux détestait Du Guast.

La princesse n'hésita pas à aller trouver cet homme de sang au cloître, ou plus probablement dans la vaste et ténébreuse église. C'était justement la veille du jour des Morts. Époque favorable. Toutes les cloches allaient être en branle, et les Parisiens, passant la journée à courir les églises et visiter les tombeaux, seraient rentrés de bonne heure. Elle fit valoir ces circonstances qui facilitaient le coup. Palpitante et frémissante, elle lui demanda de faire pour elle ce que lui-même désirait et tôt ou tard eût fait pour lui. Notre homme pourtant se fit prier, ne voulut pas agir gratis, si l'on croit la tradition. Elle promit. Il voulut tenir. C'était la nuit, et tous les morts de cette église pleine de tombes, attendant leur fête annuelle, n'en étaient pas moins fort paisibles et sans souci des vivants. La petite femme, intrépide, paya comptant. Lui fut loyal. Du Guast fut tué le lendemain.

Catherine, délivrée par sa fille, ne tarda guère à arranger la trêve tant désirée (22 novembre). Les conditions furent ignobles. Le roi devait solder l'ennemi. On ne se fiait point à lui, et on voulait qu'il se fiât, qu'il livrât d'abord à son frère des places de garantie.

Il hésite. Mais sa mère insiste pour qu'il en soit ainsi. Les étrangers vont entrer, et non seulement les huguenots, mais *les catholiques* (apparemment les Espagnols). « Sans la paix, jamais royaume ne fut si près d'une grande ruine. » (Lettre ms. du 21 novembre 1575.)

Paris refusa nettement de payer un sou. Les gouverneurs refusèrent de livrer les villes. Les Allemands de Condé refusèrent de s'arrêter, et entrèrent en France. Trois armées ensemble mangeaient le pays; les reîtres en Bourgogne, Alençon en Poitou, Damville en Languedoc. Henri III semblait perdu.

Le jeune roi de Navarre n'avait pas suivi son cher ami Alençon, espérant (assure De Thou) qu'on lui confierait une armée contre lui. Mais on l'avait donnée à Guise. Un matin, il prit son parti, quitta le roi, que tous quittaient.

Il arrivait fort à propos. Les protestants étaient déjà en grande défiance d'Alençon. Ce garçon, double, intrigant, s'était adressé à la fois à Rome et à La Rochelle. Il faisait savoir au pape qu'il ne voulait en tout cela que « *se servir* des huguenots ». En même temps, par une proposition insidieuse faite aux Rochelais, il avait cru tout d'abord pouvoir se saisir de la ville. Il ne les attrapa point, et se fit connaître. Les protestants aimèrent mieux l'ennemi qu'un tel ami.

Au printemps, Catherine, étant venue sur la Loire au-devant de son cher fils, obtint de lui la paix. Rien ne fut plus gai. Son galant cortège de filles, qu'elle menait en toute occasion, négociait à sa manière, mêlant les caresses aux paroles; c'était comme l'appoint des traités (6 mai 1576).

L'article 1er n'était pas moins que *le démembrement de la France*. On refaisait Charles-le-Téméraire. Alençon recevait tout le centre du royaume en apanage (Anjou, Touraine, Berry, Alençon, etc.). Navarre avait la Guyenne, et Condé la Picardie. On était dès lors bien sûr que les catholiques en voudraient autant pour les Guises. Et, en effet, *ils vont avoir cinq gouvernements*. Des treize que comptait le royaume, trois peut-être resteront au roi.

L'article 2 *constituait les protestants en une sorte de république*, ayant non seulement le culte libre partout, non seulement des places fortes dans six provinces, mais se gouvernant par leurs assemblées. Plus, un solennel désaveu de la Saint-Barthélemy, faite « au grand déplaisir du roi ». Restitution des biens confisqués aux familles des victimes.

Le roi se chargeait de payer les Allemands, et remerciait tous ceux qui l'avaient soulagé de sa royauté.

Enfin, tant de choses accordées, il octroyait par-dessus les États généraux, qui devaient emporter le reste.

La reine mère revint triomphante d'avoir obtenu ce traité. Tout le monde admira son adresse. (Alberi, d'après Alamanni, Archives Médicis.)

CHAPITRE XXXII

La Ligue. (1576.)

Dans la forêt des mensonges où j'entre armé de critique et, j'ose dire, d'un sérieux amour de la vérité, je rétablirai la lumière spécialement au profit du grand parti catholique, trompé misérablement et jouet de ses meneurs. Si je le démontre aveugle, j'innocente sa bonne foi.

Un très bon observateur, absent quarante ans de l'Europe, qui partit vers 1780 et revint vers 1818, dit : « Ce n'est plus le même peuple. L'ancienne France avait beaucoup du caractère *savoyard*. » J'ajoute *irlandais*, *polonais*. Ces vieilles races catholiques nous aident à deviner ce que fut le caractère tout instinctif de nos pères, charmant, brillant, dénué de sérieux, de réflexion.

Cette nation, fort légère, n'en était que plus routinière ; tout effort pour améliorer veut du sérieux et de la suite. Elle tenait infiniment à rester ce qu'elle était, dans une aimable négligence, peu ordonnée, peu rangée. Rien ne fit plus tort au parti protestant que l'austérité de sa tenue. Ces cols roides, ces fraises empesées (propreté fort économique), furent regardés de travers, comme une prétention d'aristocratie. Un petit greffier, un libraire, mis ainsi, était jalousé. Un abbé de ces abbayes qui étaient des principautés n'eût eu qu'à marcher en sandales, afficher la saleté, pour être adoré des foules : celui-là n'était pas fier ; on écoutait volontiers tout ce que disait *le bon moine*.

On a vu de quelle faveur jouissait sur le pavé de Paris la vermine des cappets. Cette démocratie reçut un renfort de crasse espagnole quand Tolède envoya ici Loyola *étudier*. Encore plus populaires brillèrent sur les tréteaux de Paris les furieux farceurs italiens, comme ce Panigarola que le pape envoie la veille de la Saint-Barthélemy, aussi pour *étudier*.

Un certain mélange baroque de grossièreté cynique et de coquetterie pédantesque amusait les populations. Le premier homme en ce genre fut Auger, qui, de bateleur devenu marmiton des Jésuites, fut pêché des casseroles par Loyola, le pêcheur d'hommes. De cuisinier il le fit cuistre, souffla sur lui, le lança. Ses succès furent incroyables ; on croyait tout ce qu'il disait. Un de ses sermons à Bordeaux ravit les chaperons rouges, leur fit faire la Saint-Barthélemy ; un autre sermon, à Issoire, convertit quinze cents Auvergnats. Henri III, qui voulait plaire, dit qu'il n'aurait pas d'autre confesseur, et lui remit la charge laborieuse de nettoyer sa conscience. C'est le premier de cette royale dynastie de confesseurs jésuites, des Cotton, Tellier, La Chaise.

Il fit croire tout ce qu'il disait : cela, c'est la puissance même.

On a vu que, le 24 août 1572, *on fit croire* que Montmorency, avec force cavalerie, allait arriver sur Paris, donner la main à Coligny, tuer tout... Ce mensonge habile décida la Saint-Barthélemy.

Le 25 août, *on fit croire* que l'épine refleurie indiquait la joie du ciel et sa haute approbation du carnage de la veille. Toutes les cloches, mises en branle en même temps, sonnèrent le miracle, et décidèrent le renouvellement, l'extension du massacre.

On fit croire, à la fin de 1575, que Montmorency-Damville venait du fond du Midi avec une grande armée pour brûler tout à vingt lieues autour de Paris, et qu'il exigeait du roi un châtiment terrible des Parisiens. (Morillon à Granvelle, lettre ms., 18 septembre 1575.)

Cette ingénieuse fiction, dont aucun historien n'avait parlé jusqu'ici, explique la facilité avec laquelle on fit signer aux badauds épouvantés l'acte de la Ligue.

Le véritable tour de force et le grand miracle était de leur faire croire que la Ligue, qui existait sous leurs yeux, qu'ils voyaient et subissaient depuis quinze ou vingt années, commençait, cette année-là, en 1576.

Reprenons les origines vénérables de la Ligue.

De fort bonne heure, le clergé avait senti que notre

royauté française, violente, mais capricieuse, n'aurait pas la tenue terrible, la suite dans la persécution qu'eut la royauté espagnole. La tourbe ecclésiastique disait dès le 5 mars 1559, quand elle trouva un obstacle dans la police royale : « S'il le faut, on tuera le roi. » C'est le premier mot de la Ligue.

Le parlement, comme la royauté, avait ses variations, des alternatives de douceur et de cruauté, quelques magistrats humains, comme furent les Séguier, les Harlay, vers 1558. La robe était très flottante. On a vu, au grand massacre, ce procureur capitaine qui ne tuait pas, « n'étant pas encore parvenu à se mettre assez en colère ».

La noblesse catholique n'était pas solide non plus. Vigor, le grand précurseur du massacre, s'en plaignait : « Nostre noblesse ne veut frapper... Dieu permettra que cette bâtarde noblesse soit accablée par la commune. »

Donc le clergé crut plus sûr de faire ses affaires lui-même.

Au premier mot que le roi dit en 1561 pour avoir un état des biens ecclésiastiques, ce mot, qui sentait la vente, poussa le clergé de Paris, assemblé à Notre-Dame, à l'acte le plus décisif; son premier pas fut le dernier, l'appel à la guerre civile et à la guerre étrangère. D'une part, il se remet à la protection du roi d'Espagne. D'autre part, il s'adresse à Guise. Le capitaine souverain du parti dont parle l'acte de 1576 apparaît quinze ans plus tôt. — *Premier acte de la Ligue*, en mai 1561.

La mort de François de Guise entrava. On n'y perdit rien ; tout fut arrangé à loisir. D'une part, on prépara le futur *capitaine* Henri en concentrant chez les Guises une monstrueuse force d'argent, les revenus de quinze évêchés, et plus tard cinq gouvernements du royaume. Facilité de nourrir une grosse maison armée, d'acheter des bravi, des reîtres. — *Voilà le premier trésor de la Ligue.*

C'était peu de chose en campagne, mais beaucoup dans une grande ville. Paris fut travaillé de main de maître. Les confréries y donnaient prise. Mais, pour les mettre en mouvement, il ne suffisait pas des moines, troupes légères, d'action variable. Il fallait l'action fixe de l'évêché et des cures si puissantes de Paris.

Il suffit de regarder le formidable édifice de Notre-Dame et d'en savoir les origines pour comprendre ce qui se fit. Albigeois, juifs et templiers, jetés dans ses fondements, annoncent, dès le Moyen-âge, ce qu'en doit au seizième siècle attendre le protestantisme.

On éleva à l'épiscopat Gondi, propre frère du comte de Retz, le principal conseiller de la Saint-Barthélemy. On choisit pour toutes les cures un personnel admirable des plus véhéments prêcheurs. La violence, de génération en génération, monta, et de curé en curé. Le furieux Vigor, curé de Saint-Paul, était un agneau en comparaison de ses élèves. Prévôt de Saint-Séverin forma à l'invective l'incomparable Boucher, curé de Saint-Benoît. Et, de ces modèles illustres, partit le Gascon Guincestre, le curé de Saint-Gervais, qui, joignant les actes aux paroles, enleva la foule enivrée en poignardant sur l'autel une poupée d'Henri III.

A droite de la Seine, les chaires de Saint-Paul, Saint-Gervais, Saint-Leu, Saint-Nicolas, Saint-Jacques-la-Boucherie et Saint Germain-l'Auxerrois éclatent, tonnent et foudroient. A gauche, rugissent Saint-Benoît, Saint-Séverin, Saint-Côme, Saint-André-des-Arcs. — *C'est la publicité de la Ligue.*

On en parle vingt ans trop tard. Elle commence bien avant la Saint-Barthélemy, avec moins d'ensemble sans doute. Déjà sifflent les petits serpents, jusqu'à ce que la mort d'Henri de Guise, d'Henri III, le martyr de Jacques Clément, fasse éclater tout à la fois le plein paquet de vipères.

On suppose que l'objet capital de cette publicité était la satire du roi. C'était vrai en général. Poncet, l'amusant curé de Saint-Pierre-des-Arcis, et autres en faisaient des bouffonneries qui amusaient fort le peuple. Mais on voit bien que des choses plus profondes et plus politiques étaient habilement mêlées à ces fureurs tragi-comiques. On disait, on redisait ces choses essentielles au parti : Que la Saint-Barthélemy avait été une *revanche* des excès des protestants, que la Ligue catholique était aussi une *revanche*, une imitation des ligues des protestants. On le dit tant, qu'aujourd'hui plus d'un le redit encore. Un mensonge bien cultivé, répété longtemps en chœur par un demi-million d'hommes, devient comme une vérité.

La Ligue n'est nullement une imitation. Elle a son mérite propre, original. Marquons bien les différences :

1° Les unions protestantes sont des actes *défensifs* d'une minorité massacrée qui se serre pour ne plus l'être. Et la Ligue est l'acte *offensif* d'une majorité massacrante qui s'indigne de ce qu'on veut lui retirer le couteau.

2° Un signe tout particulier à la Ligue, absolument étranger aux unions protestantes qu'on lui assimile, c'est la menace, l'intimidation, la persécution dénoncée aux neutres et aux pacifiques. Qui n'entre pas dans la Ligue est traité en ennemi ; qui la quitte est traité en traître, puni dans son corps et ses biens.

3° Le capitaine de la Ligue n'est pas un chef militaire seulement, comme furent Condé et Coligny, qui ne prirent point le pouvoir judiciaire, laissèrent juger les ministres et l'armée. Ce capitaine catholique, aux termes de l'acte primitif, est une espèce de *grand juge* pour poursuivre ceux qui sont coupables de ne pas entrer dans la Ligue, pour punir ceux des ligueurs qui auraient querelle entre eux.

4° *Les franchises des provinces leur seront restituées par la Ligue telles quelles furent du temps de Clovis.* Appel direct à l'indépendance locale, que les protestants (tant accusés de fédéralisme) ne formulèrent jamais. Leur isolement, leur exigence de places de garantie, fut une mesure de défense. Ils se murèrent tant qu'ils purent. Pourquoi? Parce qu'ils voulaient vivre.

Au contraire, la restauration des privilèges locaux promis au nom d'une immense majorité catholique qu'aucune nécessité, aucun danger ne contraignait, qu'était-ce ? Une destruction de l'unité nationale, l'appel à la dissolution.

Voyons les ligueurs à l'œuvre. Un bon marchand de Paris, le parfumeur La Bruyère, et son fils Matthieu, honorable conseiller au Châtelet, s'en vont discrètement par la ville, disant tout bas : « Que la Picardie, donnée à Condé par le traité, formé une association *pour le roi*, pour maintenir son autorité, mais *sous la réserve* du serment qu'il fit à son sacre (serment d'exterminer l'hérésie). Paris, menacé d'horribles vengeances par les protestants, a bien plus sujet que la Picardie de s'associer, de créer, pour sa défense, un capitaine. »

« Les protestants se liguent bien. Nous pouvons nous liguer aussi », c'était le grand argument. « Mesurons les huguenots à l'aulne où ils mesurent autruy. Suivons leurs conseils, conformons-nous au chemin qu'ils tiennent. Il les faut fouetter aux verges qu'ils ont cueillies. »

A ceux qui disaient que les Allemands n'étaient pas bien loin, pouvaient revenir, les ligueurs répliquaient : « Nous n'avons pas peur. Nous avons les Espagnols qui ont bien battu les Turcs. Don Juan d'Autriche va venir pour expédier les hérétiques. »

Du Nord, la Ligue passa d'abord au Midi, en Poitou, où l'accueillirent les La Trémouille. Et de là partout.

Le succès faisait le succès. Les ligueurs, mystérieusement, disaient partout à l'oreille qu'ils avaient, pour commencer, une armée de trente mille hommes.

Sous ce grand nom de catholiques, ils se donnaient hardiment pour la *majorité* du royaume, pour la *presque totalité*. Il s'en fallait terriblement. La France était fort *politique*. Si les choses eussent été libres, un vingtième des catholiques tout au plus eût été ligueur. Mais, par la peur et toute espèce d'influences de corruption, ils devenaient ce qu'ils disaient. Ils faisaient de leur mensonge une vérité, à force d'audace.

Le président De Thou fut bien étonné quand on lui parla de la Ligue. Le roi, sa mère, quand ils l'apprirent, avec leur finasserie qui si souvent les rendait dupes, n'y virent qu'un très utile épouvantail pour contenir les protestants et se dispenser de tenir la parole qu'on leur avait donnée.

Henri III était d'ailleurs préoccupé d'une nouveauté bien autrement importante. Il négociait en Italie pour faire venir les *Gelosi*, excellents bouffes italiens qui jouaient les pièces scabreuses de Machiavel et autres; enhardis par le masque, ils en improvisaient d'analogues et plus ordurières. La reine mère, malgré sa goutte, en était fort ragaillardie. C'est par eux que le roi ouvrit les États généraux de Blois. Ils jouèrent dans la salle même où s'agitait le destin de la France.

Mais un bien meilleur acteur, plus amusant, c'était le roi, qui, ce jour, fit le saut complet et parut décidément femme, portant le collet renversé des dames d'alors. Un collier de perles, qu'on voyait par son pourpoint ouvert sur sa peau blanche et très fine, s'harmonisait à ravir avec une gorge naissante que toute dame eût enviée.

CHAPITRE XXXIII

La Ligue échoue aux États de Blois. (1576-1577.)

Ce que Davila admire le plus dans son héros, Henri III, c'est son extraordinaire prudence. Chaque soir, il se faisait lire Machiavel et surtout le *Prince*. Il lisait et il profitait. Plus d'un écrivain remarque sa dextérité à escamoter aux ligueurs le succès des États de Blois.

Grande chose, certainement, si la Ligue eût été vraiment ce qu'elle disait, tout le parti catholique. Mais cela n'était guère exact. Les ligueurs qui firent ces États par force et terreur, qui n'y mirent que des catholiques, y virent non sans étonnement qu'ils étaient dans ce parti même une simple minorité.

Le duc de Nevers, dans ses Mémoires, nous met à même de saisir la réalité des choses.

On y voit d'abord que ce jeune roi, gracieux et spirituel, mais fini, usé, était dans un singulier affaiblissement cérébral. Son médecin, Miron, disait qu'il mourrait bientôt fou. Il avait des singularités tout au moins étranges. Par exemple, à Cracovie, à son sacre de Pologne, où l'usage voulait qu'on mît devant le roi des monnaies à son effigie dans de riches vases d'or, il lui prit un désir subit d'en faire largesse, de donner et de jeter. L'office était long ; cette *envie*, comme on dirait pour une femme, alla croissant, et à la fin il n'en pouvait plus ; il était trempé de sueur ; il dut changer de chemise.

Un si bon maître appartenait de droit aux sangsues, aux vers, aux rongeurs de toute espèce. Son gouverneur Villequier, qui avait les côtés sales de la domesticité, ses *bravi*, ses mignons, tous rongeaient, suçaient. Le déficit allait croissant. Onze millions par an de dépense au delà du revenu. Plus de moyen d'emprunter. On était trop bien connu des marchands, des princes. Les Barbaresques seuls pouvaient encore s'y laisser prendre. La reine mère, sachant que le roi de Fez avait un trésor de vingt-cinq millions, lui envoya un abbé pour lui en emprunter deux.

Les mignons n'allaient pas si loin ; ils croyaient avoir leurs mines d'or toutes trouvées, leur Pérou, leurs Indes, dans l'imbécillité des États. Loin que ce ce mot redouté d'États généraux leur inspirât la moindre crainte, ils y plaçaient leur espérance, n'y voyaient qu'une dupe nouvelle qu'il s'agissait d'exploiter. La Ligue voulait la guerre. Eh bien, on lui vendra la guerre ; quinze millions, pas un sou de moins, à partager en famille. Les catholiques attrapés, on rira, et l'on tâchera d'attraper les protestants.

C'était une farce de pages, une scène des *Gelosi* qu'on voulait jouer aux États, sauf à recevoir un appoint de nasardes et de coups de pied.

Jeu chanceux. La reine mère en sentait mieux la portée. Elle favorisait la Ligue, parce qu'elle croyait que, son fils mort, elle s'en servirait pour donner la France *à ses parents* de Lorraine. C'étaient les Lorrains régnants qu'elle désignait ainsi, et point les cadets, les Guises. Elle voulait que la Ligue agît, mais agît tout doucement. Son fils, pour la première fois, ne suivait point ses avis. Il s'était mis pour la première fois à *ouvrir les paquets* lui-même. De quoi la bonne femme pleurait dans son cabinet.

Bien stylé par ses domestiques, le roi jouait à ravir *son petit rôlot*, beaucoup plus ligueur que la Ligue, faisant venir et haranguant les députés un à un, jurant *qu'il ne voulait plus qu'une religion* dans le royaume, qu'il ferait voir qu'il était roi, qu'il y contraindrait tout le monde, qu'il saurait bien amener sa mère à vouloir aussi, comme lui, qu'il n'y eût qu'une religion. S'il avait accordé le dernier traité, c'est qu'on avait abusé de sa jeunesse. Mais, enfin, cette année même, il avait ses vingt-cinq ans; il était majeur et saurait se faire obéir.

Paroles habiles sans doute pour pêcher les quinze millions. La Ligue le craignait fort; elle crut devoir agir, hasarder un coup hardi qui emportât le pouvoir, la royauté même.

Ses vues secrètes avaient été démasquées à l'improviste. Un certain avocat sans causes, très mal famé à Paris, s'en était allé à Rome avec un mémoire qui posait à cru la folle prétention des Guises. Descendus de Charlemagne, héritiers de l'antique bénédiction du Saint-Siège, ils devaient reprendre leur trône, usurpé par les Capets. Ceux-ci étaient frappés de Dieu, fous, malades, ou hérétiques. M. de Guise, chef de la Ligue, devait achever l'extermination du protestantisme, traiter le duc d'Alençon comme l'avait été Don Carlos, tondre le roi, et régner en soumettant la France à Rome.

Henri III fut un peu surpris quand il vit cette pièce étrange lui venir de plusieurs côtés, et des huguenots d'abord, et de son propre ambassadeur à Madrid, l'acte ayant été pris au sérieux par le pape et transmis à Philippe II.

La Ligue mit vite les fers au feu. Le président du clergé *trouve* un matin sur son bureau une proposition anonyme. C'était simplement la demande *que le roi admît comme lois* tout ce qu'une commission des États, unie au Conseil, aurait décidé, sans même qu'il fût nécessaire d'y mettre la sanction royale. Le clergé et la noblesse trouvaient cela raisonnable. Ce n'était rien autre chose que l'abolition de la monarchie.

Le Tiers-état sauva le roi. Il essaya d'abord de changer la chose en faisant de ces trente-six un simple comité *consultatif*. Puis il stipula qu'aux articles où l'un des trois États aurait intérêt, les *deux autres ensemble n'auraient qu'une voix*. La proposition étant si peu appuyée du Tiers, le roi s'affermit, et dit froidement qu'il n'avait pas envie d'abdiquer au profit des États.

Premier échec de la Ligue.

N'ayant pu s'emparer de la royauté, les ligueurs voulurent l'étrangler, l'acculer dans un détroit où on la forcerait à la guerre sans lui rien donner pour la faire.

La reine mère entrevoyait bien le péril de la situation. Elle luttait tout doucement, disant qu'elle était bonne catholique, qu'elle avait exposé sa vie pour la vraie religion, *pour quoi elle était bien sûre d'aller en paradis;* mais qu'enfin on n'avait pu résister à Condé, que, bien loin de pouvoir faire la guerre, on ne pouvait pas même vivre. Cependant, quand elle vit que les choses marcheraient sans elle, elle se fit le secrétaire de la Ligue, lui prêta sa plume, rédigea elle-même la demande qu'on voulait faire par l'orateur de la noblesse (*qu'il n'y eût plus qu'une religion*).

Les ligueurs du Tiers-état devancèrent la noblesse. Ils avaient amené leur ordre à grand'peine à voter pour eux. Le député Bodin, suivi en cela de cinq gouvernements, voulait qu'on spécifiât que l'union se fît *sans guerre*. Sept autres gouvernements mirent seulement *par les meilleures voies, les plus saintes*, mot plus vague, qui cependant indiquait assez clairement des intentions pacifiques.

Petite victoire pour la Ligue. Les États n'avaient nullement des dispositions belliqueuses. La reine mère se moquait du fervent catholique Nevers, qui partout prêchait la *croisade*. « Eh! mon cousin, disait-elle, voulez-vous donc nous mener à Constantinople? »

Cependant la guerre avait éclaté. Les protestants alarmés avaient refusé de reconnaître une assemblée élue sous la main de la Ligue, assemblée bizarre, informe, où l'on avait mis cinq provinces (Maine, Anjou, Touraine, Angoumois, et l'immensité du Poitou) sous un seul gouvernement, avec un seul vote, celui de l'Orléanais!

L'assemblée fut mortifiée d'apprendre qu'elle avait la guerre, que plusieurs places étaient surprises. Au roi qui sollicitait des moyens de la soutenir, elle accorda, pour tout secours, une députation pacifique qui irait demander aux huguenots « pourquoi ils n'étaient pas aux États généraux ».

La noblesse veut bien combattre, et encore si on la solde. Le clergé refuse l'argent, vote des troupes (qu'eût commandées Guise). Le Tiers-état n'a de pouvoir pour rien faire ni rien voter.

Pas un sou. Le roi furieux! L'attrapeur était attrapé. « Quoi! dit-il, n'ai-je pas brigué les trois États, qui d'abord paraissaient si lents pour les pousser à demander qu'il n'y eût qu'une religion?... Voilà la guerre!... Et nul moyen!... » Il signa pourtant la Ligue et la fit signer à son frère, dans l'espoir qu'on lui permettrait de se faire chef du mouvement. Mais déjà il était trop clair que la Ligue ne voudrait d'autres généraux que les Guises.

Il sollicita du moins l'autorisation de vendre du domaine. Refusé. « Voilà, dit-il, une énorme cruauté; ils ne me veulent aider du leur, ni me laisser aider du mien. » Alors il se mit à pleurer.

Le clergé disait à cela : « Nous avons demandé l'abolition de l'hérésie, non la guerre. » Plaisanterie un peu forte. Au fond, c'était la même chose.

Qui avait vaincu? La Ligue? Point du tout. Les deux grands ordres essayèrent en vain de remettre sur l'eau la proposition des trente-six, qui rédigeraient les cahiers et seraient les tuteurs du roi. Le Tiers n'y consentit point.

La Ligue s'était trouvée faible. Mais les huguenots n'étaient guère forts. Navarre et Condé ne s'entendaient pas. Condé était en pleine brouille avec La Rochelle, à qui il surprit le port de Brouage. Les Guises, avançant au Midi, avec les armées de la Ligue, dont le frère du roi avait le commandement nominal, eurent des succès très faciles. Damville se laissa gagner par les promesses qu'on lui fit. Divisés, abandonnés, les protestants semblaient périr, lorsque Henri III vint à Poitiers tout exprès pour les sauver. Il était épouvanté du succès des Guises. Il trahit la Ligue. Sa peur était entièrement reportée de ce côté. Au grand saisissement des ligueurs, il leur asséna ce coup : *la suppression des deux Ligues*, protestante et catholique. (Bergerac, 17 sept. 1577.)

Partout liberté de conscience. Le culte dans les châteaux et dans les villes qui l'ont. Ailleurs, permis d'ouvrir hors des villes une église par bailliage. A chaque parlement une chambre protestante. Pour garantie, les huit places promises seront gardées pendant six ans.

Traité sage dont Henri fut très fier. Restait à savoir si les deux Ligues supprimées par un roi sans argent ni force se tiendraient pour supprimées.

CHAPITRE XXXIV

Le vieux parti échoue dans l'intrigue de Don Juan. (1577-1578.)

Le grand Guise, qui, dans les dépêches d'Espagne, est appelé *Hercules*, s'était fait tout petit aux États de Blois. Il avait dit au Conseil, doucement, hypocritement, « qu'il n'était qu'un jeune soldat; mais que, si l'on voulait son avis, il conseillait au roi de ne pas mettre en défiance ses sujets protestants ».

Ce personnage prudent voulait que la Ligue mûrît, et refusait de rien entreprendre sans avoir ses sûretés. Il était tout Italien, sous un masque d'Allemand de Lorraine; il affectait la lenteur, la simplicité militaires. Les ardents le trouvaient très froid, « pesant, grossier, sentant son Allemand ». (Ms. de Lézeau; Capefigue, IV, 264.)

La fureur de son parti, après le traité, l'obligea de chercher des moyens d'agir. Il tâta le Palatin pour acheter quelques reîtres. (Mornay, I, 484.) Au défaut, il regarda vers l'Espagne, attendit Philippe II.

Mais Philippe II était très froid. C'était l'époque où il voulait démentir le duc d'Albe, et se montrait pacifique. Ses finances le lui conseillaient. Une relation italienne de 1577 montre la cour d'Espagne « fort réduite; Sa Majesté vit à la campagne ou dans la retraite, se laissant peu voir, *donnant peu et tard.* »

Il venait de faire en 1575 une splendide banqueroute, où ses créanciers ne perdirent pas moins de 58 pour 100.

Dans la lumineuse histoire que M. Ranke nous a faite des finances de Philippe II, on voit l'unité de ce règne : il part de la banqueroute et il y retourne. Charles-Quint, dit un grand d'Espagne, abdiqua précisément parce qu'il ne pouvait payer. Il avait rançonné l'Allemagne, usé, dévoré l'Italie. Philippe II, Castillan tant qu'il put et adoré des Castillans, extermina la Castille, d'abord en frappant ses laines, puis en saisissant les lingots qui lui arrivaient des Indes, enfin en mettant des droits sur les objets manufacturés qu'elle fournissait à l'Amérique. Tout cela, poussé à mort, au moment de la grande crise du duc d'Albe et de Lépante. Là défaillit son système. Il devint tout à coup doux et modéré. Pourquoi? il n'avait rien en caisse, ne payait pas un réal à ses troupes ni à ses créanciers. S'il lui venait quelque chose, il le gardait pour *ses pensionnaires*, c'est-à-dire pour un monde d'espions qu'il avait dans toutes les cours, valets, confidents, maîtresses des princes. C'est là ce qui le dévorait. Dans sa pauvreté extrême, il étendait constamment cette partie de ses dépenses.

Le reste allait comme il pouvait. Un an après sa banqueroute, il lui fallut ajouter ceux qui menaient le duc d'Alençon, qui se lançait alors dans l'affaire des Pays-Bas.

Ce grand homme de police était insatiable de voir et savoir. Il n'aimait pas à agir. D'abord l'argent lui manquait. Puis la volonté lui manquait. Quand une affaire arrivait, elle se débattait longuement par écrit et de vive voix entre les violents et les modérés, entre les Albe et les Gomez; si longuement, que la fortune perdait patience et les dispensait de conclure, en changeant la face des choses.

Les ardents étaient infiniment mécontents de Philippe II. Ils le trouvaient plus que tiède, presque aussi froid qu'Henri III. Froid, et cependant fort dur, ce maître de l'Inquisition agissait avec l'Église sans façon, usant de ses biens, traitant avec ses ennemis (avec le Navarrais même, à qui il offrit sa fille!), sans pitié pour le clergé dès que l'intérêt politique lui commandait de sévir. Par exemple, en Portugal, où il fit mourir deux mille moines qui se déclaraient contre l'invasion espagnole.

On a vu comme, en 1558, il garrotta respectueusement le vieux pape Caraffa. L'Espagne pesait sur Rome. Le vrai président du concile de Trente fut l'ambassadeur espagnol, qui mena tout de concert avec *les prêtres espagnols* (on appelait ainsi les Jésuites). Combien plus, dans l'ordre temporel, Rome fut-elle dépendante! Chaque fois qu'elle agissait seule, l'Espagne lui donnait sur les doigts, par exemple quand elle écouta Antoine de Bourbon en 1561. (Granvelle.)

Sauf le moment de Pie V, la papauté n'eut jamais la grande initiative, pas plus que Philippe II. Elle reçut l'impulsion du dehors, une impulsion anonyme.

Trait particulier de l'époque, *la personnalité périt*. Il faut chercher le mystère de l'action dans l'infiniment petit, dans un monde ténébreux d'insectes qui fermentent, remuent, travaillent en dessous.

Cette force élémentaire n'en était que plus terrible pour la décomposition. Il est vrai qu'elle ne valait pas grand'chose pour la création. Elle veut créer deux puissances, et elle y échoue. 1° Malgré Philippe II, elle pousse son frère Don Juan aux Pays-Bas et en Angleterre (1578). 2° Elle essaye encore, au moyen de Philippe II et contre ses intérêts, d'établir Guise en Angleterre, sauf à chasser l'Espagnol, quand on s'en sera servi (1583).

Voilà les actes étranges, du moins les projets, par lesquels se caractérise cette force mystérieuse. Où en est le premier moteur? Partout, nulle part. J'ai peine à le préciser.

Dirai-je au *Gesù* de Rome? Mais l'action principale est bien autant à Paris.

Dirai-je à la rue Saint-Jacques, au collège des Jésuites? La plupart des bons pères que je vois là dans leurs classes, avec leur férule et leur rudiment, ont l'air de pauvres pédants, bien loin des affaires humaines, occupés de faire conjuguer ou fouetter les petits enfants. Cependant par les enfants ils tiennent les mères aussi.

Descendrai-je rue Saint-Antoine, aux Jésuites profès que le cardinal de Bourbon va installer tout à l'heure? Ceux-ci au centre du beau monde, ces doux confesseurs de femmes, seraient-ils les meneurs atroces des guerres civiles qui vont venir?

Leur rapporter tout serait un point de vue trop exclusif. Les furieux curés de Paris dont nous avons fait l'énumération auraient droit de réclamer. Leurs conseils, tenus tantôt chez le trésorier de l'évêché, tantôt à l'hôtel de Guise, ont été certainement l'un des grands foyers de la Ligue.

En tenant compte d'une action si multiple et si variée, nous n'en persistons pas moins à rapporter aux Jésuites la part principale. Nous l'avons dit, les anciens ordres ne conservèrent l'influence, et les nouveaux ne l'acquirent qu'en prenant l'esprit des Jésuites et les copiant. Tous diffèrent extérieurement, d'habits, de paroles. Les honorables théatins, les populaciers capucins, les carmes austères de stricte observance, semblent sans analogie. Oui, mais prenez-les au cœur, au point délicat et tendre, dans la passion, l'intrigue, au profond mystère, je veux dire comme confesseurs, directeurs, ce sont des Jésuites.

A une époque fort gâtée, fort sensuelle, folle de galanteries, de romans, la direction espagnole de Loyola recommande comme *exercices spirituels* d'interroger les cinq sens. Elle inflige à l'âme pénitente la chose la plus agréable, de s'occuper toujours d'elle, et d'en occuper un autre. Qu'elle s'accuse cette âme, se blâme, se conspue, qu'elle décrive son mal et sa plaie, qu'elle touche sans cesse cette plaie : c'est justement ce qu'elle veut. Et le propre de ce mal est que, médiciné ainsi, manié et remanié, il en devient plus vivace, en sorte que le péché passé devient le péché présent et le péché à venir. Le roman pleuré d'hier sera le roman de demain. Et si douce la pénitence, qu'on dirait que c'est le péché.

Quand Henri III, de retour, entendit à Lyon le jésuite Auger, et quand Auger vit Henri III, ils se chérirent tout d'abord, chacun d'eux sentant que l'autre était l'homme qu'il lui fallait. Auger jura qu'il n'avait jamais vu de meilleur pénitent, et le mena en Avignon, à leur grande maison des Jésuites. La reine mère fut étonnée de la prise qu'ils eurent sur lui. (Nevers), jusqu'à lui faire préférer les *flagellants* aux comédies.

La seconde puissance par laquelle ils agirent, et que le clergé fut encore obligé d'emprunter d'eux, c'est ce que j'appelais ailleurs *la vaccine de la vérité*.

Voilà par exemple que Copernik se répand dans l'Europe, et le clergé s'épouvante. Essayera-t-il de le proscrire, et faudra-t-il donc en venir à brûler les mathématiques? Les Jésuites font mieux. A Cologne, leur Koster enseignera Copernik *d'une manière également instructive et agréable*. Ainsi rien ne les embarrasse. Tellement ils sentent en eux la puissance de mort et la faculté du faux, que la vérité, s'ils l'enseignent, n'a plus ni force ni sens. Un Copernik *agréable* ajournera Galilée.

Partout où la science percerait, elle les trouvera, et avec un sourire fade qui n'exclut pas le bâillement. On ne s'en prend pas à eux; on s'en prend à la science. A Rome, le savant Manuce ne peut plus trouver personne qui veuille écouter Platon; aux heures des cours, il se promène en vain pour recruter un écolier.

Au contraire, les collèges des Jésuites ne suffisent plus à recevoir les enfants. Leur enseignement automatique, leur industrieuse mécanisation des *humanités* qui les rend si peu vitales, a des résultats subits. Nombre d'hommes de mérite, médiocres, mais laborieux, qui se trouvent parmi eux, appliquent cette méthode avec bonne foi, sérieux, avec un zèle extraordinaire. Les succès sont tels que les protestants eux-mêmes leur confient souvent leurs enfants. En moins de rien vous verrez leurs écoliers, Cicérons improvisés, faire la stupeur de leurs parents; ils jasent, ils latinisent, ils scandent, docteurs à quinze ans, et sots à jamais.

La machine d'éducation s'organisa sur l'Europe dans des proportions immenses, en Allemagne, de 1550 à 1570. On eût cru qu'après Ferdinand, qui fonda leur premier collège, ils iraient plus lentement. Son fils les favorisa peu. Mais les filles de ce fils, en revanche, leur appartinrent, et répandirent les Jésuites au fond même du Tyrol et dans toute l'Allemagne du Midi. Ils purent, cinquante ans d'avance, jeter les bases profondes de leur œuvre capitale, la Guerre de Trente-Ans.

En France, plus contestés, mal vus par les parlements, attaqués par les gallicans, ils eurent cependant une action plus directe encore, et par l'intrigue, et par l'enseignement.

Indépendamment de leur collège de Clermont et autres, qui, en dix ans, élevèrent dans un bigotisme étroit, meurtrier, la fatale génération qui va reprendre la Ligue, ils dirigent ou ils inspirent les séminaires de prêtres anglais qui, à Rome, Douai, Saint-Omer et Reims, forment les dévots renards qu'on jettera en Angleterre.

Vers l'année 1577, les Jésuites, par cette double force de la direction et de l'enseignement, se trouvaient la tête réelle du monde catholique. Ils devinrent hommes d'État et directement acteurs dans les affaires humaines. Leur Père Possevin agit en Pologne et dans le Nord, y mena toute l'intrigue diplomatique. De leurs séminaires de France sortirent les auteurs réels des conspirations d'Angleterre.

Tout cela, en apparence, de concert avec l'Espagne ; mais, comme on va voir, souvent dans une voie fort indépendante et suspecte à Philippe II.

Un caractère de ce parti, si fin et si informé, c'était d'être cependant extrêmement chimérique. Il est visible qu'il avait bâti tout un roman sur Don Juan d'Autriche, le bâtard de Charles-Quint. Roman qui péchait par la base. On voulait employer Philippe à fonder et élever cette dangereuse création qui aurait tourné contre lui. Et on le supposait si simple, qu'il irait les yeux fermés, sans être éclairé au moins par la jalousie!

On gagna d'abord sur Philippe de ne pas faire le bâtard prêtre, comme l'avait recommandé Charles-Quint dans son testament. On gagna encore sur lui de lui faire donner un commandement, de l'employer à la guerre des Mauresques, guerre intérieure et facile, qui lui assurait des succès. Don Juan, doux et adroit, se montra si dévoué dans l'affaire de Don Carlos (où la mort du fils, il est vrai, était toute à son profit), que Philippe n'hésita pas à investir ce jeune homme modeste du plus brillant commandement, celui de la flotte chrétienne qui battit les Turcs à Lépante (1571). Don Juan vainquit par les Vénitiens (cf. Hammer, Charrière, etc.), comme Guise à Dormans vainquit par Strozzi, dont personne ne parla.

Voilà le héros catholique. Jeune, vainqueur, agréable à tous, rayonnant dans ses cheveux blonds, parmi les fêtes enivrantes que lui donne l'Italie, il commence à se découvrir. Il dit des mots qui font penser : « Qui n'avance pas recule. » Et encore : « Si quelqu'un aime plus la gloire, je me jette par la fenêtre. » Les Guises (du moins le cardinal) étaient alors en Italie. Le lien se forme, lien d'amitié, qui sera plus tard alliance.

A ce héros il faut un trône. Les uns disaient à Philippe que, comme époux de Marie Stuart, il vaudrait mieux que Norfolk. D'autres, quand Don Juan s'empare de Tunis, font écrire par le pape au roi qu'il devrait créer pour son frère cette royauté de Barbarie.

Philippe commence à comprendre. Il répond qu'il veut démolir Tunis. Il éloigne de son frère un confident dangereux, met près de lui un espion, un certain Escovedo. Mais celui-ci tourne, se donne à Don Juan, travaille pour lui à Rome, devient la cheville ouvrière du grand projet de royauté.

En 1574, on revient à la charge près de Philippe pour l'affaire d'Angleterre, et encore en 1577. L'homme influent près le roi était alors le jeune secrétaire Perez. On tâche de le gagner aux intérêts de Don Juan, qui veut aller aux Pays-Bas. Perez révèle tout au roi. Philippe est bien étonné, effrayé même, quand il voit arriver Don Juan, à qui il a défendu de venir. Cependant, soit obsession, soit plutôt dans la pensée qu'il le perdrait plus sûrement dans une aventure impossible, il l'envoie aux Pays-Bas.

Don Juan traverse la France, déguisé, ne s'arrête que chez les Guises. C'est probablement alors qu'il fit avec Henri de Guise cette secrète alliance (que l'ambassadeur d'Espagne dénonça bientôt à son maître) *pour la conservation* des deux couronnes. L'un eût *conservé* Philippe, comme l'autre *conservait* Henri III.

Philippe avait gardé près de lui le suspect Escovedo pour lui donner, disait-il, les fonds nécessaires. Mais ces fonds ne vinrent jamais. Le roi fit exactement ce qu'aurait fait un ami d'Orange ou d'Élisabeth. Il s'arrangea de manière que le héros ne pût rien faire, se désespérât et mourût de faim.

Il arrivait juste au moment où les Belges imitaient la Hollande et rompaient avec l'Espagne. Les Espagnols révoltés avaient saccagé Anvers sans que le gouvernement, maître de la citadelle, fît rien pour les en empêcher. (Morillon à Granvelle, novembre 1576.) Cet événement horrible, dont frémit toute l'Europe, avait donné une force imprévue au prince d'Orange; Don Juan trouvait la situation presque désespérée. Ce qui étonne et ce qui peint l'audace vraiment absurde du parti qui le poussait, c'est que, à ce moment où l'Espagne défaillait devant la révolution des Pays-Bas tellement agrandie, on faisait écrire le pape à Philippe II pour qu'il fît faire par Don Juan l'expédition d'Angleterre. Marie Stuart, pour le décider, déshérita son fils, et légua l'Écosse au roi d'Espagne pour lui ou *autre des siens*. Il ne bougea pas.

Il voyait parfaitement que son frère eût agi comme général du pape, plutôt que comme Espagnol. Les Jésuites avaient nettement précisé la chose, disant aux États de Belgique que *Don Juan étant l'homme de Sa Sainteté, leur serment d'obéissance à Rome ne leur permettait pas de rester sous tout autre prince,* même catholique. (De Thou.) Ils se laissèrent plutôt chasser de Malines et d'Anvers.

Don Juan eût probablement tenté l'invasion de l'Angleterre, sans l'aveu de Philippe II, s'il eût obtenu des Belges d'équiper une flotte et d'emmener ses Espagnols *par mer*. Mais ils dirent toujours *par terre*, et Philippe II fut pour eux, contre l'avis de Don Juan.

Qui sait, une fois en mer avec ses brigands espagnols, les premiers soldats du monde, ce qu'eût fait le jeune aventurier?

Où aurait-il abordé? en Angleterre, ou en Espagne?

Que pensa le roi quand il sut que le dangereux intrigant qui menait son frère, Escovedo, prétendait que, maître de Santander et de la Peña, on pouvait le devenir aisément de la Castille, quand Escovedo lui-même lui demanda d'être nommé commandant de la Peña? Il fit tuer Escovedo. (31 mars 1578.) Don Juan mourut le 1ᵉʳ octobre.

En mai, précisément un mois après la mort d'Escovedo, Don Juan tomba malade au siège de Philippeville, *de fatigue*, dit-on, *et de désespoir*.

Il était désespéré et de la mort d'Escovedo, et de la publication de sa correspondance, qui le démasquait, peut-être aussi de son triste succès à Namur, qu'il avait surpris aux Belges pendant qu'il traitait avec eux. Il était connu, et percé à jour, jugé traître des deux côtés.

Plusieurs le crurent empoisonné, et dirent qu'il l'avait été, sur l'ordre de Philippe, par l'abbé de Sainte-Gertrude.

« Mais Don Juan était son frère! » Faible raison pour un homme qui avait fait mourir son fils, Don Carlos, si peu dangereux.

Don Juan l'était extrêmement en ce moment. Il laissait là, dit-on, son roman d'invasion anglaise pour un projet plus raisonnable. Il écoutait le prince d'Orange, et pensait à se proposer pour épouser Élisabeth en admettant toute liberté religieuse aux Pays-

Bas. Élisabeth était femme; Don Juan, fort agréable, paré du souvenir de Lépante, eût bien aisément éclipsé le duc d'Anjou, qui était laid, hideux de petite vérole, et qui semblait avoir deux nez. (Voy. Strada, Van Reydt, *la Vie de Mornay* et autres auteurs rapprochés par Groen, VI, 452.)

Le deuil de Guise à la mort de Don Juan prouve assez leur alliance secrète, si vraisemblable d'ailleurs, et dont on a voulu douter sans aucune raison sérieuse.

CHAPITRE XXXV

Le *Gesù*. — Premier assassinat du prince d'Orange. (1579-1582.)

Les Jésuites, subordonnés par les papes dominicains, comme avait été Pie V, régnèrent à Rome sous Grégoire XIII (Buoncompagno), qui était un juriste de Bologne, longtemps laïque et fort mondain, étranger à l'esprit des anciens ordres religieux. Ils le prirent par deux passions, l'une bonne et l'autre mauvaise, par son désir de relever l'enseignement catholique et par sa faiblesse paternelle pour un bâtard qu'on lui mit dans la tête de faire roi d'Irlande (1579).

Il acheta et abattit un quartier de Rome pour établir le *Gesù* dans des proportions immenses, avec vingt salles d'enseignement et des cellules aussi nombreuses qu'il y a de jours dans l'année. A l'ouverture, on prononça vingt-cinq discours en vingt-cinq langues, et on appela le nouvel établissement le *séminaire de toutes les nations*.

De ce centre, l'influence des Jésuites rayonnait, non seulement sur les collèges de leur ordre, mais tout autant sur divers établissements qui n'en portaient pas l'enseigne, comme le séminaire anglais de Douai, foyer redoutable des conspirations d'Angleterre. A la prière d'Élisabeth, Philippe II l'éloigna de Douai en 1574; mais il fut recueilli à Reims par le cardinal de Lorraine et les Guises, qui l'y maintinrent malgré Élisabeth et Henri III. Il fournit, vers 1579, une centaine de missionnaires qui, dirigés par les Jésuites, inondèrent l'Angleterre, pendant qu'une armée du pape envahissait et soulevait l'Irlande.

Au défaut de Don Juan, on avait espéré mettre le jeune roi de Portugal, Dom Sébastien, à la tête de la croisade d'Irlande et d'Angleterre. Philippe II parvint à le détourner vers la croisade d'Afrique, qui le débarrassa de Sébastien et lui ouvrit bientôt la succession portugaise. Il appela les Jésuites en première ligne au conseil de conscience, par qui il fit examiner son droit sur le Portugal. Mais il les aida fort peu dans leur grande affaire contre Élisabeth. Il donna à peine quelques hommes pour l'expédition irlandaise, qui traîna deux années dans les forêts et les marais de l'île, et finit misérablement.

Les Jésuites, ordre espagnol, étaient peu sûrs pour l'Espagne. Ils cheminaient sous terre à part. Ils préféraient des hommes de fortune ou d'aventure, Don Juan, Dom Sébastien, les Guises. Ceux-ci, en 1583, sous la direction des Jésuites, firent aux catholiques anglais l'offre d'envahir avec les Espagnols, mais de chasser les Espagnols dès qu'on s'en serait servi.

Chose plus curieuse encore, nous verrons les

Jésuites, vers 1584, agir sans l'aveu du pape et contre ses vues. C'était pourtant leur Grégoire XIII. Mais, comme prince italien, il était épouvanté de la grandeur que la Ligue préparait à Philippe II. Le pape qui suivit, Sixte-Quint, beaucoup plus prince que pape, abominait la révolte, détestait la Ligue. Les Jésuites l'amenèrent à grand'peine à l'approuver.

Il ne faut pas les regarder comme de simples instruments. Il faut les prendre en eux-mêmes. Chose difficile, possible cependant. Ils ont unité parfaite sous un masque varié.

Ils ont des esprits fins et doux comme leur diplomate Possevin, aimable, savant, laborieux, le maître de saint François de Sales, et qui n'en obtient pas moins de la Savoie la persécution des Vaudois. Ils ont des esprits violents pour l'action révolutionnaire, des docteurs en assassinat, comme la plupart de ceux qui firent les missions contre Élisabeth.

De même que, dans leurs missions, ils employaient tous les costumes (surtout celui d'hommes d'épée), ils paraissent aussi en justice avec toutes sortes de doctrines et d'affirmations diverses. Les tribunaux ne savent comment prendre ces esprits fuyants dans leurs démentis éternels. Généralement ils nient d'abord, puis, convaincus, ils avouent, et à l'échafaud ils nient. Forts du principe d'Ignace (obéissez jusqu'au péché mortel inclusivement), ils mentent hardiment dans la mort, sûrs d'être justifiés par le devoir d'obéissance.

Sur toute chose, oui et non. Cependant, lorsqu'on connaît leur unité stricte, lorsqu'on sait que chaque livre publié par un des leurs est examiné, discuté, approuvé par la censure très attentive de l'ordre, on comprend que leurs divergences, leurs contradictions apparentes, leurs reculades d'un moment sur tel ou tel point, sont préméditées et voulues.

Ainsi, quand ils virent que leur ami Sanders, l'auteur de la *Monarchie visible de l'Église*, qui avilit les évêques, scandalisait beaucoup de catholiques anglais, ils démentirent un moment cette doctrine, sauf à la reprendre. De même, tels de ces catholiques digérant difficilement le principe du *tyrannicide*, quelques confesseurs jésuites le désapprouvèrent, tandis que la masse de l'ordre continuait à l'enseigner, et en faisait, contre Orange, contre Élisabeth et contre Henri IV un persévérant usage.

Cette doctrine du *tyrannicide* se forma dans leurs séminaires par un éclectisme baroque qui mêlait grossièrement deux esprits peu associables. D'une part, tout prince *excommunié* n'est plus prince, n'est plus homme; il est hors la loi; il perd l'eau, le feu, l'air, en un mot le droit de vivre; si l'Église ne le tue pas, sa vie est à qui veut la prendre. D'autre part, hommes de collège, les Jésuites ne manquaient pas de fourrer dans ce droit papal les citations latines des meurtres républicains des *tyrans* de l'antiquité, toutes trouvées dans le fatras du cordelier Jean Petit pour justifier en 1409 la mort du *tyran* d'alors.

Voici comment Harmodius, Aristogiton, Brutus, devinrent amis de Loyola.

Ces actes audacieux d'hommes isolés qui, de leurs bras, aux dépens de leur propre vie, attaquèrent la toute-puissance, furent cités pour autoriser les assassinats payés par le puissant des puissants, le maître de l'Espagne et des Indes. Le Brutus de l'Escurial put commodément poignarder, pour son argent, le tyran Guillaume d'Orange et le tyran Henri IV.

Spectacle neuf. Seulement il fallait bien s'entendre sur un point : quel est le tyran? Les Portugais, les Hollandais, disaient que c'était Philippe. Son général, Farnèse, le prince de Parme, fort imbu de ces doctrines, et qui lui-même endoctrinait spécialement les assassins, fait donner l'explication nécessaire par un homme à lui, le docteur en droit Ayala, qui écrit en 1582, imprime en 1587 : « Le tyran qu'il faut tuer, c'est le tyran *illégitime*. » En Espagne, le casuiste Toledo reproduit la distinction. Toute la matière enfin est splendidement élucidée par le jésuite Mariana, dont le livre peut s'appeler un manuel du régicide, dédié au roi futur, le jeune infant (Philippe III).

Là on voit avec étonnement la platitude et la sottise, la puérilité de cet enseignement qui avait tant d'influence. Jugeons-en par ce *distinguo* : défendu d'empoisonner le tyran dans une coupe; permis de l'empoisonner par la selle de son cheval. Pourquoi? Parce que, prenant la coupe, ce serait lui qui se tuerait, et la mort serait *active*; on lui ferait commettre le péché de se tuer. Mais, en empoisonnant la selle, la mort ne sera que *passive*, etc.

Certes, si ces docteurs n'avaient agi sur leurs

disciples que par ces sottises, ils n'eussent pas produit grand effet. Ils avaient en main des moyens tout autrement efficaces. Ce n'est pas par la scolastique qu'ils agirent, c'est par le roman. Nés du roman (comme on a vu), des *Exercitia* d'Ignace, manuel pour faire des romans, ils en trouvèrent un tout fait dans l'aventureuse destinée des Guises, dans leur charmante et coupable nièce, Marie Stuart, dans la belle princesse captive qu'il s'agissait de délivrer. Les Anglais eurent le tort de donner, vingt ans durant, aux Jésuites cette épouvantable force d'une émouvante légende. Dieu sait comme ils s'en servirent, comme ils maintinrent leur Marie toujours belle et toujours jeune. Mieux on la tenait invisible, et plus elle restait adorable. Elle vieillit, elle prit perruque, et l'effet resta le même. Tout ce qu'il y avait de jeunes catholiques, de jeunes prêtres, de Rome à Paris, de Reims à Madrid, de Vienne à Anvers, se mouraient d'amour pour elle, de fureur contre Élisabeth, contre les amis d'Élisabeth, Henri IV ou le prince d'Orange, contre tous les protestants.

C'est ainsi qu'avec la pitié on fait, tant qu'on veut, de la rage, et que l'amour peut devenir l'aiguillon de l'assassinat.

Les années 1579 et 1580 sont extrêmement importantes. C'est alors qu'on y voit se former de toutes parts l'orage contre Élisabeth. A côté de l'invasion tentée en Irlande, nous voyons entrer en Écosse un agent des Guises qui, en dix-huit mois, parviendra à faire périr le régent Morton, chef des protestants. En

Angleterre, entrent diverses missions de Jésuites, la mission officielle de Persons et Campian, envoyés de Rome; la mission officieuse de Ballard, envoyé de Reims, qui, sous l'habit d'homme d'épée et se faisant appeler le capitaine Fortescue, parcourra cinq ans l'Angleterre et préparera le grand complot de 1586.

Pourquoi tant d'efforts à la fois? C'est que les Jésuites, arrivés à leur apogée sous Grégoire XIII, observaient avec fureur qu'au total la vieille cause, en réalité, perdait.

La Saint-Barthélemy n'avait servi qu'à créer le grand parti des modérés. Les États de Blois n'avaient réussi qu'à montrer, dans une assemblée créée par la Ligue, la Ligue impuissante. La banqueroute de Philippe II et la paralysie des Guises ajournant l'affaire de France, on avait essayé, manqué l'intrigue de Don Juan. Les Pays-Bas catholiques, il est vrai, revenaient à l'Espagne, mais ruinés, secs et taris à ne s'en servir jamais. Les ruines d'Anvers exhaussaient Londres et tout à l'heure Amsterdam. La petite, indestructible Hollande, la grande Angleterre de Shakespeare, de Drake, de Raleigh et de Bacon, dressaient leur jeune pavillon, désormais l'espoir du monde.

Donc il fallait hâter les choses. Elles se gâtaient trop en tardant. On voulait agir brusquement par le poignard ou le poison, parce qu'avec un roi d'Espagne ruiné, hésitant, une grande guerre semblait impossible.

Élisabeth était le but. En 1579, on tira du pape un ordre précis pour détruire Élisabeth par tous les moyens, sans délai. Ce qui le prouve, c'est que, le 15 avril 1580, les agents de l'exécution demandèrent au pape un répit, trouvant pour le moment la chose dangereuse et impossible. (De Thou, lib. 74.) Le pape répondit que les catholiques anglais pouvaient ajourner la prise d'armes, mais que rien ne pouvait ajourner l'exécution d'Élisabeth.

Telle était la pensée de Rome, mais il faut connaître aussi la cour de Philippe II.

Le duc d'Albe et les violents étaient alors disgraciés. Si le modéré Gomez était mort, un homme analogue, le jeune Antonio Perez, avait beaucoup d'influence. Par son travail agréable, par la veuve de Gomez, la princesse d'Éboli (ex-maîtresse de Philippe II, dont Perez faisait la sienne), il semblait fort auprès du roi.

Modéré de sa nature, il n'en avait pas moins subi la nécessité cruelle de tuer le traître Escovedo. Cet acte, loin de l'affermir, le rendait moins agréable, et le confesseur du roi travaillait à le renverser. On n'osait encore proposer au roi de rappeler le duc d'Albe. On lui insinua, au contraire, d'appeler le modéré Granvelle, qui, depuis longues années, languissait en Italie. On savait parfaitement que Granvelle, las de l'exil, ferait tout ce qu'on voudrait.

En effet, le 28 juillet 1579, jour où l'on arrêta Perez et la princesse d'Éboli, Granvelle arriva à Madrid. L'une des premières mesures de cet ancien modéré fut de proposer au roi de proscrire le prince d'Orange. Le 13 novembre, il écrit : « Comme Orange est pusillanime, il pourra bien en mourir; ou bien, en publiant cela en Italie et en France, on trouvera quelque désespéré qui fera l'affaire. » Philippe II répond en marge : « Cela me paraît très bien. » (Groen, VII, 166.)

Je crois que Granvelle paya de cette complaisance ceux qui avaient obtenu du roi son retour. La lettre du 30 novembre, écrite au nom du roi, donna l'ordre au prince de Parme. Lettre ostensible où l'on spécifie les motifs de la proscription : Orange est un assassin qui a voulu faire tuer le duc d'Albe et Don Juan d'Autriche. Orange est un voleur qui veut ruiner le clergé, les nobles, ceux qui ont substance ; il fait son profit des troubles ; il transporte les deniers où il lui plaît pour après s'en servir. Orange s'attribue le nom de bon patriote, et *il est le tyran* du peuple.

Ce dernier mot équivaut à une signature. La doctrine que les Jésuites enseignaient alors dans leurs séminaires, c'est *le meurtre des tyrans*.

C'est à cette époque que, dans les dépêches, Guise, leur homme, n'est plus nommé *Hercules*, mais *Mucius*, étant appelé alors à d'autres vertus civiques, à devenir un Mucius Scævola, un tueur de Tarquins.

La lettre n'est point de Granvelle. Il écrivait le français à merveille, avec une netteté singulière. Et cette lettre est un brouillis, un gâchis, un pêle-mêle, où la construction ténébreuse, la phrase serpentine, allongée et tortillée, à force de replis, se dénonce et devient claire, comme œuvre de Loyola.

Ce qui désigne mieux encore les Jésuites, c'est cette prodigieuse assurance et cette intrépidité dans le mensonge, qui qualifiait comme voleur celui *qui jamais ne voulut manier les fonds publics*, et comme assassin le *chef du parti de l'humanité*.

Je n'hésite pas à déférer ce dernier titre au glorieux prince d'Orange. Qu'il emporte cette couronne. Les amis de la tolérance, de la douceur, les ennemis de l'effusion du sang, ce grand peuple, vraiment moderne, qui partout commence alors, il en est le chef. A leur tête, l'histoire le salue, et le voit marcher, auguste, vénérable, dans l'avenir.

Ce caractère fut tel en lui, et poussé si loin que son renom d'habileté en fut compromis. Il fut habituellement l'avocat des catholiques, et il aurait voulu (chose certainement imprudente) qu'on les reçut en Hollande. Leurs tentatives pour le tuer ne l'en corrigèrent pas. Il reste de lui des lettres où il prie les magistrats pour ses assassins, et demande que, si l'on ne peut leur donner la vie, on leur épargne la douleur, qu'on s'abstienne des supplices atroces qui étaient alors en usage.

Mais revenons à la France. C'est du séminaire de Reims, fondé par les Guises, que partent en 1579 les conspirateurs d'Angleterre. Et c'est de l'hôtel de Guise, de l'intimité et de la clientèle de cette maison, que, la même année, part pour l'Écosse, ainsi que nous avons dit, un Stuart, M. d'Aubigny, gracieux jeune homme qui captera le jeune roi et fera périr le régent Morton, allié d'Élisabeth. Roman bizarre, improbable, chimérique, qui se vérifia pourtant à la lettre, dans une rapidité terrible. Aubigny aborda en septembre 1579, réussit, plut et charma, fut maître; en moins de dix-huit mois ce doux et charmant Aubigny put décapiter Morton. Élisabeth avait perdu toute influence sur l'Écosse, et les Guises, par leur Aubigny, tenaient le trône de l'Écosse.

Ils n'allaient pas si vite en France. On voit qu'une force énorme d'inertie les arrêtait, celle du parti *politique*, qui, sans même remuer, les entravait, les paralysait, les usait à ne rien faire.

Une entrée royale qu'ils firent à Paris, un grand duel arrangé où ils tuèrent les mignons du roi Maugiron, Caylus (ajoutez encore Saint-Mesgrin, assassiné aux portes du Louvre), ce n'était pas, en conscience, de quoi occuper le public dans un intervalle de sept ans.

Le clergé aussi fit tort au parti par une insigne imprudence. Il se brouilla avec Paris. En 1579, en concile provincial, il décida que désormais il ne remplirait plus l'engagement qu'il avait pris en 1561 de payer les rentes de l'Hôtel-de-Ville. Les Parisiens, indignés, objectaient que, si la ville était chargée de ces rentes, c'était à la prière même du clergé, qui voulait qu'on empruntât pour faire la guerre aux hérétiques. Cette suspension des rentes allait arrêter tout commerce, affamer un nombre infini de petits rentiers, qui étaient des pauvres, des orphelins, des veuves. Une redoutable émeute allait éclater. Déjà on fermait les boutiques. Le peuple courait les rues, comme si l'ennemi eût été aux portes. Quelques-uns voulaient que l'on prît les armes. Le prévôt des marchands alla demander secours au Parlement. Ce corps eut la hardiesse d'ordonner l'arrestation des Pères du concile, du moins de leur défendre de sortir de Paris. Le roi les fit venir, irrités, mais effrayés, et obtint d'eux qu'ils payeraient au moins dix années encore.

Le parti, moins sûr de Paris, vit le Louvre se fortifier. Les mignons ressuscitèrent, beaucoup plus redoutables. Le roi, cette fois, prit pour favoris deux hommes jeunes, mais fort importants, fort braves, en état de tenir le pavé contre la maison de Lorraine. L'un, Joyeuse, était un très grand seigneur, dont la maison avait eu des alliances avec la maison royale. L'autre, d'Épernon, intrigant, habile, intrépide, descendait du fameux Gascon Nogaret, qui souffleta Boniface VIII. Par d'Épernon, le roi croyait rallier les politiques ; par Joyeuse, les catholiques ; il l'envoya même à Rome, ne désespérant pas de le faire accepter, à la place de Guise, pour chef de la Ligue. Ne pouvant rien comme roi, il eût voulu, par ces deux hommes, devenir chef de faction. Il travailla à leur faire des fortunes monstrueuses. A l'un, il donna la mer, à l'autre la terre, faisant Joyeuse amiral, d'Épernon colonel général de l'infanterie, avec le gouvernement de Metz, Toul et Verdun, l'établissant à la porte de la Lorraine, chez les Guises en quelque sorte, et sur la route des armées qui venaient d'Allemagne.

Cela était ingénieux et semblait pouvoir réussir, surtout étant soutenu par l'excellente ordonnance dite de Blois, qui prépara l'œuvre du président Brisson, la première codification de nos lois, appelée le *Code* Henri.

Mais une chose manquait, l'argent, pour faire une force réelle. Le peu qui en venait au roi était tellement au-dessous des besoins, qu'il n'essayait pas même d'en user selon la raison. Il le jetait par les fenêtres, comme un homme qui mourra demain et n'a rien à ménager.

Notez que l'argent baissait rapidement de valeur depuis le milieu du siècle par l'invasion des métaux américains. Le roi demandait toujours plus, proposait une foule d'impôts nouveaux qu'on ne payait pas. Personne, ce semble, ne convenait de ce changement de valeur. Dans un siècle où l'argent, tous les quinze ans, vaut deux fois moins, les provinces ne rendent presque rien au gouvernement; elles auraient voulu reculer, pas moins de quatre-vingts ans! aux impôts de Louis XII.

Le roi ne tenait à rien. Cela devait apparaître au premier mouvement. Son beau-frère, le roi de Navarre, réclamant la dot de sa femme, Agen et Cahors, Catherine le fit patienter en lui laissant quelques places qu'il avait saisies (février 1579). Au bout de six mois, Henri III essaya un pitoyable expédient; il crut brouiller ses ennemis en révélant à Navarre les galanteries de sa femme, qu'il savait parfaitement. Il réunit tout contre lui (*Guerre des amoureux*, novembre 1579). Il perdit la Fère, si près de Paris. Il perdit Cahors, emportée par Navarre dans un combat acharné de cinq jours et de cinq nuits. On vit pour la première fois la vigueur du *vert galant.*

Le roi fut trop heureux de faire la paix, à la prière du duc d'Anjou. Paix au profit de Navarre, qui garda Agen et Cahors, et non moins au profit de la Ligue, grandie de cet échec du roi et de *sa faiblesse pour les hérétiques.* (26 novembre 1580).

On croit rêver en pensant qu'à ce moment de ruine la reine mère entreprenait d'acquérir trois royaumes : Angleterre, Pays-Bas, Portugal. C'était une maladie, comme celle des alchimistes. Jour et nuit, avec ses astrologues, sur la tourelle qu'on voit encore (à la Halle au blé), elle voyait aux étoiles qu'elle et ses fils allaient être maîtres de l'Europe.

La succession de Portugal s'ouvrait; elle fouilla sa généalogie, et trouva qu'en remontant au milieu du treizième siècle un de ses ancêtres y avait droit. Elle envoya, en partie à ses frais, une expédition aux Açores.

Chose absurde, chose imprudente, au moment où elle eût dû garder son argent pour le Nord, pour l'entreprise de son fils Anjou, futur époux d'Élisabeth et futur roi des Pays-Bas. Cette dernière folie était la moins folle, étant soutenue du prince d'Orange et du parti protestant. Quoique tous vissent et sentissent l'indignité du candidat, la violente envie qu'on avait d'appuyer les Pays-Bas sur la France fermait les yeux à l'évidence. Orange y avait mis son zèle. Il était parvenu à tirer des États l'acte qui leur coûtait le plus, la déchéance de Philippe II.

Cet acte avait été préparé, amené par un autre qu'on n'eût jamais attendu du prince d'Orange. Cet homme froid, simple, modeste, qui agissait, mais parlait peu, tout à coup prend la parole, très haut : ce fut un coup de foudre.

A l'accusation lancée par le roi, Orange répond par l'accusation du roi.

Redoutable égalité qui commence dès lors et ne finira pas si tôt. *Et nunc erudimini qui judicatis terram.*

L'auteur de cette apologie accusatrice du prince d'Orange, le Français Villers, homme aussi doux qu'écrivain violent, était un partisan magnanime de la tolérance, protestant et protecteur déclaré des catholiques. Avec sa douceur native, le consciencieux ouvrier, fort du mépris de la mort, n'en forgea pas moins l'engin, la machine de malédiction qui, lancée sur l'Escurial d'une épouvantable force, ouvrit ses murs de granit, et montra, pâle et tremblant, le misérable dieu du monde entre ses tristes galanteries et ses ordres d'assassinat, et lui mit ce signe : *Assassin.*

Si l'on se trompa alors sur tel détail mal connu, de nos jours l'heureux travail des admirateurs de ce roi nous a révélé plus de crimes qu'Orange n'en avait supposé. De sorte qu'aujourd'hui ce sont les amis de Philippe II qui, sous la statue de Bruxelles qu'ils viennent de lui élever, ont gravé profondément et durablement : *Assassin.*

En morale, c'est une force de haïr et de mépriser

le mal. C'est une force, en révolution, de mépriser l'ennemi. Si nos jeunes soldats de 93 battirent les vieux Allemands, c'est qu'ils les trouvaient ridicules. Les chansons sur les *Kaiserlick* et les Prussiens commencèrent l'ouvrage qu'achevèrent les baïonnettes. L'insolence calculée du manifeste d'Orange eut de même une grande portée. Elle enhardit contre Philippe. Elle fut le point de départ des victoires que l'Angleterre et la Hollande eurent sur lui par toutes les mers.

Voilà donc ce mystérieux fantôme de l'Escurial, qui vivait de nuit, de silence, tout inondé de lumière, traîné dans le bruit. La tragique figure du père de Don Carlos se trouve violemment égayée. Philippe II amuse l'Europe. Le manifeste hollandais l'appelle crûment *un Jupiter* incestueux et libertin.

Le trait entra plus loin encore qu'on n'aurait pensé dans le cœur de Philippe II, étant tombé au moment où lui-même se sentait vraiment ridicule, où le trompeur était trompé, où ce persécuteur de maris se vit traité comme un mari, que dis-je? conspué, moqué avec une violence cynique par la princesse d'Éboli, qui lui avait substitué le jeune Antonio Perez.

Humiliation profonde. On sait sa lâche vengeance sur Perez et la princesse. Tout cela éclata peu à peu. Et ceux qui avaient blâmé le manifeste d'Orange le trouvèrent trop modéré.

Comment se relever de là? En tuant ses ennemis, en étonnant le monde par la grandeur et l'audace de ses entreprises?

Dès ce jour, on croit le voir chevaucher en furieux le cadavre de l'Espagne pour en écraser l'Europe. On s'effraye des expédients révolutionnaires par lesquels il se recréa, du fond de sa banqueroute, des ressources pour envahir l'Angleterre et la France. Le peuple étant ruiné, il commença à manger les privilégiés, tomba sur les prélatures et sur les grandesses; il en vint à l'entreprise désespérée de vendre les biens des communes (Ranke).

Après le jugement moral vient la sentence juridique. J'appelle ainsi la décision par laquelle les États généraux le déclarèrent indigne et déchu de la souveraineté, posant ce principe d'éternel bon sens qui pourtant parut si nouveau : *que les rois sont faits pour les peuples*, et que, s'ils n'agissent pour eux, par le fait ils ne sont plus rois. Ces doctrines étaient dans les livres. Mais ici elles apparaissent formulées en lois, solennellement prononcées par la bouche elle-même d'un peuple contre le premier roi du monde.

La grandeur révolutionnaire de cet acte est en ceci qu'il risquait d'isoler l'État nouveau, de lui faire des ennemis des princes de France et d'Allemagne, et surtout d'Élisabeth. Celle-ci détestait la révolution autant que le calvinisme. Elle intriguait en Écosse autant contre les puritains que contre le parti de Marie Stuart. Elle y tentait l'entreprise ridicule d'y introduire, par son ambassadeur Randolph, le culte anglican. Elle aurait tourné le dos à la Hollande si les catholiques ne l'avaient forcée à s'en rapprocher par leurs complots et leurs tentatives acharnées d'assassinat.

Sans avoir l'étonnante douceur du prince d'Orange et d'Henri IV, Élisabeth n'aimait pas le sang. Jusque-là, elle avait sévi très mollement contre ses ennemis catholiques. Au milieu de leurs tentatives si fréquentes de révolte dans le Nord et en Irlande, cinq seulement en dix ans avaient été mis à mort. Mais, à partir de 1580, son très clairvoyant ministre Walsingham les lui montra qui, de tous côtés, marchaient à elle, et d'un concert persévérant, systématique, visaient à lui ôter la vie.

Le sentiment de ces dangers aurait fait souhaiter passionnément à la reine l'alliance de la France, mais une alliance sérieuse, offensive même au besoin. De là l'accueil extraordinaire qu'elle fit au duc d'Anjou, que le prince d'Orange créait duc de Brabant et souverain des Pays-Bas. Quoi qu'on ait dit, je crois que, dans ses avances publiques au duc et quand elle lui mit son anneau, Élisabeth était sincère. Elle l'était par la crainte de l'Espagne et du parti catholique. Elle croyait, par cette démonstration hardie et définitive, entraîner Henri III et Catherine contre Philippe II. Ils n'osèrent faire ce grand pas.

Cependant un dissentiment grave divisait les catholiques anglais. Plusieurs, honnêtes et loyaux, étaient scandalisés de l'audace des Jésuites et des Guises. Le coup subit par lequel un favori intrigant, l'homme des Guises, Aubigny, avait surpris, emporté la mort du régent d'Écosse, était pour les honnêtes gens de tous les partis un fait scandaleux. Non moins scandaleuse aussi une tentative d'Henri de Guise pour surprendre, sur l'Empire, sur les Allemands, ses amis, la ville libre de Strasbourg. La tentative avortée dérangeait fort l'idéal qu'on s'était fait du caractère chevaleresque de ce héros catholique.

Le chef du séminaire de Reims, le fameux docteur Allen, pour ramener l'opinion, fit une touchante apologie des missions des Jésuites, qui n'avaient d'autre but, dit-il, que de convertir l'Angleterre, de consoler les pauvres catholiques anglais. Nulle idée de toucher à l'autorité royale. Ce qui appuyait Allen, c'est que l'un des exécutés, le Jésuite Campian, avait juré sur l'échafaud qu'il n'avait jamais passé un jour sans prier *pour la reine*. — « Pour quelle reine? » lui dit-on. « Pour la reine Élisabeth. »

Mensonge intrépide par-devant la mort, qui d'autant mieux couvrait le travail ardent, violent, qu'à ce moment même précipitait le parti.

Deux mois après cette mort, cette dénégation solennelle, le 7 mars 81, le complot nié acquérait sa forme définitive. Les Jésuites avaient tissé leur vaste filet entre les Guises et leurs agents d'Écosse et d'Angleterre. Ce jour même ils tirent d'Aubigny, qui gouvernait l'Écosse, une adhésion écrite par laquelle ils croient pouvoir entraîner Philippe II.

Huit jours après (18 mars), Orange est assassiné. Un jeune Espagnol le poignarde; un moment on le croit mort.

C'est un spectacle cruel de voir, par ces continuelles tentatives, la mort constamment assise au foyer du prince d'Orange. Ce grand homme, dans sa vie horriblement déchirée par les agitations publiques, n'avait vécu que de la famille. Il l'avait eue quelque temps trouble et désolée par une fille de Maurice de Saxe, d'un cœur traître comme son père. Il l'avait eue douce et paisible par une princesse de Bourbon, malheureusement maladive, engagée profondément dans le sort de son mari, et qui mourut de ses périls. Donc, à ce moment lugubre, menacé d'une mort infaillible et comme entouré de l'assassinat, il se trouvait veuf encore, et seul sur son foyer brisé.

En France vivait la fille de l'Amiral, Louise de Coligny. Cette jeune dame n'avait épousé son premier mari qu'à la veille de sa mort, et elle épousa de même le prince d'Orange tout près de mourir. Elle était étonnamment la fille de l'Amiral ; elle en avait la sagesse et l'extraordinaire beauté de cœur. Elle donna au grand homme, dans cette année suprême, cette insigne consolation d'avoir près de lui l'image, l'âme même de Coligny.

CHAPITRE XXXVI

La Ligue éclate. (1585-1586.)

On dit qu'un puritain anglais, condamné pour je ne sais quel acte qu'on qualifia de rebellion à avoir le poing coupé, n'eut pas plutôt subi l'opération que, de l'autre main ôtant son chapeau, il s'écria : « Vive la reine ! »

Nous en disons autant, nous spectateurs lointains, qui, à trois cents ans de distance, assistons à cette crise. Arrivés à ce point (1582) où nous voyons le prince d'Orange manqué pour cette fois, mais si entouré de poignards et si sûr de périr, comme ce puritain, nous disons : « Vive Élisabeth ! »

La Hollande longtemps défendit l'Angleterre en occupant Philippe II. Maintenant à l'Angleterre de défendre le monde ! La tête d'Élisabeth est le palladium commun des nations.

Les événements récents montraient de tous côtés un immense complot, un concert étonnant de guet-apens, de meurtres, de ténébreuses surprises. Nous avons vu en 1579 coïncider l'invasion papale d'Irlande, les missions de meurtre en Angleterre, et l'intrigue des Guises en Écosse, qui, en un an, escamote le roi et le pouvoir, tue le régent, menace Élisabeth.

Le jeu continue, et serré. Nous suivrons le synchronisme des guerres et des assassinats.

On y mettait peu de mystère. Tout furieux bien endoctriné à Reims, à Bruxelles ou à Rome pouvait aller droit à Madrid, sûr d'être très bien accueilli. Ou, plus directement encore, il allait au prince de Parme ; le froid et cruel tacticien mettait l'assassinat au nombre de ses meilleurs moyens de guerre. Il n'entreprit la grande affaire du siècle, le siège d'Anvers, que lorsqu'il eut réussi à la longue à faire tuer le prince d'Orange.

La mort d'Élisabeth, en ce moment, eût eu des conséquences plus vastes et plus funestes encore. La postérité doit un grand souvenir à la forte unanimité du peuple anglais, à la vigueur du parlement, à la clairvoyante sagesse du vieux ministre Walsingham, qui entoura la reine d'une police redoutable, déjoua celle que l'Espagne avait dans Londres, entra par mille moyens aux plus secrets foyers de fanatisme où se tramait le meurtre, et ne laissa de ressource au parti que la guerre déclarée, la solennelle et folle invasion de l'Armada.

Ni les États généraux de Hollande, ni le parlement d'Angleterre, n'avaient la longanimité d'Orange et d'Henri IV, cléments tous deux jusqu'à paraître presque indifférents au bien et au mal. Habituellement assassinés (Henri IV le fut douze ou quinze fois), ils trouvaient naturel de vivre parmi les catholiques, parmi ceux à qui l'on faisait un devoir de les tuer. Orange persista dans la magnanime imprudence de les recevoir en Hollande, malgré les États généraux.

Certes, les précautions étaient bien naturelles, lorsqu'un mois après l'assassinat manqué de Guillaume on découvrit un complot des Guises et du prince de Parme pour assassiner Alençon.

Le meurtrier Salcède, d'origine espagnole, d'une famille ennemie des Guises, d'un père tué à la Saint-Barthélemy, put tromper d'autant mieux.

Les Guises, pressés par l'Espagne de commencer la guerre civile, ne pouvaient, ne voulaient rien faire, tant qu'Alençon était en vie. Salcède était à eux, ayant été sauvé par eux de la potence. Il était caché en Champagne sous leur abri. Ils l'envoient à Madrid, où ce bandit est caressé, flatté du roi, qui le fera riche, grand, tout ce qu'il voudra, pourvu qu'il tue. On lui met force argent en main; il lève des soldats pour Alençon. Sûr moyen d'être bien reçu. Mais le prince d'Orange y vit clair. On s'informa, on sut que Salcède avait passé par le camp du prince de Parme, filière ordinaire des assassinats. On prend l'homme; il se voit perdu; pour avoir grâce, il donne une confession complète, non du petit complot de meurtre, mais du complot universel de guerre, de guerre civile, que les Guises et l'Espagne organisaient partout, le plan détaillé, minutieux de la Ligue, ville par ville et homme par homme. Henri III fut épouvanté, voyant ses maréchaux, ses ministres, ceux qui avaient en main le secret de l'État, d'accord pour le trahir, pour armer contre lui.

Certes, si le siècle n'eût étonnamment baissé de cœur et de morale, la découverte de tous ces guet-apens eût soulevé le monde d'indignation, réveillé tous les cœurs. Il n'en fut pas ainsi. L'immensité même du complot frappa les imaginations, découragea les résistances. Deux ans durant encore, cette épouvantable machine ouverte, éventrée, mise au jour, resta béante. Et le sentiment public n'en fut pas soulevé. Au contraire, l'homme d'exécution, le prince de Parme n'en poursuivit que mieux son œuvre stratégique sur les Belges, abattus, effrayés et lassés.

Il agissait. Les Guises, non moins dénoncés et percés à jour, n'agissaient pas. Leur situation devenait honteuse et ridicule. Ces grands conspirateurs, levant les bras dans les ténèbres, surpris par la lumière, restent là sans pouvoir frapper. Ce qui aggravait leur situation, c'est qu'en Ecosse leur Aubigny, après son sanglant succès sur Morton, n'en était pas moins détrôné, et qu'il apparaissait que le parti des Guises et de Marie Stuart n'avait aucunes racines. Les Jésuites eux-mêmes avaient précipité les choses en compromettant Aubigny par le projet trop manifeste de catholiciser l'Écosse. Leur échec d'Écosse et d'Irlande les réduisait à une troisième tentative, audacieuse et désespérée; ils poussaient Guise en Angleterre (1583).

Si la chose avait pu se faire par les secours du pape et sans Philippe II, elle eût été tentée certainement. Le chef du séminaire de Reims, le docteur Allen, assurait qu'il suffisait d'avoir de l'argent et des armes, qu'on trouverait des hommes, et en foule, de l'autre côté. On était sûr du jeune roi d'Écosse. L'affaire se fût exécutée par Guise et le duc de Bavière, voué sans réserve aux Jésuites, avec des soldats allemands et des réfugiés anglais, quatre mille hommes en tout. Guise voulait seulement que le pape donnât cent mille écus.

Les Jésuites eussent été ravis de pouvoir se passer de Philippe II. Les catholiques anglais avaient horreur et peur des Espagnols. Philippe venait de montrer dans sa conquête du Portugal une rigueur atroce pour les prêtres et religieux déclarés contre lui. Il avait méprisé l'intervention du pape, et, l'exécution faite, ce bon fils de l'Église avait tiré de Rome absolution plénière pour avoir fait tuer deux mille moines.

Les Jésuites n'osaient cependant tenter ce grand coup d'Angleterre sans consulter l'Espagne. Cela arrêta tout. L'ambassadeur espagnol à Paris, Tassis, leur signifia que l'affaire ne se ferait pas, ou qu'elle serait espagnole; que le roi y donnerait quatre mille hommes, mais que la saison était avancée, l'Angleterre *trop froide*, qu'il fallait remettre la partie. Guise sentit très bien que l'occasion se perdait. Il écrivit au pape que le roi d'Espagne consentait, mais qu'il fallait de l'argent, et il osa faire dire aux catholiques anglais qu'après l'invasion, *si les Espagnols ne partaient, lui-même aiderait à les chasser.*

Philippe II le connaissait bien. Voilà pourquoi il ne voulait rien faire. Les papiers de Don Juan, trouvés après sa mort et mûrement étudiés, lui avaient trop appris ce qu'il devait penser de Guise. Défiance sage, mais qui fit tout manquer.

Guise écrivait au pape le 26 août (1583), et il eût agi en septembre si l'argent fût venu. En octobre, la police anglaise savait tout, on était en armes, l'Angleterre sauvée pour toujours.

Le 18 janvier 1584, Élisabeth chassa de Londres l'ambassadeur d'Espagne Mendoza, un ennemi furieux qui avait été dans tous les complots contre sa vie, et qui couvrait d'une altière attitude sa basse perfidie d'assassin.

L'horizon s'éclaircit; tout tourne à la violence. Philippe II commence dans tous les ports d'Espagne les apprêts gigantesques de l'Armada. (De Thou.) Le prince d'Orange succombe par ses amis et par ses ennemis. Alençon, créé, sacré par lui duc de Brabant, Alençon, qu'il défend contre de trop justes soupçons, fait l'odieuse tentative de se saisir d'Anvers et des places principales; ses gentilshommes crient : « Vive la messe! à bas les États! » Ils succombent, sont massacrés. A grand'peine le prince d'Orange sauve ces misérables de la vengeance du peuple. Son protégé va se cacher en France, et meurt submergé dans la boue (10 juin 1584). Orange lui-même était mort de ce coup, comme popularité. Il se réfugie en Hollande, où Balthazar Gérard, spécialement prêché, encouragé par les Jésuites et par Farnèse, le tue d'un coup de pistolet (10 juillet 1584).

Farnèse avait bien calculé le vide immense qu'allait laisser cette mort, et l'embarras de la Hollande, égarée, effarée. Ce trop grand homme avait rempli tout de son activité, habitué tout le monde à se reposer sur sa sagesse. Il meurt, et l'on croit tout perdu. Le pays se remet à un enfant, au petit Maurice, le fils du Taciturne, sombre enfant, très précoce, plein d'audace, de combinaisons, d'un avenir douteux qui rappelait son père, mais bien plus son aïeul maternel, le dangereux Maurice de Saxe, qui tour à tour servit ou trahit l'Allemagne.

En attendant, Farnèse ne craint plus rien. Il s'établit en tous sens sur l'Escaut. Il a le temps pour tout. Il enveloppe Anvers de travaux gigantesques, et personne ne le trouble. Il creuse tranquillement des canaux pour amener des vivres, des matériaux. Tout le recours des Belges, qui, par une seule flotte de Hollande, eussent forcé, détruit ces travaux, c'est d'aller se plaindre en France, d'aller chercher la force, où? aux pieds d'Henri III!

Hélas! celui-ci eût eu besoin de défenseur, bien loin de défendre personne. Chaque jour plus solitaire, il a pour conseil la Ligue elle-même. Et que dis-je? sa mère le trahit.

Cela est absurde, incroyable, et cependant certain.

De Thou, qui le dit positivement, peut se tromper souvent sur les choses étrangères ; il ne se trompe guère sur l'intime intérieur que savait très bien sa famille.

Catherine n'avait aimé personne qu'Henri III. Mais elle aimait une chose davantage, le pouvoir et l'intrigue. Vieille comme elle était, elle les voulait toujours, et détestait les deux vizirs, Épernon et Joyeuse. Cela la rapprochait des Guises. Ceux-ci lui faisaient croire qu'à la mort de son fils ils l'aideraient à mettre sur le trône *ses parents de Lorraine*. Étrange aveuglement ! Cette femme de tant d'esprit ne voyait pas ce que les plus simples voyaient, que les Guises travaillaient pour eux.

Une guerre étrangère eût grandi les vizirs. Une guerre intérieure qui allait brouiller tout, et embarrasser tout le monde, pouvait rendre la vieille dame nécessaire. On serait trop heureux de l'aller chercher, de la prier d'intervenir.

Ainsi, quand ces malheureux Belges, si obstinés pour nous, vinrent la troisième fois se donner à la France, ils trouvèrent presque tout le monde contre eux, le roi tremblant que l'Espagne ne se fâchât ; il n'osa les recevoir d'abord, leur dit d'attendre à Senlis.

L'Espagne était pourtant fort inquiète. Elle s'engageait alors dans la grande affaire du siège d'Anvers. Vingt vaisseaux de France qui eussent paru dans l'Escaut pouvaient changer toute la situation. Il y eût eu un revirement incalculable. Anvers manqué, Farnèse perdait force, tout lui échappait.

Les Guises aussi étaient très inquiets. Ils voyaient d'Épernon et Joyeuse gagner beaucoup de terrain. Comment? En faisant justement ce que la royauté fit au siècle suivant avec tant de succès, la conversion et l'amortissement de la noblesse protestante. On ne menaçait pas, on ne violentait pas; mais à tout huguenot qui venait à la cour on disait d'amitié, tout bas, qu'il n'aurait jamais rien, ne parviendrait à rien, que le roi voudrait faire quelque chose pour lui, mais qu'il ne pouvait rien que pour les catholiques. (De Thou, lib. 81.)

Donc l'Espagne avait intérêt, et les Guises avaient intérêt à s'entendre et presser les choses. Leur traité se fit à Joinville, 31 décembre 1584.

Le prétexte, religieux et populaire, fut le danger que courait la France catholique si le roi laissait le royaume à un héritier hérétique, au roi de Navarre. Le but ostensible fut d'assurer la succession à un prince catholique, le vieux cardinal de Bourbon, oncle d'Henri IV.

Cet acte d'*Union* fut la porte par où l'Espagne entra en France.

L'acte était-il sérieux, sincère, excusé par la nécessité religieuse? Le meilleur catholique, le duc de Nevers, ne le crut pas, refusa d'y entrer. Le pape ne le crut pas. Grégoire XIII et Sixte-Quint virent fort bien que ce n'était qu'un acte politique.

Philippe, qui venait de tuer tant de moines en Portugal, et qui offrait sa fille au roi de Navarre, était-il aussi fanatique qu'il le paraissait?

Henri III, contre qui se faisait l'Union, était un très bon catholique, pénitent des Jésuites. De cœur et de nature, il avait une vive antipathie contre les protestants. Il présentait aux catholiques un titre, certes grave, ayant plus que personne décidé la Saint-Barthélemy.

Et le roi de Navarre, ce monstre d'hérésie, quel était-il au fond? Un homme d'esprit, infiniment glissant en toutes choses, dont on avait bien vu déjà les faciles revirements ; il s'épuisait à dire *qu'il ne demandait qu'à s'instruire*, que d'avance il se soumettait à ce que déciderait un libre concile, qu'il ne recherchait que la vérité, etc., etc. Il en disait tant que ses protestants en étaient fort pensifs.

Non, il faut dire la chose comme elle est, l'affaire est politique. Nous avons eu raison de terminer en 1572 les *guerres de religion*.

Mais, justement au point de vue politique, j'admire une chose : c'est que Philippe II, à cinquante-huit ans, n'ayant qu'un héritier de six, après sa banqueroute, maigre, épuisé, tari, étant depuis vingt ans en travail sans finir rien aux Pays-Bas, ayant mis jusqu'à trois années pour la petite affaire de Portugal, ayant besoin de tant de forces pour faire face à la guerre immense qui lui commençait sur toutes les mers, s'embarquât encore de surcroît dans cette ténébreuse affaire de la Ligue, dont il était bien sûr de ne voir jamais le bout!

Au reste, quand on le voit travailler en même temps tout le Nord, entretenir des pensionnaires pour les élections de Pologne, vouloir employer le Polonais à soumettre la Suède, vouloir s'établir en Danemarck, afin de prendre l'Angleterre à revers (Ranke), on est tenté de le croire un peu fou.

Nous avons vu, du reste, la vieille Catherine entreprendre à son compte la conquête du Portugal et des Açores.

Pyrrhus et Picrochole en sont humiliés ; Don Quichotte est un sage. Il faut aller aux faiseurs d'or, aux furieux souffleurs, pour trouver des comparaisons.

Ajoutez que Philippe II entrait dans cette folie de la Ligue d'une manière bien peu sensée encore, bien propre à la faire échouer. Il voulait employer les Guises, et il s'en défiait ; il avait peur qu'ils ne réussissent trop. Il voulait et ne voulait pas, agissait et n'agissait pas. Un misérable subside qu'il leur donna de cinquante mille écus par mois, assuré pour six mois, n'était rien pour solder des armées, soutenir un grand parti ; c'était assez pour compromettre les Guises, les rendre ridicules par l'hésitation, ou pour leur faire casser le cou.

Les Guises étaient fort riches, ayant entre eux un million de revenu. Affamés par le roi d'Espagne, ils allaient nécessairement être obligés de se ruiner pour le servir. Il y comptait probablement.

Les résultats se virent bientôt. Dès le surlendemain du traité (le 2 janvier 1585), le comité directeur de la Ligue est posé à Paris ; il agit, pousse, précipite, crie, achète des armes ; tout fermente, bouillonne, dans une agitation furieuse. Le trésorier de la Ligue *est celui même de l'Évêché;* l'évêque était toujours Gondi, le frère du conseiller de la Saint-Barthélemy. Quel emploi du trésor? *L'achat des armes.* Déjà on projetait les Barricades.

Ce conseil se tenait ou chez le trésorier, ou bien à la Sorbonne, ou encore aux Jésuites de la rue Saint-Antoine. Les furieux curés de Paris siègent d'abord, avec quelques marchands ruinés. Mais, pour rendre l'appel au peuple plus éloquent, plus significatif, on y joignit des massacreurs connus de 1572. Cela toucha tout le monde; la Grâce agit; les chefs des confréries, appelés au conseil, furent très dociles, et devinrent, chacun dans leur corps, d'excellents instruments.

Le peuple cependant, le vrai peuple, ne savait rien de tout cela. Les machinistes qui menaient l'affaire agirent, comme en toute bonne tragédie, par les deux moyens d'Aristote, par la terreur et la pitié.

Par la terreur. « Les protestants étaient en marche, arrivaient pour brûler Paris, tuer tout ; déjà, au faubourg Saint-Germain, dix mille étaient cachés qui repassaient leurs couteaux. » Mais la pitié faisait encore plus que le reste; au cimetière de Saint-Séverin et ailleurs, on exposait de grands tableaux des pauvres martyrs d'Angleterre, avec force détails horribles; des gens étaient là, baguette en main, pour expliquer la chose tout haut, et tout bas ils disaient : « Voilà comme le Béarnais va traiter les bons catholiques. »

Coups violents. Les femmes rentraient en larmes et bouleversées; les hommes ne savaient plus que dire. Une telle émotion du peuple enhardissait le Comité. Il voulait, dès lors, tout finir, enlever Henri III, prendre la Bastille et le Louvre... Et après ?... Après, viendrait Guise. Mais il restait chez lui en attendant. Le Comité s'en émerveillait fort. L'ambassadeur d'Espagne, Mendoza, l'appelait à Paris. Le prince de Parme, qui avait sur les bras la gigantesque affaire d'Anvers, le priait, le sommait d'agir. Guise recevait l'argent d'Espagne et ne le gagnait pas.

Tout ce qu'on obtint de lui, ce fut de faire surprendre Toul et Verdun. Cette audace timide eût pu irriter le roi sans l'effrayer, et le pousser à accepter l'offre des Pays-Bas. Les Espagnols poussèrent Guise; ils exigèrent qu'il dressât directement son étendard et marchât vers Paris. Farnèse écrivait coup sur coup à Mendoza, qui disait à Guise : « Il le faut. »

Le 21 mars, il obéit, s'empara de Châlons, commença la guerre civile.

A la nouvelle, le cœur manqua au roi. Il fit venir les Belges, il refusa les Pays-Bas, et les recommanda à la grâce de Dieu.

Guise avait rassemblé la noblesse de Champagne, son frère Mayenne celle de Bourgogne, et le cardinal de Bourbon celle de Normandie. Un solennel appel fut fait, au nom de l'Union, aux parlements, aux prélats et aux villes. Lyon y céda. Mais non Marseille, et non Bordeaux. Le duc de Nevers écrivit que sa conscience lui défendait d'armer contre son roi sans une autorité plus haute, et il alla à Rome consulter cette autorité.

Les choses ne se décidant pas plus vivement en faveur de la Ligue, le roi ne se fût pas hâté de traiter s'il eût été soutenu des siens. Mais d'Épernon était malade. Joyeuse craignait d'irriter les catholiques, espérant follement se substituer au duc de Guise. Le roi, seul et embarrassé, avait là fort à point l'inévitable reine mère, qui ne demandait qu'à négocier. Elle trouva tout à coup des jambes ; redevenue jeune et leste, elle court à Nemours s'arranger avec Guise. Sa négociation consiste à livrer tout.

Proscription du protestantisme. Désarmement du roi. Pour garantie, des places données à tous et un chacun : à Guise, Toul, Verdun, Châlons ; à Mayenne, Dijon, Beaune ; à Aumale, à Elbeuf, d'autres places ; Dinan au duc de Mercœur. Enfin le futur roi, le cardinal de Bourbon, aura Soissons en attendant Paris (traité de Nemours, 7 juillet 1585). Le roi est chargé de solder les garnisons des places que l'on tient, contre lui.

Une chose était plus claire et montrait mieux encore que l'Union n'était pas contre le roi, mais contre la France. Ces admirables citoyens, qui ne parlaient que d'elle, travaillaient pendant le traité à donner à l'Espagnol ce que l'Anglais avait eu si longtemps, un port, une place de débarquement, pour envahir tout droit, par le plus court, au plus près de Paris. C'était Boulogne-sur-Mer qu'ils marchandaient. Un prévôt de la ville était gagné ; Aumale, le frère de Guise, était aux portes, attendant qu'on ouvrît. Il fut un peu surpris, en approchant, d'être accueilli avec des volées de boulets. Un homme du roi, qui assistait au conseil ligueur à Paris, avait su tout, révélé tout.

Quand le pauvre roi de Navarre apprit le traité de Nemours, qui mettait Henri III dans la main de la Ligue, on dit que sa moustache en blanchit en une nuit. Il se croyait perdu. Il le crut mieux encore quand le pape Sixte-Quint, vaincu par les ligueurs, l'excommunia ; dès lors les catholiques, incertains comme le duc de Nevers, allaient agir avec les Guises. Le tiers parti, il est vrai, faisait des vœux pour lui ; le duc de Montmorency, prévoyant bien que la Ligue lui arracherait le Languedoc, s'était uni à lui, et le 10 août avait publié un manifeste en commun avec lui, et le prince de Condé. Les *politiques* cependant, parti timide, inerte, n'étaient pas un puissant appui. Il eût succombé, sans nul doute, si l'Espagne eût franchement, fortement secondé les Guises.

Henri de Guise était, comme Don Juan, le martyr de Philippe II. Rien de plus touchant que ses cris de détresse, de famine, à l'ambassadeur Mendoza. Celui-ci le repaît de mots. Tantôt c'est une grande armée que le Roi catholique embarque, et ferait arriver si l'on avait Boulogne ; tantôt ce sont des fonds qui viennent. En réalité, rien. Et la Ligue aux abois n'a nul expédient que de préparer (7 octobre 85), par ordonnance royale, la vente des biens des protestants.

Le roi triomphait tristement de cette misère, comme disant : « Vous l'avez voulu. » Au clergé, à la ville, au parlement, il annonçait que la guerre demandait par mois quatre cent mille écus. Le clergé se vengeait; il le faisait gronder en chaire. On le chapitrait vertement et en face ; chaque sermonneur lui prescrivait ce qu'il avait à faire.

Philippe II regardait ailleurs. Toute son attention se fixait sur l'armée anglaise qu'Élisabeth avait enfin donnée aux Pays-Bas, sous le commandement de Leicester. La Ligue, délaissée de l'Espagne, voyait bien que le roi allait finir par s'arranger avec le roi de Navarre. Des deux côtés, à Paris, à Madrid, on se jugeait fort en péril, et, si la Providence avait si à propos appelé à elle le prince d'Orange pour faciliter le siège d'Anvers, il était désirable qu'elle éclaircît de nouveau l'horizon par la mort de la reine d'Angleterre.

Telle était la pensée de Reims. Deux machines s'y préparaient pour accélérer le miracle.

CHAPITRE XXXVII

Les conspirations de Reims. — Mort de Marie Stuart. (1584-1587.)

Si l'on veut avoir l'idée du sauvage esprit de meurtre qui animait les collèges anglais de Douai, de Saint-Omer, de Reims et de Rome, il faut se reporter plus haut, remonter à leur docteur, le prince cardinal Pole, lire spécialement la lettre qu'il écrit pour gourmander la douceur d'une reine, qui cependant était Marie-la-Sanglante, et du jeune époux de Marie, qui était Philippe II. (Granvelle, IV, 308, 1554). C'est par cette lettre furieuse qu'il envahit l'Angleterre, inaugura ce règne funèbre où, quatre ans durant, fumèrent les bûchers. Non pas, comme ailleurs, bûchers de chair morte, de victimes étranglées, — mais bûchers de chair vivante, criante, hurlante, à qui l'on faisait sentir les pointes inexprimables d'un supplice calculé.

Violente est l'effronterie de comparer à ce temps celui d'Élisabeth et le petit nombre de traîtres qu'elle frappa dans un règne de crise, dans une lutte si inégale contre la coalition de l'Europe catholique.

Après les écrits de Pole, l'âme de ces séminaires et leur véritable Bible était le grand ouvrage du docteur Sanders, *De Monarchiâ visibili Ecclesiæ,* livre écrit par un secrétaire de Marie-la-Sanglante et sous le patronage du duc d'Albe (Louvain, 1571). Sanders, homme savant, sincère, qui mourut pour sa doctrine dans l'invasion d'Irlande en 1579, établit, non seulement que le christianisme est la monarchie du pape, mais *qu'il est la monarchie,* une religion essentiellement, fondamentalement monarchique, la religion du pouvoir absolu.

Maintenant représentons-nous ces jeunes cœurs d'exilés, cherchant, dans l'ardeur de leurs rêves, le monarque, le sauveur visible. Hélas! est-ce Philippe II? Ce politique hésitant a-t-il les allures d'un cœur ferme dans la foi? Ce défenseur de l'Église, qui devint en Portugal le cruel bourreau de l'Église, devait leur mettre d'étranges contradictions dans l'esprit. Le duc d'Albe, admirable en France comme exécuteur d'hérétiques, fut justement l'exécuteur des moines en Portugal. Un Dominicain célèbre, qui, du haut d'une montagne, vit ces carnages de moines et ces incendies de couvents exécutés par le général du Roi catholique, ne résista pas au combat que cette vue mit en lui; il tomba à la renverse. On le relève; il était mort.

Herrera remarque que, dans les dernières années de Philippe, la mystérieuse *junte de nuit* qui gouvernaît sous lui (et presque sans lui), dans ses maladies fréquentes, ne comptait pas un ecclésiastique. C'étaient des laïques, des juristes, qui revoyaient, censuraient et corrigeaient les actes du clergé espagnol.

Mais le pape, ce dieu sur terre, c'est lui sans doute qui répond aux pensées de l'ardente école? Sauf un seul, les papes d'alors furent bien moins pontifes que princes.

L'outrage, l'outrage cruel du duc d'Albe en 1555, avait frappé le cœur des papes, l'avait secrètement corrompu. Devenus vassaux de l'Espagne, leurs pensées de rebellion leur donnaient fréquemment la tentation anti-papale de s'unir précisément avec les ennemis de la cause catholique, qui étaient ceux de l'Espagne. Paul III fit des vœux pour les protestants, et même appela les Turcs. Grégoire XIII, que les Jésuites croyaient entièrement à eux, refusa d'approuver la Ligue. Sixte-Quint, dit De Thou, eût été charmé si Henri III eût accepté contre l'Espagne la protection des Pays-Bas.

Dans ces variations du pape et de l'Espagne, on comprend que les Jésuites eurent une prise infiniment forte sur ces jeunes exaltés quand (sous les formes les plus humbles de l'obéissance) ils imaginèrent d'agir sans Philippe, par Don Juan, par les Guises (1583), même sans le pape (1585).

C'est un point essentiel. Hors de l'action romaine et de l'action espagnole, les Jésuites souvent tramèrent, les réfugiés anglais exécutèrent et agirent, surtout pour délivrer Marie Stuart et faire périr Élisabeth.

Les Jésuites, si admirables d'ardeur et d'activité, .vaient pourtant deux défauts :

L'un, que note Marie Stuart (9 avril 1582), d'être ouvent imprudents et compromettants, de jouer, ar leur furie d'intrigue, avec la vie même de la prionnière.

L'autre défaut qu'articule notre ambassadeur Châeauneuf (Labanoff, VI), c'est que les Jésuites, encore i nouveaux, nés en 1543, s'étaient déjà tellement âtés, que la police anglaise trouvait toujours à acheer dans leurs maisons des espions contre eux-mêmes :

Il n'y a collèges de Jésuites, ni à Rome, ni en 'rance, où on n'en trouve qui disent tous les jours ι messe pour se couvrir et mieux servir à la reine ilisabeth. »

Une éducation de mensonge, quand même elle erait donnée dans une vue de sainteté et pour un but e dévouement, n'en corrompt pas moins les âmes, et s ouvre aux choses basses, aux plus honteux chanements. La vie d'intrigue, de faction, que les Jésuites ienaient, n'étant plus simples auxiliaires, mais chefs èels et moteurs des actes les plus hasardés, les mûssait extrêmement, les précipitait sur la pente d'une orruption précoce. Voilà des Jésuites politiques qui eviennent aisément espions. Tout à l'heure vont ommencer les terribles procès de mœurs qui frappènt les Jésuites professeurs, spécialement en Alleιagne (procès imprimés par Joseph II).

La corruption politique ne leur fut pas particulière.

Il y a beaucoup de prêtres en Angleterre, tolérés par

la reine, pour pouvoir, *au moyen des confessions auriculaires*, découvrir les menées des catholiques. » C'est encore l'ambassadeur de France (Labanoff, VI) qui nous donne ce fait piquant, que la confession ouvrit le parti catholique à la police protestante.

Les pièces publiées par M. Capefigue (t. IV, 178-179) nous apprennent combien ces tristes moyens étaient nécessaires contre les machinations meurtrières d'un roi dont la police fut le génie spécial, contre la corruption d'un maître des Indes, qui, dans ses plus grands embarras d'argent, en trouvait cependant pour acheter les ministres, agents, domestiques, de ceux à qui il en voulait, qui poussa ce mépris de l'homme, cette foi à l'or, jusqu'à croire qu'il achèterait les premiers hommes du temps, les ministres d'Élisabeth !

L'homme de Marie Stuart, Melvil, qui connut l'un de ces ministres, Walsingham, organisateur de la contre-police qui neutralisa celle de Philippe II et sauva Élisabeth, Melvil n'en fait nullement l'horrible portrait que tracent les autres catholiques. Il vit en lui un vieillard extrêmement maladif, qui, dans sa faiblesse, et sûr de sa fin prochaine, jugeait sa vie bien employée s'il sauvait celle dont la tête était, pour ainsi dire, une clef de voûte pour l'Europe. Et, en effet, Élisabeth de moins, tout allait tomber.

Dans ce duel des deux polices, laquelle vaincrait? C'était une curieuse question de moralité. Elle fut jugée par le fait. Au cœur du parti catholique, où se trouvaient des hommes admirables relativement, la doctrine du pieux mensonge et de l'équivoque maintint un germe pourri où vinrent toujours des insectes. Là toujours eut prise l'ennemi. Reims ne sut presque jamais ce que faisait Walsingham. Et Walsingham sut toujours ce qu'on préparait à Reims.

On doit s'étonner d'autant plus qu'on ait constamment échoué contre Élisabeth, que le parti opposé avait contre elle l'arme la plus victorieuse en révolution, celle qui, non seulement exalte un parti, mais qui l'étend, le multiplie, le fait pulluler et le renouvelle. Cette arme, c'est le roman, la légende, ce trouble des cœurs, cette prise toute-puissante sur les bons sentiments du peuple. Qui a fait en France la contre-révolution, sinon Louis XVI, Madame et le petit Dauphin, la charmante Marie-Antoinette ? Qui eût dû renverser aisément Élisabeth ? Le roman de Marie Stuart, celle-ci d'autant plus terrible, qu'elle était non-seulement le miracle célébré, le rêve de tous les hommes, mais le suprême martyr d'une si grande religion. Le monde catholique, à genoux, quand il faisait ses prières, ne se tournait pas vers Rome, ne se tournait pas vers Madrid ; il regardait vers l'Ouest, vers la tour de la prisonnière. Celle-ci, le matin, le soir, pouvait dire : « On pleure pour moi. »

Qui pouvait y être insensible ? Tout le monde savait par cœur les très beaux vers où Ronsard, cette fois vrai et grand poète, rappelle l'impression charmante, mélancolique et religieuse qu'il eut quand il la vit, sous ses blancs voiles de reine veuve, dans les bois de Fontainebleau, quand les arbres, les vieux chênes, les pins sauvages, s'inclinaient, la saluaient « comme chose sainte ».

Ineffaçable souvenir, et sans cesse renouvelé par les poètes de tous les partis. Nos plus sérieux historiens en subissent le charme. Je ne m'en défendrais pas sans tant de preuves qui montrent en cette fatale fée tout ce qui faisait le danger du monde.

Ses portraits aussi, il faut le dire, du moins les plus sérieux, protestent contre la légende. A la grande bibliothèque, à celle de Sainte-Geneviève, à Versailles, on entrevoit l'attrait fantasmagorique de cette pâle rose de prison. Mais, en même temps, le long visage, encadré d'une blanche coiffure de béguine ou religieuse, vous dénonce le génie des Guises. La bouche serrée, petite, l'œil fixe et baissé, n'indiquent en aucune façon la douce résignation dont la parent des récits menteurs. Ils disent la reine, et non la sainte. On y devine très bien la tragique violence qui vengea si cruellement sur Darnley l'offense à la royauté, et qui, sans scrupule, acceptait le meurtre d'Élisabeth.

Que pouvait la reine d'Angleterre quand cette mortelle ennemie vint, non de sa volonté, mais forcée par le péril et poussée en Angleterre? L'Henri IV anglais l'eût tuée; le nôtre l'eût peut-être lâchée. Élisabeth hésita, et, en la gardant dix-neuf ans, tint suspendu sur sa tête, entassa et épaissit un épouvantable orage.

De ces dix-neuf ans, pendant quinze elle fut fort doucement traitée, étant reine de ses gardiens, le comte et la comtesse Shrewsbury, faisant de l'une son amie, de l'autre, dit-on, son amant. Elle enveloppa la famille ; une jeune et jolie nièce qu'ils élevaient comme leur enfant devint le bijou de la prisonnière ; elle l'avait jour et nuit, la faisait coucher avec elle. Voir sa lettre charmante : « A Bess (Élisabeth), ma bien-aimée camarade de lit. »

Elle avait une petite cour, douze demoiselles d'honneur, une écurie considérable et de nombreux serviteurs. (Châteauneuf, dans Labanoff, VI.)

Outre ce que donnait Élisabeth, elle tirait de France le revenu de son douaire. Elle avait son monde à Paris, son intendant Paget (qui fut dans tous les complots), et des ambassadeurs dans toutes les cours.

Elle correspondait toujours, quoi qu'on fît, avec tout le monde, avec l'Espagne, avec les Guises, avec ses partisans d'Écosse. Elle remuait tout de ses lettres éloquentes et calculées, dont plusieurs sont des pamphlets. Les unes, tendres, plaintives, humbles ; d'autres, horriblement satiriques.

Il en est une bien hardie, c'est celle où elle parle tantôt du cautère de la reine, tantôt de sa vanité, et enfin du caprice honteux qu'elle aurait eu pour Simier, l'envoyé du duc d'Anjou.

Plus irritantes encore peut-être sont les lettres où Marie Stuart se pose elle-même comme une sainte, ces lettres si douces, si humbles, où elle lui offre des broderies et des travaux de sa main. Traits touchants qu'on trouve à peine dans la *Légende dorée !* Quel effet devaient-ils produire sur les âmes simples ! Que de pleurs durent verser les femmes ! Quelle rage durent mettre ces choses dans le cœur des hommes, de ces jeunes gens exaltés qu'on enivrait de son nom ! Cette douceur de la prisonnière aiguisait cent poignards contre Élisabeth.

Les catholiques anglais étaient cinquante mille, d'après un dénombrement (Lingard). L'attaque d'une telle minorité contre un grand peuple uni, déterminé à défendre sa foi, sa liberté, sa croissante prospérité, qu'il voyait reposer sur la tête d'Élisabeth, cette attaque coupable eût été de plus ridicule sans l'assassinat et l'invasion. Et l'assassinat même était un coup douteux, quand il s'agissait d'une reine adorée, défendue par l'unanimité nationale et portée sur le cœur du peuple. Les Jésuites, pour tenter la chose, ne durent trouver guère que des fous.

Les héros des dernières conspirations furent d'abord un Gallois Parry, homme d'imagination et d'aventure, comme sont fréquemment les Gallois; plus tard, un jeune gentleman, Babington, qui avait vu Marie Stuart, étant page chez le comte de Shrewsbury ; comme tant d'autres, il avait pris feu ; c'était l'amoureux de la reine ; délivrée, il était bien sûr qu'elle ne manquerait pas de l'épouser.

L'affaire de Parry commença à peu près au moment où l'on manqua l'assassinat du prince d'Orange (1582). On en parlait partout. Parry, dans une querelle, voulut tuer quelqu'un, le manqua, s'enfuit, se fit catholique à Paris, où on ne manqua pas de lui conseiller de tuer Élisabeth. Un savant Jésuite qu'il vit à Venise lui démontra doctement la légitimité de la chose, le poussa à s'offrir au pape. Revenu à Paris, et causant de tout cela légèrement, il se rendit suspect ; un Jésuite, plus fin que les autres, et surpris de l'étourderie avec laquelle on se confiait à ce bavard, lui dit que, dans son ordre, *on n'enseignait qu'à obéir, jamais à conspirer contre le souverain*. Parry, ébranlé, fut raffermi par d'autres ; on se chargea d'obtenir des lettres pontificales, positives et expresses, qui lèveraient ses scrupules.

Était-il dégouté ? l'envie de tuer était-elle sortie de sa tête légère ? Quoi qu'il en soit, passant en Angleterre (janvier 1583), il demanda à voir la reine, lui dit qu'on conspirait contre elle. Quelque parti qu'il prît, cet aveu pouvait lui servir ou à obtenir un bon poste qu'il demandait, ou à être moins surveillé. Mais le parti ne lâchait pas son homme. On lui donna le livre du grand docteur de Reims, Allen, qui justifiait la trahison. On lui apporta des lettres de Rome, où le pape le bénissait, l'encourageait, lui disait de persévérer. Parry reprit l'envie de tuer et se confia à un sien cousin catholique, qui le dénonça. On arrêta en même temps un Jésuite, Creichton, qui, d'abord, *ne connut pas* Parry ; puis le connut, mais *ne se souvint pas* qu'il lui eût parlé de l'affaire, puis s'en souvint ; mais il l'avait chapitré fort et ferme, *détourné de son crime*. C'était la finale ordinaire. Les Jésuites s'en lavèrent les mains, et jurèrent que Parry n'avait été qu'un agent de Walsingham.

Ceci en février 1584. Le 10 juillet, comme on a vu,

fut tué enfin le prince d'Orange, la Hollande paralysée, et le prince de Parme put avec sécurité hasarder le siège d'Anvers ; le 10 même, il prit Lillo, à une lieue d'Anvers, commença les travaux, somma la ville en novembre. Pour empêcher les secours de France, on fit la Ligue (31 décembre), et, pour empêcher les secours d'Angleterre, on monta de nouveau une machine contre Élisabeth.

Le prince de Parme avait toujours vu et endoctriné les assassins des Pays-Bas, les Salcède, les Gérard, etc. *Il donna un congé* à un brave catholique anglais, nommé Savage, qu'il avait dans ses troupes. Le *hasard* voulut que Savage allât au séminaire de Reims ; le *hasard* voulut que, ce brave contant ses beaux faits d'armes aux prêtres, un docteur, qui n'était pas de la conversation, l'entendit ; il s'y mêla et dit au militaire qu'il y avait une chose plus belle encore à faire : c'était de tuer Élisabeth (State trials).

Savage fut un peu étonné ; il n'y avait pas pensé. Il n'osa dire à ces pieux personnages que leur proposition lui paraissait un crime. Il dit : « La chose est difficile. » Il avait la tête dure, et il leur fallut trois semaines pour faire comprendre à ce soldat qu'une reine excommuniée de la bouche du pape devait être tuée sans scrupule. A force d'entendre la chose, il s'y accoutuma, et promit ce qu'on voulut.

Les Jésuites jasaient toujours trop. Au lieu de mener leur homme tout chaud qui eût frappé sans raisonner, ils s'en allèrent demander à Paris l'aveu de l'ambassadeur d'Espagne, Mendoza, et ils voulurent lier l'affaire avec celle du pauvre fou Babington, l'amant de la reine.

Pourquoi ces deux sottises ? Ils répondent qu'elles étaient nécessaires : 1° il fallait que Mendoza leur donnât des troupes espagnoles, *les catholiques anglais étant trop peu nombreux*; 2° il fallait que Babington en fût pour faire avaler à ces catholiques une invasion espagnole *qu'ils redoutaient*. En d'autres termes, les Jésuites n'avaient là-bas presque personne. Ils voulaient forcer l'Angleterre, il y fallait l'épée, la ruse, et, pour réunir ces moyens il fallait parler de l'affaire, la confier, la traîner, manquer tout.

Le gouvernement anglais, ferme sur sa large base, qui était la nation, plongeait un clairvoyant regard dans leurs conciliabules. Le Jésuite Ballard, qu'ils envoyèrent de Reims à Mendoza, était suivi depuis six ans par Walsingham; il l'avait laissé cinq années courir l'Angleterre, ayant près de lui un agent sûr; il ne l'avait pas arrêté, non plus que Babington, voulant pénétrer davantage et savoir jusqu'où l'on irait. Ballard revint en Angleterre, au printemps de 1586, pour lier les deux affaires de Babington et de Savage.

L'assassinat semblait d'autant plus nécessaire aux Jésuites, que leur grande affaire de la Ligue n'aboutissait à rien, et que l'Espagne languissait. Philippe II avait été malade en 1585. (Gachard, *Philippe II*, Introd.) Personne, pendant quelque temps, n'ouvrait plus les dépêches, et rien ne se faisait. On le décida avec peine à organiser sa *junte de nuit*, qui le suppléa un peu.

Donc, tout allait lentement. On voulut hâter, simplifier par la dague ou le couteau.

Le Jésuite Ballard se croyait bien déguisé, faisait l'homme d'épée. Babington se croyait discret, n'ayant associé à l'affaire que cinq ou six de ses amis, jeunes gentlemen, aussi graves que lui. Savage enfin passait le temps à se faire faire un habit exprès pour le jour de l'exécution.

Un mot très fort du duc de Nevers, qu'il dit au jeune De Thou sur Henri de Guise, convient aussi bien à tout le parti. Ces gens embrassaient trop de choses, filaient trop de fils à la fois, s'embrouillaient de trop de projets, sans voir assez si les points de suture les feraient s'agencer ensemble. De telle sorte que leur histoire ressemble à tel roman de l'abbé Prévost, qui a, de temps en temps, tout un roman pour parenthèse. L'ensemble se relie comme il peut.

Ici l'affaire, tissue de tous ces fils, était bien assez compliquée sans y mêler Marie Stuart. Pourquoi la compromettre? Pour agir sur les catholiques écossais, pour tirer d'elle un testament? On y parvint, mais on causa sa mort, et l'on manqua toute l'affaire.

Elle était fort resserrée depuis un an, sans communication. Les fortes têtes de Reims imaginèrent d'essayer d'arriver à elle par un des leurs, le jeune docteur Gilbert Gifford, dont la famille, nombreuse et importante, avait justement sa maison tout près du château de Chartley, où l'on gardait Marie Stuart. Ce jeune homme paraissait fort sûr, ayant son père enfermé pour cause de religion, lui-même sorti de l'Angleterre à douze ans, élevé huit ans par les Jésuites à Reims et en Lorraine. Il présentait toutes les conditions d'un bon agent, jeune et presque sans barbe, inspirant confiance, mais vieux d'expérience et d'études, ayant voyagé, vu l'Europe, parlant très bien diverses langues. On a dit de Gifford, comme de Parry et de bien d'autres, qu'il était un agent de Walsingham ; rien n'indique qu'il le fût alors.

Il pouvait être encore sincère à Reims quand il prit cette mission, et croire, comme tous ces Jésuites, que l'Angleterre était prête pour l'événement. Mais grande dut être sa surprise, en revoyant ce pays qu'il avait quitté à douze ans, de le trouver tout autre qu'on ne disait, de voir cette association de tout un peuple pour la vie de la reine. La prodigieuse prospérité du pays dut faire songer aussi un homme clairvoyant, qui venait de parcourir l'Italie désolée et la pouilleuse Castille. Les voyages, la comparaison des mœurs, ne font pas peu au scepticisme ; tel qui part fanatique revient indifférent.

C'est alors que le vieux Walsingham l'aura fait venir, lui aura dit qu'il les tenait tous, ayant sous la main ce Ballard et ce Babington sans daigner les prendre, mais que lui Gifford en valait la peine, et que, puisqu'il était si décidé au régicide, il en avait une belle occasion en tuant la reine d'Écosse, au lieu de tuer Élisabeth.

Élève des Jésuites, Gifford justifia leur enseignement, montra qu'il avait profité, et qu'il était un

Jésuite accompli. Il se fit leur intermédiaire, gagna un brasseur de Chartley pour porter, rapporter dans ses tonneaux les dépêches du parti et les lettres de Marie Stuart, de façon qu'elle pût se perdre.

Élisabeth la détestait et cependant la défendait, infatuée qu'elle était du caractère sacré des rois, effrayée de l'exemple si on en venait à tuer juridiquement une reine. Elle sentait très bien la force que les puritains en tireraient ; qu'un roi dès lors serait un homme, responsable, justiciable. Elle voyait distinctement l'échafaud de Charles Ier.

Mais Burleigh, Walsingham, Leicester, qui étaient nominativement proscrits par Philippe II et recommandés aux assassins, n'entraient guère dans les prévoyances de la reine. Ils voyaient le moment, le danger actuel ; Élisabeth tuée, ils n'auraient pas vécu une heure. Tous les ports d'Espagne bouillonnaient (dès 1584) du mouvement de l'Armada. La Ligue lui offrait la rade de Boulogne, à six heures de Plymouth. Si Farnèse et ses vieilles bandes passaient, c'était fini. Marie, de sa tour, sortait reine, et son avènement lâchait le soldat dans les rues de Londres.

On avait vu Milan et Rome sous l'Espagnol, sous l'épouvantable torture des *Maranes*, moitié Africains. On avait vu le sac d'Anvers, une scène bien au delà des plus horribles rêves. Tous les rivages d'Angleterre s'étaient couverts de fugitifs, hommes et femmes, nus, navrés, sanglants... Maintenant au tour de Londres. L'Anglaise charitable qui avait reçu la Flamande mourante dans son lit savait ce que c'était que les saccagements de ville, et elle s'évanouissait d'épouvante à la seule idée.

L'Angleterre résisterait-elle ? Il n'y avait pas d'apparence. Pourquoi ? Parce qu'elle avait l'ennemi dans son sein, parce qu'il y avait quelqu'un à Chartley, qui, le lendemain de sa descente, donnerait aux Espagnols deux armées, anglaise, écossaise, ou du moins ferait dire au peuple des marchands : « Traitons, devançons le pillage. » Un sûr moyen d'être pillé.

Aujourd'hui le traité. Demain le sac de Londres. Après-demain, le silence des ruines, que l'on voyait aux Pays-Bas, le commencement des longues tortures à petit bruit, les moines de toute couleur, les mendiants soldats, la torture et les poux.

Hypothèse ? Imagination ? Vains rêves ? Point du tout. La grande flotte de l'Armada, quand elle vint traîner le long des côtes, exposa aux marins anglais une superbe élite de moines, blancs, gris, un corps d'inquisiteurs tout prêts.

Il n'y avait aucune famille anglaise qui, le soir, à genoux, ne demandât, avec prières, larmes et sanglots, la mort, la prompte mort, de cette malédiction vivante dont le prétendu droit livrait l'Angleterre.

Reine propriétaire (c'est un mot de Philippe II). Propriété terrible, de haine et de fureur. De quoi Marie Stuart mourut-elle ? D'avoir fait un *legs de l'Angleterre* (20 mai). L'Angleterre léguée la tua.

C'est pour avoir cette lettre du 20 mai que les Jésuites, dans leur frénétique passion, nouèrent avec elle la correspondance qui la mena à la mort. Non seulement elle y donne l'Angleterre à l'Espagne, mais elle dit que, si son fils ne se fait catholique, *elle le livrera* à Philippe II.

Les Jésuites Persons, Holt et autres, étaient déjà en Écosse pour cette œuvre pie ; ils travaillaient avec les Guises. Henri de Guise appuyait ardemment les envoyés d'Écosse près de Philippe II. On voyait bien ces allées et venues ; on comprenait qu'une révolution allait se faire. Henri III, inquiet, envoya un ambassadeur à Édimbourg, ce que la France n'avait pas fait depuis dix-huit ans. Enfin, pour rendre la chose encore plus claire, ces insensés d'Écosse se mirent à dire la messe et se refirent catholiques, comme s'ils avaient déjà vaincu.

Il est évident que tous perdaient la tête. Ils écrivaient, jasaient, conspiraient en plein vent, sans voir seulement, tristes marionnettes, qu'ils s'agitaient au fil que tirait Walsingham. Babington, le plus fou (c'est son droit d'amoureux), en vient à écrire à Marie. *à sa chère souveraine*, tout ce qu'on fait pour elle. « Quant à ce qui tend à nous défaire de l'usurpateur, six gentilshommes de qualité, mes amis familiers, entreprendront l'exécution tragique » (16 juillet 1586). A quoi Marie répond sans hésiter : « *Il faudra* mettre les six gentilshommes en besogne », etc. (27 juillet).

Ce n'était pas la première fois que Marie consentait la mort d'Élisabeth. Mais ici, par ce mot fatal, elle avait l'air de l'ordonner. Son secrétaire Nau, à qui elle dictait, la pria à genoux de ne pas envoyer cette lettre. Mais c'était fait. La folie est contagieuse. Et

Babington était si naïvement fou, que tous, sur ces belles ailes, naviguaient dès lors avec lui entre ciel et terre, ayant perdu de vue ce bas monde des réalités. Il en était venu au point de ne plus s'inquiéter de l'événement, mais seulement de craindre que les visages des six héros ne fussent perdus pour la postérité ; il en fit faire un grand tableau, où ils étaient très ressemblants, faciles à retrouver ; attention délicate pour la police et dont purent le remercier les agents de Walsingham.

Philippe II était content. Il avait bien serré la bonne lettre où Marie donnait trois royaumes. Il ordonne qu'on se prépare pour agir promptement, sur-le-champ, etc.

Cependant, à ce moment même où il sent tout le prix du temps, il veut que la nouvelle du coup aille d'abord à Paris, non tout droit à Farnèse en Flandre, et c'est Mendoza qui, de Paris, transmettra à Farnèse l'ordre du départ, *de sorte qu'Élisabeth tuée*, dans cette crise brûlante où chaque minute avait un prix énorme, *il y aurait eu cinq ou six jours perdus* avant que le secours espagnol mît à la voile! Cela peint Philippe II, et classe l'animal à sang froid.

Walsingham, tenant son affaire, crut pouvoir emporter la chose auprès d'Élisabeth par un grand coup de peur. Il lui dit tout en une fois. Elle en fut renversée.

Fallait-il attendre les actes ? Il semblerait que le hardi ministre en fut d'avis. Il n'arrêta qu'un homme, le vieux Ballard, voulant sans doute que les autres, effrayés, se précipitassent dans un commencement d'exécution, et qu'on les prît armés. Ils n'osèrent, devinant bien que déjà de toutes parts ils étaient pris, enveloppés.

La sûreté de Marie semblait être en ceci, qu'il n'y avait rien de son écriture. Elle dictait, et Nau écrivait la minute, qu'un autre secrétaire chiffrait. Nau, d'abord noblement, fermement, nia tout. Mais Babington avoua tout, Ballard tout, et quand ils eurent subi, au nombre de quatorze, le supplice des traîtres, Nau remit de l'eau dans son vin. Il dit de point en point comment se faisaient les choses, et que Marie avait dicté.

Elle se défendit d'abord par le silence, refusant de répondre, disant qu'elle était reine, étrangère, et non soumise aux lois anglaises; qu'elle était venue en Angleterre *sans y être forcée*. Ceci était très faux. Elle n'aurait pas pu se sauver. Notre ambassadeur, Castelnau, dit nettement qu'à peine réfugiée en Angleterre elle conspirait, et qu'Élisabeth fut contrainte de la retenir.

Après le silence, elle essaya le mensonge et l'équivoque, disant ne pas connaître Babington, *puisqu'elle ne l'avait jamais vu*, soutenant même *qu'il ne lui avait point écrit, qu'elle ne lui avait point répondu*. Elle prit Dieu à témoin *qu'elle n'avait jamais consenti à ce qu'on conspirât contre la reine d'Angleterre*.

Tous les historiens, chose curieuse, admirent la dignité de cette défense! Tous estiment que l'accusée y fut grande et vraiment reine! Peu s'en faut que ce jugement ne soit cité à côté des jugements des martyrs, des héros de la vérité !

Les plus judicieux écrivains copient ici sans examen les misérables pamphlets, généralement anonymes, que les événements produisirent, par exemple : l'*Innocence de la très chaste et débonnaire Marie*, le *Martyre de la Reine d'Écosse*, la *Mort de Marie Stuart*, etc., et tout ce qu'a ramassé la compilation de Jebb. Ces romans furent imprimés la plupart dans l'année même des *Barricades* et de l'*Armada*. Ce sont des armes de guerre lancées contre Élisabeth et contre Henri III. Le but est d'exalter les Guises, de faire croire que le roi de France trahit sa parente et n'intervint pas pour elle. Une foule de détails inexacts devaient avertir que ces histoires sont des pamphlets et des pamphlets ignorants. Par exemple, l'auteur du *Martyre* dit que Gifford, à Paris, logeait chez le conspirateur Morgan (Jebb, II, 281), chose matériellement impossible ; Morgan était à la Bastille.

Beaucoup d'ornements romanesques montrent aussi que ces livres sont écrits pour les belles ruelles et les dames du continent, spécialement les détails sur la blancheur de Marie, sa gorge d'albâtre (307), spécialement le conseil qu'elle aurait tenu la veille avec ses femmes et ses serviteurs sur sa toilette du lendemain (639), le satin gaufré, le taffetas velouté, les bas de soie bleue, les jarretières de soie, et jusqu'aux caleçons de futaine blanche. Est-il sûr que ces belles choses aient tellement occupé une âme en présence de l'Éternité ?

Mais ce qui me rend ceci encore plus suspect, ce sont les saletés ignobles qu'on ajoute sur Élisabeth (651). Quand la fureur fait descendre jusqu'à fouiller de telles choses, on peut croire que l'historien qui se moque de la pudeur se moquera de la vérité.

Chevaliers de Marie Stuart (je parle surtout au bon Schiller, dupe de son cœur au point d'écrire ce drame violent contre ses propres idées), examinons, je vous prie, la vraie cause qui vous a tous tellement aveuglés, dévoyés, jusqu'à suivre aveuglément les plus sots pamphlets des Jésuites.

« Son jugement fut irrégulier. » Non, ce n'est pas la vraie cause qui vous a passionnés. Bien d'autres procès analogues vous ont passé par les mains sans que vous y insistiez.

Dites la chose comme elle est, n'en rougissez pas. La vraie cause qui vous émeut, qui nous émeut tous, c'est que *c'était une femme.*

Tuer une femme! c'est en effet une chose horrible; et qui soulève! La mort de la plus coupable semble un crime de la loi.

Je n'examinerai donc pas ce qui serait advenu de l'Angleterre si l'invasion espagnole eût trouvé vivante la dangereuse créature qui faisait l'unité secrète du parti catholique anglais, son lien avec les Guises, avec toutes les conspirations du continent. Que de femmes pourtant alors, des millions de femmes anglaises, eussent trouvé pis que la mort dans la vie de cette femme!

J'aime mieux, mettant ceci à part, répéter ce que j'ai dit dit ailleurs avec plus de force que personne (*Révol. franç.*, t. VII) : « Il n'y a contre les femmes nul moyen sérieux de répression. Elles sont souvent coupables; elles sont moralement responsables; et cependant, chose bizarre, *elles ne sont pas punissables.* Malheur au gouvernement qui les montre à l'échafaud; on ne l'en excuse jamais. Celui qui les frappe se frappe; qui les punit se punit. Elles sont le monde de la Grâce; la Loi ne peut rien sur elles. »

Élisabeth le sentit cruellement, profondément. De là sa pitoyable tentative de faire croire qu'elle eût pardonné, mais qu'on devança ses ordres. Elle voyait parfaitement que cette mort, juste ou non, la poursuivrait dans tout l'avenir; elle voyait que l'acte odieux que lui arrachait le péril pouvait sauver l'Angleterre, mais la perdait elle-même à jamais dans le cœur des hommes.

CHAPITRE XXXVIII

Henri III est forcé de s'anéantir lui-même. (1587.)

La sombre, mais belle histoire, qui finit en 1572, a été justement intitulée : *Les Guerres de religion*. L'histoire misérable que nous faisons maintenant devrait s'appeler : *Les Intrigues sous prétexte de religion*.

Les catholiques peuvent là-dessus s'en fier au pape lui-même. Sixte-Quint avait en dégoût la grande tartuferie à laquelle on l'associait. Ce bon père, tout occupé de sa petite affaire romaine, d'arrêter et de faire pendre les bandits de son désert, regardait de loin sans plaisir la sotte pièce de la Ligue. Il voyait de mauvais œil ce que *ses fils* les ligueurs et *ses fils* les Espagnols s'obstinaient à faire pour lui. Il leur donnait à la rigueur des parchemins et des bulles, point d'argent, se disant trop pauvre. « Si j'en avais, disait-il ironiquement aux ligueurs, je n'aurais garde d'en donner pour la guerre ; je suis un homme de paix. »

C'était un rusé paysan qui n'était pas dupe. Il voyait qu'il n'y avait guère de vérité dans tout cela, qu'on ne travaillait pas pour lui, et que, s'il y avait succès, ce serait la grandeur de l'Espagne, dont il dépendrait plus encore.

L'Espagne marchant sur l'Europe, menaçante malgré sa fatigue et son appauvrissement ; l'Espagne, aidée d'une force immense d'illusion et de terreur, poussée par l'armée du mensonge, unie si intimement à la réaction fanatique qu'elle n'avait pas même besoin de la ménager, voilà ce qu'on voyait venir.

Force fatale, qui, quoi qu'elle fît, parfois insultant le pape, parfois massacrant des moines (comme on vit en Portugal), n'en semblait pas moins catholique et la catholicité elle-même.

On a vu les sournoises, maladroites et impuissantes tentatives des Jésuites en 1578 et 1583, pour agir sans Philippe II par des epées d'aventuriers. Ils retombent toujours à l'Espagne ; ils sont à sa discrétion.

On va voir de plus en plus la sottise de la Ligue, qui voudrait être par elle-même, le chimérique roman de Guise, qui vainement se figure *qu'il se servira de Philippe II.* Il ne fait rien que se perdre. La Ligue n'a de force sérieuse que par sa base espagnole.

La Ligue fut-elle une chose française et nationale ? Les Français du seizième siècle (après le *Gargantua* et pendant qu'écrit Montaigne !) sont-ils véritablement si fanatiques et si sots ? Les actes soi-disant populaires qu'entasse M. Capefigue auront peine à me le faire croire. Son procédé n'est pas habile. Il prend, copie tout ce qu'il trouve aux Archives de la ville, convocations de la milice, ordres d'armer les bourgeois, programmes de fêtes publiques, et il appelle tout cela des actes du peuple, les élans municipaux de la bonne ville de Paris, l'action des confréries, des halles, etc., etc. Lisez avec attention; vous reconnaissez des actes officiels, émanés de l'autorité.

Ce qui d'avance m'avait mis tout d'abord en défiance sur cette prétendue popularité de la Ligue pendant vingt années, c'est la longueur du temps même. La France n'est pas si longtemps folle. Une pièce qui traîne ainsi, qui n'aboutit pas promptement, qui recommence sans cesse pour avoir de fréquents entr'actes et laisser la scène vide, n'est pas une pièce française. Il y fallait une patience qui n'est pas de cette nation; on l'aurait sifflée cent fois si le véritable auteur, le clergé, n'eût été là, avec sa forte police de boutiquiers ruinés, de mendiants à bâtons, et son arrière-garde espagnole.

Dès 1586, dans les dépêches d'un agent très clairvoyant, vivement intéressé à la chose, l'ambassadeur de Savoie, je trouve cet aveu curieux : « *La Ligue a dégoûté tout le monde.* » (Archives diplomatiques de Turin, 27 mai 1586, portef. 5.)

Qui dit la Savoie dit l'Espagne : Philippe II venait de donner sa fille au jeune duc de Savoie. C'est l'aveu des intéressés, de ceux qui comptaient se servir de la Ligue pour démembrer la France, qui travaillaient dans ce but, qui pratiquaient Marseille et Lyon. (*Ibid.*, 27 avril 1587.)

Si la Ligue avait eu en France les fortes et vastes

racines nationales qu'on suppose, Guise n'eût pas eu besoin d'attendre toujours Philippe II. Quoi qu'il tirât du clergé, quoi qu'il tirât de ses biens qu'il était obligé de vendre, il tendait toujours la main à l'Espagne ; il en recevait l'aumône, et, la lutte s'engageant, il en sollicitait les troupes.

Il savait très bien que la Ligue, en campagne, n'aurait pu tenir devant le Roi, uni au roi de Navarre. On le vit en 1589.

Dans les villes même, si faciles à terroriser (nous l'avons vu tant de fois), la Ligue eût eu le dessous si elle n'eût sans cesse employé le moyen suprême, à savoir le *peuple*, son *peuple* d'assommeurs, celui qui mangeait à midi la soupe des couvents et touchait le soir l'argent espagnol. C'est par ces bandes qu'elle fit les élections de la milice en 1588.

L'étranger, toujours l'étranger : voilà ce que tout Français un peu clairvoyant voyait à travers la Ligue.

Allez donc, sots érudits, rapprocher les temps de la Ligue de ceux de la Convention! Comparez, je vous prie, les défenseurs et sauveurs du territoire avec ceux qui livraient la France.

Cette misérable France, si loin de ses premiers élans spontanés, nationaux, si loin d'Étienne Marcel et des vrais États généraux, qu'avait-elle pour se défendre, au seizième siècle, devant la puissance espagnole? Hélas, rien que la royauté.

Cette royauté funeste, cruellement dépensière et folle, elle est encore le point central où il faut bien ici se rallier.

Cruel abaissement des temps! Dans le précédent volume, nous stigmatisions justement le sauvage fou Charles IX et l'homme femme Henri III. Nous voici réduits maintenant, par la Ligue, ce monstre d'hypocrisie, à regretter Charles IX, à favoriser Henri III.

« Suis-je bien moi? » disait ce juif dans les cachots de l'Inquisition. « Mais non! je ne suis point moi! » L'histoire en dit autant ici, et se méconnaît elle-même.

On aurait cru que la furie de ce Charles, tombant aujourd'hui à droite pour tomber demain à gauche, était le pire gouvernement. On l'eût cru, on se fût trompé. Il y avait encore alors un peu d'ordre financier, quelque obstacle aux vaines dépenses. Barrière détruite, abaissée, à l'avènement d'Henri III. Donc ce sera celui-ci qui marquera le fond du fond? Son Épernon et son Joyeuse sont le pire gouvernement. Mais non, nous n'y sommes pas; voici les grands réformateurs qui vont guérir tous les abus, les Lorrains et les ligueurs, défenseurs irréprochables des franchises nationales. Que nous apportent ceux-ci? et quel serait leur succès s'ils venaient à bout de leur œuvre? Ils ne vivraient pas un quart d'heure sans subir deux conditions : *un démembrement féodal*, qui mettrait la France en pièces; et la tête de ce monstre *serait le tyran étranger*.

Nous voilà donc à ce point de défendre Épernon, Joyeuse. Dans la faiblesse actuelle du petit roi de Navarre, en attendant qu'il grossisse et soit Henri IV, ces deux drôles, contre les Lorrains et le parti

espagnol, se trouvent les gardiens de la nationalité.
Confessons cet avilissement et cette extrême misère.
La France, dans ce moment, périrait sans la royauté,
qui elle-même n'existe que dans ces deux tristes
vizirs.

S'ils avaient été d'accord, le trône, à l'état vermoulu, eût eu encore quelque force. D'Épernon était un homme de résolution; il voyait très bien dans Paris combien l'œuvre de la Ligue était chose artificielle; toujours il demanda au roi de lui permettre d'agir. La Ligue entraînait les foules par ruse et terreur; mais fort aisément la terreur aurait été reportée de l'autre côté. Ce ne fut, comme on va voir, que par une panique habile qu'on réunit un moment le peuple pour les *Barricades*. Si l'on eût pris les devants, les vrais ligueurs, pour une action sérieuse, n'auraient pas été nombreux.

Épernon était une épée. Mais le manche qui le tenait? Une pauvre chose pourrie, la volonté d'Henri III, qui n'en était pas seulement à garder son secret une heure. Il ne pouvait rien retenir : c'était son infirmité. Catéchisé par Épernon, et louant son énergie, il s'en allait rapporter tout à son gouverneur Villequier et à la vieille Catherine, qui le faisaient savoir aux Guises.

Si Joyeuse n'était pas un traître, c'était du moins un jeune fou. Sa marotte était de supplanter Guise. Il était suivi en effet de tout ce qu'il y avait de cerveaux vides dans la jeune noblesse : loyaux étourdis qui n'aimaient ni les replis italiens du fameux héros catholique, petit-fils des Borgia, ni l'austérité empesée, la roideur des calvinistes. Joyeuse était leur grand homme; ils admiraient sa grandeur à jeter l'or par les fenêtres. Il ressemblait à Henri III. Le souci de celui-ci n'était ni la Ligue ni l'Espagne : c'était la rivalité d'Épernon et de Joyeuse.

Cependant, qu'il le voulût ou non, il penchait vers ce dernier, pour la raison toute simple que Catherine, Villequier, d'O, c'est-à-dire le vieil intérieur, étaient aussi du côté catholique, et ne lui demandaient aucun acte d'énergie, de résolution, mais seulement de rester tranquille et d'aller où il allait (au gouffre de l'Espagne et des Guises). Avec Épernon, il eût fallu se botter, monter à cheval, s'appuyer du tiers parti et même du roi de Navarre, faire le coup de pistolet, peut-être livrer un combat désespéré dans Paris.

La fermentation y était grande, facile à entretenir dans l'état d'extrême malaise où étaient les populations. La peste peu auparavant avait horriblement sévi, et, dit-on, tué trente mille hommes. Cette malheureuse ville en deuil était triste, aigrie, crédule. Le service de Marie Stuart que l'on fit à Notre-Dame exalta fort les esprits. Le printemps permit de faire des processions nombreuses, qui, en même temps, étaient des revues de la faction. Les Guises y faisaient venir de Picardie, de Thiérache, de Champagne, même de Lorraine, de pauvres diables, hommes et femmes, dont la misère exaltait la dévotion. Les pèlerins, en habits blancs avec des croix, hurlaient des chants dans tous les patois de la France ou en mauvais allemand. Ce spectacle portait au cerveau. Beaucoup avaient peur; d'autres s'animaient, devenaient furieux. D'ardents agents de la Ligue, emportant de Paris ces torches, les secouaient par toute la France. Dans les confessionnaux, on disait aux femmes tremblantes : « N'ayez peur; la sainte Union a quatre-vingt mille hommes armés; nous serons heureux dans trois mois; il n'y aura qu'une religion. »

Un fait montre où l'on en était. Le conseil de l'Union, tenu aux Jésuites, avait décidé que Boulogne serait livrée à l'Espagne. Le roi, averti, empêcha la chose. Loin d'être déconcerté, deux ans de suite on revint à la même entreprise. L'homme qui devait livrer Boulogne fut amené en triomphe sous le nez du roi, caressé d'hôtel en hôtel. Paris le vit; le Louvre l'endura; il ne se trouva pas un Français pour mettre la main sur le traître. Tellement la longueur des maux avait énervé les meilleurs! Tellement l'étincelle nationale et le sens de la Patrie, déjà si vifs au temps de la Pucelle, s'étaient plus d'un siècle après misérablement affaiblis!

Que la petite minorité protestante, réduite du cinquième au dixième de la population française, fût tentée d'appeler au secours pour ne pas être égorgée, on le comprend à la rigueur. Mais que cette majorité qui se prétendait énorme, qui se disait la nation, amenât l'étranger en France, c'est là ce qui avait droit d'étonner et indigner. Et quel étranger encore? Non tel petit prince allemand, non quelques bandes de reîtres, mais l'épouvantable géant qui venait d'engloutir l'empire portugais, les Indes orientales, ayant les occidentales!

N'avait-on pas sujet de croire qu'un tel roi retiendrait pour toujours ce qu'on lui mettrait dans les mains?

Attendre le secours d'Espagne, c'était la politique des Jésuites, celle des Guises et des hauts ligueurs. Mais leurs bas associés, ceux qui travaillaient la boue de Paris, avaient hâte de *jouer des mains*. Il leur tardait de jouir de ce qu'on leur avait promis. Les modérés qu'il fallait égorger, c'étaient principalement ceux que l'on désirait piller. Il y avait de bons coups à faire chez M. le chancelier, chez M. le premier président, etc., etc. Pour en venir au pillage, il fallait surprendre le roi, l'enfermer, le tuer ou le tondre, lui faire suivre sa vocation et en faire un capucin. Trois fois de suite en six mois, on crut mettre la main sur lui. Trois fois il fut averti, se tint sur ses gardes. Nous possédons le récit de l'intrépide Poulain, qui, chaque soir au Conseil de la Ligue, où on pouvait le poignarder, apprenait ce qu'on ferait le lendemain contre le roi. On a suspecté cette pièce. Mais elle est tout à fait d'accord avec tous les documents qu'on a publiés depuis.

Comment servir Henri III? Il se trahissait lui-même. Son entourage lui fit croire que Poulain était payé par les huguenots. Il l'envoya faire ses révélations à un Villeroy, ami de Guise, et qui le tenait au courant de tout.

L'orage semblait devoir écraser le roi de Navarre?

Il faut regarder la carte, voir l'étroite et misérable petite bande de terrain où il se trouve acculé, ayant par derrière l'Espagne, par devant la grande France catholique, Henri III, uni à la Ligue, qui allait, bon gré mal gré, marcher contre lui.

Il est vrai que tous les protestants d'Europe s'étaient émus, cotisés, le roi de Danemarck en tête, pour payer une armée allemande qui ferait une diversion. Les ligueurs dirent à l'instant que c'était Henri III lui-même qui appelait les Allemands. S'il ne combattait pas l'invasion, tout le monde le jugeait traître. S'il la combattait, il se fermait tout retour du côté des protestants, il se brouillait à jamais avec l'Allemagne et la Suisse protestante; il appartenait dès lors à la Ligue, qui le traînait la chaîne au cou.

Il lui fallut bien pourtant, devant l'émeute permanente, prendre ce dernier parti. La Ligue donnait des troupes à Guise; le roi se mit à la tête des siennes, et il fallut que d'Épernon avec lui combattît les Allemands au profit de la Ligue.

Comment l'armée de Navarre joindrait-elle celle d'Allemagne à travers toute la France? Grand problème. Loin d'avancer à sa rencontre, le Béarnais reculait devant une grosse armée royale que menait Joyeuse. Plus d'une fois il se trouva près de périr, entre deux rivières et deux grands corps ennemis. Son vrai sauveur fut Joyeuse et son incapacité. Cet intrépide étourdi, suivi d'un monde de grands seigneurs à tête non moins légère, avait obtenu carte blanche du roi et la permission de donner bataille.

Inquiet de son crédit baissé, il voulait se relever par quelque succès éclatant qui le mît au-dessus de Guise et lui conciliât la Ligue. En attendant, sur sa route, il faisait le bon catholique en massacrant tout; il avait juré, disait-il, de faire mourir quiconque sauverait un seul huguenot. Toute son inquiétude, c'était d'être joint trop tôt par le maréchal de Matignon, un Normand fort entendu qu'on lui envoyait pour tuteur et qui tâchait de le rejoindre.

Joyeuse trouve l'ennemi à Coutras et ne perd pas une minute pour se faire battre à plate couture, disperser, détruire et tuer (20 octobre 1587).

La petite armée protestante, outre sa supériorité morale de troupe aguerrie, se montra une armée moderne comme art et habileté. L'artillerie, bien placée et bien commandée, fit du premier coup un dégât immense dans les rangs serrés de Joyeuse, et la sienne, plus forte, n'eut aucun effet. Des pelotons d'arquebusiers, marchant devant le roi de Navarre et les deux Condé, leur préparèrent la besogne. Ils rompirent les catholiques, renversèrent les brillants escadrons. Et alors, l'infanterie protestante survenant, un grand massacre commença; deux mille morts restèrent sur la place, parmi lesquels ce beau monde de seigneurs et le fanfaron Joyeuse.

Point de victoire plus complète. La chambre où dîna le roi de Navarre était pleine de drapeaux; tout le monde ivre de joie, lui calme autant qu'auparavant, modéré et bon pour les prisonniers jusqu'à rendre à quelques-uns leurs enseignes pour les consoler. Les ministres étaient stupéfaits de voir un homme si modeste. D'autres, observateurs sérieux, entrevirent l'abîme insondable d'indifférence à toute chose qui, sous cette surface aimable, se trouvait en effet chez lui.

Nulle autre prise que les femmes; pour quelques jours, à La Rochelle, éloigné de sa maîtresse, la fameuse Corisande, il lui avait fallu la fille d'un magistrat de la ville. Les ministres, avant la bataille, lui rappelèrent ce péché; sans disputer, il en fit une sorte de satisfaction, d'amende honorable abrégée. Puis le lendemain de la bataille il laissa tout et s'en alla, avec sa brassée de drapeaux, chez sa Corisande d'Audouin.

Il est vrai que tout le monde le quittait. Chacun avait hâte d'aller reposer chez soi. Et cette armée allemande qui venait tout exprès pour eux, qui allait la diriger? Un seul des chefs protestants y avait songé, et, par une course intrépide de deux cents lieues en pays ennemi, était parvenu à la joindre. C'était le fils de Coligny.

Abandonnée à elle-même, l'armée étrangère allait comme un grand vaisseau sans pilote ou comme un homme ivre, sans savoir ce qu'elle faisait; le soldat menait ses chefs.

Les Allemands avaient trouvé en Champagne leur vainqueur, le vin, le raisin, la vendange; leur voyage était devenu une sorte de bacchanale. Puis le camp fut un hôpital; on laissa des hommes sur tous les chemins.

Le nouvelle de Coutras, qui leur vint le 28 octobre,

les avait encouragés. Mais ce qui leur porta un coup terrible à ne pas s'en relever, ce fut de voir que le roi, que d'Épernon, qu'on leur avait dit amis, vinrent à eux comme ennemis. D'Épernon leur ferme la route. Il les arrête, les démoralise, les corrompt, décide les Suisses qu'ils avaient à les quitter, à se joindre aux Suisses du roi.

Henri III se trouva ainsi avoir deux fois servi la Ligue et s'être porté deux coups. Par la défaite de Joyeuse il se trouvait ruiné dans sa force principale, et par le succès d'Épernon il brisait les Allemands, qui eussent été contre la Ligue ses meilleurs auxiliaires.

Ceux-ci, n'espérant plus rien, indisciplinés, sans ordre, ne se gardant même plus, offraient à Guise une belle prise. Par deux fois, il tomba sur eux et eut deux petits avantages que la Ligue porta jusqu'au ciel. Le roi, au contraire, qui avait fait le grand coup, en décourageant les Allemands, fut partout proclamé traître, coupable, dûment convaincu de les avoir fait échapper.

La Ligue crut dès lors n'avoir plus rien à ménager avec un homme mort, qui venait par complaisance de s'exterminer. A ce roi crevé, on put sans danger donner le dernier coup de pied. Le parti, assemblé à Nancy, lui fit la demande de *s'unir mieux à la Ligue* (il venait de se perdre pour elle), de subir le concile de Trente et la domination du pape, d'accepter l'Inquisition, de donner des places aux ligueurs, de vendre les biens protestants pour entretenir en Lorraine une armée catholique, de taxer les convertis au tiers de leurs revenus, enfin *de ne faire grâce à aucun prisonnier.*

Condition atroce. On avait soin d'ajouter que, si un prisonnier, pour sauver sa vie, voulait se faire catholique, il ne le pouvait *qu'en cédant la totalité de ses biens.*

Était-ce tout? Non, on exigeait que le roi, de plus, *éloignât de lui ceux qu'on lui désignerait.* Cela voulait dire Épernon, quelques seigneurs qui lui restaient encore fidèles, sa garde, les quarante-cinq de son antichambre.

C'était lui demander sa vie.

On sentait que, poussé jusque-là, il disputerait; qu'acculé dans le désespoir, il essayerait quelque chose, s'obstinerait à vouloir vivre, et, par ce crime, mériterait sa déposition.

APPENDICE

Les lettres *manuscrites* de Granvelle, de Catherine, de l'ambassadeur de Savoie et du nonce; parmi les documents *imprimés*, les correspondances d'Angleterre et de Hollande, m'ont aidé principalement à débrouiller le fil de nos affaires. Rien de plus important que cette dernière, publiée par M. Groen van Prinsterer. Les pièces si curieuses, les notes savantes et consciencieuses de l'éditeur, m'éclairaient également. Je les cite peu dans ces notes, mais, comme on a vu, très souvent dans mon texte. Après la mort de Coligny, la tragédie des tragédies continue dans Guillaume, ce si grand homme! si humain et si ferme, d'un malheur accompli, surtout dans ce traité lamentable avec Charles IX, que la patrie lui imposa et qui lui arracha le cœur. (*Lettres d'avril* 1573, t. IV, p. 116.) Les appendices de M. Groen m'ont servi aussi beaucoup en me donnant l'ambassade de Saint-Goard à Madrid et celle de Schomberg en Allemagne.

Chapitre XXVII, p. 418. — Les *Archives du Vatican* révèlent deux faits curieux : Charles IX, le 6 septembre, demanda au pape le prix du massacre, un prêt de cent mille écus. Déjà le 2 septembre, huit jours après la mort de Coligny, son parent, M. de Montmorency, avait tiré de Charles IX une abbaye dont Coligny avait les revenus.

Le nonce écrit au pape que le roi se tue à la chasse; depuis peu il a éreinté cinq mille chiens, et il crève pour trente mille francs de chevaux par an. Le cardinal de Lorraine craint extrêmement un arrangement et conseille un nouveau massacre. — Le roi trouve des hommes cachés dans son Louvre

(29 avril 1574). — Dans la nuit du 9 mai, la vieille reine s'imagine qu'on a mis de la poudre sous son lit pour la faire sauter; elle cherche et ne trouve rien. — Le roi meurt, et les évêques viennent demander à la régente ce qu'il a dit en mourant. Elle répond spirituellement : « Que vous résidiez dans vos diocèses. » — Sa misère est grande cependant; les cardinaux de Lorraine, de Bourbon et d'Est se cotisent avec d'autres prélats pour lui procurer cent écus (22 juin 1574). — Enfin Henri III arrive. Le nonce en fait le plus lamentable portrait. Il dit : « Il est faible et luxurieux; il n'aura pas de postérité. Quand il passe une nuit ou deux avec une femme, il reste huit jours au lit. » — Un autre écrit : « C'est un jeune homme aussi jeune d'esprit qu'on puisse imaginer, une créature paresseuse et voluptueuse qui passe sa vie à niaiser au lit. Il a peu de mois à vivre, etc. » — La mère et le fils écrivent au pape de longues lettres, radoteuses et pleureuses, pour demander de l'argent. Le pape offre dix mille francs. (*Archives de France, extrait des Archives du Vatican*, carton II, 388.)

Chapitre XXVII, p. 420. — *Un massacre dont chacun avait horreur...*

Charles IX lui-même craignit l'effet de la tête de Coligny arrivant à Rome. Il ordonna au gouverneur de Lyon de l'arrêter au passage. Pour le clergé, il lui a fallu plus de temps pour apprécier les choses. Ce n'est que soixante ans après qu'on a inventé des prélats contraires à la Saint-Barthélemy. Le premier, un jacobin breton, Mallet, dans son histoire de son ordre, imagina, affirma qu'un saint homme, directeur de Catherine de Médicis et de Diane de Poitiers, l'évêque de Lisieux, Hennuyer, avait empêché le massacre dans cette ville. Le jésuite Maimbourg a reproduit ce récit. Malheureusement les registres de la ville de Lisieux établissent tout le contraire. Ce fut le magistrat qui empêcha l'effusion du sang, et nullement l'évêque, alors absent, et d'ailleurs ardent persécuteur. La chose est discutée à fond par Louis Du Bois. (*Rech. sur la Normandie.*)

Chapitre XXVIII, p. 453. — *Charles IX ne se fiait point à sa mère.*

Les archives diplomatiques de la maison de Savoie m'ont été fort libéralement ouvertes à Turin, en juillet 1854. J'y ai trouvé les précieuses dépêches que l'envoyé du duc, à Paris, écrivait à son maître presque jour par jour. Elles commencent à la Saint-Barthélemy. Il m'importait de contrôler les pièces espagnoles par cette correspondance de Savoie, qui, quoique également catholique, n'en a pas moins son point de vue à part. J'en donnerai deux spécimens, des années 1573-1575 et 1586-1589. Voici le premier :

1573, 12 avril. Le Roy se fâcha lundi merveilleusement contre la royne sa mère, jusques à lui reprocher que elle estoit cause de tout ce désordre, de fasson que sur collère il print opinion de se aller promener pour cinq ou six jours hors la court à la chasse aux environs de Melun, là où il coucha mardy passé. Quoy voyant la royne sa mère le renvoya rappeler et raccointer par la royne sa femme. — 31 mars 1574. Le roi de Pologne partant a machiné par sa mère que Guise resteroit près de Charles IX contre le duc d'Alençon. Charles IX dit à Alençon : « Cadet, l'on te veut sortir de cuisine. » Et il lui conseilla de s'appuyer de Montmorency (qui le rapprocha des huguenots). Un parti vient menacer Guise à Saint-Germain. Tout se sauve. Alençon s'excuse à Charles IX, qui, dès lors, s'en défie, et les huguenots aussi se défient du duc d'Alençon. — La reine pleure. On la sait maléficiée pour qu'elle ne puisse avoir enfant. — 20 mai 1574. Élisabeth déplore le malheur de la pauvre France, qui, ayant déjà tant d'ennemis, etc. La reine mère se met contre ses enfants, le roi contre son frère sur si légère défiance. Éloquent et touchant. — 31 décembre 1574. Mort du cardinal de Lorraine. La reine en prit une telle appréhension, que, le jour devant qu'il trépassa, le roy présent, elle s'imaginoit de veoir devant elle monseigneur le cardinal qui l'appeloit et qui la convioit de venir avec lui. — 7 janvier 1575. Les huguenots pratiquent Alençon. L'envoyé de Savoye n'en parle pas, dit-il, car on dit que la grandeur de Votre Altesse est que la France soit en troubles, pendant quoy elle fait ses affaires. — 15 septembre 1575. Leurs Majestés ont quitté le Louvre pour l'hôtel de Guise; le Louvre n'a pas de jardin, et la reine, qui aime à se promener, alloit au jardin des Tuileries. Mais, comme on se doute de la guerre plus que jamais, elle a pris opinion qu'on pourroit lui jouer mauvais tour ou au roi — 18 décembre 1575. Sa Majesté continue toujours aux dévotions, allant tous les matins visiter divers monastères, l'autre jour, à une abbaye près Corbeil, assez mal accompagnée, et heust avis de quelques chevaux qui le firent retirer plus vite que le pas et retourner en cette ville. — La reine, sa femme, ne se rend guère moins superstitieuse, car elle porte dessus elle tout plein de reliqueries pour des vœux qu'elle a fet. — 23 novembre 1575. C'est pitié de le veoir (Henri III). S'il n'étoit marié, on le feroit d'église. Il se laisse fort posséder des Jésuites, etc. (*Archives diplomatiques de Turin. Dépêches manuscrites de l'ambassadeur de Savoie à Paris.*)

Chapitre XXXI, p. 477-482. — *Sur les sottises de Catherine.*

Il est singulier de voir combien elle restait Italienne, hors du point de vue de la France. Son orthographe suffirait pour montrer qu'elle s'était bien moins francisée qu'on ne l'a cru : « En priant Dieu vous donner cet que vous désirés... come jé dit has Boiuvin... » (*Lettres mss.*, 27 mars 1570.) Sa petite politique italienne eut le résultat d'isoler parfaitement la royauté, refoulant les protestants vers Élisabeth, les catholiques vers Philippe II. Son conseil à Henri III « de se faire fort », d'imiter Louis XI, etc., est plus que puéril, dans son épuisement financier et l'embarras d'une guerre qu'elle a provoquée étourdiment, malgré les conseils de Montluc, des Vénitiens. Puis elle crie tout à coup au roi : « Sans la paix, je vous tiens perdu. » (*Lettres mss.* des 28 sept. 1574 et 11 déc. 1575.) — La lettre inepte du 5 juin 1572 que j'ai citée plus haut, page 350, est *ms. dans Bréquigny*, t. XXXIII.

Chapitre XXXIV, p. 512. — *Don Juan, Philippe II.*

MM. Mignet et Ranke, très favorables à Don Juan, ont rapproché, résumé d'une manière lumineuse tout ce qu'on en a dit. — Pour Philippe II, ils ne me paraissent pas sentir assez que, quoique lent et médiocre, ce fut de plus en plus un demi-fou. Je pense surtout à ses rêves sur la couronne impériale, celles de Pologne, de Danemarck, ses expéditions à contre-temps en Barbarie (Cf. Groen et Charrière, III, 336.) Ce n'était pas seulement Granvelle ou Spinoza qui tâchaient de le retenir, mais le duc d'Albe qui, en 1569, lui expose l'énormité de l'entreprise sur l'Angleterre. (Gonzalès, *Documents*, IV, 517, 521.) Plus tard, au fort de ses embarras, le duc d'Albe frémit de le voir se lancer dans la guerre des Turcs. « Il est poussé pas les prêtres », dit-il (ap. Gachard), — *tenté du diable* (ap. Charrière). Quant aux fameuses apostilles de Philippe II sur les dépêches, elles n'étaient pas de lui. « J'ai la preuve, dit Gachard (I, p. LXII), que c'était le secrétaire Çayas qui ordinairement en rédigeait la minute. » — Pour la ruine de l'Espagne, cf. Ranke, sur les finances, et Weiss, dans son excellent livre sur la décadence espagnole. — La statue de Philippe II à Bruxelles se voit au mur latéral de Sainte-Gudule.

Chapitre XXXV, p. 520. — Le *Gesù*, etc.

Je n'attends pas, comme d'autres, 1586 et le procès de Marie Stuart pour parler de la série des conspirations jésuitiques; je les prends à l'origine, à la mission de Campian, à la première arrivée de Ballard en Angleterre, 1580. Le procès de Ballard et de Babington (*State trials*) montre parfaitement qu'il faut remonter très haut, avant l'assassinat du prince d'Orange. Tout cela est d'une pièce. Les événements militaires alternent avec les conspirations : un jour l'épée, un jour le couteau. — Le curieux, c'est l'émulation des deux polices, qui se débauchent leurs agents l'une à l'autre. — Quant aux tentatives de descente, le moment intéressant est celui où Guise, entravé par l'Espagne, essaye de se lier, *sans elle et contre elle*, aux catholiques anglais; très bien exposé par M. Mignet, *Marie Stuart*, II, p. 235.

Aux chapitres XXXVII et XXXVIII, j'ai suivi fréquemment De Thou pour l'intérieur de Paris. Les siens y avaient de fortes

racines, et purent savoir beaucoup, étant au Palais et à la cour, et dans les rues; son père, le président, était colonel de quartier.
— Personne n'a bien compris qu'aux *Barricades* Guise était traîné par l'Espagne, qui le risqua comme un brûlot, pour pouvoir faire partir l'*Armada*.

Chapitre XXXVIII, p. 580. — *La Ligue a dégoûté tout le monde.*

12 février 1586. Les amis de Guise s'effrayent. Il ne va pas au Louvre qu'avec trois cents gentilshommes. Je crois qu'on verra bientost esclatter ce que le roi couve au fond de la nue, le desdains qu'il porte dans la poitrine. — 20 février. Guise va toujours à pied au milieu de ses gentilshommes à cheval. M. de Sauves a dit que si Guise se hasardoit à s'accoutumer avec sa femme, il le feroit mourir sans respect. — 16 février. On croit qu'il (Guise?) est venu pour offrir de l'argent au roi de la part du clergé pour continuer la guerre contre le roi de Navarre. — 18 février. Hypocrisie de Guise. Il dit à l'ambassadeur de Savoie qu'il ne parlera point de paix; qu'il embrassera en bon serviteur le parti que suivra le roy, qu'en ces jours de pénitence, où les débats étoient bannis, on parleroit des affaires ; que dans quinze jours il retourneroit dans son gouvernement, où il serviroit mieux le roy. — 10 mars 1586. Guise fait effort pour que l'argent que donne le clergé soit remis en ses mains pour la guerre. Il visite ceux de Paris, tous les conseillers et présidents. — 13 mars. Le roi met ordre que le sieur de La Noue se jette dans Genève avec soixante gentilshommes, du consentement de ceux de la ville (pour la garder contre la Savoie). — 14 mars. La nécessité d'argent les fera tous changer sans vergogne. M. de Guise est pauvre et vend tous les jours. Argent comptant lui pourra faire changer de conseil. Et le clergé payera tout.

23 mars 1586. Le roi ne consulte plus sa mère. Il met des impôts pour rendre odieux Guise, qui veut la guerre. — 1er mai. On réduit Guise par la pauvreté. Il vient d'engager sa meilleure terre de 25,000 francs de revenus. — 14 mai. Guise dit au roi en partant : Je vois que mes ennemis, du vivant de S. M., peuvent m'ôter l'honneur et la vie; mais je leur montrerai avec combien de malheurs cela adviendra. Cent ans après nous on sentira la plaie qu'ils auront faite à ce royaulme. — Guise aspireroit à la couronne après la mort du roi. — 27 mai. La Ligue a dégoûté tout le monde, Guise s'est laissé mener par le nez. — 18 juin. Dévotion d'Henri III. Le pape le prie de modérer ses abstinences. — 10 juin. On va imprimer les lettres de Guise à l'Espagne et au pape. Le roi est devenu le plus fort. — 4 juillet. Le roi a dressé douze enfants joueurs de luth, et les fait coucher à la garde-robe. — 15 février. Joie de la Savoie. Le jeu commence. Le duc pourra tomber enfin sur Genève, que le roi défend. D'Épernon périra le premier, et l'on profitera de ses débris. — 20 février. Le roi devient mélancolique, n'aime plus le bruit, se retire aux Capucins. Il laissera faire. Les mignons sont ennemis entre eux. Joyeuse trahirait Épernon pour Guise. — 6 mars. Henri III dit qu'il voudroit que Savoie fût dans Genève, qu'il s'en réjouiroit avec le duc. — 31 mars. Le roi s'abandonne ; mais, si d'Épernon vient, il peut tuer ses ennemis. Épernon dit

qu'il les fera sauter des galeries du Louvre. — 20 avril. Le roi, larme à l'œil, met le chapeau de Joyeuse à Épernon et celui d'Épernon à Joyeuse, et les chapeaux sur sa tête : union. — 29 avril. Il faut que le duc de Savoie gagne Marseille et Lyon. Sans Marseille, point de Provence; sans Lyon, point de Dauphiné. — 2 juin. Savoie pourroit se déclarer défenseur du roi, qui lui remettroit ses places plutôt qu'à un d'Épernon. — 4 août. Guise, au désespoir, avoue qu'il appellera les Espagnols. C'est à ce point de ses affaires le plus ébranlé qu'il fera bon traiter avec luy. Je lui ai faict tenir les deux billets. On verra ce qu'il répondra. — 3 septembre. (Aux États), il y aura quelque querelle d'Allemand qui troublera la fête. Les fourriers des princes s'y entrebattent déjà. — 11 septembre. Le roi est vindicatif et dissimulé, mais qui n'exécute pas; il sera toujours prévenu par M. de Guise. — 12 septembre. Guise a 5,000 arquebusiers dans Orléans, et l'ambassadeur offre du secours à Guise, qui se croit fort et ne veut encore agir. — Guise en vient à nonchaloir, reprend ses amours avec madame de Sauves. — Le roi fait entendre qu'il le fera connétable. — 1589, 17 mars. Le président Jeannin m'est venu trouver; il m'a dit que V. A. devoit agir, que M. du Maisne, estant élu lieutenant de l'Estat, ne pourroit sans rougir consentir ouvertement et du premier abord qu'on démembrast la France. — Voyant qu'il parle vaguement comme Guise, le Savoyard répond durement, écarte les belles paroles de Jeannin, dit qu'il lui faut au moins le Dauphiné sous la protection de la Savoie. — Les trois ou quatre qui mènent les affaires offrent le Dauphiné et la Provence. (*Dépêches inédites de l'ambassadeur de Savoie. Archives de Turin.*)

FIN DU TOME NEUVIÈME.

TABLE DES MATIÈRES

	Pages
PRÉFACE.	1
CHAPITRE Ier. — *Henri II.* — *La cour et la France.* — *Jarnac (1547).*	9
Esprit romanesque du temps.	id.
Diane persécute la duchesse d'Étampes.	13
CHAPITRE II. — *Le coup de Jarnac (10 juillet 1547).*	21
Le roi, la reine et Diane à Saint-Germain.	23
Montmorency et Coligny.	27
Duel de Jarnac et La Châtaigneraie.	30
CHAPITRE III. — *Diane.* — *Catherine.* — *Les Guises (1547-1550).*	36
Anet et la Diane de Goujon.	37
Pourquoi Diane aimait Catherine.	43
La curée, les dévorants.	47
Les Guises et leurs douze évêchés.	55
CHAPITRE IV. — *L'intrigue espagnole.*	56
Les Jésuites sont un ordre espagnol.	57
Combien l'Espagne est romanesque.	60
Manuel pour faire des romans.	64
Matérialité et verbalité.	65
Charles-Quint cède à la réaction.	71
CHAPITRE V. — *Les Martyrs.*	75
Mœurs réformées, élan musical.	77
Pendant quarante ans, les protestants se laissèrent brûler.	78
Lois épouvantables de Charles-Quint.	83
Les amitiés des martyrs.	88

TABLE DES MATIÈRES

	Pages
CHAPITRE VI. — *L'école des martyrs*.	91
La mission de Calvin.	92
Esprit de Genève anti-calviniste	95
Génie légiste de Calvin	96
La Genève de Calvin, les Psaumes.	103
CHAPITRE VII. — *Politique des Guises.* — *La guerre.* — *Metz* (1548-1552).	106
Folie de leur politique.	107
L'aveuglement de Charles-Quint fait leur succès.	110
1552. Ils surprennent les Trois Évêchés et repoussent Charles-Quint.	116
CHAPITRE VIII. — *Ronsard.* — *Marie-la-Sanglante.* — *Saint-Quentin* (1553-1558)	120
Ronsard contre Rabelais	121
Philippe II épouse Marie, humilie le pape.	124
Henri II infidèle à Diane; elle l'occupe de guerre (1556).	128
1558. Défaite et siège de Saint-Quentin; Coligny.	134
CHAPITRE IX. — *Persécution.* — *Mort d'Henri II* (1558-1559)	139
Le chrétien peut-il résister à l'autorité?	140
1555. L'Église de Paris.	145
Chants du Pré-aux-Clercs (mars).	146
Le prêche de la rue Saint-Jacques (4 septembre).	147
Le roi précipite la paix (3 avril 1559).	153
Menaces du roi. Sa mort (29 juin).	158
CHAPITRE X. — *Royauté des Guises sous François II* (1559-1560).	163
Portraits des Guises, de Catherine, de Marie Stuart.	165
Le roi de Navarre trahit les protestants.	170
Influence de l'Espagne en France.	173
Le budget de Philippe II.	id.
CHAPITRE XI. — *Terrorisme des Guises.* — *La Renaudie* (1560).	178
Puissance du clergé sur le peuple.	179
Esprit général de résistance (mars).	186
Les Châtillon et Condé persistent dans l'obéissance.	190
Mort de La Renaudie et supplices.	192
CHAPITRE XII. — *Mort de François II et chute des Guises* (1560).	198
Catherine espionnée par Marie Stuart.	200
Le chancelier de L'Hospital.	204
Assemblée de Fontainebleau (21 août).	205
Navarre et Condé se livrent.	209
Mort de François II (3 décembre).	211

TABLE DES MATIÈRES

	Pages
CHAPITRE XIII. — *Charles IX.* — *Le Triumvirat.* — *Poissy et Pontoise* (1561)	213
États généraux d'Orléans (15 décembre 1560	214
Le clergé s'adresse à l'Espagne (mai 1561)	221
Colloque de Poissy (septembre)	224
Bataille du faubourg Saint-Marceau (27 septembre)	230
CHAPITRE XIV. — *Intrigue des Guises en Allemagne* (1562)	239
Leur conversion simulée au protestantisme	244
CHAPITRE XV. — *Massacre de Vassy* (1562)	247
CHAPITRE XVI. — *Première guerre de religion* (1562-1563)	256
Les Guises s'emparent du roi et de sa mère	275
Coligny refuse d'appeler l'étranger	261
Le parti de l'étranger	id.
La Saint-Barthélemy de 1562	268
Bataille de Dreux (19 décembre 1562)	273
Guise assassiné (18 février 1563)	279
CHAPITRE XVII. — *La paix et point de paix* (1563-1564)	282
L'Espagne domine Catherine	283
La balance était impossible	285
Les protestants assassinés partout	289
CHAPITRE XVIII. — *Le duc d'Albe.* — *La seconde guerre civile* (1564-1567)	292
Entrevue de Bayonne (juin 1565)	295
Le duc d'Albe aux Pays-Bas (1567)	296
Coligny propose de s'emparer du roi	297
Le Contr'un de La Boétie	298
Bataille de Saint-Denis (10 novembre 1567)	299
CHAPITRE XIX. — *Suite.* — *Conquête de la liberté religieuse* (1568-1570)	302
Débâcle morale du vieux parti	304
Henri d'Anjou général à seize ans	307
Mort de Condé à Jarnac (13 mars 1569)	311
Montcontour (3 octobre)	313
Coligny impose la paix (8 août 1570)	316
CHAPITRE XX. — *Charles IX contre Philippe II* (1570-1572)	318
Catherine, tout Italienne, n'aimait qu'Anjou	321
Jalousie de Charles IX	323
Ses vers, sa violence, son amour	325
Il veut marier son frère en Angleterre (1570)	326
Il agit pour les Turcs	328

TABLE DES MATIÈRES

	Pages
Chapitre XXI. — *Coligny à Paris.* — *Occasion de la Saint-Barthélemy* (1572).	333
Situation de Coligny ; sa tristesse, son isolement.	334
Devait-il venir à Paris ?	341
Incertitudes de Catherine.	350
Échec des protestants (9 juillet) et découragement du roi.	351
Chapitre XXII. — *Les Noces vermeilles* (août 1572).	353
Coligny devait rester à Paris.	id.
Jalousie des Anglais et froideur d'Orange.	356
Mariage de Navarre (18 août).	362
Anjou, menacé par son frère, complote avec Guise.	365
Chapitre XXIII. — *Blessure de Coligny.* — *Charles IX consent à sa mort* (22-23 août 1572).	368
Coligny blessé essaye d'éclairer le roi.	372
La reine et Gondi l'effrayent et obtiennent le massacre.	377
Chapitre XXIV. — *Mort de Coligny et massacre du Louvre* (22-26 août 1572).	382
Chapitre XXV. — *Quelle part Paris prit au massacre* (août 1572).	395
Douceur de quelques capitaines.	398
Le capitaine Charpentier fait tuer Ramus.	401
Chapitre XXVI. — *Suite* (août, septembre, octobre 1572).	404
Lundi 25 août. Guise à Paris malgré le roi.	id.
Massacre des marchands protestants.	405
Mardi 26. Le roi se déclare auteur du massacre.	411
La Saint-Barthélemy des provinces.	412
Le Parlement condamne Coligny.	416
Chapitre XXVII. — *Le lendemain de la Saint-Barthélemy.* — *Triomphe de Charles IX* (1572-1574).	418
Craintes de l'Europe et jalousie de Philippe II. Naissance du parti *politique*.	421
Chapitre XXVIII. — *Fin de Charles IX* (1573-1574).	430
Siège de La Rochelle, épuisement des deux partis.	434
La république protestante.	442
Franco-Gallia d'Hotman.	445
Mort de Charles IX (20 mai).	453
Chapitre XXIX. — *Des sciences avant la Saint-Barthélemy.*	456
Paracelse, Vésale, Servet, Rabelais.	458

TABLE DES MATIÈRES

	Pages
Chapitre XXX. — *Décadence du siècle.* — *Triomphe de la mort.*	469
Valentine de Birague.	472
Chapitre XXXI. — *Henri III (1574-1576).*	475
Catherine commence imprudemment la guerre	477
Humiliation d'Henri III.	484
Chapitre XXXII. — *La Ligue (1576).*	489
La Ligue était déjà ancienne.	491
Chapitre XXXIII. — *La Ligue échoue aux États de Blois (1576-1577).*	499
Le roi signe la Ligue, puis essaye la liberté de conscience.	504
Chapitre XXXIV. — *Le vieux parti échoue dans l'intrigue de Don Juan (1577-1578).*	507
Action directe des Jésuites.	510
Chapitre XXXV. — *Le Gesù.* — *Premier assassinat du prince d'Orange (1579-1582).*	520
Épernon, Joyeuse.	531
Chapitre XXXVI. — *La Ligue éclate (1585-1586).*	540
L'Espagne fait manquer l'expédition de Guise en Angleterre.	545
Elle le fait agir en France.	552
Chapitre XXXVII. — *Les conspirations de Reims.* — *Mort de Marie Stuart (1584-1587).*	556
Chapitre XXXVIII. — *Henri III est forcé de s'anéantir lui-même (1587).*	578
Bataille de Coutras (20 octobre).	588
Appendice.	593

FIN DE LA TABLE DU TOME NEUVIÈME.

PARIS. — IMP. E. FLAMMARION, RUE RACINE, 26.

ŒUVRES COMPLÈTES

DE

J. MICHELET

ÉDITION DÉFINITIVE, REVUE ET CORRIGÉE

DÉTAIL DE L'ŒUVRE COMPLÈTE

Histoire de France (Moyen âge, Temps modernes, Révolution, XIXe siècle).	26 vol.
Vico.	1 vol.
Histoire romaine.	1 vol.
L'Oiseau. — La Mer.	1 vol.
Luther (Mémoires).	1 vol.
Le Peuple. — Nos Fils.	1 vol.
Le Prêtre. — Les Jésuites.	1 vol.
La Montagne. — L'Insecte.	1 vol.
L'Amour. — La Femme.	1 vol.
Précis d'histoire moderne. — Introduction à l'Histoire universelle.	1 vol.
La Bible de l'Humanité. — Une année du Collège de France (1848).	1 vol.
Les Origines du Droit. — La Sorcière.	1 vol.
Les Légendes du Nord. — La France devant l'Europe.	1 vol.
Les Femmes de la Révolution. — Les Soldats de la Révolution.	1 vol.
Lettres inédites adressées à Mlle Mialaret (Mme Michelet).	1 vol.
Total.	40 vol.

Prix de chaque volume 7 fr. 50.
(Envoi franco contre mandat ou timbres).

IMPRIMERIE E. FLAMMARION, 26, RUE RACINE, PARIS.

www.ingramcontent.com/pod-product-compliance
Lightning Source LLC
Chambersburg PA
CBHW060300230426
43663CB00009B/1528